한국고전번역원 한국문집번역총서/성신여자대학교 고전연구소·(사)해동경사연구소

노주집 4

老洲集

오희상 지음
吳熙常

김창효 이정은 옮김

일러두기

1. 이 책의 번역 대본은 한국고전번역원에서 간행한 한국문집총간 제280집에 실린《노주집(老洲集)》으로 하였다. 번역 대본의 원문 텍스트와 원문 이미지는 한국고전종합DB(http://db.itkc.or.kr)에서 확인할 수 있다.
2. 내용이 간단한 역주는 간주(間註)로, 긴 역주는 각주(脚註)로 처리하였다.
3. 한자는 필요한 경우 이해를 돕기 위하여 넣었으며, 운문(韻文)은 원문을 병기하였다.
4. 맞춤법과 띄어쓰기는 한글 맞춤법과 표준어 규정을 따랐다.
5. 이 책에서 사용한 부호는 다음과 같다.

( ) : 번역문과 음이 같은 한자를 묶는다.

〔 〕: 번역문과 뜻은 같으나 음이 다른 한자를 묶는다.

" " : 대화 등의 인용문을 묶는다.

' ' : " " 안의 재인용 또는 강조 문구를 묶는다.

「 」: ' ' 안의 재인용을 묶는다.

『 』: 「 」 안의 재인용을 묶는다.

《 》: 책명 및 각주의 전거(典據)를 묶는다.

〈 〉: 책의 편명 및 운문·산문의 제목을 묶는다.

차례

노주집 제13권

서書

노주집 제14권

제문 祭文

고문 告文

축문 祝文

노주집 제15권

노주집 제16권

묘지 墓誌

묘지명 墓誌銘

노주집

제13권

서書

이정관[1]에게 답함

答李正觀

편지를 받아보고서, 그대가 근간에 석실서원(石室書院)의 강석(講席)에 나간 것을 알고 삼가 기뻐하였습니다. 지금 명성과 이익을 좇는 마음들이 하늘까지 닿아 한 조각배로 건너갈 수 있는 것이 아니니, 구구한 강학(講學)이 유속(流俗)의 비웃음을 불러오기에 충분한 것임을 진실로 잘 알지마는, 돌아보건대 이에 대한 고심(苦心)으로 말하면 없을 수 없습니다.

삼가 생각하건대, 이 석실서원은 바로 농암(農巖) 어른의 3대가 도(道)를 강론한 곳입니다. 그 유풍(遺風)과 여향(餘響 아직 남아 있는 영향)이 사람들에게 거의 남아있는데도, 다만 고무시키고 창도(唱導)하는 사람이 없기 때문에 이처럼 어지러운 상황이 된 것입니다. 그러므로 저는 망령되이 스스로의 역량을 헤아리지 않고 옛 법도를 다시 닦아 일으켜 제생들을 위해 창도하고자 하는 것입니다. 행여 이로 인하여 한두 명의 훌륭한 선비가 육성되어 이들이 점차적으로 오랜 시간을 강마하게 되면, 혹 흥기하여 도(道)를 믿고 향하는 자가 있게 될 것입니다.

설령 믿을 만한 큰 수재(秀才)를 얻지 못하더라도 주자께서 "작은 것들을 모으면 절로 한 덩어리를 이룬다.〔零星湊合 自成片段〕"라고 하신 말씀이, 참으로 취할 만한 비유가 될 수 있을 것입니다.

1 이정관(李正觀) : 1792~? 자는 관여(盥如), 본관은 전주(全州)로 1831년(순조 31) 식년 생원시에 합격하고 예산 현감(禮山縣監)을 지냈다.

지금 구야(九野)가 폐색(閉塞)된 때를 당하여도 혹시라도 일선(一線)의 미미한 양(陽)이 단절됨에 이르지 않을 수 있다면,[2] 어찌 세도(世道)에 다행스런 일이 아니겠습니까. 이는 강회(講會)하는 제현들에게 기대하지 않을 수 없는 일입니다.

직월(直月)[3] 김기종(金驥鍾)이 사퇴하고자 하는 곡절(曲折)을 알지 못하겠으나 월전(月前)에 사직 단자를 올렸을 때에 다시 나올 것을 권면하였으니, 서로 같은 뜻을 가진 입장에 있어 응당 이이(訑訑)[4]하지는 않으리라고 생각합니다.

조병덕(趙秉悳) 군은 자질이 아름답고 뜻이 있어서 함께 공부할 만합니다. 지난번에 재임(齋任)[5]으로 천거한 것은 장차 왕래하며 강회에 참석하기를 권하기 위해서인데, 생각하건대 그 또한 군이 사양하지 않을 것입니다.

대저 이 일은 당장의 효험을 구하기는 어려운 일이나 오래 계속한다면, 한 해 단위로 헤아려봄에 결과적으로 어찌 유익함이 없겠습니까. 이는 실로 불초가 깊이 바라는 바입니다.

2 구야(九野)가……있다면 : 이 내용은 《회암집(晦菴集)》 권4에 보이는 〈재거감흥(齋居感興) 20수〉 중 제8수의 "붉은 햇볕이 하늘에 퍼져도 미세한 음(陰)이 깊은 못에서 싹트고, 추위가 구야(九野)를 덮어도 양(陽)의 덕이 깊은 샘 속에서 밝아오네."라는 구절을 원용한 것이다. 구야는 하늘의 팔방과 중앙을 가리키는데, 여기서는 구주(九州)의 대지(大地)라는 뜻으로 온 세상을 가리키는 말로 쓰였다.

3 직월(直月) : 향교나 서원에서 실무적인 일을 맡아보던 직책으로, 오늘날의 간사(幹事)와 같다.

4 이이(訑訑) : 자만하여 남의 말을 받아들이지 않는 모습을 형용하는 말이다.

5 재임(齋任) : 조선 시대 성균관(成均館)이나 향교(鄕校) 또는 서원(書院)에서 공부하는 유생(儒生)들 중에 일을 맡아보던 임원(任員)을 이른다.

이정관에게 답함

答李正觀

마침 자형(子亨)[6]과 대화를 나누면서 그대에 대해 계속하여 말했었는데, 손수 쓴 편지를 받으니 아마도 정신으로 통하는 것 같습니다. 이어 근간에 가뭄이 심한데 어버이 모시고 학문하면서 평안히 지내심을 알았으니, 위로됨을 어찌 말로 다할 수 있겠습니까.

이 몸이 지난번에 상락(上洛)[7]으로 길을 떠났던 것은 봉양을 받기 위해서가 아니요 기일(忌日) 때문이었으며, 또 영우(嶺右)[8]의 산수(山水)와 인물(人物)을 차례로 찾아보고자 해서였습니다. 산수의 경우는 옥류동(玉流洞)과 홍류동(紅流洞), 용유동(龍遊洞)의 사이에서 명승지를 찾아보니 혹 마음에 맞는 곳이 있었습니다만, 인물의 경우는 끝내 만나보지 못하였습니다. 아마도 그런 인물이 있었으나 나의 안목으로는 비춰 볼 수 없어서 그러한 것이 아니겠습니까. 아니면 또한 과연 아무도 없어서 그런 것일까요?

요컨대 과거(科擧)가 빌미가 되어 사람들이 모두 여기에 빠져서 어

6 자형(子亨) : 민태용(閔泰鏞 1791~1840)의 자이다. 본관은 여흥이며 오희상의 재재종(再再從) 아우인 오휘상(吳徽常)의 사위로 1829년(순조29) 정시 문과에 급제하고 벼슬이 이조 참의에 이르렀다.

7 상락(上洛) : 지금의 경상북도 상주시의 옛 별호이다.

8 영우(嶺右) : 경상우도(慶尙右道)를 말한다. 경상도는 지내가 넓어 좌도와 우도로 나누었다가 다시 합하기를 반복하였는데 낙동강 동쪽을 경상좌도, 그 서쪽을 경상우도라 하였다.

질고 호걸스러운 자가 있더라도 스스로 빠져나오지 못하니, 그 폐해가 거의 이단(異端)보다 심함이 있습니다. 이단은 비유하자면 문 밖의 도적이요 과거는 비유하자면 심복(心腹)에 있는 병과 같으니, 이 제도가 바뀌지 않으면 장차 사람이 사람 노릇을 하지 못하고 나라가 나라답지 못한 꼴을 보게 될 것입니다. 어찌 마음이 아프지 않겠습니까.

이 처사(李處士)가 사는 곳이 멀리 떨어져 있고 이 몸의 나이 또한 노쇠하여 우연히 만날 길이 없으니, 참으로 한스럽습니다. 다만 그의 역학(易學)이 순전히 상수학(象數學)이고 겸하여 성위(星緯)[9]를 공부하였다고 들었으니 혹 병폐가 없지 못할까 염려되는데, 좌우는 어떻게 들었는지 모르겠습니다.

성인(聖人)의 길이 황폐해졌으니, 격물(格物)·치지(致知)·성의(誠意)·정심(正心)의 설은 범용(凡庸)하여 사람들의 귀를 기울이게 하기에 부족하다고 여겨집니다. 이에 향리에 한 명이라도 재기(才氣)가 남보다 뛰어난 자가 있으면, 머리를 숙이고 옛 법도를 따르려 하지 않고 번번이 다른 길을 따라가면서 이것을 과시하고 다른 사람의 위에 서고자 하니, 이 또한 바른 학문의 낭유(稂莠 벼를 해치는 잡초)임을 살피지 않으면 안 됩니다.

지난번에 《국조기사(國朝紀事)》에 대해 말해준 것은 뜻이 우연한 것이 아니니, 부디 묵묵히 이해하기 바랍니다. 이 일을 돕기 위해 십여 권의 공책(空冊)을 남쪽에서 가져와 이에 보내니, 부디 가까운 것부터 착수하는 것이 어떠한지요. 모든 일이 주저하여 나아갔다 물러섰다하

9 성위(星緯) : 천문(天文)과 성상(星象)으로 인간의 길흉화복을 점치는 방술(方術)을 이른다.

면 바로 쉽게 이루어지지 않습니다. 이미 자형(子亨)에게 많은 말을 해주었으니, 생각하건대 또한 그를 통하여 들었을 것입니다. 이만 줄입니다.

이정관에게 답함

答李正觀

하늘이 우리나라를 도와주지 아니하여 이극(貳極)[10]께서 갑자기 세상을 버리셨으니, 오백 년 종사(宗社)가 철류(綴旒)처럼 위태롭게 되었습니다.[11] 신하와 백성들의 원통함이 천지간에 아득한데, 게다가 천한 신(臣)은 일찍이 외람되이 궁료(宮僚)의 자리를 차지하여 온화하고 문아(文雅)하신 저하(邸下)를 가까이서 모셨으니, 지극한 애통이 가슴속에 가득 맺혀 차라리 살고 싶지 않습니다.

지난번 복제(服制)에 대한 자문(諮問)이 제가 사는 초야(草野)에까지 이르렀는데, 소현세자(昭顯世子) 때에는 우암(尤菴 송시열(宋時烈))과 동춘(同春 송준길(宋浚吉)) 두 분 선정께서 정(正)과 체(體)라고 하여 모두 삼년상의 의론을 주장하셨습니다.

삼가 생각하건대 금일 이극의 정과 체는 실로 소현세자와 똑같으니, 문효세자(文孝世子)와는 매우 다르며[12] 게다가 두 분 선정의 정론(定

10 이극(貳極) : 두 번째로 높은 자리란 뜻으로, 세자(世子)를 가리킨다. 임금의 자리를 극(極)이라 하며, 이(貳)는 부(副)의 뜻이다. 여기서는 1830년(순조30)에 서거한 효명세자(孝明世子)를 이른다.

11 철류(綴旒)처럼 위태롭게 되었습니다 : 철류는 면류관에 매달린 구슬이란 뜻으로 나라의 위태로움을 비유하는 말이다. 《문선(文選)》에 수록된 반욱(潘勖)이 지은 〈책위공구석문(冊魏公九錫文)〉 시에 "이러한 때를 당하여 마치 철류처럼 위태로웠다.〔若綴旒然.〕" 하였는데, 장선(張銑)의 주에 "유(旒)는 면류관 옆에 늘어놓는 구슬로서, 면류관에 매달아 놓은 것이다. 황실(皇室)의 위급함이 유가 매달린 것과 같다는 뜻이다."라고 하였다. 《六臣註文選 卷35》

論)이 있으니, 다른 의론을 용납할 것이 없을 듯합니다. 그러므로 저는 삼년상으로 제 의견을 아뢰고 호중(湖中 충청도)의 유현(儒賢)에게 자문한 의견이 다 이르기를 기다렸다가 함께 상주하려고 하였는데, 이미 성복(成服)한 뒤였습니다.

예조(禮曹)에서 이미 《상례보편(喪禮補編)》[13]에 의거하여 참최(斬衰)로 마련하고 주상 전하의 재가를 받았습니다. 저에게 의견을 자문한 것은 있으나마나한 일이었는데 그래도 그 사이에 사설(辭說)이 없을 수 없었으니, 경솔하게 말을 낸 것을 후회하였으나 어쩔 수가 없었습니다. 지금에 이르러는 다만 입을 다물고 변론하지 않고 번거롭게 문자로 드러내고 싶지 않으나, 그대가 물었기 때문에 이에 대략 언급하는 것입니다.

자문 받은 예조(禮曹)의 의주(儀注)[14] 중에 양방(兩坊)[15]의 관직의 경력이 없는 자는 초하루와 보름에 곡림(哭臨)[16]할 수 없다고 한 것은

12 이극의……다르며 : 정(正)은 적통(嫡統)을 체(體)는 친자식을 뜻한다. 문효세자는 정조와 당시 궁녀였던 의빈성씨(宜嬪成氏) 사이에서 태어난 아들이므로, 체는 이루나 정은 아니므로 이렇게 말한 것이다.

13 상례보편(喪禮補編) : 영조 34년(1758)에 홍계희(洪啓禧) 등이 왕명을 받고《국조오례의(國朝五禮儀)》의 상례에 관한 부분을 보충하고 개편하여 완성한 책으로, 각 항목을 원편(原編) 6권에 나누어 싣고 따로 1권을 만들어 도설(圖說)을 수록하였다. 국조상례보편(國朝喪禮補編)이라고도 칭한다.

14 의주(儀注) : 의식의 절차와 참여할 인원과 복장, 필요한 물품 등을 상세히 정리한 것으로 행사 전에 미리 준비하였다.

15 양방(兩坊) : 세자시강원(世子侍講院)과 세자익위사(世子翊衛司)를 겸칭한 것으로, 세자시강원의 별칭이 춘방(春坊)이고 세자익위사의 별칭이 계방(桂坊)이므로 이렇게 칭한다.

아마도 내정(內庭)을 가리켜 말한 것인 듯합니다. 내정은 대조(大朝)[17]께서 직접 임하신 경우에는 백관들이 수행하여 제사를 올리지마는 직접 임하시지 않는 경우에는 일찍이 양방의 관직을 지낸 자 외에는 들어가 참여할 수 없으니, 이는 또한 대조에 압굴(壓屈)되어 대상(大喪)보다 줄임을 보이는 것입니다.

그러나 경관(京官)들의 경우는 비록 초하루와 보름에 대조를 수행하여 제사를 올리지 못하더라도 그 사이에 백관들이 들어가 참여할 수 있는 곡반(哭班)이 있습니다. 하지만 외직의 관리들의 경우는 이미 대조를 수행하여 제사를 지낼 길이 없는데 또 망곡(望哭)할 수도 없다면 성복(成服)한 뒤에 곡하고 눈물 흘리는 일이 없게 됩니다.

그렇다면 몸에 기년복을 입고 있으면서도 이처럼 어둡고 아득하여 아무 것도 모르는 것처럼 넘어가게 되어 거의 그 슬픈 마음을 쓸 곳이 없을 것이니, 또한 백성들에게 보일 수 있는 것이 아닙니다. 의주에서 이를 구별하지 않은 것은 예문(禮文)이 갖추어지지 않아서 그런 듯합니다. 어리석은 저의 생각으로는 수령(守令)의 경우 양방의 관직 경력이 없더라도 졸곡(卒哭) 전의 초하루와 보름에 망곡하는 일을 그만두어서는 안 될 듯합니다. 그러나 태재(汰哉)의 비판[18]이 두려워 감히

16 곡림(哭臨) : 국상(國喪) 때 여러 신하들이 한곳에 모여 곡하는 예식을 이른다.

17 대조(大朝) : 세자(世子)나 세제(世弟)의 대리청정이 있을 때 임금을 이르는 말이다. 대리청정을 맡은 세자나 세제는 소조(小朝)라고 칭한다.

18 태재(汰哉)의 비판 : 근거를 제시하지 않고 예(禮)를 함부로 말하는 것에 대한 비판을 이르는 말이다. 《예기》 〈단궁 상(檀弓上)〉에서 사사 분(司士賁)이 자유(子游)에게 "염습할 때 평상에서 하고 싶은데, 어떻습니까?"라고 물으니, 자유가 "괜찮습니다."라고 답하였다. 현자(縣子)가 그 얘기를 듣고 말하기를, "지나치구나, 숙씨(叔氏)

단언할 수가 없습니다.

그대의 훌륭한 원고를 참으로 한번 보고 싶었는데, 이번에 보여주니 저를 비루하게 여기지 않음에 깊이 감사드립니다. 비록 세세히 읽어보지는 못했으나 잠깐 보아도 기호(嗜好)의 깊음과 공력(功力)의 넉넉함을 알 수 있었는데, 그 사이에 뜻을 얻어서 매우 아름다운 것들이 있었습니다. 사랑하여 완상(玩賞)한 뒤에, 어찌하여 이를 실지(實地)에 옮겨 일원(一原)에서 뛰어난 공을 거두지 않았는가를 삼가 안타까워하였습니다.

이 몸 또한 어렸을 때부터 일찍이 문묵(文墨)의 하찮은 기예(技藝)에 중독되어 자못 오랫동안 깊이 빠졌다가 약관(弱冠) 이후로 어려움을 알고 물러나 마침내 문필의 업(業)을 버리고 다시는 여기에 뜻을 두지 않았습니다. 그러나 부득이하게 글을 지어야 할 경우가 생길 때마다 잘 짓고 싶은 뜻이 없지 않았습니다. 글을 잘 짓고자 한 것은 다른 사람의 눈에 잘 보이고자 한 것이 아닙니다. 그 근본적인 원인을 깊이 헤아려 본다면 외면(外面)을 좇아 남의 이목을 위하는 뜻이 끝내 십분 소멸되지 못하여 그런 것입니다. 매번 생각할 때마다 자못 스스로 마음에 유쾌하지 않기에 부질없이 이를 언급한 것인데, 고견은 어떠신지 모르겠습니다.

여. 예(禮)를 자신에게서 나온 것처럼 허락하는구나.〔汰哉, 叔氏! 專以禮許人.〕"라고 비판한 데에서 온 말이다.

이정관에게 답함

答李正觀

장례를 마친 뒤에 한 편의 편지로 안부를 묻고 싶었는데, 병에 시달려 그럭저럭 세월을 보내느라 품고 있는 생각을 실행하지 못하였습니다. 그러다 일전에 윤씨 선비가 오는 길에 소매 속에 담고 온 애소(哀疏)를 전해 주어 이를 열어 보고 놀라고 기뻤으며, 마치 상(喪)을 치르느라 검어졌을 그대의 얼굴을 직접 보는 듯하였습니다. 게다가 글의 내용이 참으로 서글퍼서 충분히 사람을 감동시킬 만함에 있어서이겠습니까.

이어 생각하건대 여러 상주들이 슬픔과 고통으로 담백하게 지내는 중에 반드시 내면으로 향하는 한 생각이 있을 것입니다. 돌아보건대 평소 가지고 있는 뜻과 학업이 진실로 이미 동년의 무리들보다 크게 뛰어나니, 만일 이 때에 형제들이 절차탁마해서 화려함을 거두고 실제에 나아가 힘써 대업을 마친다면 반드시 절반의 일을 가지고 갑절의 공(功)을 거둘 것입니다. 구구한 이 몸은 이를 바라는 바가 실로 적지 않습니다.

늙고 병들어 거의 죽어가는 처지에 만 가지 생각이 모두 공허하나, 오직 세도와 인물에 대해 자연 없앨 수 없는 고심(苦心)이 있기에 편지지를 앞에 두고 나도 모르게 정성을 피력하니, 부디 잘 살펴주시기 바랍니다.

이정관에게 답함

答李正觀

그대의 자제(子弟)가 와서 잠깐 미목(眉目)을 굽혀 읍하자, 그 완전하고 순수하며 단정하고 아름다운 자질을 알 수 있었으니, 지극히 사랑할 만하였습니다. 말씀하신 민확재(閔擴齋 민치복(閔致福))의 고사는 일찍이 저도 들었습니다. 지암(止庵 김양행(金亮行))께서 노년에 쇠약하고 병들어 강의하여 가르칠 수가 없었는데, 확재의 아버님 상서공(尙書公 이조 판서 민종현(閔鍾顯))께서 확재의 손을 이끌고 찾아가 뵈면서 이르기를 "근간에 스승과 제자라는 명칭이 세상에서 천시(賤視)되어 거의 민멸되게 되었습니다. 아이가 비록 몽매하여 책을 잡고 수업을 청할 수 없으나 일찍 문하(門下)에 의탁시켜 이러한 도리를 보존하면 또한 아름다운 일이 되기에 충분할 것입니다."라고 하니, 지암께서 웃으면서 고개를 끄덕이셨으니, 여기에서 선배들의 풍교(風敎)와 덕화(德化)를 상상할 수 있습니다.

늙은 이 몸이 비록 남의 스승이 되는 일을 감당할 수 없지만 애시(哀侍)[19]께서 이 일을 들어 자제를 부탁한 것이 혹시라도 이 뜻에서 나온 것이라면 어찌 완고하게 사양할 것이 있겠습니까. 다만 지금은 확재의 시대와는 또 간격이 있습니다. 장차 유속(流俗)에 더욱 비웃음을 당할 것이니, 혹시라도 집안의 뜰아래에서 풀무질하여 단련해 내는 것이 더욱 온당하지 않겠습니까.

19 애시(哀侍) : 우리나라의 서간에서 주로 쓰이는 용어로, 양친 중 한 분의 상을 당했을 경우 삼년상을 치르는 동안에 상주를 호칭하는 말이다.

이관수[20]에게 답함

答李觀洙

문 여러 책에서 나오는 부제(祔祭)의 축문이 똑같지 않습니다. 《의례》의 경우는 한 축문으로 증조(曾祖)와 선고(先考)에게 고하기 때문에 비록 다만 효자라고 칭하여도 문리가 저절로 순(順)한데, 《주자가례》는 나누어 두 가지 축문을 썼으니, 존위(尊位)에 고하는 축문 중에 효자라고 말하는 것은 혹 어떨지 모르겠습니다. 그러나 《상례비요》는 《주자가례》를 따라 고치지 않았는데, 지금 《사례편람》을 상고해 보니 곧바로 효증손(孝曾孫)이라고 칭하였습니다. 여기에는 반드시 참작(參酌)하고 절충한 것이 있을 터인데 자세히 알지 못하겠기에 이에 또 우러러 여쭙니다.

답 부제의 축사는 옛날과 지금의 형식이 달라서 실로 의혹되고 혼란스럽습니다. 《의례》 〈사우례(士虞禮)〉의 기(記)에 이르기를 "효자(孝子) 모(某)의 효현상(孝顯相 효자의 가상(家相)으로 제사를 돕는 사람)은 아침 일찍부터 밤늦게까지 조심하며 두려운 마음으로 몸을 게을리 하지 않고 편하게 하지 않으면서 가천(嘉薦 김치와 젓갈)과 보뇨(普淖 찰기장과 메기장)와 보천(普薦 채소를 넣고 오미(五味)로 조미한 고깃국)과 수주(溲酒 백주(白酒))로 당신의 황조(皇祖) 모보(某甫)의 자리에 당신의 손자 모보를 제부(隮祔)하오니, 흠향하소서."라고 하였는데, 정현(鄭玄)의 주에는 "증조와

20 이관수(李觀洙) : 1806~? 자는 성로(聖魯), 본관은 한산(韓山)이다. 음직(蔭職)으로 출사하여 거제 부사(巨濟府使)를 지냈다.

선고 두 분을 부합(祔合)하고자 하여 양쪽에 고한 것이다." 하였고, 오계공(敖繼公)은 "양쪽에 고하면서 효자라고 칭하는 것은 부제를 지내는 돌아가신 분을 위주로 한 것이다."라고 하였으니, 이는 실로 정밀한 의리가 있는 곳입니다.

그 뒤에 나뉘어 두 가지 축문이 된 것은 진(晉)나라 하순(賀循)으로부터 비롯되었는데, 사마광(司馬光)의 《서의(書儀)》와 《주자가례》가 이를 따랐고, 《상례비요》와 《사례편람》은 또 모두 《주자가례》의 글에 의거하여 지금의 정례(定禮)가 되었습니다.

다만 이미 나뉘어 두 가지 축문이 되었으니, 그렇다면 본래 각각 친속(親屬)에 따라 칭해야 할 것이요 혼용하여 칭해서는 안 됩니다. 그런데 《주자가례》에서 분별하지 않고 혼용하여 효자라고 칭한 것은 아마도 이 책이 미처 주자의 수정을 거치지 못한 채 전해져서 그런 듯합니다.[21] 그리고 《상례비요》에서 고자(孤子)라고 혼용하여 칭한 것은 혹 《주자가례》를 따르고, 또 〈사우례〉 주의 "효자라고 칭한 것은, 부제가 길제(吉祭)이기 때문이다."[22]라는 글을 실수로 조검(照檢)하지 못해서 그런 것인 듯한데, -가공언(賈公彦)의 소(疏)에 이르기를 "단궁(檀弓)에 '우제(虞祭)는 상제(喪祭)이고 졸곡(卒哭)은 길제(吉祭)이다.'라고 하였는데, 부제(祔祭)는 졸곡의 뒤에 있으니 이 또한 길제이다. 그러므로 정현이 길제라고 언급한 것이

21 이……듯합니다 : 《주자가례》는 주자의 미완성 저서로 주자 생전에 수정을 거치기 전에 유실되었다가 주자 사후에 다시 등장하여, 제자들의 수정을 거쳐 세상에 나왔기 때문에 이렇게 말한 것이나.

22 효자라고……때문이다 : 저본에는 '효자길제(孝子吉祭)'라고 되어 있으나 《의례》의 원문에는 "효(孝)라고 칭하는 것은 부제가 길제이기 때문이다.〔稱孝者, 吉祭.〕"라고 되어 있으므로 이렇게 번역하였다.

다."라고 하였습니다.- 감히 알지 못하겠습니다.

《사례편람》은 《상례비요》 보다 뒤에 만들어졌으니, 여기에서 증손(曾孫)이라고 칭한 것은 반드시 상고한 바가 있어 절충한 것일 것이니, 여기에 의거하여 행하면 거의 허물을 줄일 수 있을 것입니다.

문 《사례편람》에는 새 신위(神位)를 부제할 때에 또한 출주 고사(出主告辭)[23]가 있으나, 이는 다만 《상례비요》에 기재되어 있지 않을 뿐만이 아닙니다. 또 졸곡의 축문에 '내일 사당에 올려 부(祔)한다'는 뜻을 이미 고했으니, 그렇다면 이것을 빼도 또한 무방하지 않겠습니까?

답 졸곡의 축사에 비록 이미 사당에 올려 부(祔)한다는 뜻을 고했더라도 신주를 움직여 다른 곳으로 가져 갈 적에 어찌 아무 말도 고하지 않을 수 있겠습니까. 《상례비요》에 출주 고사가 없는 것은 글이 빠진 듯합니다.

23 출주 고사(出主告辭) : 사당에서 제청(祭廳)으로 신주를 옮기기 전에 제사를 위해 신주를 꺼낸다고 아뢰는 일이나 아뢸 때의 축문을 이른다.

민치록[24]에게 줌

與閔致祿

그대가 지은 글을 보면 그대의 나이에 비하여 성취가 빠르다고 말할 수는 없으나, 훨훨 나는 듯한 운치가 있어서 지극히 사랑하고 칭찬할 만하니 계속 글을 짓는다면 어찌 옛 사람을 바라기 어렵겠는가.

그러나 문장은 작은 기예일 뿐이니, 한갓 문장만으로는 제대로 된 사람이 될 수 없네. 사람이 이 세상에 살아감에 있어 본래 사람이 되는 모형(模型)으로서의 도리가 있으니, 그대가 만일 이것을 알아서 행하고자 한다면 그대의 삼종씨(三從氏) 좌랑(佐郎) 어른[25]에게 가서 여쭈면 응당 그대를 속이지 않을 것이네.

24 민치록(閔致祿) : 1799~1858. 자는 원덕(元德), 호는 서하(棲霞), 본관은 여흥(驪興)으로 고종(高宗)의 비인 명성황후(明成皇后)의 아버지이며 오희상의 사위이다. 1826년(순조26) 문음(門蔭)으로 장릉 참봉(章陵參奉)이 되었고, 벼슬이 영주 군수(榮州郡守)에 이르렀다. 명성황후는 민치록 사후 9년에 고종 비에 간택되었다

25 삼종씨(三從氏) 좌랑(佐郎) 어른 : 민치복(閔致福 1766~1814)을 가리킨다. 민치복은 민치록의 8촌 형으로 공조, 형조, 호조의 좌랑을 지냈다.

민치록에게 줌

與閔致祿

지난번에 그대가 곧바로 돌아갈 때에 내가 만류하지 못한 것 때문에 이 마음이 마치 무엇을 잃은 듯 허전하였는데, 이것이 어찌 다만 이별이 아쉬워 그런 것이었겠는가. 참으로 마음대로 가고 마음대로 머물러, 돌보아 줄 사람이 없을까 걱정해서였네.

근간에 눈이 내리고 땅이 얼고 날씨가 매우 추운데, 일상생활은 어떠한가? 생각하건대 《소학》은 이미 학업을 마쳤을 것이니, 근간의 과정은 어느 책에 있는가? 또 능히 정식(程式)을 두어서, 완전히 헛되이 놀지 않고 제대로 공부하고 있는가? 늘 생각하고 그리워하여 잠시도 잊을 수가 없네.

옛 사람이 말씀하기를 "자제(子弟)에게 차라리 10년 동안 책을 읽지 않게 할지언정 단 하루도 소인(小人)을 가까이하게 해서는 안 된다."라고 하였는데, 여기에서 이른바 소인이란 것은 아예 소인인 자만을 말하는 것이 아니니, 인가(人家)의 시종하는 하인과 마부와 종도 모두 소인이네.

저들이 눈과 귀와 마음에 신경 쓰는 바는 재화나 이익, 음악이나 여색에 대한 이야기와 구차하고 천하며 비루하고 속된 일에서 벗어나지 못하네. 만약 이 무리들과 더불어 날마다 서로 친하게 지내면 자기도 알지 못하는 가운데 그들에게 동화(同化)될 것이니, 비록 어진 스승과 훌륭한 벗이 있더라도 또한 어쩔 수가 없을 것이네.

부디 이것을 통렬히 살펴서 비록 글을 외고 읽지 않는 때라도 아침저녁으로 생활하고 거처하기를 반드시 글방 스승의 곁에서 할 것이요, 절대로 이 무리들과 함께 서로 친하게 지내지 말아서 좋은 자질과 바탕이 저들에게 파괴되지 않도록 하는 것이 어떠하겠는가? 어떠하겠는가?

진실로 타일러 경계하고자 하는 것이 한두 가지 일일 뿐이 아닌데, 다만 이 한 가지 일이 가장 간절하고 급함이 되기에 먼저 이것을 신신당부하네. 이것은 바로 의가(醫家)에서 급하면 겉으로 드러나는 증상을 다스린다는 방법과 같은 것이니, 부디 범연히 듣지 말고 나의 이 고충에 부응해 줄 것을 생각하게. 혹시라도 효험을 보지 못한다면 이런 말을 어찌 자주할 수 있겠는가. 천만 양찰하시게.

민치록에게 답함
與閔致祿

《대학》의 학업을 이미 마쳤다고 하니 생각이 어떠한가? 배움을 위한 간가(間架)를 만든다는 것에 대해 이해하는 바가 있는가?[26] 격물(格物)과 치지(致知), 성의(誠意)와 정심(正心)이 비록 서로의 순서가 있으나 공부하는 방도는 자연 머리를 나란히 하고 함께 나아가야 하네. 그리고 그 중에서도 성의(誠意) 한 절은 선대(先代)의 유학자들이 사람과 귀신의 관두(關頭 일에 있어서 가장 중요한 단계나 대목)라고 하였으니, 모름지기 여기에 일찍부터 힘을 써야 비로소 학문하는 근기(根基)를 세울 수 있네.

돌아보건대 그대의 나이가 고인(古人)이 '학문에 뜻을 둔 나이〔志學 15세〕'와 흡사한데, 아직까지 어리고 어리석어서 반성하여 깨우치는 바가 없네. 또 부형(父兄)과 사우(師友)들이 이끌어 도와줌이 없어서 밤낮으로 함께 거처하여 노는 자가 계집종이나 하인들의 무리에서 벗어나지 않으니, 선(善)을 좋아하고 악(惡)을 미워하는 사이에 비록 선한 단초(端初)가 발현됨이 있더라도 장차 어떻게 이것을 충실하게 기를 수 있겠는가.

이에 대해 근심할 만함이 어찌 공부를 부지런히 하고 태만히 하는

26 배움을……있는가 : 간가는 빈칸을 이른다. 주자가 〈독대학법(讀大學法)〉에서 "우선 《대학》을 익숙히 읽어 그 간가(間架)를 만들고 다른 책으로 빈칸을 메워 가도록 하라."라고 하였으므로 이렇게 말한 것이다.

것에 비할 수 있겠는가. 지난번 편지에 간곡히 말한 것은 참으로 고심에서 나온 것이니, 과연 능히 내 말을 체량(體諒)해서 명심할 수 있겠는가? 더욱 유념하기를 다시 바라네.

그대가 계속해서 읽을 책에 대해서 물었는데, 주자(朱子)가 말씀하신 독서하는 차례에 《논어》가 과연 《맹자》보다 먼저이나, 이는 바로 대강으로 말씀하신 것이니 비록 먼저 《맹자》를 읽더라도 무슨 문제가 되겠는가. 어느 책을 막론하고 급하게 과정에 내달려 얕고 가볍게 읽고 지나가서는 안 되니, 오직 침잠(沈潛)하고 완미(玩味)하여 책을 보아야 비로소 진보할 곳이 있을 것이네.

봄날의 따뜻함이 점점 펴지고 있는데 헛되이 시간을 보내지 않도록 가까이 와서 지낼 수 있겠는가? 옛 시(詩)에 이른바 "장년(壯年)은 거듭 오지 않고 하루는 두 번 새벽되기가 어렵다.〔壯年不重至 一日難再晨〕"라는 구절[27]은 참으로 생각할 만하네.

27 옛……구절 : 옛 시는 남북조 시대 진(晉)나라의 은사이자 시인인 도연명(陶淵明)이 지은 〈잡시(雜詩)〉이다. 원문의 '장년(壯年)'은 원작에 성년(盛年)으로 되어 있다. 《陶淵明集 卷4》

민치록에게 줌

與閔致祿

그동안 격조하여 마음이 우울하였는데, 일전에 그대의 서숙(庶叔)이 방문하여 그를 통하여 날씨가 추운데 중시하(重侍下)[28]에 편안히 잘 지내고 있음을 알았으니, 기쁨과 위로됨이 참으로 깊었네. 다만 《맹자》를 아직 마치지 못했다는 말을 듣고 이로써 과정이 부실함을 따라 알 수 있었으니, 진실로 그대를 위해 근심하고 있네.

세월이 달리는 말처럼 흘러가서 삼동(三冬)[29]이 장차 반이 지났으니 흐르는 광음(光陰 세월)이 매우 애석할 만한데, 어찌 놀라서 돌아보고 분발할 것을 생각하지 않는가? 주 선생(朱先生)이 말씀하기를 "사람이 학문을 할 때에는 마땅히 불난 것을 끄고 도망가는 사람을 쫓듯이 해야 한다.〔人之爲學 當如救焚追亡〕"[30] 하셨는데, 이와 같이 한가롭게 세월을 보내서야 되겠는가.

길제(吉祭) 때 부조위(不祧位)에 올리는 고유문과 축문에 대해 물었는데, 예서(禮書)를 상고해 보았으나 나온 곳이 없네. 또 다른 집안에서 이미 사용한 예(例) 중에서도 일찍이 듣지 못했기에 부득이 《상례비

28 중시하(重侍下) : 부모(父母)와 조부모(祖父母)를 함께 모시고 있는 경우를 이른다.

29 삼동(三冬) : 겨울철인 음력 10월과 11월, 12월의 세 달을 가리킨다.

30 사람이……한다 : 이 내용은 《주자어류(朱子語類)》 권121 〈훈문인(訓門人) 9〉에 보이는데, 원작에는 '분(焚)'이 '화(火)'로 되어 있다.

요》에 실려 있는 내용에다 간략히 더하고 고쳐 말을 엮어 보내네. 그런데 어찌하여 남평 현감(南平縣監 민치복(閔致福))에게 편지를 보내고 받아서 기일에 앞서 사리(事理)에 합당한 결론을 내지 않고, 이 예(禮)에 어두운 자로 하여금 태재(汰哉)의 비판[31]을 범하게 하는가.

개제고사(改題告辭)

'현오대조고비(顯五代祖考妣)께서 친(親)이 다하여 신주를 마땅히 체천(遞遷)해야 합니다.'라는 내용 아래에 '왕후(王后)의 고비(考妣)[32]께는 나라에서 부조(不祧)를 허락하는 떳떳한 법이 있기에 이제 장차 별도로 한 감실(龕室)을 세우고 신주를 다시 써서 봉안합니다.'라는 내용을 첨가해 넣고, 현고조비(顯高祖妣) 이하 여러 신위(神位)들을 나열해 쓴 아래의 '지금 장차 고쳐 씁니다.〔今將改題〕'라는 구절을 '또한 장차 고쳐 씁니다.〔亦將改題〕'라는 구절로 바꿔야 할 것이네.

길제오대조축문(吉祭五代祖祝文)

이미 신주를 매안(埋安)한 것이 아니라면 '백 번 절하며 고합니다.〔百拜告辭〕'라는 말을 써서는 안 될 듯하네. '현오대조고비(顯五代祖考妣)' 아래를 "아무개의 죄역(罪逆)이 다 없어지지 않았는데 세월이 흘러 상(喪)을 벗을 때가 되었습니다. 세차(世次)가 번갈아 옮겨지고

31 태재(汰哉)의 비판 : 근거를 제시하지 않고 예(禮)를 함부로 말하는 것에 대한 비판을 이르는 말이다. 자세한 내용은 22쪽 주18 참조.

32 왕후(王后)의 고비(考妣) : 숙종(肅宗)의 계비인 인현왕후(仁顯王后)의 아버지 민유중(閔維重)과 그 부인을 이른다.

소목(昭穆)이 차례를 이으니, 제사는 4대에 그치는 것이 비록 예제(禮制)이지만 공경히 나라의 법을 따라 신주를 계속 모시고 체천하지 않기에 삼가 맑은 술과 여러 제수를 갖추어 공경히 세사(歲事)를 올립니다."라고 고쳐야 할 것이네.

민치록에게 줌

與閔致祿

《맹자》는 몇 편이나 읽었는가? 과연 계속 읽어서 새로운 재미를 알아가고 있는가? 한천(寒泉 이재(李縡)) 어른이 일찍이 말씀하기를 "쇠망(衰亡)한 시대의 사람은 참으로 맹자와 주자의 책을 읽는 것이 좋다." 하였는데, 이는 이 책들에서 이익과 의리를 분별한 것이 못을 끊어내고 쇠를 자르는 것처럼 십분(十分) 통쾌해서 사람의 뜻과 기운을 부지해 세울 곳이 있음을 말씀한 것이네.

더구나 그대의 자질은 아름답지 않은 것은 아니나, 다만 이와 같은 굳셈과 용맹함이 부족하여 유속(流俗)의 가운데에 꼿꼿하게 서기가 어려운 듯하네. 반드시 《맹자》 7편 가운데의 선(善)과 이익을 분변(分辨)하고 인의(仁義)를 넓히는 뜻에 대해 마음을 다해서 반복하여 이를 격앙(激昂)시키면 거의 좋은 의사(意思)를 많이 보게 될 것이지마는, 만약 범범(泛泛)히 읽고 지나간다면 무슨 유익함이 있겠는가.

민치록에게 줌
與閔致祿

봄기운이 무르익어 사랑할 만한데 지금 기미(氣味 의취(意趣)나 정조(情調))는 아름다운가? 또 《파경(葩經)》[33]은 이미 과정을 시작하고서도 하다말다 하는 것은 아닌가? 대저 책을 읽음에 있어 자주 외어서 꿰뚫는 것보다 좋은 것이 없는데, 이 《시경》과 같은 경우는 의취(意趣)가 깊어지고 길어지는 것이 오로지 시를 읽고 읊조리고 영탄(詠歎)하는 사이에 있으니, 더욱 외지 않으면 안 되네.

옛 사람이 말하기를 "한갓 책을 읽기만 하고 외지 않는 것은 천하에서 제일 게으른 짓이다."라고 하였는데, 그대에게 실제 이 병통이 있으니, 이 병통의 뿌리를 찾아보면 다만 마음의 주재(主宰)를 정하지 못하여 능히 괴로움을 참고 번거로움을 견디지 못하는 데에 있네.

그러나 마음은 억지로 힘써서 잡아 정할 수가 없고 반드시 먼저 외면으로부터 검속(檢束)해야 하니, 외면을 검속함은 〈옥조(玉藻)〉의 구용(九容)[34]을 이마 위에 써 붙여 두고 항상 비쳐보는 것처럼 하는 것이 가장 좋네. 처음에는 비록 힘들고 고생스러워 활발하게 할 수 없을

33 파경(葩經) : 《시경》을 이르는 말로, 한유(韓愈)가 〈진학해(進學解)〉에서 "《시경》은 바르고 꽃봉오리처럼 아름답다.〔詩正而葩.〕"라고 말한 데서 유래하였다.

34 옥조(玉藻)의 구용(九容) : 〈옥조〉는 《예기》의 편명이다. 구용은 군자가 마땅히 지녀야 할 아홉 가지 몸가짐으로, 〈옥조〉에 "군자의 발걸음은 무겁고 손놀림은 공손하며, 눈길은 단정하고 입은 조용하며, 말소리는 고요하고 머리 모양은 곧으며, 숨 쉬는 모습은 엄숙하고 서있는 모양은 덕이 있으며 얼굴빛은 장엄해야 한다."라고 보인다.

듯하나, 오래하여 이것을 익히면 장차 반드시 크게 기쁜 경지가 있을 것이네.

또 생각하건대 그대는 집에 거처하며 부귀와 안일 속에서 자신의 몸을 봉양하고 있으며 또 자신보다 뛰어난 자 중에 친하게 지낼 만한 사람이 없으니, 그대를 위한 계책으로는 이곳으로 와서 나와 함께 고고(枯槁)하고 담박하게 지내는 것이 가장 좋을 것이네. 그러나 마을에 염병이 여전히 치성(熾盛)해서 오라고 할 날짜를 정할 수가 없으니, 지극히 근심스럽고 근심스럽네.

근래에 보니 인가(人家)의 소년(少年)들이 도도(滔滔)하게 거침이 없어서 전혀 법도로 검속함이 없네. 이와 같은 무리의 사람들을 만약 벗으로 사귀면 손해만 있고 유익함이 없으니, 요컨대 문을 닫고 교류를 그치는 것으로 허물을 줄이는 방도로 삼아야 할 것이네. 그대 집안의 자형(子亨 민태용(閔泰鏞)) 같은 사람은 본래 후배 중에 뛰어난 인물이고 또 가정에서 보고 들은 것이 있으니, 내가 애지중지하는 바이네. 그대가 이런 인물을 지친(至親) 중에서 얻었으니 어찌 큰 행운이 아니겠는가.

간절하고 자상하게 권면하는[35] 유익함을 굳이 다른 데에서 구하지 말고 모름지기 끊임없이 찾아가서 마음을 비우고 서로 의지해서, 몸가짐과 일을 처리하는 것으로부터 문자 중에 의심스럽고 이해하기 어려운 것들에 이르기까지 항상 그와 더불어 묻고 강마(講劘)하는 것이

35 간절하고 자상하게 권면하는 : 이 내용은 《논어》 〈자로(子路)〉에 자로가 "어떻게 해야 선비라고 이를 수 있습니까?"라고 묻자, 공자께서 "간절하고 자상하게 권면하며〔切切偲偲,〕 화락하면 선비라 이를 수 있다."라고 대답한 구절을 원용한 것이다.

어떻겠는가?

나는 방금 교외의 집에서 돌아와 외부의 소요가 조금 그치니 깨끗한 창문가에서 책을 펴봄에 자못 마음에 기쁠 만하나, 한스러운 것은 그대와 함께하지 못하는 것이네. 이만 줄이네.

민치록에게 줌

與閔致祿

그대가 과거를 치르려 이번 과장(科場)에 들어갈 예정이라고 들었는데 사실인가? 이것은 그대가 처음 세상에 발을 내딛는 일에 해당되는데 이에 대해 한마디 말도 나에게 묻지 않았으니, 나를 스승처럼 본다는 것이 어디에 있는가?

그대의 지기(志氣 지향(志向)과 기개(氣概))가 아직 일정한 방향이 있지 않은데 곧바로 장옥(場屋 과거 시험장)에 발자취를 들여놓는 것은 이미 아름다운 일이 아니네. 하물며 그대의 나이가 아직 어리고 문예(文藝)의 성취가 나이에 비하면 또 그만 못할 뿐만이 아님에 있어서이겠는가. 만일 선대인(先大人)께서 세상에 살아 계신다면 과장에 들어가는 일을 반드시 대번에 허락하지 않았을 것이네.

그대를 위하여 계책을 세워 보건대, 우선 과거에 나아가는 것을 몇 년 늦추고 마음을 다하여 학업을 익히는 것이 가장 좋네. 이렇게 하면 진정한 재능은 미처 이루지 못하더라도 정문(程文)[36]의 향배(向背)에 대해서는 대강 알게 될 것이니, 이렇게 하여 자신을 스스로 수립할 수 있는 뒤에 과거에 응시한다면 진실로 온당한 도리가 될 것이네.

세상의 습속(習俗)이 도도하다고 말하지 말게. 그대 집안의 선고(先故)[37]께서는 본래 좋은 법과 아름다운 규칙을 지녀서 한 나라에 모범이

36 정문(程文) : 과거 시험장에서 쓰는 일정한 법식이 있는 문장, 즉 과문체(科文體)를 이른다.

될 만하였는데, 사손(嗣孫)이 된 자가 능히 선조의 법도를 따르지 못함이 이와 같으니, 거듭 이 때문에 슬프고 안타까운 마음이 드네.

비록 시위에 메긴 화살과 같아서 형세가 중지하기 어려운 줄을 아나 이에 대해 회포가 있는 것을 숨길 수가 없기에 이와 같이 마음속을 토로하니, 부디 나의 이 괴로운 심정을 밝게 헤아리고 후일에는 이런 일을 삼가 주기를 바라네.

37 그대 집안의 선고(先故) : 민우수(閔遇洙, 1694~1756)를 가리킨 것으로 보인다. 민우수는 호가 정암(貞庵), 자는 사원(士元), 본관은 여흥(驪興)으로 수암(遂菴) 권상하(權尙夏)의 문인이다. 1714년(숙종40) 증광 생원시에 합격하고 벼슬이 대사헌에 이르렀다. 여기의 선고는 선조(先祖)라는 의미이다.

민치록에게 줌

與閔致祿

지난번 자형(子亨)을 만나 담화하던 중에 그대의 공부에 말이 미쳤는데, 혹은 하다 혹은 말다가 하고 있으며 애당초 과정을 정하지 않아서 삼동(三冬)이 이미 절반이 지났는데 《서경》 첫째 권을 떼지 못하고 있다고 하였네. 책은 이 마음을 유지시켜 주는 것인데, 책이 이미 이와 같다면 용체(容體)가 산만하고 심지(心地)가 황폐해졌음을 미루어 알 수 있으니 이와 같아서야 어떻게 선친의 뜻을 따르고 선조의 아름다움을 따를 수 있겠는가.

불초가 외람되이 선대인(先大人)의 유탁(遺託)을 받아 일찍이 단 하루도 그대를 가슴속에서 잊은 적이 없는데, 종전에 나의 고심(苦心) 속에서 나온 말에 대해 그대가 내치는 기색을 보이지 않았으나 끝내 내 말을 따르고 깊이 생각하는 뜻이 없었네.

매번 그대를 데려다가 내 곁에 두고 어느 곳에서나 경계하고 어느 때에나 면려(勉勵)하여 다소나마 이 마음을 드러내 전해주고 싶으나, 연래로 교외(郊外)에 살고 있어서 그대가 오랫동안 부모 곁을 떠나기를 어렵게 여기니, 나 또한 억지로 오게 할 수가 없네. 비록 한두 번 서로 만날 때가 있으나 끝내 몇 달 정도 오랜 기간을 함께 할 수 없으니, 이 무슨 유익함이 있겠는가.

내 일찍이 듣건대 정옹(貞翁)[38]께서 생원(生員) 윤일복(尹一復)이라

38 정옹(貞翁) : 호가 정암(貞庵)인 민우수(閔遇洙)를 높여 칭한 것이다.

는 사람을 가르치고 싶었으나, 윤생(尹生)이 오려고 하지 않자, 정옹께서 그를 위해 수백 리 되는 곳에 우거(寓居)하면서 가서 가르쳤다고 하네. 선배들이 마땅히 해야 할 일에 대해서 조금도 계교(計較)하거나 미루지 않은 것이 이와 같네. 이것을 생각하면 내 일찍이 그 높은 의리에 탄복하고 내 자신의 능하지 못함을 부끄러워하지 않은 적이 없었네.

금년 여름에 마침 일이 있어 도성 안으로 집을 옮겨 우거하니, 온갖 일이 마음에 드는 것이 없고 오직 그대와 함께 오랫동안 거처해서 같이 문자를 논의하는 일로 기쁨을 삼았네. 그런데 공교롭게도 이 몸의 신우(薪憂)[39]로 일에 마(魔)가 끼어 지금까지 한 번도 서로 만나지 못하였네. 천하의 일이 생각한 대로 되기 어려움이 이와 같으니, 참으로 한탄할 만하네.

지금 나의 병이 처음으로 다소 차도가 있으니, 모름지기 가까운 시일에 그대가 책 상자를 지고 와서 남은 해의 공부의 과정을 함께 하는 것이 어떻겠는가? 그대의 본령(本領)을 보건대 하나의 강(剛) 자(字)가 부족해서 이 때문에 누구나 좋아하고 따를 만한 선(善)은 있으나, 진작하고 분발해서 일을 행함이 있지 못한 것이네.

옛 사람이 말하기를 "유선(柔善)이 강악(剛惡)만 못하다."라고 하였으니, 강악의 사람은 비록 악을 하는데 과감하나, 만약 그 마음이 한 번이라도 혹 반성하여 깨달음이 있게 되면 오히려 개과천선(改過遷善)

39 신우(薪憂) : '채신지우(採薪之憂)'의 줄인 말이다. 땔나무를 하기 어려울 정도로 몸이 불편하다는 뜻으로 자신의 병을 완곡하게 비유하는 표현인데, 《맹자》〈공손추하(公孫丑下)〉에 "어제 왕명이 계셨으나 채신의 우환〔有采薪之憂〕이 있어 조회에 나가지 못하시더니, 오늘 병이 조금 나으셨으므로 조정에 달려 나가셨습니다."라고 보인다. 채(採)와 채(采)는 서로 통한다.

하는 길이 있네. 하지만 유선(柔善)의 사람은 선을 하여도 힘써 하지 않고 악을 제거함에도 용맹스럽지 못해서 선과 악의 사이에서 주저하고 오락가락하여 종신토록 아교와 옻칠이 엉긴 단지 속에서 떠나지를 못하니, 두려워하지 않을 수 있겠는가. 적이 그대를 위해 경계하는 바이네.

조병덕[40]에게 답함

答趙秉悳

지난번에 받은 손첩(損帖)[41]은 작별한 뒤에 첫 번째로 온 소식이었네. 편지를 펴봄에 마음이 흔연히 소생하였으며 영명한 그대의 모습을 직접 보는 듯하였네. 그러나 이 몸에 병과 우환이 이어져 지금까지 답장이 지체되었으니, 소홀하고 등한함이 심하였네. 어느덧 해가 저물어 가는데 독서하는 기미가 진중하고 몸을 잘 아끼고 있으리라 생각하네.

듣건대 깨끗한 산사(山寺)에 머물면서 《맹자》를 열심히 공부하고 있다고 하니, 선(善)과 이(利)를 분변하고 인의(仁義)를 확충하는 뜻에 대해 반복해서 깊이 마음에 합치하여 스스로를 격앙시킨 것이 있는가? 주자의 한 평생의 학문에 있어 이 《맹자》 책에서 득력(得力)한 것이 가장 많으셨네. 도암(陶菴 이재(李縡)) 어른은 말씀하기를 "말세의 사람은 바로 마땅히 맹자와 주자의 책을 많이 읽어야 한다."라고 하였으니, 이 또한 쇠한 세상의 뜻이네.

돌아보건대 지금 정학(正學)이 땅에 떨어지고 명예와 이익에 치달리는 마음이 하늘을 닿아서 한 작은 배로 항거할 수 있는 것이 아니네. 우리 당(黨)의 선비로서 만일 이 일에 뜻이 있다면 모름지기 염우(廉

40 조병덕(趙秉悳) : 1800~1870 자는 유문(孺文), 호는 숙재(肅齋), 본관은 양주(楊州)이며, 오희상(吳熙常)의 문인이다. 1852년(철종3)에 음보(蔭補)로 지평이 되었고 벼슬이 호조 참판에 이르렀다.

41 손첩(損帖) : 손해되는 벗에게 보낸 편지라는 뜻으로 자신을 겸칭하여 손우(損友)라고 하는 데에서 유래하였다.

隅)의 장벽(墻壁)[42]이 있어야 비로소 능히 설 수 있으니, 연약(軟弱)하고 소침(消沈)한 마음으로 이룰 수 있는 바가 아니네.

유문(孺文)은 자품이 깨끗하고 행실이 단정하며 바야흐로 장차 책을 읽어 뜻을 구하려 하니, 내가 교유하여 아는 사람을 하나하나 세어 보아도 실로 그대와 같은 사람을 얻기가 쉽지 않네. 구구한 이 몸이 그대에게 기대하고 바라는 것이 어찌 미미하겠는가.

내 일찍이 망령되이 월단평(月旦評)을 모의(模擬)해서 말하기를 "유문은 밝고 명랑하나 위중(威重)함이 부족하고, 화락하고 온화하나 넓고 굳센 뜻은 부족하다."라고 하였는데, 알지 못하겠네. 유문이 스스로 자신을 아는 것은 과연 어떠한가?

진덕수업(進德修業)하는 즈음에 모름지기 많은 데에서 취하여 적은 데에 더해 주며, 무거운 임무를 지고 먼 곳까지 이르러 실추된 전통에서 한 선(線)을 이어가기를 깊이 바라는 바이네. 나는 늙고 병들어 거의 죽게 되어서 만 가지 생각이 모두 공허하나, 오직 도(道)를 걱정하는 한 생각을 지워버릴 수가 없어서 마음속 깊은 회포(懷抱)에 있는 것들을 편지에서 이렇게 다 쏟아 놓으니, 부디 나의 뜻을 양찰해 주시기 바라네.

나는 추위를 만나 자주 병이 들어 모든 일이 해이해지고 황폐해졌으며 비록 때로 문자를 보는 것으로 눈가림하고 있으나 모두 한만(汗漫)하여 스스로 기뻐할 수 없으니, 어떻게 벗들의 바람에 부응할 수 있겠는가. 오직 조시중(趙時仲)[43]이 옆을 지키고 있어 삼여(三餘)에 《논어》

42 염우(廉隅)의 장벽(墻壁) : 염우는 단정하고 구차하지 않은 행위와 품성을 이르는 말로 이 내용은 《주자어류》 권13 〈학(學)7 역행(力行)〉에 보인다.

를 읽고 겸하여 주자의 편지글을 보고 있는데 그의 소견이 정진(精進)하고 있음을 점점 느끼니, 이로써 마음을 위로할 뿐이네. 나머지는 이만 줄이니, 자신의 몸을 스스로 아끼면서 덕을 진전시키기를 바라네.

43 조시중(趙時仲) : 조중식(趙中植, 1808~?)으로 시중은 자로 보이고 본관은 함안(咸安)이다. 음보(蔭補)로 출사하여 벼슬이 배천 군수(白川郡守)에 이르렀다.

조병덕에게 답함
答趙秉悳

《논어혹문(論語或問)》에 인(仁)·의(義)·예(禮)·지(智)·신(信)을 오행(五行)의 신(神)이라고 한 것은 심히 의심할 만하네. 주자께서 경전(經傳)에 단 주(註)와 다른 저술들을 한번 읽어보면 대부분이 오상(五常)을 오행의 이(理)라고 하였고, 일찍이 오행의 신(神)이라고 말씀하신 적이 없네.

경전에서 신을 말하면서 거의 이(理)와 구별을 두지 않은 것은, 《중용》의 귀신(鬼神)보다 더 한 것이 없는데, 주자께서 오히려 "우선 형이하(形而下)에만 나아가 말을 했지만 다만 이것은 모두 실리(實理)에서 발현된 것이다."[44]라고 말씀하셨네. 신과 이(理) 사이에서 변별함이 이와 같이 명백한데도, 유독 여기에서 이와 같이 말씀한 것은 인심(人心)의 묘(妙)함이 된다는 -이 한 구는 바로 《논어혹문》에 나오는 글귀이네.- 것을 위주로 하였기 때문에 이와 같이 말씀한 것이 아니겠는가?

문인(門人)들이 일찍이 나무의 신과 불의 신에 대해 묻자, 대답하시기를 "신 자는 의사(意思)라는 말과 같다."라고 하셨는데, 의사(意思) 두 글자는 바로 묘(妙) 자의 뜻일 것이네. 대저 신과 이(理)의 구분이 가장 알기 어렵네. 이(理)는 방소(方所)와 형체가 없는데 신 또한 방소와 형체가 없고, 이(理)는 편정(偏正 편벽됨과 바름)이 없는데 신 또한 편정이 없고, 이(理)는 남고 부족함이 없는데 신 또한 남고 부족함이

44 우선……것이다 : 이 내용은 《주자어류》 권63 〈중용(中庸) 제16장〉에 보인다.

없어서, 어디를 가나 똑같지 않음이 없네.

또 근본을 지극히 하고 근원을 다하여 이(理)와 기(氣)가 혼합되는 묘(妙)함을 보면 하나이고 둘이 아니어서 그 사이를 엿볼 수가 없는데, 그런데도 끝내 한 물건이라고 부를 수 없는 것은 반드시 그 이유가 있네.

모름지기 마음을 깨끗이 하고 정밀하게 생각해서 언어와 문자의 밖에서 묵묵히 체득하여야 비로소 그 뜻을 거의 알 수 있을 것이네. 한 번이라도 혹 착오가 있게 되면 털끝만한 차이가 천리만큼 어긋나게 되는 일이 여기에서 비롯될 것이니, 또 마땅히 십분(十分) 신중히 생각하고 밝게 분별하여야 할 것이요, 쉽게 자신의 주장을 내세워서는 안 되네.

주자께서 논한 계선성성(繼善成性)[45]은 곧바로 천도(天道)에 나아가 말한 것이네. 나는 계선성선을 빌어서 장차 성(性)을 이룬 뒤의 동(動)·정(靜)과 체(體)·용(用)에 대해 미루어 말한 것이니, 그대가 만약 '정 가운데의 동'과 '동 가운데의 정' 등 몇 구의 말에 유의한다면 말한 자의 본의(本意)를 알 수 있을 것인데, 어찌 이것을 가지고 주자의 설에 부합하지 않는다고 말하는가.

대저 우주간의 도리는 본래 원활(圓活)해서 비록 하늘에 있고 사람

45 계선성성(繼善成性) : 《주역》 〈계사전 상(繫辭傳上)〉에 보이는 구절로, 한 번 음이 되고 한 번 양이 되는 것이 도(道)인데, 도가 반복하여 끊임없이 계속하는 것이 완전무결한 자연의 조화〔善〕이고 그 결과 어떤 본체를 갖춘 여러 가지 사물이 만들어지는바, 이 사물들의 본체가 곧 성(性)이라는 내용이다.

에 있는 구별이 있으나, 진실로 이(理)를 보는 기미가 익숙해지면 머리마다 구비마다 자연 융회(融會)하여 서로 통할 것이니, 이 이(理)는 억지로 꾸며 단정하고 국한시켜서 말할 수 있는 것이 결코 아니네. 무릇 남의 문자를 볼 적에 먼저 당사자의 본의를 문구(文句) 밖에서 보고서 서로 고해야 하니, 다시 이 점에 대해 더욱 유의하는 것이 어떻겠는가.

《주자어류(朱子語類)》에 "4대(四代) 이상이라도 내가 직접 뵙고 섬긴 조상에 대해서는 모두 마땅히 3월복을 입어야 한다."라고 한 설을 《상례비요(喪禮備要)》에서 인용하였는바, 나 또한 일찍이 이것을 본 적이 있네.

그러나 이는 마땅히 승중(承重)[46]해야 한다는 훈(訓)과는 이미 차이가 있네. 예컨대 예경(禮經)에 보이는 종자(宗子)를 위해서는 자최삼월(齊衰三月)의 복을 입고 한집에서 밥을 지어 먹은 자를 위해서는 시마삼월(緦麻三月)의 복을 입는다는 것 등의 경우로 살피건대, 오복(五服) 이외에 경우는 또한 모두 3개월로 단정을 했으니, 그렇다면 《주자어류》의 이 설이 여기에 근거해서 의(義)로써 일으킨 것이 아닌지 어찌 알겠는가.

5대(五代)면 종친(宗親)의 관계가 끝나는데 지금 또다시 이것을 인용하여 더 늘여서 마땅히 승중(承重)해야 한다는 근거로 삼는다면 이

46 승중(承重) : 상제(喪祭)의 중함을 이어 받는다는 뜻으로 적자(嫡子)가 질병이 있거나 사망했을 경우에 적손(嫡孫)이 바로 조부를 계승함을 이른다. 조부의 입장에서는 전중(傳重)이라고 한다.

것은 '의로써 일으킨 것 중에 의로써 일으킨 것'이어서 방한(防限 일정한 정도나 범위 등을 넘지 못하게 막아서 제한함)과 절제(節制)가 없다고 이를 수 있으니, 어찌 예(禮)라고 말하겠는가.

이 점이 내가 홍씨(洪氏) 벗[47]의 설에 대해 석연치 못하게 여기는 이유인데, 이는 예(禮)의 대절(大節 기본적인 법칙)에 해당되어 실로 그 사이에 쉽게 자신의 주장을 내세울 수가 없네. 나는 다만 의심스러운 것을 남겨둘 뿐, 이에 대해 깊이 말하여 참람하고 건방지다는 비난을 범하고 싶지 않네.

47 홍씨(洪氏) 벗 : 매산(梅山) 홍직필(洪直弼)을 가리킨 것이다.

조병덕에게 답함

答趙秉悳

문 고부 군수(古阜郡守) 송우연(宋友淵)[48] 씨가 최장방(最長房)으로 고조(高祖)의 제사를 받들었습니다. 이 분이 별세한 뒤에 친(親)이 다하여 마땅히 그의 고조의 신주를 매안(埋安)해야 하니 그 집안에서 장차 《상례비요》의 협제(祫祭)[49]의 의절(儀節)을 따라 행하고자 합니다. 그런데 혹자가 말하기를 "《상례비요》에 기재되어 있는 것은 종가(宗家)에서 신주를 한 대씩 뒤로 물리고 소목(昭穆)의 차례를 잇는 예(禮)이니, 만약 지손(支孫)으로 조위(祧位 종가의 사당에서 조천(祧遷)한 신위)를 받드는 자가 이것을 따라 행한다면 소종(小宗)으로 대종(大宗)과 합하는 혐의가 있다."라고 하고, 또 말하기를 "체천한 신주를 매안할 때에, 비록 친(親)이 다했더라도 종자(宗子)가 마땅히 그 일을 주관해야 하니, 종가로 신주를 받들어 옮겨 신주를 영원히 옮기는 예(禮)를 행하는 것이 정(情)과 예(禮)에 부합한다."라고 하였습니다.

또 혹자는 말하기를 "신주를 매안하러 가는 길에 신주가 평소 모셔져 있던 사당을 지나게 되면 모른 체 할 수가 없다. 그러므로 잠시 그 사당으로 신주를 받들고 가서 간략히 전(奠)을 올려야 한다."라고 하여,

48 고부 군수(古阜郡守) 송우연(宋友淵) : 송우연(1771~?)은 자가 평수(平脩), 본관은 은진(恩津)이다. 1810년(순조10년) 식년 생원시에 합격하고 벼슬이 고부 군수(古阜郡守)에 이르렀다.

49 협제(祫祭) : 조상의 신주를 조묘(祖廟)에 함께 모아 지내는 제사를 이른다.

문중(門中)의 여러 의논이 통일되지 못하고 있으니, 집안에서 저로 하여금 여쭙도록 하였습니다.

답 체천(遞遷)의 예(禮)는 주자께서 의(義)로 일으킨 것이네. 체천한 신주를 장방의 조묘(祖廟)와 예묘(禰廟 아버지 사당)에 함께 받드는 것은 끝내 소종으로 대종과 합하는 혐의가 있으니, 일을 행한 뒤에 저애(沮礙)가 있는 것은 형편상 당연한 것이네. 남당(南塘) 한원진(韓元震) 선생이 "체천하는 신주가 주인에게 먼 대(代)의 선조라면 원래 뒤따라 제사하는 예(禮)와 합사(合祀)하는 의(義)가 없다."[50]고 말씀한 것이 준엄하고 바른 듯하네.

그러나 처음에 이미 같이 한 사당에 받들어서 사시(四時)의 정제(正祭)와 정월 초하루와 동지(冬至), 매월 초하루와 보름의 참례(參禮)에 또한 모두 함께 제수를 올렸는데, 유독 길제(吉祭)에만 합제(合祭)하지 않고 신주를 그대로 매안하는 것은 신주를 영원히 옮기는 즈음에 실정(實情)과 예문(禮文)을 다하는 것이 아닐 듯하네.

또 《상례비요》에 실려 있는 고유하는 축문(祝文)은 종자(宗子)를 위주로 말한 것이니, 그렇다면 또한 그 글을 있는 그대로 쓸 수가 없네. 그러므로 율곡의 《어록(語錄)》과 도암(陶菴)의 《사례편람(四禮便覽)》에 있는 여러 설을 참작해서 고유하는 말을 다시 엮어 글을 만들어 아래에 기록하였으나, 실로 태재(汰哉)의 비판[51]이 있을까 두렵네.

50 체천하는……없다 : 이 내용은 남당이 김사응(金士膺)에게 답한 편지에 보인다. 《南塘先生文集 卷17 書》

51 태재(汰哉)의 비판 : 근거를 제시하지 않고 예(禮)를 함부로 말하는 것에 대한 비판을 이르는 말이다. 자세한 내용은 22쪽 주18 참조.

체천하는 신주를 매안하는 절차에 이르러는, 종자에게 이미 친(親)이 다해서 종친(宗親)의 관계가 끝났다면 종자가 매안하는 것을 주관할 만한 의(義)가 없을 듯하니, 어찌 종가로 옮겨 받들어 다시 신주를 영원히 옮기는 제사를 행할 수 있겠는가. 5대손(五代孫) 중에 연장자가 주관하는 것이 옳을 듯하나, 장방의 아들이 이미 합제(合祭)할 때에 주관하였다면 마땅히 처음부터 끝까지 일을 주관하여야 하네. 매안할 때에 고유하는 축사 또한 장방의 아들을 위주로 하여야 비로소 일관되게 서로 이어져서 일에 지장(支障)이 없을 것이네.

신주를 매안하러 가는 길이 만약 옛 집 쪽으로 나간다면 잠시 옛 사당으로 모셔 제수와 술잔을 올려 정을 펴는 것은 예(禮)에 크게 어긋나지 않을 듯하네. 그러나 예(禮)에 근거한 바가 없으니, 내 감히 단정하여 말할 수 없네.

> 모년 모월 모일에 5대손(五代孫) 아무개는 5대 조고(祖考) 모관 부군(某官府君)과 5대 조비(祖妣) 모봉 모씨(某封某氏)께 감히 밝게 고합니다. 아무개의 선고(先考) 모관 부군이 일찍이 조사(祧祀)를 받들었는데, 이제 상(喪)이 끝나 예(禮)에 마땅하게 친(親)이 다하여 장방으로 체천하여 받든 신주를 장차 묘 옆에 매안하려고 합니다. 이에 슬픈 마음을 이길 수가 없기에 삼가 맑은 술과 여러 가지 제수를 차리고 백 번 절하고 고유합니다.
>
> -위는 합제할 때에 조주(祧主)에 대한 축문이다.-

> 이제 장차 매안하기 위해 신주를 받들어 신주 가마로 나아가기에 삼가 술과 과일을 차리고 감히 고합니다.

-위는 신주를 받들어 묘소로 갈 때에 고유하는 말이다. 집이 먼 곳에 있으면 이 고사를 쓰고 만약 집이 묘소 아래 있어서 당일로 묻을 수 있는 자는 쓰지 않는다.-

이제 장차 신주를 매안하기 위해 영역(塋域)을 열기에 삼가 술과 과일을 차리고 감히 고합니다.

-위는 신주를 매안하기 위해 구덩이를 팔 때에 해당 신위의 묘소에 올리는 고사이다.-

모년 모월 모일에 5대손(五代孫) 아무개는 5대 조고 모관 부군과 5대 조비 모봉 모씨께 감히 밝게 고합니다. 이제 묘 오른쪽에 나아가 신주를 봉안하여 영원히 결별(訣別)하오니, 슬픈 마음을 이길 수가 없습니다. 이에 맑은 술과 여러 가지 제수를 차려 이를 펴서 경건히 고하고 삼가 고합니다.

-이상은 매안할 때에 사판(祀版)에 올리는 고사이다.-

김보근[52]에게 답함

答金輔根

같이 성안에 살면서 격조하게 지낸 것도 답답한 마음을 견딜 수가 없었는데, 더구나 지금은 헤어져 후일의 기약조차 아득하니, 늙은이의 회포가 이에 있어 어찌 서글프고 답답하지 않겠는가. 바로 오늘 인편에 편지를 받아 보고서 추운 날씨에 중시하(重侍下)[53]의 몸이 화목하고 여유 있게 지냄을 알았으니, 흐뭇하고 기쁜 마음을 말로 다할 수가 없네.

이 몸은 궁벽한 산중에 외로이 우거(寓居)하면서 분수를 따라 물을 마시고 밥을 먹으니 올연(兀然)히 한 늙은 승려일 뿐이네. 때로 가지고 온 서책을 펴봄에 자못 운치가 있음을 깨달으나, 그대와 이를 함께하지 못하는 것이 한스럽네.

그대의 미간(眉間)을 살펴보건대 세속에서 이른바 '과거(科擧)에 있어 발원(發願)'을 너무 일찍 세운 뜻이 있으니, 이는 아마도 운수(運數)가 시킨 것인 듯하네. 어찌 그대를 나무라겠는가. 또 예로부터 어진 이와 호걸스러운 분들이 많이 과거에서 입신양명(立身揚名)을 하였으니, 또한 어찌 그대가 과거를 보지 않기를 바라겠는가.

52 김보근(金輔根) : 1803~1869. 자는 중필(仲弼), 호는 삼송(三松), 본관은 안동(安東)으로 영흥부원군(永興府院君) 김조근(金祖根)이 아우이다. 1837년(헌종3) 식년 문과에 급제하고 벼슬이 예조 판서에 이르렀다.

53 중시하(重侍下) : 부모와 조부모를 함께 모시고 있는 경우를 이른다.

과거 공부를 하되 다만 모름지기 이 과거 외에 수많은 일 –식견(識見)과 명절(名節)– 이 있음을 알아서 과거를 제2건(第二件)의 일로 보아야 비로소 좋네. 자신의 안중에 다만 이 과거만을 두고 다른 것이 있음을 알지 못한다면, 염겁(炎劫)의 도철(饕餮)[54]로 득실을 근심하는 비부(鄙夫)가 되지 않을 자가 별로 드물 것이니, 어찌 위태롭지 않겠는가.

지난번 작별할 때에 이 말을 해주고자 하였으나 당시 매우 분주하여 말하지 못했기에, 이에 이 편지를 통해 언급하는 것이니, 부디 이 늙은이의 고심을 알아서 때때로 생각하고 연구하는 것이 어떻겠는가? 천만 가지 이야기는 이만 줄이고 오직 몸을 스스로 아끼고 학업에 힘쓰기를 바라네.

54 염겁(炎劫)의 도철(饕餮) : 염겁은 혹독한 겁화(劫火)를 이르고 도철은 탐욕이 많고 악(惡)한 사람을 말한다. 황제(黃帝) 때의 관원인 진운씨(縉雲氏)에게 불초한 아들이 있었는데, 이 아들이 음식이나 재물에 대해 탐욕이 많아서 재물을 끝도 없이 쌓아두고서도 고아나 과부에게 나누어주지 않고 곤궁한 사람을 구휼하지도 않자, 천하의 백성들이 이를 환두(驩兜)·공공(共工)·곤(鯀) 등 삼흉(三凶)에 비교하여 '도철'이라고 하였다고 한다.《春秋左氏傳 文公 18年》

김보근에게 줌

與金輔根

지금 여행 중의 형편이 어떠한가? 지척에 살면서도 격조하여 더욱 그리운 생각에 마음이 괴롭네. 강가의 누대(樓臺)는 적막하지만 봄날의 햇볕이 점점 펴지고 있는데 깨끗이 앉아서 글을 읽는 것이 얼마나 운치 있는 일인가.

지난 섣달 바람 불고 눈 내리는 성균관 뜰에서 혼란스러웠던 것을 회상해보면 득실(得失)은 과연 어떠한가? 다만 말해줄 한 가지 일이 있네. 그대가 거접(居接)[55]하고 있는 곳이 나의 집과 가까우니, 처음에 생각하기를 자주 의심스러운 것들을 가지고 와서 질문하리라고 여겼었는데 지금 며칠이 되었는데도 한 번도 찾아오지 않고 있네.

책을 읽고서 의심이 없다면 이는 책을 잘 읽지 못한 것이요, 의심이 있는데도 묻지 않는다면 이는 진전(進展)을 구하지 않는 것이네. 그대는 반드시 이 중에 하나일 것이니, 책을 읽는 것을 이와 같이 하여 세속에서 말하는 고경(瞽經 경서에 대해 봉사처럼 알지 못함)이 됨을 개의치 않고자 한다면, 비록 평생 부지런히 힘쓰더라도 어찌 한 푼 한 치의 유익함이 있을 수 있겠는가.

대저 근간의 소년들은 관례(冠禮)를 올리기만 하면 오연(傲然)하고 잘난 체하여 곧 자신을 굽히고 남에게 물으려고 하지 않아서 종신토록

55 거접(居接) : 과거시험에 대비하여, 글방이나 절간 등 조용한 곳에 함께 모여 공부하는 것을 이른다.

아교와 옻칠이 엉긴 단지 속에서 떠나지 못하면서 부끄러운 줄을 알지 못하네. 이런 식으로 집에 거처하고 세상에 쓰이고자 한다면 결코 옳은 것이 없을 것이니, 이 때문에 인물이 묘연해지고 세도(世道)가 날로 멸렬해지는 것이네.

이 몸이 중필(仲弼)에게 기대하고 바라는 것이 어찌 이런 무리가 되라는 것이겠는가. 금일부터 반드시 읽던 책자(冊子)를 끼고 아침 일찍 와서 얼굴을 대하고 토론하는 것이 지극히 좋고 지극히 좋을 것이네. 이만 줄이네.

이종우[56]에게 답함

答李鍾愚

그리워하던 즈음에 손수 쓴 편지를 받으니 비할 데 없이 기쁘고 즐겁네. 게다가 어버이 모시는 몸의 건강이 매우 좋고 일상의 학업도 근면하고 성실히 함을 알았으니, 더욱 듣고자 하던 바와 부합하네.

선비가 책을 읽는 것은 오로지 과거 공부에 이롭게 하여 급제하기 위한 것이 아니고, 또한 문장을 잘하여 당대에 명성을 취하려고 하는 것도 아니며, 바로 참으로 알아 이를 실천하여 성현들이 후대에 가르쳐 준 혈성(血誠)과 고심을 저버리지 않고자 해서이네.

그대와 같이 젊은 나이로 수학(受學)하는 초기에는 먼저 이 뜻을 알아서 내(內)와 외(外), 경(輕)과 중(重)의 구분에 있어 혼미하지 않아야 외물에 유혹되어 뜻을 빼앗기는 근심과 다른 갈래의 의혹을 거의 면할 수 있을 것이니, 이렇게 되면 자연 무한(無限)히 좋은 일이 있을 것이네. 부디 힘쓰고 힘쓰게나.

56 이종우(李鍾愚). 1801~? 자는 대여(大汝), 호는 석농(石農), 본관은 연안(延安)이다. 1850년(철종1) 증광 문과에 급제하고 벼슬이 이조 판서에 이르렀는데 시문과 서화에 뛰어났다.

이종우에게 답함
答李鍾愚

세월이 빨리 흘러 창에 차가운 기운이 어리니 그리운 마음이 참으로 간절하였는데, 이때 손수 쓴 편지를 받아보고 마음에 깊이 위로되었네. 다만 어버이의 병환이 차도가 있다가 다시 악화되곤 한다고 하니, 염려가 되네.

써서 보내준 〈사물잠(四勿箴)〉은 노련(老鍊)하고 순박하고 돈후해서 젊은 사람의 필획(筆畫) 같지 않으니, 서법(書法)을 이처럼 일찍 성취하리라고는 생각지 못하였네. 이 글씨를 벽 위에 걸어두고 즐겨 보기를 마지않고 있네.

옛 사람이 말하기를 "문장은 세도(世途)와 관계된다." 하였는데, 비단 문장뿐이 아니요 글씨 또한 풍속의 순박하고 잡됨을 검증할 수 있다고 나는 생각하네. 근래의 풍속이 새로운 것을 좋아해서 인가(人家)의 소년들이 대부분 미불(米芾)과 동기창(董其昌)[57]을 좋아하더니, 한번

57 미불(米芾)과 동기창(董其昌) : 미불(1051~1107)은 북송(北宋)의 문신이자 서화가로 자가 원장(元章), 호가 해악(海嶽)이며 예부 원외랑(禮部員外郞)의 벼슬을 지냈다. 규범에 얽매이는 것을 싫어하고 기행(奇行)이 심했으나, 문(文)·서(書)·화(畵)에 모두 조예가 깊었고, 글씨는 왕희지의 서풍을 이어 송나라 사대가(四大家)의 한 사람으로 꼽힌다. 동기창(1555~1636)은 명나라 후기의 문신이자 서화가로 자는 현상(玄常), 호는 사백(思白)이다. 만력 17년(1589) 진사시에 급제하고 벼슬이 예부상서 겸 태자태보(太子太保)에 이르렀다. 서화에 뛰어났는데 고금의 명필을 연구하여 그 장점을 취하여 스스로 일가를 이루었다.

변하여는 또 이른바 옹방강(翁方綱)[58]의 서체(書體)를 익혀서 첨예하게 기교를 부리고 부박(浮薄)하며 지분(脂粉)으로 화장하는 것처럼 꾸미기를 좋아하네. 이에 왕희지(王羲之)와 위 부인(衛夫人)[59]의 바른 획이 있음을 알지 못하니, 탄식하지 않을 수가 있겠는가.

나는 비록 서법(書法)을 잘 알지 못하나, 실로 아끼는 그대가 이러한 기교가 있기를 원하지 않네. 부디 한결같이 자중자애해서 시속(時俗)에서 숭상하는 것으로 옮겨 가지 않는 것이 어떻겠는가. 이만 줄이네.

58 옹방강(翁方剛) : 1733~1818. 자는 정삼(正三), 호는 담계(覃溪)・소재(蘇齋)로, 청대(淸代)의 유명한 서예가이자 고증학자이다. 금석의 고증에 정통하였고 비첩(碑帖)의 감정에 뛰어났다. 당나라의 해서(楷書), 한나라의 예서(隷書)를 익혀 일가를 이루었다.

59 왕희지(王羲之)와 위 부인(衛夫人) : 왕희지(307~365)는 동진(東晉)의 명필로 자가 일소(逸少)이며 우군장군(右軍將軍)을 지냈으므로 왕우군(王右軍)이라고도 칭한다. 해서・행서・초서(草書) 등 각 서체를 완성함으로써 예술로서의 서예의 지위를 확립하여 후대에 서성(書聖)으로 칭해졌다. 위 부인은 동진의 여류 서예가인 위삭(衛鑠 272~349)으로 자는 무의(茂猗)이며 이구(李矩)의 부인이다. 종요(種繇)로부터 서법을 배워 왕희지(王養之)에게 전수하였다.

유신환[60]에게 답함

答兪莘煥

지난 날 자주 찾아와 주어 고마운 마음 참으로 깊었네. 강학하고 토론하던 즐거움에 대한 추억은 거의 꿈속에서도 떠오르곤 하였네. 그런데 뜻밖에 편지가 갑자기 이르러, 집에 돌아가 어버이를 뵙고 난 뒤 만사가 길하고 학문을 연구함에 두서(頭緖)가 있음을 알게 되니, 편지를 보고 즐겁고 유쾌한 것이 어찌 다만 대면(對面)하는 것의 다음이 될 뿐이겠는가.

더구나 서폭(書幅)을 가득히 채운 말들이 조리가 있고 찬란하게 문채(文彩)를 이룬 것이, 도(道)에 뜻을 둔 간절한 생각과 마음 씀에 긴요한 뜻 아님이 없으니, 참으로 한결같이 이를 법도로 삼아 배우기를 싫어하지 않고 지킴을 고치지 않을 수 있다면 어찌 선현(先賢)들에게 미치지 못함을 근심하겠는가. '후생(後生)이 두려울 만하다〔後生可畏〕'는 말씀은 선성(先聖)께서 참으로 나를 속이지 않으신 것이니, 경형(景衡)이 '더불어 함께 배울 수 있는〔可與共學〕'[61] 사람임을 내 알겠네.

60 유신환(兪莘煥) : 1801~1859. 자는 경형(景衡), 호는 봉서(鳳棲), 본관은 기계(杞溪)로 오희상(吳熙常)의 문인이다. 1844년(헌종10) 학행으로 천거되어 출사하고 감찰, 전의 현감(全義縣監) 등을 역임하였다. 뒤에 벼슬을 단념하고 학문을 닦고 후진 양성에 진력하여 주자학 뿐 아니라 율력(律曆), 산수(算數) 등에 이르기까지 다방면의 학문에 정통하였다.

61 더불어……있는 : 이 내용은 《논어》 〈자한(子罕)〉에 "더불어 함께 배울 수 있어도 함께 도에 나아갈 수 없다.〔可與共學, 未可與適道.〕"라고 한 공자의 말씀을 인용한

돌아보건대 지금 세교(世敎)가 쇠퇴하여 명예와 이익을 좇는 마음이 하늘에 닿고 현자(賢者)의 은택이 멀어져서 정도(正道)가 땅에 떨어졌네. 이에 후배들 중에 고상한 마음과 뜻을 가져 취할 만한 수재(秀才)가 없지는 않으나, 대부분 속학(俗學)의 구덩이 가운데로 들어가서 머리를 들지 못하고 몸을 돌리지 못하여 끝내 고상하고 속된 사이에서 이리저리 돌아보고 머뭇거림을 면치 못하니, 그렇다면 어찌 스스로 유속(流俗)에서 빠져나와 탁연하게 성현(聖賢)의 원대한 사업을 가지고 스스로 기약하는 자가 하나 둘이라도 있기를 바랄 수 있겠는가. 이 몸은 적이 이에 대해 개탄하나 또 어질고 뛰어난 인물들에 대한 그리움을 감히 대번에 잊지 못하네.

그런데 뜻밖에 지난해 그대가 근거 없는 말과 헛된 명성을 잘못 듣고 편지를 폐백으로 삼아서 욕되게 먼저 몸을 굽히고 들어왔네. 돌아보건대 내가 감히 그대의 훌륭한 뜻을 감당할 수 없었으나, 진실로 이미 눈으로 직접 보는 사이에 마음에 융회되어 바라고 기대하는 마음이 참으로 깊고 깊게 되었네.

그대가 만일 이 일에 뜻이 없다면 그만이지만 그렇지 않다면 간절히 원하건대 스스로 분발하고 마음을 격앙시켜서 뭇사람들이 달려가는 가운데에서도 일찍부터 스스로 꿋꿋하게 설 것이요, 한갓 본분을 따르고 편의(便宜) 만을 생각하는 규모(規模)를 만들어서는 안 되네. 이것은 출발하는 초기에 취향(趣向)이 어떠냐에 달려 있네. 또 시작은 있으나 끝맺음이 없음을 근심해야 하니, 부디 그대는 힘쓰고 힘쓰게나.

돌아보건대 이 몸은 노쇠하고 병들어 학문을 폐해서 제 한 몸도 스스

것이다.

로 다스릴 수가 없으니, 어느 겨를에 남에게 베풀 인(仁)을 갖췄겠는가. 다만 도(道)를 근심하는 한 생각을 마음속으로 잊기가 어려워 나도 모르게 속에 담고 있는 생각을 이와 같이 다 쏟아 놓으니, 부디 내 뜻을 이해해 주기를 바라네.

《대학》의 의의(疑義 의심스러운 것들에 대한 질문)는 정밀하고 자세하여 기쁠 만하나, 다만 대체로 문자에 관한 것만 구해서 도리어 문자에 얽매여 목하(目下)의 바른 뜻은 능히 통찰(洞察)하지 못하고 있으니, 부디 다시 체인(體認)하는 공부를 가하여 터득하는 것이 어떻겠는가. 대략 나의 어리석은 소견을 조목별로 답하였으나 이것이 과연 모두 맞는지는 알 수 없으니 다시 물어도 무방하네.

한 해가 장차 다 가게 되었으니, 오직 대래(大來)의 운수[62]에 크게 응하여 진덕수업(進德修業)이 날로 새로워지기를 바라네.

문 《대학혹문》과 전(傳) 5장 보망장(補亡章)에 모두 체(體)와 용(用)을 함께 들었다는 것에 대해

답 치지(致知)를 체(體)와 용(用)을 겸하는 것으로 보아 이를 주장하신 성현(聖賢)은 예로부터 있지 않았네. 수절(首節)의 장구에 "그 발하는 바를 인하여 마침내 밝힌다.〔因其所發而遂明〕"라고 한 한 구절은 실로 팔조목(八條目)의 공부를 포괄하고 있기 때문에, 김포음(金圃陰)[63]은

62 대래(大來)의 운수 : 크게 길(吉)하고 형통한 운수를 이르는 말인데, 《주역(周易)》 태괘(泰卦) 괘사(卦辭)의 "태(泰)는 음(陰)인 소(小)가 가고 양(陽)인 대(大)가 오니, 길(吉)하여 형통하다."라고 한 데서 온 말이다.

63 김포음(金圃陰) : 김창즙(金昌緝 1662~1713)으로 포음은 그의 호이고 자는 경명(敬明), 본관은 안동(安東)이며 육창(六昌)으로 널리 알려진 영의정 김수항(金壽恒)

지(知)·의(意)·정(情)을 '발(發)하는 것'으로 보고 치(致)·성(誠)·정(正)을 '밝히는 공부〔明之之功〕'로 삼았는데, 많은 선배들이 그가 잘 보았다고 허여하였네.

그렇다면 치지(致知)는 다만 용(用) 위의 공부이네. 예컨대 《혹문》에 '온갖 이치를 묘하게 운용하고 만물을 주재하는 것〔妙衆理宰萬物〕'이라고 한 것은, 한 걸음 미루어 올라가 이 마음의 신령스러운 능사(能事)를 말한 것이니, 바로 보망장(補亡章)의 '인심의 영특함은 앎이 있지 않음이 없다〔人心之靈莫不有知〕'는 구절의 영(靈) 자의 부위(部位)이네.

영(靈)과 지(知)가 비록 두 가지 물건이 아니나, 곧바로 영을 잡아 지라고 할 수가 없으니, 어찌 신령(神靈)을 지라고 할 수 있겠는가. 지가 신령에서 생기기 때문에 《혹문》에서 다만 근본을 미루어 지극히 말한 것이지, 지(知) 자를 바로 풀이한 것은 아니네.

문 '소인한거(小人閒居)' 한 구절부터 '여기에 이르기 전에는 이 또한 자기(自欺)일 뿐이다'라는 구절까지

답 이 장(전(傳) 6장)의 수절(首節)은 '스스로 닦는 자〔自修者〕'를 위주로 말하였고, 두 번째 절은 소인(小人)을 위주로 말한 것이네. 돌아보건대 스스로 닦는 자와 소인은 그 마음가짐에 있어 선악(善惡)의 구분이 음양(陰陽)과 흑백(黑白)처럼 분명할 뿐만이 아니니, 두 절을 어찌

의 여섯 아들 중 다섯 번째이다. 1684년(숙종10) 식년 생원시에 합격하고 벼슬이 예빈시 주부(禮賓寺主簿)에 이르렀다. 문장과 훈고(訓詁)에 능하고 성리학에도 조예가 깊었다.

합하여 '스스로를 속이는〔自欺〕' 일로 볼 수 있겠는가.

스스로 닦는 자는 진실로 선(善)을 행하고 악(惡)을 제거하는 마음이 있으나, 다만 한 생각이 호오(好惡)와 성위(誠僞)의 기미에 있어 그 분수(分數 비율)를 다하지 못하니, 이것을 일러 '스스로를 속임'이라고 하는 것이네. 소인의 경우는 거리낌 없이 바로 악을 행하려는 마음이 있네. 이에 속으로 불선(不善)을 행하려는 마음이 있으면서 겉으로만 이를 가리고자 하는 것이니, 이것을 일러 '남을 속임〔欺人〕'이라고 하는 것이네.

그러나 소인이 악을 행함에 있어 또 못하는 짓이 없으나 곧바로 반드시 이를 가리고 덮고자 한다면 그 본심(本心)이 아직 사라지지 않은 것을 알 수 있네. 그러므로 오히려 선을 마땅히 행하여야 함과 악을 마땅히 제거해야 함을 아는 것이니, 근본을 미루어 말하면 이것 또한 기미(幾微)에서 살피지 못하여 여기에 이른 것이네.

이것의 위와 아래 절(節)의 《장구》는 모두 실제로 그 힘을 쓰지 못하는 것을 가지고 글을 쓴 것이니, 대저 '스스로를 속이지 않음〔毋自欺〕'에 대한 공부는 지극히 정밀하고 자세하네. 《주자어류》에 '자기(自欺)'에 대해 논한 글이 매우 많은데, 마땅히 '분수(分數 비율(比率))가 부족하다〔欠分數〕'는 것과 '붙어서 남아 있는 것을 용납한다〔容着在〕'는 것을 가지고 바른 뜻으로 삼아야 하네.

혹 '소인이 한가로이 거처할 적에 불선한 짓을 한다〔小人閒居爲不善〕'는 것을 '자기(自欺)'에 소속시키는 경우가 있으나 이것은 《장구》와 차이가 있으니, 이는 아마도 주자의 초년(初年)에 아직 확실하게 정하지 못했던 견해인 듯하네.

지금 저 '스스로 닦는 자〔自修者〕'는 본령(本領)이 이미 확립되었으니, 어찌 대번에 남을 속임에 이르겠는가. 만약 실제의 공부를 하지 못한 채 부질없이 세월을 보내다가 자기 스스로를 속이는 기미에 익숙해지면 그 흐름이 점점 남을 속이는 경계에 들어가는 데도 이를 깨닫지 못하는 것이네.

'무자기(毋自欺)' 구절 아래를 '소인한거(小人閒居)'의 구절로 이은 것은 그 경계(警戒)를 보인 것이 지극히 깊고 간절하다고 이를 만하니, 독자(讀者)들은 마땅히 유의해야 하네.

문 '심유소(心有所)'와 '심불재(心不在)'에 있는 두 심(心) 자는 모두 마땅히 마음의 체(體)로 보아야 한다는 것에 대하여

답 일찍이 《농암집(農巖集)》에서 '홍석보(洪錫輔)에게 준 편지'를 보니, 〈정심장(正心章)의 설을 논한 것이 매우 자세하였으며 명백하고 조리가 통창해서, 보내 온 편지에서 의심한 것들을 풀 수 있겠기에 이에 그 대략을 정리하여 써서 보내네. 자세히 연구하면 마땅히 마음에 부합(符合)하는 바가 있을 것이네.

대저 《장구》와 《혹문》은 체제(體制)가 각각 다르네. 《장구》는 한결같이 본문의 바른 뜻을 따라 해석하여 바른 뜻을 얻었으니 한결같이 신중하고 요약함을 주장하고, 《혹문》은 《장구》의 남은 뜻을 미루어 부연해서 자세히 말하였네.

시험 삼아 이 장(章)을 가지고 말하면 정심(正心) 두 글자는 전문(傳文)의 바른 뜻에 체(體)와 용(用)을 겸하되 용을 위주로 하였네. 그러므로 《장구》에서는 마음의 용으로 해석하였는데, 《혹문》에서는 처음으로 체와 용을 함께 들어서 그 체를 빠뜨리지 않음을 드러낸 것이네. -치지(致知)를 《혹문》에서 지(知)의 신명(神明)까지 함께 든 것 또한 이와 동일한

의례(義例)이다.-

독자들은 모름지기 이 뜻을 알아서 한결같이 《장구》를 위주로 하고 《혹문》을 참고하여 이 책들이 서로 발명하는 뜻을 보아야 할 뿐이요, 《혹문》의 설을 가지고 《장구》의 요약을 의심해서 그 바른 뜻의 혈맥(血脈)을 어지럽혀서는 안 되네.

또 팔조목(八條目) 공부는 등급이 질서정연하니 이를 건너뛰고 나아갈 수가 없으나, 또한 선후(先後)를 잘라 나누어 각각 그 공부를 다할 수 있는 것이 아니고 진실로 마땅히 머리를 나란히 하고 함께 나아가야 하네. 그러므로 조항마다 모두 각각 자질구레한 것과 전체(全體)의 구분이 있으니, 자질구레한 것에서 공력을 쓰고 전체에서 효과를 거두어야 하는바, 이는 바로 속일 수 없는 이치이네.

서경순[64]에게 줌

與徐敬淳

정월 초하루에 색동옷 차림으로 어버이에게 효성을 바치면서,[65] 많은 복(福)을 받고 학업 또한 점점 풍성한 성취를 거두고 있는가? 한해가 바뀌고 달이 또 찼다가 기울었는데 아직까지도 한 번 만나보지 못하니, 멀리서 그리움에 자못 애를 태우고 있네. 이 몸은 해를 넘기면서 식사를 하지 못하여 형체와 정신이 모두 시들어 마른 나무에 봄의 정취가 전혀 없는 것처럼 삭막하니, 어찌하면 좋단 말인가?

지난번 작별할 때에 후일 만날 기약이 열흘 사이에 있을 것이라고 하더니, 기일이 지났는데도 오지 않음은 무슨 까닭인가? 무슨 근심과 번거로운 일이 있어 길을 막고 있는 것인가?

그대는 이미 이 일에 대해 발원(發願)하였고 재질(才質)이 또 충분히 이를 이룰 수 있으니, 부디 "심지(心地)를 진실하게 하고 공부에 각고의 노력을 기울인다.〔眞實心地刻苦工夫〕"[66]는 8자를 가지고 힘써

64 서경순(徐敬淳) : 1802~? 자는 명뢰(明賚), 본관은 대구로 1835년(헌종1) 증광 진사시에 합격하고 벼슬이 양양 부사(襄陽府使)에 이르렀다.

65 색동옷……바치면서 : 춘추시대 초(楚)나라의 효자이자 은사(隱士)인 노래자(老萊子)가 70살이 되어서도 어린애처럼 색동옷을 입고 장난치며 어버이를 기쁘게 해 드렸다는 고사가 있으므로 이렇게 말한 것이다.《初學記 卷17 孝子傳》

66 심지(心地)를……기울인다 : 이 내용은 주자의 제자이자 사위인 면재(勉齋) 황간(黃榦)의 말이다. 송나라의 유림(儒林)인 하기(何基)의 부친인 백위(伯熭)가 임주 현승(臨州縣丞)일 때 황간이 그 현의 일을 맡았는데, 백위가 두 아들을 알현시키고 제자로

따르고 부지런히 정진(精進)하여야 할 것이네. 또 부족한 것을 보충하고 뜻을 개척해서 구하고자 한다면 어찌 선현처럼 되기를 바라지 못함을 근심하겠는가.

그럭저럭 세월을 보내며 머뭇거리다가 세월이 흘러 늙게 되면, 비록 후회한들 무슨 소용이 있겠는가. 이것은 이 늙은이가 일찍이 경험해 본 것이니, 바라건대 그대는 일찍 스스로 경계해야 함을 알아야 할 것이네. 더구나 이 삼원(三元)의 시작[67]은 더더욱 뜻 있는 선비가 분발하여 새로워지기를 도모하는 때임에 있어서이겠는가. 우두커니 기다린 지가 오래되어 애오라지 이 소식을 부치네.

들였는데 이때 주었던 가르침이다. 《宋史 卷438 儒林列傳 何基》

67 삼원(三元)의 시작 : 정월 초하루를 가리키는 말로 세(歲)와 일(日)과 시(時)의 시작이기 때문에 이렇게 부른다.

홍일순[68]에게 줌
與洪一純

늦장마에 혼정신성(昏定晨省)[69]으로 어버이 모시면서 몸을 진중(珍重)하게 하고 있으리라 생각하네. 지금 어느 책을 열심히 공부하고 있는가? 소식이 뜸하여 그리운 마음이 이 가을을 따라 일어나니 더욱 울적해지는 마음을 이길 수가 없네. 이 몸은 예전처럼 현운증(眩暈症)을 앓으며 용렬하게 지내는데 붕우(朋友)들이 다 흩어져 하루를 마치도록 우두커니 혼자 있으니, 깨우침을 얻고 개발하는 부분이 전혀 없네.

지난번에 그대가 사종설(四種說)[70]에 대해 질문하였었는데, 그때

68 홍일순(洪一純) : 1804～1856. 매산(梅山) 홍직필(洪直弼)의 양자(養子)로 자는 헌문(憲文), 호는 오곡(鰲谷)이다. 1844년(헌종10) 음사로 선공 감역(繕工監役)이 되고 벼슬이 시흥 현령(始興縣令)에 이르렀다.

69 혼정신성(昏定晨省) : 어버이를 모시는 것으로 날이 어두우면 어버이의 잠자리를 챙겨드리고 새벽에 어버이께 문안함을 이른다. 《예기》〈곡례 상(曲禮上)〉에 "자식이 된 자는 어버이에 대해서, 겨울에는 따뜻하게 해 드리고 여름에는 시원하게 해 드려야 하며, 저녁에는 잠자리를 보살펴 드리고 아침에는 문안 인사를 올려야 한다〔昏定而晨省〕"라고 보인다.

70 사종설(四種說) : 종통(宗統)을 이은 아들이 죽더라도 부모가 그를 위해 삼년복을 입지 않는 네 가지 경우를 말한다. 《의례주소(儀禮註疏)》 권29 〈상복(喪服)〉의 가공언(賈公彦) 소(疏)에 "비록 승중(承重)을 했어도, 삼년복을 입지 않는 네 가지 종류가 있다. 첫째는 정(正)·체(體)이기는 하나 전중(傳重)하지 못한 것〔正體不得傳重〕이니 적자가 폐질이 있어서 종묘를 주관할 수 없는 경우요, 둘째는 전중은 했으나 정·체가 아닌 것〔傳重非正體〕이니 서손(庶孫)이 뒤를 이은 경우요, 셋째는 체이기는 하지만

이 몸이 예론(禮論) 때문에 많은 비난을 초래하여 경계함이 비방(誹謗)을 그치는 일에 있었네. 이에 이런 일로 편지를 주고받으면서 종이와 먹에 번거로움을 당하고자 하지 않았으므로 마땅히 시끄러움이 그치기를 기다렸다가 추후에 답을 하려고 하였는데, 어느덧 세월이 1년이 넘었네.

근일에 우연히 생각이 나서 그대가 보낸 원래의 편지를 찾아보았으나, 편지는 이미 없어졌고 그때 말한 내용 또한 기억이 나지 않으니, 다만 구구한 이 몸이 일찍이 보았던 것들을 가지고 다시 질문에 답하겠네.

사종설은 경전(經典)에는 보이는 곳이 없고, 소가(疏家)가 창안(創案)한 것이네.[71] 적이 《의례》 상복전(喪服傳)[72]을 살펴보건대 다섯 가지 복(服)을 차례로 나열한 것이 질서 정연하게 간가(間架 짜임새)가 있어서 어지럽힐 수가 없네. 장자(長子) 장의 중(重)·정(正)·체(體) 세 가지는 본래 아들의 몸을 위주로 글을 써서 부자(父子)가 비록 일체(一體)이나, 반드시 이 세 가지가 구비된 뒤에 비로소 아들을 위하여 참최복을 입는 것을 보인 것이니, 실로 이것은 종통(宗統)을 엄하게 하고 적자(嫡子)를 중하게 한 것이네.

정이 아닌 것〔體而不正〕이니 서자(庶子)가 뒤를 이은 경우요, 넷째는 정이기는 하나 체가 아닌 것〔正而不體〕이니 적손이 뒤를 이은 경우를 말한다."라고 보인다.

71 소가(疏家)가 창안(創案)한 것이네 : 소가는 당나라 고종(高宗) 때의 경학자인 가공언(賈公彦)을 이른다. 가공언이 사종설(四種說)을 창안하여 《의례》에 소(疏)로 달았기 때문에 이렇게 칭한 것이다.

72 상복전(喪服傳) : 《의례》 상복편(喪服篇)의 경(經)에 설명을 붙인 것으로, 자하(子夏)가 쓴 전(傳)을 말한다.

사종 중에 적손(嫡孫)이 후사를 이어 정(正)이나 체(體)가 아닌 경우와 서손(庶孫)이 전중(傳重)하여 정(正)도 체(體)도 아닌 경우는 손자(孫子)의 복에 해당하여 조항이 다르니, 애당초 이 장에서 논할 수 있는 것이 아니네. 그런데 소가가 뒤섞어 모아 한 설(說)로 만들어 사종의 숫자를 채운 것은 그 말이 옳고 그른가를 막론하고 바로 그 의례(義例)와 사체(事體)에 있어 모두 매우 어그러진 것이네.

오로지 부자(父子)의 윤리(倫理)에 나아가 당연히 참최복을 입어야 하는데 이를 입을 수 없는 경우를 시험 삼아 소의 설을 가지고 찾아보면, 법(法)으로는 삼종(三種)이 되고 사람으로는 사종(四種)이 있네. 폐질(廢疾)을 앓고 있는 장자(長子)는 정(正)이고 또 체(體)이나 중한 종통을 전할 수가 없고, 양자 온 장자는 중(重 전중(傳重))이요 또 정(正)이나 체(體)가 아니고, 서자로서 후사가 된 자와 첩(妾)의 자식으로서 적통(嫡統)을 이은 자는 중(重)이고 또 체(體)이나 정(正)이 아니네. 이와 같이 말하면 비록 경문(經文)의 본래의 뜻에 완전히 부합하지는 않더라도 그래도 소가의 잘못을 바로잡을 수 있다고 여겨지는데, 어떨지 모르겠네. 부디 이것을 반복하여 생각해보게.

조유문(趙孺文)과 이자선(李子善)은 서로 간혹 만나며 모두 탈이 없고 차례대로 학업에 임하고 있는가? 오랫동안 소식이 없으니 자못 생각나네. 나머지는 이만 줄이네.

홍일순에게 답함
答洪一純

상중(喪中)에 오고가는 편지의 형식은, 상인(喪人)과 복인(服人)을 소(疏)와 장(狀)으로 구별하네.[73]

《주자가례》는 사마온공(司馬溫公)의 《서의(書儀)》를 그대로 따랐는데, 양자로 간 사람의 본생부모(本生父母)에 대한 복제(服制)는 억눌러 백숙부모(伯叔父母)와 같이하였으니, 이것은 실로 종통(宗統)을 엄히 한 데에서 나온 것이네. 그러나 본생부모는 본래 나를 낳아주신 은혜가 있기 때문에 복중(服中)에 거처(居處)와 의복(衣服), 음식과 기거(起居)가 일찍이 백숙부모와 같은 적이 있지 않았고 또 스스로 상주로 자처하고 사람들도 다 상주(喪主)로 칭하는데, 유독 편지 형식에서만 복인(服人)에 준하여 소(疏)를 장(狀)으로 바꾸는 것은 매우 맞지 않는 말이네.

박근재(朴近齋)[74]가 자신의 저술에서 이렇게 정했다는 것은 망연(茫然)하여 어떻게 쓰여 있었는지를 기억 할 수가 없네. 그러나 대체로

73 상인(喪人)과……구별하네 : 상인은 상중(喪中)에 있는 사람이라는 뜻으로 보통 상주(喪主)를 가리키는 말이며, 복인(服人)은 상주 외의 상복을 입는 모든 사람을 지칭하는 말이다. 상인이 주고받는 편지를 소(疏)라고 하고 복인이 주고받는 편지를 장(狀)이라 한다.

74 박근재(朴近齋) : 박윤원(朴胤源, 1734~1799)으로 근재는 그의 호이고 자는 영숙(永叔), 본관은 반남(潘南)이며 오희상의 친구이다. 1792년 학행으로 천거되어 선공감역(繕工監役)에 임명되었으나 사퇴하고, 평생 성리학 연구에 전념하였다.

본생부모의 상에 처하는 자들은 엄격히 해야 할 부분은 엄격히 하고 완전(宛轉 순탄하고 원할함)하게 해야 할 부분은 완전하게 하여 스스로 자신의 마음을 다하는 것이 이 또한 일종의 도리이네.

그러므로 구구한 이 몸은 일찍이 원래의 소(疏)에 나아가 대략 산삭(刪削)을 가하여 혐의를 피하였으며, 소를 장이라고 바꾸지 않아서 상인(喪人)의 칭호를 보존하였네. 나의 소견이 비록 이와 같으나 끝내 두찬(杜撰)[75]에 관계되므로 다만 우리 집안에서만 이렇게 하고 남들도 나처럼 하기를 바라지는 않았는데, 이미 질문을 받았기 때문에 부질없이 누누이 말하는 것이네.

구구한 이 몸이 근심하고 탄식하는 것은 따로 있으니, 근래 세속이 야박해져서 상기(喪紀)가 점점 무너지니, 본생부모의 상에 처하는 자들이 걸핏하면 강등(降等)하여 기년복이 된다고 말하네. 이에 정(情)과 예(禮)를 다하지 않는 자들이 많이 있게 되는 것이네. 그렇다면 근심이 정통을 둘로 함에 있지 않고 도리어 사람의 도리가 점점 야박해짐에 있는 것이니, 비록 대수롭지 않은 서식이라도 구구한 이 몸이 반드시 상인(喪人)의 칭호를 보존하고자 하는 것은, 실로 또한 말세를 개탄하는 뜻이 있는 것이네.

75 두찬(杜撰) : 시문(詩文)이나 저술(著述)에 있어 전고(典故) 없는 말을 자기 마음대로 기술하는 것을 이르는 말인데, 전하여 사실무근의 말을 지어냄을 이르기도 한다.

이재경[76]에게 답함

答李在慶

주자(朱子)가 상중(喪中)에 스승을 찾아간 것에서 강학(講學)을 급하게 여겨 조금도 늦추려 하지 않았음을 볼 수 있네. 그러나 장례(葬禮)가 끝나기 전에 스승에게 나아가 배운 것에 대해서는 평소에 의심이 없지 못하였는데, 생각하건대 혹 부친인 위재(韋齋)[77]의 유명(遺命)을 따르느라고 그런 것이 아니었는가 싶네.

또 상중에 스승에게 나아가 배운 일은 주자 외에는 다시 상고할 만한 경우가 있지 않고, 거상(居喪) 중에 상례(喪禮)를 엄격히 지키지 않을 수가 없으니, 비록 주자 같은 대현(大賢)이 행하신 바가 있더라도 감히 그것을 원용(援用)할 수 있다고 단정해 말할 수가 없네. 더구나 지금 상기(喪紀)가 점점 무너지는 때에 있어서이겠는가.

76 이재경(李在慶) : 오희상의 문인으로 보이나 인적사항은 미상이다.

77 위재(韋齋) : 주자의 부친인 주송(朱松, 1097~1143)으로 위재는 그의 호이며 자는 교년(喬年), 시호는 헌정(獻靖)이다. 남송 고종(高宗) 때 이부랑(吏部郎)의 벼슬을 지냈으나 간신 진회(秦檜)가 주도하는 금나라와의 화의(和議)에 반대하다가 폄출되었다.

이재경에게 답함

答李在慶

지난번 편지에 답장을 하지 못하여 참으로 마음이 쓰이던 중에, 또 초순(初旬)에 남동(南洞)에서 보내온 편지를 인편으로 받았네. 이를 보고 서늘한 가을에 거상(居喪) 중인 몸이 건승함을 알게 되니 위로됨이 참으로 깊네.

이 몸은 긴 여름 내내 병으로 신음하였는데 날씨가 서늘해짐에 따라 더욱 기력(氣力)이 다하여 몸이 까부라지며 게다가 심한 눈병이 한 달이 넘도록 낫지 않아 글자만 따라 책을 읽는 일조차 염두에 두지 못하고 있으니, 심지(心地)가 날로 황폐해지고 있음을 깨닫네.

편지 끝에 말한 내용을 보고 근일(近日) 참되고 간절하게 독서에 마음을 쓰고 있음을 알 수 있었는데, 이 마음을 보존하고 게을리 하지 않아서 오래도록 유지한다면 장차 대환희(大歡喜)의 경계를 보게 될 것이네. 성현들이 글을 써서 후세에 남기고 백성을 위하여 표준을 세운 것이 어느 것 하나 진실 된 마음에서 나오지 않은 것이 없으니, 이를 읽는 자가 진실로 만에 하나라도 감당하여 받들 수 있다면 그래도 하늘이 인간에게 주신 막중한 임무를 저버리지 않을 것인데, 다만 능력이 안 될 뿐이네.

이 몸은 다행히 부형(父兄)께서 남기신 가르침으로 이와 같은 것을 일찍 알았네. 그러나 자질이 잡스럽고 나쁜 습관이 고질이 되어 비록 평생 책을 읽었으나 기량(伎倆)이 입과 귀로 외고 말하는 사이에서 벗어나지 못하였네. 어느덧 세월이 흘러 이미 노년(老年)에 이르렀으나 비루한 모습이 옛날과 변화가 없어서 한갓 책을 읽었다는 이름만 있고 책을 읽은 실제가 전혀 있지 않으니, 이를 알지 못하여 능하지 못한 자들에 비하면 실로 생(眚)과 호(怙)[78]의 현격한 차이가 있네.

스스로 성찰(省察)해 볼 때마다 나도 모르게 척연(惕然)히 두려워지는데, 지금 매독환주(買櫝還珠)[79]의 비유를 받으니, 나로 하여금 깊이 반성하게 하네. 젊은 친구들이 일깨어주는 덕택에 힘입어 죽기 전에 혹 남은 공부를 수습할 날이 있게 되면 작은 다행이 아니니, 깊이 바라지 않을 수 없네.

또 애시(哀侍 상주(喪主))는 부모를 섬기고 처자식을 기르며 집안일을 주관하느라 독서에 전념하지 못하는 것을 한탄하였는데, 이것은 바로 배우는 자들의 공통된 근심이네.

그러나 사람이 이 세상에 살면서 출가(出家)하여 선(禪)에 들어가는 자가 아니면 원래 허다한 인사(人事)와 허다한 근심이 있으니, 한가한 시절과 고요한 경계를 찾아 공부하려는 생각은 결코 실현될 수 없는 일이네. 그러므로 옛날 현자와 호걸들이 모두 이러한 현실 속에서 공부를 하였으니, 어찌 이것 때문에 스스로 저상(沮喪)되어서야 되겠는가.

78 생(眚)과 호(怙) : 생은 과오로 지은 죄를 이르고 호는 믿는 구석이 있어 지은 죄를 이른다. 《서경》〈순전(舜典)〉에 보이는 말로, "과오나 재난 때문에 어쩔 수 없이 죄를 지은 자〔眚災〕는 용서하였으나, 믿고 끝까지 재범하는 자〔怙終〕는 죽이는 형벌을 하시되 공경하고 공경하여 형벌을 신중히 하셨다."라고 보인다.

79 매독환주(買櫝還珠) : 무엇이 귀하고 무엇이 귀하지 않은지를 알지 못하여 취해야 할 내실은 취하지 않고 허울만 취한다는 의미이다. 춘추 시대 초(楚)나라 사람이 옥으로 꾸미고 향기를 쐰 목란(木蘭) 상자에 보배 구슬을 담아서 정(鄭)나라에 가서 팔자 어떤 정나라 사람이 상자만 사고 구슬을 돌려주었다는 고사에서 유래하였다. 《韓非子 外儲說》

다만 뜻을 세움이 견고하지 못하고 규모가 확립되지 못함을 염려하여야 할 뿐이네.

만일 뜻을 세움이 견고하고 규모가 확립되면 비록 천만 가지 분분하고 바쁜 일이 있더라도 자신이 이에 대응함에 자연히 정가(整暇 신중하며 조용하여 서두르지 않음)가 있게 되어 자신의 역량을 헤아려 공부를 할 수 있을 것이네. 요컨대 이 한 생각으로 하여금 항상 이어져 끊어지지 않게 하면 자연 진보(進步)할 곳이 있을 것이니, 어찌 굳이 책을 빨리 읽는 것으로 유쾌함을 삼을 것이 있겠는가.

구구한 이 몸은 항상 횡거(橫渠) 장재(張載) 선생의 말씀을 사랑하니, 그 말씀에 이르기를 "사람이 비록 공력(功力)이 배움에 미치지 못할지라도 마음속으로는 또한 배움을 잊어서는 안 된다. 마음에 잊지만 않는다면 비록 인사(人事)를 접하더라도 실제의 배움 아닌 것이 없고 도(道) 아닌 것이 없으며, 마음에 만일 잊으면 종신토록 이를 행하더라도 다만 세속의 일일 뿐이다."라고 하셨으니, 이 말씀이 지극히 요긴하고 간절하네.

혹시라도 이것을 마음에 보존해서 잠시라도 잃지 않을 수 있으면 가는 곳마다 공력을 쓰는 자리 아님이 없을 것이요, 일마다 스스로 수양하는 때가 아님이 없을 것이니, 어찌 배움에 방해되고 뜻을 빼앗김을 염려하겠는가. 질문에 대한 답은 아래에 있고, 나머지는 이만 줄이네.

【아래】

성의장(誠意章)의 공부는 주자께서 사람이 되느냐 마귀가 되느냐를 결정하는 관문(關門)이라고 이르셨으니, 마땅히 최선을 다해 잠심

(潛心)하여 체인(體認)하고 깊이 생각하여 터득해야 할 것이요, 다만 문장의 뜻을 해석하여 외고 말하는 자료로만 삼는 것으로 일이 끝났다고 여겨서는 안 되네.

정(情)과 의(意)는 똑같이 마음에서 발한 것인데, 정은 곧바로 나온 것이고 의는 정을 따라 계교(計較)한 것이네. 정이 처음 동(動)할 때에는 선과 악이 있으니, 선과 악이 있음으로 인하여 좋아하고 미워하는 것이 -좋아하고 미워하는 것이 계교이다.- 바로 의이네. 정은 거짓을 용납하지 않고 의는 거짓이 있음을 용납하기 때문에 성정(誠情)이라고 말하지 않고 성의(誠意)라고 말한 것이니, 만약 정(情)이 선하기를 바란다면 반드시 성의(誠意)로부터 공부해야 하네.

농암 어른이 말씀하기를 "성의의 처음에는 진실로 정에 불선(不善)이 없을 수 없으나 오직 막 발(發)하는 곳에서 불선을 막아 끊어 붙지 못하게 하면 이것이 이른바 '스스로를 속이지 말라[毋自欺]'는 것이다. 속이지 마는 것이 지극해서 찌꺼기가 다 사라짐에 이르면 정(情)의 발함에 자연 불선이 없어서 자신을 속임을 기다릴 것이 없으니, 이것을 일러 의성(意誠)이라 한다."라고 하셨는데, 선유(先儒)들이 성의를 논한 것이 또한 많으나, 이 말씀처럼 명백한 것은 있지 않네.

《주자어류》에 '분수(分數 비율(比率))가 부족하다[欠分數]'는 것과 '붙어서 남아 있음을 용납한다[容着在]'는 것으로 자기(自欺)를 논했으나, 실제는 한 가지 일이네. 선을 좋아하고 악을 미워함이 분수가 부족하여 십분(十分)의 실제(實際)가 되지 못하면 붙어서 남아있음을 용납함에 점차 이르게 되네. 그렇다면 분수가 부족함이 자기(自欺)의 시작이고 붙어서 남아있는 것을 용납함이 자기의 끝이니,

'용착재(容着在)'의 병통을 바로잡고자 하면 먼저 '흠분수(欠分數)' 위에서 공력을 다해야 하네.

이른바 분수라는 것은 마땅히 진실과 거짓의 기미(幾微)에 나아가 십분(十分)의 성실함을 알아서 취해야 하는 것이니, 1분(一分)이 부족하면 이 또한 거짓일 뿐이네. 《대학장구》에서 '그 기미를 살펴야 한다.〔以審其幾〕'고 훈(訓)한 것은 바로 이것을 가리킨 것이네. 대저 무자기(毋自欺) 공부는 지극히 세밀하고 정밀해서 거친 마음으로는 구할 수 없네.

보내온 편지에 '성의라는 것은 전체로 마음을 세워 선을 행하는 실제이다.'라고 말한 것은 너무 범범하고 절실하지 못한 병통이 있으니, 부디 다시 자기 몸에 징험(徵驗)하여 반복해서 세밀히 연구하는 것이 어떻겠는가.

이재경에게 답함

答李在慶

문 포음(圃陰 김창집(金昌緝))의 〈이패림의 사서이동조변에 대한 변〔李霈霖四書異同條辨辨〕〉[80]에 이르기를 "희(喜)·로(怒)·애(哀)·락(樂)이 막 발하면 이를 곧 편의(偏倚 편벽되고 치우침)라고 이르니, 절도에 맞는가 맞지 않는가를 따지지 않는다. 또 희·로·애·락이 아직 채 발하지 않았으면 곧 불편불의(不偏不倚)의 중(中)이라고 이른다. 희·로·애·락이 발하기 전이 아니라면 편의냐 불편불의냐를 말할 만한 것이 그래도 있다." 하였고, 남당(南塘)은 또 말하기를 "불편(不偏)은 한 쪽에 편벽되지 않음을 이르고 불의(不倚)는 한 물건에 치우치지 않음을 이르니, 희·로·애·락이 각각 한 쪽이 되더라도 발하지 않았으면 한 쪽에 편벽되지 않고, 희·로·애·락이 각각 한 물건이 되더라도 발하지 않았으면 한 물건에 치우치지 않는다. '발하지 않으면 한 쪽에 편벽되지 않고 한 물건에 치우치지 않는다는 것'은 바로 이른바 '희·로·애·락이 아직 채 발하지 않았으면 곧 불편불의(不偏不倚)의 중(中)이 된다.'는 것이요, '이미 발하여 각각 한 쪽에 편벽되고 각각 한 물건에 치우친다는 것'은 바로 이른바 '희·로·애·락이 막 발하면

80 이패림의 사서이동조변에 대한 변〔李霈霖四書異同條辨辨〕: 김창집이 청나라의 학자인 이패림(李沛霖)이 지은 《사서이동조변(四書異同條辨)》에 대해 논한 글로 《포음집(圃陰集)》 권5 〈잡저(雜著)〉에 실려 있다. 《사서이동조변》은 이패림이 유가의 여러 학설 중 주자의 학설과 같은 것과 다른 것들을 구별하여 조목대로 수록하고 변별한 것으로 당시 우리나라의 학자들이 많이 참고하였다.

이를 곧 편의(偏倚)라고 이르니, 절도에 맞는가 맞지 않는가를 따지지 않는다.'는 것이다."라고 하였으니, 이 두 설(說)이 어떤지 모르겠습니다.

문 이 몸은 편의의 뜻에 대해 일찍이 미호(渼湖)의 지반(地盤)의 설(說)[81]을 따랐으나, '미발(未發)의 자리에는 애당초 편의를 말할 만한 것이 없다'는 말에 대해서는 끝내 석연치 못한 점이 있었네. 뒤에 《포음집(圃隱集)》에서 이 도량(李都梁)[82]의 편의설(偏倚說)을 변론한 글을 보니, 매우 상세하고 치밀하여 바른 뜻을 얻은 듯하기에, 예전의 견해를 버리고 이것을 따랐네.

남당의 설은 지금 보내 온 편지를 통하여 다시 자세히 살펴보니, 별다른 견해가 아니고 포음의 설을 연역(演繹)한 것인데, 중(中)의 체(體)를 형용하기 어려우니, 모름지기 이와 같이 말해야 비로소 분명하게 분변할 수 있네.

81 미호(渼湖)의 지반(地盤)의 설(說) : 미호는 김원행(金元行, 1702~1772)의 호이다. 자는 백춘(伯春), 본관은 안동(安東)으로 당숙인 숭겸(崇謙)에게 입양되어 종조부 농암(農巖) 창협(昌協)의 손자가 되었으며 도암(陶庵) 이재(李縡)의 문인이다. 지반(地盤)은 대지(大地)를 가리키기도 하고 풍수가(風水家)의 나침반(羅針盤)을 가리키기도 하는데 이에 대한 설은 미상이다.

82 이 도량(李都梁) : 이패림(李霈霖)이 도량 사람이기 때문에 이렇게 칭한 것이다. 도량은 지금의 호남성(湖南省) 무강현(武岡縣)이다.

심승택[83]에게 답함

答沈生承澤

초봄에 보내온 편지는 문사(文辭)가 참되고 뜻이 간곡하여 대부분 입술과 혀에서 나온 것이 아니니, 음미한 뒤에 감탄하는 마음을 금할 수가 없었네. 마땅히 즉시 답장을 보내 지극한 뜻에 보답해야 했으나 아직까지도 답장을 보내지 못한 것은 다만 게을러서 일뿐이 아니네. 근간에 큰 딸아이의 상(喪)을 당하여 지독(舐犢)의 슬픔[84]으로 노쇠한 몸의 창자가 마디마디 끊겨서 일간에 온갖 행위를 일체 버려두고 폐기하여 이렇게 된 것이네.

그대가 넓은 아량으로 용서해주더라도 이 몸의 소홀하고 태만함에 대한 부끄러움이 목구멍에 음식물이 걸린 것보다 더할 뿐이 아니네.

천시(天時)가 참으로 무더운데, 상중(喪中)에 있는 몸이 건승하리라 생각되네. 슬픔과 괴로움으로 담박(淡泊)하게 지내는 가운데, 선(善)으로 향하는 일념(一念)이 짐작하건대 더욱 간절할 것이니, 스

83 심승택(沈承澤) : 1811년~? 본관은 청송(青松), 시호는 효헌(孝憲)이다. 1829년(순조29) 정시 문과에 급제하고 벼슬이 예조 판서에 이르렀다.

84 지독(舐犢)의 슬픔 : 지독은 어미 소가 송아지를 핥아 줌을 이르는 것으로, 사랑하는 자식의 죽음에 슬퍼하는 지극한 정(情)을 이른다. 삼국시대 양표(楊彪)의 아들 양수(楊修)가 조조(曹操)에게 죽임을 당하였는데, 훗날 조조가 매우 수척해진 양표를 보고 이유를 묻자, 양표가 "늙은 소가 송아지를 핥아 주는 애정〔老牛舐犢之愛〕만은 아직도 지니고 있어서 그렇습니다."라고 대답한 고사에서 유래하였다. 《後漢書 卷54 楊震列傳》

스로 증험(證驗)하고 있는 것이 과연 어떤 것인지 모르겠으나 돌아가면서 외고 읽는 것이 응당 삼분오전(三墳五典)[85]을 벗어나지 않을 것이네.

지금 어느 경서(經書)를 즐겨 보고 있는가? 계속하여 심원한 취미를 누리고 있는가? 멀리서 그리워하는 마음 간절하여 거의 몽매간에도 나타나곤 하네.

벼슬과 학문의 길이 나뉜 지가 오래되었네. 시대가 내려와 근일에 이르러는 다만 길이 나눠졌을 뿐이 아니라 거의 향초(香草)와 악취 나는 풀, 얼음과 숯불이 서로 용납되지 못하는 것과 같은데, 여기에는 다른 이유가 없네. 세상이 영화와 이익으로 사람들을 몰아대는 형세가 마치 물이 만 길의 골짜기에 임하고 있는 것과 같아서이네.

간혹 기(氣)가 깨끗하고 자질이 아름다운 자가 있더라도 몰아가는 형세에 휩쓸려 머리를 돌리고 발을 멈출 길이 없어서 함께 몰락하고 나서야 비로소 그치네. 세도(世道)와 인물이 날로 아래로 달려가 되돌릴 수가 없어서 마침내 성인(聖人)의 길이 황폐해지고 떳떳한 윤리가 땅에 떨어짐에 이르렀으니, 이것이 어찌 기수(氣數 길흉·화복의 운수)에 모든 책임을 물을 수 있는 일이겠는가. 대대로 세상의 권세를 잡은 자들이 이렇게 만든 것이니, 생각하면 고통스럽네.

적이 보건대 족하(足下)는 젊은 나이에 과거에 급제하여 청운의 길이 막 열렸는데, 유속(流俗)의 과구(窠臼 상투적인 틀)에서 초탈하여 문

85 삼분오전(三墳五典) : 삼황오제(三皇五帝) 때의 옛글이란 의미로 옛날 전적을 통칭하는 말로 쓰인다. 오제는 소호(少昊)·전욱(顓頊)·제곡(帝嚳)·제요(帝堯)·제순(帝舜)을 말하고, 삼황은 복희(伏羲)·신농(神農)·황제(黃帝)를 말한다.

을 닫고 자취를 거둔 채 죽소(竹素)[86]를 읽는 일에 힘쓰고 또 스승과 벗들을 종유하여 그 식견과 지취(志趣)를 넓히고자 하니, 족하는 참으로 지금 세상의 사람이 아니네. 마음으로 그대를 사랑해서 비록 돕고자 하나, 이 늙은 몸을 돌아보건대 또 스스로를 다스리지 못하여 실로 남에게 언급할 만한 것이 없으니, 항상 한탄하고 있네.

이번에 편지를 주고받은 일을 기회로 그대에게 한 마디 말을 해주어도 괜찮겠는가? 족하는 온화하고 선(善)을 좋아해서 진실로 남의 말을 받아드릴 수 있는 도량이 있고 또 세상을 겪은 것이 일천(日淺)하기 때문에 벼슬하기 전의 본심을 잃지 않을 수 있네. 그러나 혹시라도 후일 나아가 공명(功名)을 세울 수 있는 기회를 맞게 되면 냉담한 것과 시끄러운 것[87]의 형세가 서로 대항할 수가 없을 것이네. 더구나 이익이 앞에서 유인하고 권세(權勢)가 뒤에서 유혹하면 점점 그 가운데로 빠져 들어갈 것이니, 한번 가면 다시 돌아오지 못하지 않겠는가.

주자께서 "일시(一時)의 의사(意思)는 믿을 것이 못된다."라고 하신 것이 바로 이것을 말씀한 것이네. 반드시 먼저 내(內)와 외(外), 경(輕)과 중(重)의 구분을 밝혀서 날마다 경전(經傳)의 의리를 가지고 물을 대고 무젓게 하여 그 뿌리를 북돋아 주어, 뿌리가 깊은 나무는 비바람에 흔들리지 않는 것과 같이 할 것이요, 한갓 이것을 믿어 편안

86 죽소(竹素) : 죽백(竹帛)과 같은 말로, 사서(史書)나 서책을 가리킨 말이다. 옛날에는 글을 대쪽이나 명주에 썼기 때문에 이렇게 말한 것이다.

87 냉담한……것 : 주자가 여백공(呂伯恭)에게 답한 편지에 "사서는 번잡하고 뜨거우며 경서는 냉담하니〔史書鬧熱, 經書冷淡.〕 후생들은 마음과 뜻이 아직 안정되지 않아서 외면으로 향하지 않는 이가 적다."라고 한 구절이 있으므로 이렇게 말한 것이다. 《朱子大全 卷33 答呂伯恭》

함으로 삼아서는 안 되네.

또 배워서 지식을 모으고 물어서 분변하며,[88] 유여(有餘)함이 자신에게 있고 부족함이 남에게 있음을 알지 못하여,[89] 남에게서 취하여 선(善)을 행하여 자신의 덕을 이룬다면, 벼슬에 나아가서는 입신양명(立身揚名)에 도움이 될 수 있을 것이고 물러나 은거하여서는 명예와 절개를 갈고 닦아서 비로소 한 세상을 헛되이 보내는 사람이 되지 않을 수 있을 것이네. 고상한 뜻은 어떤지 모르겠네.

거상(居喪) 중인 이 몸은 상(喪)의 슬픔과 질병으로 여생이 위태로워 두려운데 마침 또 더위 먹은 병이 더하여 자리에 누워서 신음하고 있으니, 실로 서로 아끼는 사람을 위하여 말할 만한 것이 있지 않네. 나머지는 이만 줄이네.

88 배워서……분변하며 : 이 내용은《주역》〈건괘(乾卦) 문언전(文言傳)〉의 "군자가 배워서 지식을 모으고 물어서 분변한다.〔學以聚之, 問以辨之.〕"라는 구절을 줄여 쓴 것이다.

89 유여(有餘)함이……못하여 : 이 구절은《논어》〈태백(泰伯)〉 5번째 장의 장하주에 보이는 사량좌(謝良佐)의 말이다.

조중식[90]에게 답함

答趙中植

편지를 보고 근일에 치밀하고 간절하게 공부하고 있음을 검증할 수 있었으니, 깊이 가상히 여기고 감탄하였네. 사람에게 있어 동(動)과 정(靜) 두 가지가 하루 동안에 끊어짐 없이 순환하는데, 이른바 '지정(至靜)'과 같은 것은 가리키는 바가 지극히 정밀하네.

'지정'은 바로 미발(未發)의 지점이니, 조금이라도 사려(思慮)의 발함이 있으면 바로 동에 속하여 정이라고 말할 수 없네. 만약 범연히 동과 정을 가지고 상대하여 말하면 가리키는 바가 너무 거칠고 넓어서 무릇 사물에 접하지 않는 이상(以上)에서는 모두 정에 속할 수 있고, 비록 사려의 싹틈이 있더라도 사물과 관계되지 않으면 이것을 끝내 동이라고 말할 수 없네.

그러므로 정자(程子)의 문하에서 사람들로 하여금 정좌(靜坐)하게 한 것은 이 또한 사물에 접하지 않을 때에 '보는 것을 존엄히 하고〔尊瞻視〕' '의관을 바르게 해서〔正衣冠〕' 몸과 마음을 거두어 바로잡고 절제하여, 이 마음이 이 몸 안에 보존되기를 바란 것이네. 이것을 오랫동안 익혀 자연스럽게 '지극히 고요한〔至靜〕' 경계에 차차 이르게 되면 큰 근본을 세울 수 있는데, 이것은 배우는 자들로 하여금 등급을 건너뛰어 곧바로 지극히 정밀한 공부에 종사하게 하고자 한 것이 아니네.

90 조중식(趙中植) : 1808~? 자는 시중(時仲), 본관은 함안(咸安)이다. 음보(蔭補)로 출사하여 벼슬이 배천 군수(白川郡守)에 이르렀다.

지난번에 '정좌(靜坐)할 때에 사려가 분란(紛亂)해진다.'는 내용에 대해 물었는데, 이는 아마도 평소 어둡고 엉클어져 있는 마음을 전혀 성찰하고 단속하지 않다가 정좌할 때에 이르러는 그래도 한 푼이나마 마음을 수렴(收斂)함이 있기 때문에 비로소 그러함을 깨닫는 것인 듯하니, 이것이 바로 한 번 마음을 붙잡느냐 놓아버리느냐의 기미가 되네.

그러나 사려가 분란해지는 것을 어찌 일시의 정좌로 일거에 타파(打破)할 수 있겠는가. 모름지기 자신이 깨달은 곳에 나아가 점차적으로 그 분란함의 분수(分數 비율)를 줄이고, 또 세월이 쌓여 감에 따라 그 분란함을 줄이고 또 줄여서 정허(靜虛)함에 이르러야 하네.

혹시라도 정좌하는 초기에 대번에 사려가 없어지기를 바라서 미발(未發)의 지극히 정밀함에 의의(擬議)하고자 한다면, 이는 계란을 보고 새벽에 울기를 바라는 것과 같으니, 어찌 정자(程子)의 뜻이겠는가.

조중식에게 답함
答趙中植

보내온 편지는 잘 읽었네. 이번 걸음에 곡운(谷雲)[91]의 여러 승경(勝景)을 두루 찾았다고 하니, 이는 바로 예전에 이 몸이 한 번 완상(玩賞)해보고 싶은 곳들이었네. 그러나 그대와 같은 용단(勇斷)이 없어서 그럭저럭 살며 미루느라 실행하지 못하였네. 반드시 볼 만한 유기(遊記)가 있을 것이니, 인편을 통해 보내주어 노부(老夫)로 하여금 와유(臥遊)[92]할 수 있게 해주는 것이 어떻겠는가?

듣자하니 근래에 《주역》 〈계사전(繫辭傳)〉과 한유(韓愈)의 문장[93]

91 곡운(谷雲) : 지금의 강원도 화천군 사내면(史內面) 일대의 계곡들을 이른다. 영의정 김수항(金壽恒)의 형인 김수증(金壽增 1624~1701)이 화천군 영당동(影堂洞)에 농수정사(籠水精舍)를 짓고 은거하였는데 주자(朱子)의 〈무이구곡(武夷九曲)〉을 모방하여 이 일대를 곡운(谷雲)이라 하고, 〈곡운구곡(谷雲九曲)〉을 짓고 스스로 호를 곡운이라고 하였다.

92 와유(臥遊) : 명승지와 고적의 그림이나 시를 걸어 놓고 누워서 감상하여 유람을 대신하는 것을 말한다. 남조(南朝) 때 송(宋)나라의 은사(隱士)인 종병(宗炳)은 금(琴)·서(書)·화(畫)의 삼절(三絶)로 유명하였는데 노년에 병이 들어 명산을 유람하지 못하게 되자, 그동안 다녔던 명승지를 그림으로 그려 걸어 놓고는 누워서 감상하며 노닐었다.〔臥以游之.〕는 고사에서 온 말이다. 《宋書 93 隱逸列傳 宗炳》

93 한유(韓愈)의 문장 : 한유(768~824)는 당나라의 문장가로 자는 퇴지(退之)이고 시호는 문공(文公)이다. 한대(漢代) 이후 사부(辭賦)가 유행하면서 모든 문체가 변려문(騈儷文) 일색으로 변하였는데, 한유는 육경(六經)과 맹자(孟子)·장자(莊子)·사마천(司馬遷) 등의 고문체(古文體)를 쓸 것을 주장하여 문체를 변화시키는데 큰 역할을 하였다.

을 겸하여 공부하고 또《통서(通書)》[94]를 간간히 다시 읽으며 깊이 새기고 있다고 하니, 마음 씀이 어찌 이리도 분연(紛然)한가? 〈계사전〉은 이미 초독(初讀)을 마쳤지만 지난번 그대가 여기에 있을 때에 이 몸이 병석에 누워 있느라 강론과 토론을 하지 못하였고 또 그때 더위가 심해서 심오(深奧)한 문자들은 보기 어려웠을 것이네.

그런데 이미 한 번 한유의 문장을 전심(專心)으로 공부하려고 한다고 하니, 그렇다면 우선 〈계사전〉은 놓아두고 오로지 한유의 문장을 읽는 것으로 결하(結夏)[95]의 계책을 삼는 것이 좋은 방법이 될 것이네. 《통서》로 말하면 비록 입에 익숙히 외웠다고 하나 흡족하지 못한 점이 있을 것이니, 아침과 낮 사이에 때로 외고 사색하여 의사(意思)가 의리(義理) 위에서 떠나지 않게 하는 것이 또한 좋을 것이네.

94 통서(通書) : 북송의 학자 염계(濂溪) 주돈이(周敦頤) 1017~1073)가 지은 책으로 처음의 이름은《역통(易通)》이었다. 〈태극도설(太極圖說)〉과 서로 표리가 되는 글로서, 〈태극도설〉은 우주론(宇宙論)에 대한 논설이고 이 책은 우주의 원리를 응용하여 인간의 윤리(倫理)를 설명하고 있다.

95 결하(結夏) : 승려가 음력 4월 보름부터 90일 동안 출입을 금하고 한곳에 모여 수행에 전념하는 하안거(夏安居)를 이르는 말인데, 여기서는 여름 동안의 공부를 말한 것이다.

오혁[96]에게 줌

與吳爀

병으로 피곤하여 지난번 편지에 답장이 늦었는데, 어느덧 하나의 양(陽)이 그 사이에 생겨났네.[97] 바로 생각하건대 어버이를 잘 모시면서 많은 복을 받고 있는가? 《소학(小學)》은 몇 번째 편까지 읽었으며 그 취지가 계속 마음에 무젖어들고 있는가?

우리들이 학문에 끝내 성취가 없는 것은 다름이 아니라 모두 이 함양(涵養) 공부가 부족한 데서 연유하네. 참으로 좋네. 주자의 말씀이여. 여기에 이르기를 "옛 사람들은 말을 할 수 있을 때부터 소학(小學)에서 곧 가르침을 받았다. 이에 한 살에는 한 살의 공부가 있어서 20세에 이르면 성현(聖賢)의 자질이 이미 스스로 3푼(30%)을 갖추니, 대학(大學)은 다만 광채만 다듬어 낼 뿐이었다. 그런데 지금은 모두들 소학 공부를 놓치고 지나쳐 다시 되돌아가 공부할 수 없으니, 다만 지금의 처지에 의거하여 곧바로 머물러 다리를 꼿꼿이 세우고 공부해야 한다. 만일 30세에 깨달았다면 곧 30세에서부터 공부를 하며, 곧 8, 9십 세에 깨달았다면 또한 마땅히 현재에 의하여 머물러 공부해야 한다."라고

96 오혁(吳爀) : 1855년(철종6) 8월에 팔도 유생 3천 4백 16명이 윤선거(尹宣擧)·윤증(尹拯)·조석우(曹錫雨)·이현일(李玄逸)을 탄핵하는 상소에 유학(幼學) 오혁(吳爀)이 소두(疏頭)였는데, 동일 인물인지는 미상이다. 《철종실록》

97 하나의……생겨났네 : 동짓달이 되었다는 의미이다. 《주역》의 십이벽괘(十二辟卦)에 의하면 10월이 되면 순음효(純陰爻)인 곤괘(坤卦 ䷁)가 되었다가 동지가 있는 11월이 되면 다시 양효 하나가 생겨나서 복괘(復卦 ䷗)가 되므로 이렇게 말한 것이다.

하셨네.

족하(足下)가 비록 어릴 때에 강습(講習)을 받지 못하였으나 이미 이것을 깨달았다면, 서둘러 주자의 말씀과 같이 금일(今日)부터 다리를 꼿꼿이 세우고 공부해 가야 하네. 한훤(寒暄) 어른[98]이 나이 50에도 소학동자(小學童子)라고 칭한 것에 비하면 나이가 젊을 뿐만이 아니니, 어찌 때를 잃어서 뒤좇기 어렵다고 근심할 것이 있겠는가.

지난번에 얼굴을 마주하고 말한 것과 편지에서 피력한 것이 모두 이 말이네. 이는 늙은 이 몸이 젊은 친구를 위해 도모한 것이니, 이 몸의 진실 된 뜻이 어디에 있는지 양찰할 수 있을 것이네. 그런데 또 이번 편지에 거듭 반복하니, 만약 나의 말을 진부하고 누추하다고 여겨 버리지 않고 힘써 따르면 마땅히 무한한 좋은 소식이 있을 것이네.

나는 지리하게 병으로 신음하느라 읽다 만 책을 책상머리에 덮어 두고 한 번 열어 보지도 못하고 있는데, 지금 세모(歲暮)에 이르러는 더욱 무료하게 지낼 뿐이네. 나머지는 이만 줄이네.

98 한훤(寒暄) 어른 : 한훤은 환훤당으로 김굉필(金宏弼, 1454~1504)의 호이다. 자는 대유(大猷), 본관은 서흥(瑞興), 점필재(佔畢齋) 김종직(金宗直)의 문인인데, 유일(遺逸)로 천거되어 벼슬이 형조 좌랑에 이르렀다. 스승 점필재 김종직으로부터 《소학》에서 학문을 시작하라는 가르침을 받고 평생 《소학》을 읽으며 스스로 소학동자라고 자처하였다.

오혁에게 줌
與吳爀

바로 생각하건대, 신원(新元 정월 초하루)에 어버이 잘 모시면서 더 많은 복을 받고 있을 것이네. 그대가 나의 집 문(門)에 이르지 않은 지가 지금 몇 달이 되었네. 서글프고 그리워 할뿐, 실로 그 까닭은 알지 못하고 있네.

근간에 오고가는 말을 들으니, 그대가 봄철의 얼음을 조심하지 못해서[99] 옛날의 모습이 아니라고 하니 참으로 이런 일이 있다면 지극히 한탄할 만하네. 그러나 혹시 이 때문에 나와 격조해졌다면 여기에서 수오지심(羞惡之心)이 아직도 없어지지 않고 남아 있음을 증명할 수 있으니 오직 이 한 생각이 바로 귀신에서 벗어나 사람이 되는 기회인

99 봄철의 얼음 : 《서경(書經)》〈군아(君牙)〉의 "마음에 근심하고 위태롭게 여김이 범의 꼬리를 밟는 듯하며 봄에 살얼음을 건너는 듯하다.〔若蹈虎尾, 涉于春氷.〕"라는 구절에서 온 말로 극히 위험한 지경을 비유하는 말인데, 여기서는 여색(女色)에 대한 경계를 가리킨 것이다. 남송(南宋) 고종(高宗) 때의 충신인 호전(胡銓, 1102~1180)이 간신 진회(秦檜) 등을 탄핵한 죄로 귀양 갔다가 10년 만에 풀려나 돌아오는 길에 매계관(梅溪館)의 기생을 건드렸다가 봉변을 당한 일이 있었는데, 뒤에 주자가 같은 객잔에 유숙하게 되자 호전을 비판하는 시를 지었었다. 주자는 호전을 비판한 자신의 입장을 다시 임용중(林用中)에게 화답하는 시를 지어 설명한바, 그 내용은 아래와 같다. "남을 비판하는 말을 너무 가볍게 하려는 것 아니니 이 시를 지음은 오직 세속의 욕정 경계하고자 해서이네. 그대에게 화답하여 두려워하는 마음 더하게 하노니, 범의 꼬리를 밟는 듯 봄철의 얼음을 밟는 듯 이 인생 살아가세.〔不是譏訶語太輕, 題詩只要警流情. 煩君屬和增危惕, 虎尾春氷寄此生.〕" 이후로 호미와 춘빙은 여색을 경계하는 은어(隱語)로 사용되었다.

데, 다만 마음을 어떻게 돌리느냐에 달려 있을 뿐이네. 허물이 있더라도 능히 고칠 수 있다면 이것이 이른바 '처음에는 병들었다가 나중에 나았다.'는 것이니, 구구한 이 몸이 그대에게 바라는 바가 진실로 여기에 있을 뿐이네.

이 몸이 비록 그대에게 폐백을 받은 적은 없으나 그대가 나를 스승으로 대하니 서로가 허여하고 있음을 알 수 있네. 옛날에는 스승과 제자의 관계를 끊는 도(道)가 없었네. 비단 제자가 스승을 끊지 못할 뿐만 아니요, 스승 또한 제자를 끊은 적이 없었네. 그러므로 한번 편지를 보내 이 몸의 뜻을 보여주려는 생각을 오랫동안 가졌었네. 그러나 근래 노쇠함과 질병이 더욱 심해져 붓을 잡는 것이 큰 솥을 드는 것보다 어려워 이 때문에 지금까지 그럭저럭 지나왔네. 그러다 고쳐 생각해보니 그대가 지난봄에 책 상자를 지고 온 이후 어느덧 1년의 세월이 흘렀네. 나도 모르게 마음속에 감회가 일어 어지럼증을 무릅쓰고 이 편지를 보내니, 애오라지 나에게 있는 것을 다한 것일 뿐이네.

임종칠[100]에게 답함

答林生宗七

족하가 근거 없는 말을 잘못 듣고 이 몸이 불초함을 알지 못하여 천리 멀리에서 정성스럽고 간곡하게 편지를 보내온 것이 지금 두 번에 이르렀는데, 이 몸은 한 번도 답장을 하지 못하여 결례(缺禮)가 마침내 이와 같으니, 이러한 행적은 오만함에 해당됨에 실로 진심으로 자신을 꾸짖고 있네.

돌아보건대 이 몸은 나이가 많고 병이 깊어 이미 노쇠한 폐인(廢人)이 되어 친구 사이에 주고받는 예절도 한결같이 물리치고 있네. 그러나 족하가 얼굴을 대하기에 앞서 보낸 편지에 있어서야 어찌 이런 예(例)를 쓸 수 있겠는가.

매양 한번 답장을 써서 밀린 빚을 갚고 겸하여 실정(實情)을 알리려고 하였는데, 이 또한 그럭저럭 세월을 보내느라 마음에만 담아두고 실행하지 못하고 다만 스스로 자주 생각을 떠올리며 거의 하루도 가슴 속에서 잊지 못하고 있었네. 그런데 뜻밖에 그대의 향리에 사는 한(韓) 선비가 나를 찾아와 그를 통하여 근래에 그대의 동정(動靜)이 매우 편안하며 학업을 진전시킴에 두서(頭序)가 있음을 알고 마음이 흐뭇하고 위로되었네.

100 임종칠(林宗七) : 1781~1859. 자는 내경(來卿), 호는 둔오(屯塢), 본관은 전주(全州)로 관북(關北)의 학자 구암(龜巖) 이원배(李元培)의 문하에서 수학하였다. 천거로 출사하여 벼슬이 첨지중추부사(僉知中樞府使)에 이르렀다.

지난번 명덕(明德)에 대해 의심나는 곳을 질문한 글을 나의 상자 속에 보관하면서 조만간에 대답할 생각이었는데, 근일에 상자를 찾아보았으나 있지 않았네. 짐작하건대 이미 이것을 잃어버린 듯하니, 생각할수록 망연자실해지네. 간곡한 그대의 뜻을 끝내 저버릴 수가 없기에 마침 근래 글로 써서 배우는 자들에게 보여준 한 문자가 있기에 한 통을 기록하여 보내니, 이것을 보면 이 몸이 가진 소견의 본말을 거의 알 수 있을 것이네.

일찍이 듣자하니 종성(鍾城)에 사는 남대임(南大任)과 오고가면서 강론하고 토론한다고 하니, 사실인가? 이 사람은 뜻이 독실하고 학문에 힘써서 참으로 얻기가 쉽지 않은 인물이라 이 몸이 가장 의지하고 믿고 있네. 만일 그와 함께 배운다면 피차에 서로 도움이 될 것이니, 그 유익함을 어찌 헤아릴 수 있겠는가. 근래 오랫동안 그의 소식을 듣지 못했으니, 혹시라도 편지를 주고받거든 번거롭더라도 나의 뜻을 전해주고 이 문자를 전하여 보여줌이 어떻겠는가?

천한 이 몸은 수십 일 후에는 나이 70의 노물(老物)이 될 것이네. 정신이 다 소모되고 형체는 피폐해져 귀신의 일을 날로 재촉당하고 있으니, 하늘에 맡겨 둘 뿐이네. 부끄러운 것은 도(道)를 듣지 못하고 죽는 것이네. 족하와 같은 경우는 뜻과 힘이 막 강성하니 이 몸을 보고 경계로 삼아서 제때에 계속 학문에 힘써 우뚝하게 이를 확립하여 이 몸의 소원에 부응해주기를 바라네.

혹자에게 답함
答或人

보내온 편지에 '인심(人心)이 함몰(陷沒)되고 의리가 꽉 막혀 회니(懷尼)의 시비(是非)[101]가 날로 어두워진다.'라고 하였는데 참으로 이 말씀과 같으니, 사문(斯文)의 근심이 어찌 다함이 있겠습니까.

추후에 변론한 소(疏)를 숙종(肅宗)께서 을미년(乙未年 1715, 숙종 41)에 쓰신 글에 끼워 넣었으며, 책을 엮는 기회를 틈타 특별히 효종(孝宗)께서 윤선거(尹宣擧)가 올린 소에 내리신 비답(批答)을 기재하였습니다. 이로써 한편으로는 숙종께서 내리신 처분을 모호(模糊)하게 만들고 한편으로는 효종의 뜻과 일을 가리고 은폐하여 선두의 척후(斥候)와 뒤에 있는 후군(後軍)이 남몰래 서로 전하고 이어지는 듯하니, 아! 참으로 마음 씀씀이와 계책이 교묘합니다.

윤선거를 위로하고 너그럽게 대한 한 때의 비답이 효종의 성덕(盛德)과 무슨 상관이 있기에 번번이 이것을 갱장(羹墻) 편에 기재하고, 숙종께서 쓰신 을미년의 글이 또한 병신년(丙申年 1716, 숙종 42)의 처분과 무슨 상관이 있기에 감히 이것을 인용하여 스스로를 변명하는 계책으로 삼는단 말입니까. 이는 다만 사문(斯文)의 시비(是非)와 관

101 회니(懷尼)의 시비(是非) : 우암(尤菴) 송시열(宋時烈)과 명재(明齋) 윤증(尹拯) 간의 갈등을 이르는 말이다. 윤증은 원래 송시열의 제자였으나 아버지인 윤선거의 비문(碑文) 문제로 반목하게 되어 송시열과 오랫동안 다투고 논쟁을 벌였는데, 송시열은 회덕(懷德)에 윤증은 이산(尼山 노성(魯城))에 살았으므로 이렇게 부른 것이다.

계가 있을 뿐만이 아니요 성상(聖上)을 속이고 하늘을 속이는 것이 어찌 이보다 큰 것이 있겠습니까.

그러나 의리를 밝히고 시비를 분명하게 함은 전적으로 언어로 쟁론(爭論)함에 달려있는 것은 아닙니다. 우리 당(黨)의 선비들이 진실로 도(道)를 수호하는 성의(誠意)가 있다면 모름지기 각자 자신의 몸에 도를 닦아서 행여 자신의 학문이 지극해지지 못할까 두려워해야 할 것이요, 또 자양(紫陽 주자)을 높이고 믿는 마음을 더욱 독실하게 하여 우리 우암(尤菴) 어른에게까지 미쳐야 할 것입니다.

이렇게 하여 자양과 우암이 간직하고 있던 심법(心法)과 의리가 이에 힘입어 부식(扶植)될 수 있게 된다면, 이것이야 말로 편벽된 말을 막고 부정한 학설을 그치게 하는 근본이 된다고 말할 수 있을 것입니다.

만약 한갓 입과 혀 사이에서 논쟁하여 스스로 도(道)를 수호하는 자는 이렇게 하지 않으면 안 된다고 말한다면 이것이 어찌 한 손으로 범람하는 물을 막는 것과 다르겠습니까. 근원을 막는 공부는 보지 못하고 장차 말류(末流)를 더욱 격하게 만들 것입니다. 현명한 분은 어떻게 생각하시는지 모르겠습니다.

그러나 만약 말을 할 만한 처지에 있는데도 이것을 가지고 스스로의 입장을 해명하고 침묵하며 말하지 않는다면, 이것을 또한 어찌 가하다고 말할 수 있겠습니까.

덕봉서원[102] 유생들에게 줌

與德峰儒生

무더위 속에서도 강학하는 여러분의 기미(氣味)는 맑고 편안하시리라 생각합니다. 멀리서 바라보며 그리워하는 마음 구구합니다. 지난번에 올린 학규(學規 학칙(學則))를 쓴 책자는 이미 받아서 살펴보았습니까? 추후에 생각나서 첨가하여 고친 것이 있기에 이번에 다시 써서 보내니, 앞에 보낸 것은 돌려보내 주는 것이 어떻겠습니까?

아! 현자(賢者)의 은택이 이미 멀어지고 사우(士友)의 도(道)가 망하여 세상에 독서하는 종자가 없어지고 선비들의 취향이 날로 파괴되고 있습니다. 또 모든 사람들이 열렬하고 급급하게 이욕(利慾)의 구덩이 속에서 출몰(出沒)하여 다시는 '사람의 떳떳한 본성〔民彝〕'과 '사물의 법칙〔物則〕'이 무슨 일인지를 알지 못하고 있습니다. 이에 지금의 도(道)를 따라서 지금의 풍속을 고치지 않는다면, 어찌 이천(伊川)의 피발(被髮)[103]의 한탄에 그칠 뿐이겠습니까.

102 덕봉서원(德峰書院) : 1695년(숙종21) 지방 유림의 공의(公義)로 오희상의 고조인 오두인(吳斗寅 1624~1689)의 충절과 덕행을 추모하기 위해 양성(陽城 지금의 안성군(安城郡) 양성면)에 창건하여 위패를 모신 서원으로 1697년에 사액(賜額)되었다. 오두인은 자가 원징(元徵), 호가 양곡(陽谷)으로 1689년(숙종15) 사직(司直)으로 있으면서, 인현왕후가 폐위되자 이세화(李世華), 박태보(朴泰輔)와 함께 반대하는 소를 올렸다가 국문을 받고 의주(義州)로 유배 도중 별세하였다.

103 이천(伊川)의 피발(被髮) : 오랑캐가 된다는 뜻으로 이천은 지명이고 피발은 머리를 풀어헤침을 이른다. 주(周)나라 대부 신유(辛有)가 이천을 지날 적에, 머리를 풀어 헤치고 들판에서 제사 지내는 광경을 목도하고는 이 지역이 백 년이 채 못 되어

다행히도 우리 고을의 여러 현자들이 여기에 대해 분개하고 있으며 강학(講學)으로 이를 창도하고자 하여 뜻이 부지런하고 정성이 지극하니, 저로 하여금 감격해 마지않게 합니다. 진실로 이 일로부터 확충시킬 수 있다면 세상을 좋게 할 수 있고 풍속을 바꿀 수 있습니다. 또 설령 여기에 미치지 못하더라도 충분히 자신의 몸을 선(善)하게 하고 한 고을의 모범이 될 수 있을 것이니, 어찌 아름답지 않겠습니까.

그러나 일을 진행시킬 때는 반드시 처음에 신중하여야 유종의 미를 거둘 수 있습니다. 간절히 원하건대 여러 현자들은 한갓 일시의 의사를 믿지 말고 유구하고 독실한 계책을 깊이 추구해서 많은 선비들을 창도하여 서로 더불어 힘쓰고 힘쓰면서 즐거운 마음으로 따르시기 바랍니다. 이렇게 되면 이 몸이 비록 불민(不敏)하나 감히 노둔한 힘이나마 다 써서 돕지 않겠습니까.

그러나 이 일은 참으로 반드시 직월(直月)[104]로 훌륭한 사람을 얻어야 이룰 수가 있는데, 지난번에 마음에 두었던 두 사람이 더욱 선비들의 기대에 부합합니다. 강안(講案)은 또 급선무 중에 급선무이니, 이미 함께 모여 수정하여 안(案)을 이루었는지, 또 모두 몇 명의 훌륭한 선비를 얻었는지 모르겠습니다. 부디 즉시 보여주시기 바랍니다. 이만 줄입니다.

오랑캐의 땅이 될 것이라고 예언하였는데, 뒤에 진(晉)나라와 진(秦)나라가 육혼(陸渾)의 오랑캐 부족을 이천으로 옮겨 살게 하여 이 예언이 실현된 고사가 있으므로 이렇게 말한 것이다. 《春秋左氏傳 僖公22年》

104 직월(直月) : 서원 등에서 실무적인 일을 맡아보던 직책으로, 오늘날의 간사(幹事)와 같다.

덕봉서원 유생들에게 답함

答德峰儒生

지난번에 학규(學規)를 수정하여 보낸 뒤에, 감감하게 회신이 없어서 참으로 답답하였습니다. 그러다 이번에 품목(稟目)과 강의 문목(講義問目)을 받고서 근간에 강회(講會)를 열어 백여 명의 많은 사람이 모였는데, 모두 엄숙하고 단정하여 예의에 맞았고 강의에 질문한 것들이 사람들의 의사를 개발한 곳이 매우 많았음을 알았습니다. 이 글들을 펼쳐본 뒤에 마음과 눈이 모두 열려서 저도 모르게 벌떡 일어났습니다.

근일에 우리 유학이 실추됨을 생각할 때마다 사사로이 길게 탄식하였는데, 이제야 비로소 선비가 없는 것이 아니요 다만 이를 창도(唱導)하는 사람이 없다는 것을 알았습니다. 이에 대해 한결같은 노력을 기울여 게을리 하지 않으면, 눈으로 보고 감동하며 귀로 듣고 분발하는 효험을 기대해 볼 수 있을 것입니다. 그렇다면 이번의 행사는 거의 사방의 뜻있는 선비들을 창도하는 일이라고 할 수 있으니, 어찌 다만 우리 고을에만 다행이 될 뿐이겠습니까.

강회를 달마다 여는 일에 이르러는 이 몸이 일찍이 거듭 간곡히 당부드린 바입니다. 그러나 서원의 재정(財政)이 미약하여 선비들에게 식사를 제공하기 어려우니 응당 미뤄야 하고 다만 봄과 가을 두 차례의 강회만 보존하고 싶다고 하였습니다. 그러나 구구한 이 몸은 이에 대해 적이 개탄스러운 마음을 금할 수가 없습니다.

모든 일은 마땅히 대체(大體)를 보지 않으면 안 되니, 지엽(枝葉)은 생략해도 괜찮습니다. 강회에 참석하는 선비들이 각자 양식을 가져

오는 것이 비록 구차하고 너무 간편한 것이라고 하나, 그렇다고 해서 폐지하는 것보다는 변통해서 계속 행하는 것이 더 낫습니다.

도암(陶菴) 어른께서 도기서원(道基書院)[105]을 주관하실 때 선비들로 하여금 양식을 싸가지고 오게 하였으니, 여기에서도 선배들이 권학(勸學)을 급하게 여긴 것을 볼 수 있습니다. 선비가 진실로 이 일에 성심(誠心)이 있다면 또한 어찌 여기에 대해 개의(介意)할 것이 있겠습니까.

《논어》에 이르기를 "여러 공인(工人)들이 공장(工場)에 거하면서 자신의 일을 이룬다.〔百工居肆 以成其業〕" 하였는데,[106] 학궁(學宮)은 배우는 자들의 공장이니, 공장에 거하지는 못하더라도 한 달에 한 번의 모임을 어찌 그만 둘 수 있겠습니까. 만약 봄가을에 한 번 모일 뿐이라면, 이는 단지 한폭(寒曝)[107]이라고 말할 수 있을 뿐만이 아니요, 다만 이것은 문식에 응하여 숫자를 갖추는 것일 뿐이니, 이것으로는 진실로 실효를 거두어 사우들의 바람에 부응하지 못할 것입니다.

이 몸이 외람되이 강회의 일을 주관했던 것은 어찌 한갓 허명(虛名)

105 도기서원(道基書院) : 지금의 경기도 안성시 안성읍에 있었던 서원으로 1663년(현종4) 지방유림의 공의로 김장생(金長生)의 학문과 덕행을 추모하기 위해 창건하여 위패를 모셨는데 1669년 '道基(도기)'라고 사액되어 사액서원으로 승격되었다.

106 논어에……하였는데 : 저본에는 '기왈(記曰)'로 되어 있어 《예기》로 번역하여야 하나, 전사의 오류로 보고 《논어》로 바꿔 번역하였다. 이 내용은 《논어》〈자장(子張)〉에 보인다.

107 한폭(寒曝) : 일폭십한(一曝十寒)을 줄여 쓴 말이다. 아무리 잘 자라는 식물이라도 하루 동안 햇볕을 쪼이고 열흘 동안 춥게 하면 제대로 자라지 못한다는 의미로《맹자》〈고자 상(告子上)〉에 보인다.

을 탐한 것이겠습니까. 그 괴로운 심정이 어디 있는지를 돌아보아 바로 진실한 마음으로 서로 대하고 진실한 일로 서로 권면하기를 바라서였습니다. 그런데 지금 일을 진행하는 초기에 서로의 소견이 둥근 구멍에 모난 자루를 끼우는 것처럼 어긋나서 서로 믿고 따르지 않으니, 이와 같은데도 어떻게 일이 이루어지기를 바라겠습니까.

대번에 자외(自外)[108]할 수가 없기에 이번에 또다시 내 어리석은 정성을 다 피력하였습니다. 여러 현자들이 만일 끝내 내 말이 옳지 않다고 여긴다면 이로부터는 감히 강회의 일에 대해 참여하여 듣지 않을 것이니, 양찰해 주심이 어떻겠습니까?

문목(問目)은 찌를 붙여 대답하여 보내니, 제생(諸生)들께서 돌려 본 뒤에 서원 안에 두는 것이 마땅할 것입니다.

108 자외(自外) : 스스로 외인(外人)으로 여겨 일에 간여하지 않는다는 의미이나.

송경 유생들에게 답함

答松京儒生

귀향(貴鄕)의 이호(梨湖) 김시탁(金時鐸)[109]은 낮고 미천한 신분에서 몸을 일으켜 성대하게 한천(寒泉) 문하의 고제(高弟)가 되셨으니, 참으로 호걸의 선비라고 이를 만합니다. 미호(渼湖 김원행(金元行)) 어른이 지은 묘지명(墓誌銘)을 보면 저로 하여금 광세지감(曠世之感)[110]을 일으키게 하니, 그가 일찍 세상을 떠난 것이 애석합니다.

일찍이 듣건대 조 익산(趙益山)[111]은 이호를 사사(師事)하였습니다. 이호가 별세한 뒤에는 비록 미호의 문하에서 학업을 마쳤으나, 그 연원(淵源)이 이호에서 나온 것은 속일 수가 없습니다. 그런데 지금 《송경지(松京誌)》를 중수(重修)하면서 〈인물재행고(人物才行考)〉에 이호를 빼고 다만 조공(趙公)을 든 것은 과연 무엇을 근거로 한 것입니까? 만약 출신이 미천하다고 해서 그런 것이라고 한다면 서고청(徐孤靑)[112]

109 이호(梨湖) 김시탁(金時鐸) : 1713~1751. 이호는 호이고, 자는 자목(子木), 본관은 덕수이다. 개성(開城)의 상인 집안에서 태어나 도암(陶菴) 이재(李縡)의 문하에서 학문을 배워 해서(海西) 지방에서 명망이 높았다. 효행(孝行)으로 정려(旌閭)되고, 사후(死後) 이호사(梨湖祠)에 제향되었다.

110 광세지감(曠世之感) : 같은 시대에 태어나지 못해 서로 만나지 못한 아쉬운 감회를 말한다.

111 조 익산(趙益山) : 조씨(趙氏) 성을 가진 인물로 익산 군수를 지내 이렇게 칭한 것이나, 누구인지는 미상이다.

112 서고청(徐孤靑) : 서기(徐起 1523~1591)로 고청은 그의 호이고 자는 대가(待可), 본관은 이천(利川)이며 시호는 문목(文穆)이다. 서경덕(徐敬德), 이지함(李之

또한 일찍이 《동유사우록(東儒師友錄)》에 기재되었습니다.

만약 은미한 것을 드러내고 그윽한 것을 밝히는〔微顯闡幽〕 의리[113]를 깊이 안다면 마땅히 다만 그 사람의 성취가 어떠한가를 보아야만 하니, 지벌(地閥)은 굳이 논할 것이 없습니다. 또 더구나 백 년 사이에 귀향(貴鄕)의 선비들이 책을 읽고 자신의 몸가짐을 단속할 줄 알게 된 것이, 누구의 힘입니까? 은혜를 많이 받고서 존숭(尊崇)할 줄을 모른다면 또한 어찌 옳다고 하겠습니까. 이 뜻은 지난번 임승(林丞)의 질문으로 인하여 이미 말해 주었는데 지금 또다시 물으니, 속일 수가 없기에 이에 끝까지 말하는 것입니다.

菡) 등을 사사하였고, 제자백가(諸子百家)와 기술 이론에도 통달하였다. 출신이 미천하였으나 명망이 높아 사후에 공주(公州) 충현사(忠賢祠)에 제향되었다.

113 은미한……의리 : 이 내용은 《주역(周易)》〈계사전 하(繫辭傳下)〉에 "역은 지난 것을 드러내고 올 것을 보여 주며, 은미한 것을 드러내고 그윽한 것을 밝혀 준다.〔彰往而察來, 而微顯闡幽.〕"라고 보인다. '미현(微顯)'에 대해서는 "드러난 것을 은미하게 한다."라는 해석과 "은미한 것을 드러나게 한다."라는 해석이 있는데 여기에서는 후자를 취하여 번역하였다.

석실서원[114]의 유생들을 타이름
諭石室儒生

석실서원(石室書院)은 미호(渼湖) 선생 양 대(兩代)가 도(道)를 강론한 자리인데 불초가 외람되이 여러 현자들에게 추대되어 서원 일을 주관하게 되었습니다. 삼가 생각하건대, 지금 미호 선생의 시대와 그다지 멀지 않아서 그 유풍(遺風)과 여운(餘韻)이 아직 다 없어지지 않았습니다.

지난번에 노쇠한 몸을 채찍질하여 직접 나아가 강석(講席)을 주선하였는데, 많은 선비들 중에 뛰어난 후배가 없지 않았습니다. 다만 계속 창도(唱導)하는 사람이 없어서 매우 무무(貿貿)[115]하기에 마음에 간절하게 한탄하여 생각하기를 "이것이 어찌 재질(材質)의 죄이겠는가."[116]

114 석실서원(石室書院) : 지금의 경기도 남양주시 수석동(水石洞)에 있던 서원으로 인조 때 척화파(斥和派)를 이끌었던 선원(仙源) 김상용(金尙容)과 청음(淸陰) 김상헌(金尙憲) 형제를 기리기 위하여 1656년(효종7) 건립되었는데, 1663년(현종4) 석실이라는 편액을 하사받고, 사액서원으로 승격되었다. 1697년(숙종23) 김수항(金壽恒)·민정중(閔鼎重)·이단상(李端相)이 배향되었고, 그 후 김창집(金昌集)·김창협(金昌協)·김창흡(金昌翕) 3형제와 김원행(金元行)·김리안(金履安)·김조순(金祖淳) 등이 추가 배향되었다.

115 무무(貿貿) : 여러 가지 뜻이 있으나 여기서는 무지몽매(無知蒙昧)하고 혼우(昏愚)하다는 의미로 쓰였다.

116 이것이……죄이겠는가 : 이 내용은 《맹자》〈고자 상(告子上)〉의 "불선을 하는 것으로 말하면 타고난 재의 죄가 아니다.〔若夫爲不善, 非才之罪也.〕"라는 구절을 원용한 것인데, 이에 대해 주자는 《집주(集註)》에서 "'재(才)'는 재질(材質)과 같으니, 사람

라고 생각하였습니다. 그리고 마침내 망령되이 내 자신의 역량을 헤아리지 못하고 직월(直月)을 정하고 강생(講生)[117]을 가려 뽑고 거듭 단속하여, 폐기되고 실추된 것들을 닦고 정비하여 사람들을 고무시키고 진작시키려고 하였습니다.

그러나 불초는 진실로 제생(諸生)들의 표솔(表率 모범)이 될 수 없습니다. 오직 전인(前人)의 아름다운 법이 있어서 이를 빌려 도움을 받을 수가 있으니, 이것을 살펴 행하되 당장의 성과를 꾀하지 말고 이를 오랫동안 유지한다면, 돌아보건대 지금 학문이 끊어진 때에 혹 한 개나 반 개라도 부지해 세울 수가 있을 것입니다.

구구한 이 마음이 또한 참으로 괴로운데, 지금 강록안(講錄案)을 보건대 와서 참여한 제생들이 매우 적으니, 어찌 이처럼 믿음을 받지 못했단 말입니까? 나도 모르게 반성하면서 두려워하였습니다.

일찍이 듣건대 도암(陶菴) 어른은 당신이 관장한 여러 서원에 있어서 반드시 제생들에게 강회(講會)를 개설하도록 권하고 만일 이를 등한시하여 따르지 않는 자가 있으면 번번이 물리쳐 경계했다고 합니다. 불초가 선철(先哲)들처럼 일할 수는 없으나, 오직 이 한 가지 일만은 도암 어른을 본받을 수가 없겠습니까?

그러나 또한 어찌 이처럼 고집을 부리며 오만하게 할 수 있겠습니까. 다만 다음번 강회를 보아서 만일 또 오늘날과 똑같으면 결단코 이 자리

의 능함이다. 사람이 이 성(性)을 가지고 있으면 이 재질을 가지고 있으니, 성(性)이 이미 선(善)하면 재질 또한 선하다. 사람이 불선을 함은 바로 물욕에 빠져서 그러한 것이니, 재의 죄가 아니다."라고 주하였다.

117 강생(講生) : 사서 삼경(四書三經) 등의 유교 경전을 음과 훈에 따라 읽어나가면서 뜻을 풀이하고 그 대의(大義)를 설명해 나가는 것을 공부하는 유생을 말한다.

에서 물러나서 감히 서원의 일에 참여하여 듣지 않을 것이니, 부디 여러분들은 양찰(亮察)해 주시기 바랍니다.

석실서원의 유생들에게 답함
答石室儒生

편지에서 물은 내용은 공경히 다 보았습니다. 미호(渼湖) 선생은 세상에 드문 영웅호걸의 자질로 올바른 가학(家學)의 연원(淵源)을 이어서 도덕의 높고 깊음과 식견의 장대하고 뛰어남이 후학들의 표준(表準)이 될 만합니다. 그런데도 아직까지 제사를 지내는 한 구역의 장소가 없으니, 이것은 실로 사문(斯文)의 전례(典禮)에 흠이 됩니다. 더구나 석실서원은 농암(農巖)을 봉안하여 제향하는 곳이니, 미호 어른을 이 서원에 배향하는 일에 대해 그 누가 불가(不可)하다고 말하겠습니까.

영남(嶺南) 사림(士林)들의 통문(通文)은 세월이 갈수록 공의(公議)를 더욱 증험할 수 있을 것입니다. 그러나 삼연(三淵)과 농암의 관계는 하남(河南)의 두 분 정자(程子 정명도(程明道)와 정이천(程伊川))와 같으니 후학들이 존숭함이 마땅히 차이가 없을 것입니다. 지금 만약 말하기를 "삼연을 서원에 올려 배향하는 일은 일찍이 많은 선비들의 상소가 있었으나 윤허를 받지 못하였다."라고 하여 내버려두고 오직 미호만 거론한다면, 사체(事體)와 도리(道理)로써 헤아려 봄에 모두 온당치 못함에 해당되니, 이는 바로 헤아리지 않으면 안 될 것입니다.

설령 미호 만을 거론하여 윤허를 받아서 먼저 위폐와 축문을 만들어 제사를 지내더라도 미호 어른이 어찌 자기 홀로 향기로운 제물을 흠향하는 것을 편안히 여기시겠습니까. 이 몸의 뜻은 청원을 들어주고 안 들어주는 것은 위에 달려 있으니, 아래에 있는 선비들의 공론은 마땅히 삼연과 미호 두 선생을 함께 거론하는 것이 진실로 사체(事體)에 합당하다는 것입니다.

부디 고을의 사우(士友)들과 널리 의논해서 세상에 보기 드문 성대한 의전(儀典)에 흠결(欠缺)이 없게 하여 주시는 것이 이 몸이 바라는 바입니다. 그리고 영남의 선비들이 만일 와서 본다면 또한 이러한 뜻을 그들에게 말해 주기를 바랍니다.

현절사[118]의 유생들에게 답함
答顯節儒生

편지에서 물은 많은 내용은 삼가 다 보았습니다. 이번에 강회를 개설하는 일은 참으로 여러 사람들에게 보여주기 위한 것도 아니고 또한 당장의 효험을 바라서도 아닙니다. 진실로 근래 사우(士友)의 도(道)가 망해서 선비가 된 자들이 강학(講學)이 무슨 일인지 알지 못하여 날로 무무(貿貿 혼우(昏愚))한 데로 나아가면서도 깨닫지 못하기 때문이었습니다.

아! 하늘이 내린 떳떳한 본성(本性)의 선(善)을 좋아하는 마음이 어찌 고금에 차이가 있겠습니까마는 다만 가르침이 없어짐에 연유하여 세간의 영재(英材)들이 땅을 깎아내듯이 완전히 사라졌으니, 생각하면 고통스럽습니다.

마침 여러 현자들이 외람되이 불초를 추대해서 강회의 일을 주관하게 하였습니다. 삼가 생각하건대 이 일로 인해 선비들을 창도하고 고무시켜서 진실한 마음으로 실행하고 오랫동안 노력을 유지하여, 알지 못하는 가운데 혹 한두 명의 선비라도 흥기시킬 수 있다면 어찌 우리 당(黨)의 다행이 아니겠습니까. 이것이 바로 불초가 여러 현자들의 소청을 끝내 거절하지 못한 이유입니다.

118 현절사(顯節祠) : 지금의 경기도 광주시 남한산성면에 있는 사당으로 1688년(숙종14) 병자호란의 3학사(三學士)인 윤집(尹集)・오달제(吳達濟)・홍익한(洪翼漢)의 넋을 위로하고 충절을 기리기 위하여 건립하였고, 1693년에 현절사라 사액되었다.

그러나 옛날 범희문(范希文)은 무릇 무슨 일을 할 적에 반드시 자기 힘을 다하고서 말씀하기를 "나 자신이 해야 할 일은 마땅히 이와 같이 해야 한다. 그 성공 여부는 나에게 달려 있지 않다. 성현조차도 기필(期必)할 수가 없으니, 내 어찌 구차히 바라겠는가."라고 하였는데,[119] 불초가 내 자신이 관장하는 사원(祠院)에 있어 번번이 강회를 개설하기를 권하는 것은 나 자신이 해야 할 일을 다하고자 해서 일뿐이요 향후의 이해(利害)를 절절하게 계교(計較)하고자 하는 것이 아닙니다. 부디 여러 현자들은 양찰해주시기 바랍니다.

119 범희문(范希文)은……하였는데 : 범희문은 북송(北宋)의 명재상인 범중엄(范仲淹 989~1052)으로 희문은 그의 자이다. 1015년(진종8)에 진사로 출사하고 벼슬이 참지정사(參知政事)에 이르렀는데, 문장가로도 뛰어나 그의 시부(詩賦)와 산문은 모두 깊은 사회적 성찰을 담은 아름다운 문장으로 정평이 나있다. 범중엄의 이 말은《소학》〈선행(善行) 실경신(實敬身)〉에 보인다.

노주집

제14권

제문 祭文

애사 哀辭

고문 告文

축문 祝文

제문祭文

백씨[1]에 대한 제문
祭伯氏文

계묘년(1783, 정조7) 6월에 백부(伯父)가 명을 받들어 심양(瀋陽)으로 가시니[2] 우리 형제 세 사람이 백모(伯母)의 곁에 머무르며 모셨습니다. 다섯 달 뒤 맹동(孟冬 10월) 10일에 백부가 조정으로 돌아오셨는데, 백씨가 3일 신유일에 고복(皐復)하여 다시는 슬하에서 하루의 즐거움도 받들지 못하게 되었습니다. 하늘이여, 하늘이여. 애통하고 혹독합니다. 종제(從弟) 희상(熙常)이 삼가 다음 달 무자삭(戊子朔) 경인일(庚寅日 3일) 아침에 술과 안주를 가지고 영구(靈柩)의 앞에서

1 백씨(伯氏) : 오윤상(吳允常, 1746~1783)으로, 자는 사집(士執), 호는 영재(寧齋), 본관은 해주(海州)이다. 순암(醇菴) 오재순(吳載純)의 첫째 아들이며, 미호(渼湖) 김원행(金元行)의 문하에서 수학하였다. 학문에 뛰어나 두 아우인 오희상(吳熙常)과 오연상(吳淵常)을 가르치기도 하였다. 1783년(정조7) 10월 3일에 37세로 요절하였으며, 저서로는 《영재유고(寧齋遺稿)》가 있다.

2 백부(伯父)가……가시니 : 백부는 오희상(吳熙常)의 본생부인 오재순(吳載純, 1727~1792)을 가리킨다. 오재순은 1783년(정조7) 4월에 심양문안부사(瀋陽問安副使)에 차임되고 6월에 심양으로 떠났다. 《正祖實錄 7年 4月 1日, 6月 13日》

재배하고 곡하며 영결하고 글을 지어 지극히 애통한 심정을 다음과 같이 고합니다.

아아, 선생이여. 인자하고 온화하며 단정하고 공손하였으며, 청명(淸明)하고 정직(正直)하였습니다. 하늘에서 품부받은 바가 이미 몹시 빼어났고 용의(容儀)가 간중(簡重)하고 풍도(風度)가 심원(深遠)하였습니다. 확충하여 수양함이 지극해진 뒤에는 굳세고 장엄함을 겸비하여 구차히 환심을 사기 위해 남을 좇지 않았고 도량을 넓게 하여 독선(獨善)을 능사로 여기지 않았습니다. 말은 고상하게 꾸미는 것을 일삼지 않았고 행실은 구차히 어려운 일을 하는 것을 귀하게 여기지 않았으니, 요컨대 명백하고 평이함을 주장하였던 것입니다. 효우(孝友)가 집안에서 쌓이고 신애(信愛)가 사람들 사이에 드러났으며 근심과 즐거움이 세도(世道)에 관계하였습니다. 그러면서도 항상 공순한 태도로 자랑함을 경계하여 겸허한 태도를 지니고 남모르게 독실히 수양하였습니다. 참된 공부가 쌓여서 더욱 깊어지고 치밀해져 안과 밖, 은미한 것과 드러나는 것이 완전히 일치되었습니다.

그 깊은 학식과 빼어난 견해로 말하면 더욱 세유(世儒)가 비견될 바가 아니었습니다. 항상 여러 말들이 분분하여 경전의 가르침이 이 때문에 가려지는 것을 개탄해서 제가(諸家)들을 분명하게 분석해 자양(紫陽 주희(朱熹))을 기준으로 절충할 뜻을 가지셨습니다. 정밀하게 연구하고 깊이 사색하여 심오하고 은미한 부분에 대해 끝까지 파고들면서도, 시비를 돌아보지 않고 무작정 따르지는 않았으니 요컨대 모두 체인하여 터득하였던 것입니다. 무릇 글을 쓰고 분석하여 논함에 있어서는 전전긍긍하며 어려워하고 신중히 하여 말씀하기를,

"성현의 가르침은 모두 하늘이 명한 참된 가르침이니 어찌 나의 사사

로운 생각을 용납할 수 있겠는가."

라고 하였습니다. 가슴 속에 초본(草本)이 이미 뚜렷하게 펼쳐져 있었으나 오히려 만년(晩年)까지 기다리지 않을 수 없다고 여기셨으니 약간의 논저에 드러낸 것은 그저 구포(九苞)[3]의 한 가닥 깃털일 뿐입니다.

또 일찍부터 문장을 좋아하여 감식(鑑識)이 매우 고아해서 애써 다듬거나 꾸미지 않아도 절로 법도에 부합하니, 모두 사람들 사이에서 전해지며 읊어질 만하였습니다. 근일에 식견이 더욱 높아진 뒤에는 일체 이를 버려서 화려함을 거두고 번다함을 제거하여 질박하고 실제적인 경지로 응집하고 정진하였습니다. 항상 말씀하기를,

"하늘을 우러르고 땅을 굽어봄에 부끄러움이 없는 것이 '살아서는 이치에 순하고 죽어서는 편안하다'[4]는 것의 기반이 될 것이다."

라고 하였으며, 또 말씀하기를,

"부끄러움이 없음은 실(實)에서 보존된다."

라고 하여, 학문하는 절도(節度)를 스스로 말할 때마다 반드시 이 몇 마디 말을 우선하여 말씀하였습니다. 이를 통해 선생의 마음 씀이 참되고 간절하여 외물에 끌려다니지 않았음을 알 수 있습니다.

3 구포(九苞) : 봉황이 지닌 아홉 가지 특징을 이르는 말로, 봉황의 별칭으로 쓰인다.

4 살아서는……편안하다 : 도(道)에 입각하여 살다가 편안한 마음으로 죽음을 맞이한다는 뜻으로, 《논어(論語)》 〈이인(里仁)〉에 나오는 "아침에 도를 들으면 저녁에 죽어도 좋다.〔朝聞道, 夕死可矣.〕"라는 공자(孔子)의 말에 대하여 주희(朱熹)의 《집주(集註)》에 "도는 사물의 당연한 이치이니, 참으로 이것을 얻어 듣는다면, 살아서는 이치에 순하고 죽어서는 편안하여 다시 남은 한이 없을 것이다.〔道者, 事物當然之理, 苟得聞之, 則生順死安, 無復遺恨矣.〕"라고 해설한 데에 보인다.

아아, 선생이여. 큰일을 해낼 만한 자질을 지니고서 스스로 쉬지 않고 힘쓰는 공부를 하여 그 탁월한 조예가 진실로 이미 선철에 가까웠지만 그래도 끝까지 이루지 못한 지업(志業)이 많았습니다. 만약 수명을 조금 더 빌려주었더라면 비록 당대에 은택을 끼치지는 못했더라도 박약(博約)[5]의 전체를 다 발휘하여 장구하고 성대한 학업을 이루어 사문(斯文)이 힘입는 바가 있었을 것입니다. 하늘이 선생을 낸 것은 우연이 아닐 것인데 하루아침에 해를 당함에 이겨낼 수 없게 되어서 원대한 포부가 구천 아래에 묻히게 되었으니 어찌 이럴 수 있단 말입니까. 애통하고 원통합니다. 이것이 어찌 아우 한 사람의 사사로운 슬픔이겠습니까. 실로 천고에 지사(志士)의 한이 됩니다.

고복하던 날에 선비와 여항의 사람들이 모두 서로 고하며 탄식하고 안타까워하면서 말하기를,

"시운에 관계된 것이다."

라고 하였습니다. 선생은 지위도 없었고 장수하지도 못했으나 선한 덕이 사람들을 은연중에 신복(信服)하게 하였음을 이를 통해 확인할 수 있습니다. 그러나 벗 가운데 선생을 아끼고 신복하였던 자들은 그저 독실하게 옛것을 좋아한다고만 알았으니, 높은 식견이 이른 경지를 어찌 알겠습니까. 또 몸가짐이 깨끗하다고만 알았으니, 큰 포부가 있었던 바를 어찌 자세히 알겠습니까.

5 박약(博約) : 박문약례(博文約禮)의 준말로, 학문을 널리 익히고 예로써 행동을 단속하는 것을 말한다. 《논어(論語)》 〈옹야(雍也)〉에 "군자가 문에 대하여 널리 배우고 예로써 요약한다면 또한 도에 어긋나지 않을 것이다.〔君子博學於文, 約之以禮, 亦可以弗畔矣夫.〕"라고 한 데에서 나왔다.

아아, 선생이여. 소제(小弟)에 대하여 은혜로 길러주고 덕으로 가르치기를 지극히 하지 않음이 없었습니다. 어려서 유희를 좋아하고 학업을 게을리 하자 근심하고 안타까워하여 호되게 책망하셨고, 장성하여 조금 선(善)으로 향할 줄을 알게 되자 가상히 여기고 기뻐하여 계도해주셨습니다. 이에 내심 천륜의 혈연 중에 스승을 얻게 된 것을 다행으로 여기며, 다른 사람은 얻기 어려운 것을 나만 홀로 가졌다고 생각하였습니다. 선생 또한 세상을 둘러봄에 서로 계합하는 사람이 적었으므로 오직 집안에 들어와 아우와 함께 지내며 훈도하고 가르치는 것을 즐거움으로 삼으셨으니, 변두(籩豆)·담락(湛樂)[6]의 일과 사우(師友)가 강학하고 토론하는 일이 합쳐져 한 가지 일이 되었습니다. 책상 앞에 마주하여 가르침을 받을 때마다 해가 기울고 밤이 깊은 것도 모른 채 일에 따라 살피고 사물에 나아가 헤아려 자상하고 간절하게 일러주어서 학문하는 요점과 행기(行己)의 방법을 알 수 있게 해주셨습니다. 다만 아우가 몹시 부박한 기질을 타고나서 도(道)에 나아가거나 재주를 이루는 것 모두 가망이 없었는데, 마침내 선생이 반드시 성취시키고자 하여 심려를 다하면서도 힘들다고 여기지 않으셨습니다.

일찍이 말씀하기를,

"너의 지상(志尙)은 이미 훌륭하니 각고의 노력을 들이는 것에 힘쓰

6 변두(籩豆)·담락(湛樂): 형제가 우애를 나누며 단란하게 지냄을 말한다. 변두는 성찬(盛饌)의 뜻으로, 《시경(詩經)》 소아(小雅) 〈상체(常棣)〉에 "네 변두를 늘어놓아, 술 마시기를 실컷 하더라도, 형제간이 모두 있어야, 화락하고 또 사모할 수 있다네.〔儐爾籩豆, 飮酒之飫, 兄弟旣具, 和樂且孺.〕"라고 한 데서 온 말이다. 담락은 같은 시에 "처자가 좋고 화합함이 금슬을 타는 듯하더라도 형제간이 화합하여야 화락하고 또 길이 즐길 수 있다네.〔妻子好合, 如鼓瑟琴, 兄弟旣翕, 和樂且湛.〕"라고 한 데서 온 말이다.

고, 너의 사색(思索)은 이미 열렸으니 평탄하고 겸허히 하는 데에 힘써라."

라고 하시며 경계하고 바로잡아 줌이 매우 간절하고 기대하고 면려함이 몹시 두터워서, 마치 서로 돕고 함께 이루어 줄 만한 자처럼 여겨주셨습니다. 이에 불민(不敏)한 아우로서도 오히려 감동하여 분발하고 송연(竦然)히 면려할 줄을 알아서 어리석음을 채찍질하여 생사를 걸고자 하였습니다. 그러나 그릇이 이미 이지러진 데에다 뜻도 견고하지 못하여 1분(分)만큼 나아가면 1척(尺)만큼 물러나 지금에 이르도록 전혀 진전함이 없게 되었습니다.

가장 통한하며 잊기 어려운 점은 이것입니다. 이의(理義) 가운데 은미하고 현묘한 것과 경전의 뜻 가운데 복잡하고 어려운 것에 대하여, 혹 여쭈었으나 그저 단서를 발하는 데에만 그치기도 하고 혹 가르침을 받았으나 미처 분명하게 이해하지 못하기도 하였는데, 내심 '오늘 강론하지 못해도 내일의 기회가 또 있고 금년에 의심을 품었어도 내년에 질정할 수 있다'고 여겨서 여유롭고 느긋하게 생각하고 도리어 바쁘게 재촉하는 것은 꺼려서 백발이 된 늘그막의 나이에 천천히 학업을 마치고자 한 것입니다. 아아, 바라는 바가 깊었기 때문에 기약한 바가 요원하였고 사랑함이 지극하였기 때문에 촉박하리라고는 생각지도 못하였습니다. 어찌 일찍이 선생이 갑자기 여기에 그치게 될 줄을 생각이나 했겠습니까. 아아, 저는 알고 있습니다. 아우의 기구한 명운이 실로 선생에게까지 누를 끼치게 된 것이니, 오히려 누구를 원망하고 누구를 탓하겠습니까.

관구(棺柩)가 한번 닫히면 목소리와 말씀도 영영 묻히게 되니, 오직 이 회한이 폐부를 찌르고 척수를 관통합니다. 몸이 비록 죽더라도 흙과 함께 썩어지지 못할 것이니 애통하고 애통합니다. 선생을 잃은 후로 이 막막한 인간 세상에 스승이 없어서, 품은 생각이 있어도 고할 수가 없고 의심나는 바가 있어도 질정할 수가 없습니다. 잘하는 바가 있은들 누가 계발해 줄 것이며 잘못한 바가 있은들 누가 바로잡아 주겠습니까. 어두운 길을 지팡이로 더듬거리며 지나게 되었으니, 저의 행동거지를 누가 인도해 주겠습니까. 게다가 정신과 마음이 꺾이고 분열되었으며 뜻과 기운이 추락하고 무너졌으니, 어찌 떨치고 일어나 자립하여 예전에 기대하고 아꼈던 지극한 뜻을 저버리지 않기를 바랄 수 있겠습니까. 이것이 특히 스스로 돌아보며 홀로 서글퍼하는 바입니다.

그러나 남긴 책이 상자에 있고 훌륭한 가르침이 귀에 남아서 그래도 이를 완역(玩繹)하여 지견을 높이고 그대로 좇아 자신을 단속할 수가 있습니다. 이렇게 저의 학업을 마쳐 그런대로 선생을 저버리지 않는 것이 오직 이에 달려있으니 또한 차마 끊어버릴 수 없는 점이 있습니다. 진실로 죽지 않을 수 있다면 감히 마음에 맹세하여 만에 하나라도 스스로 힘쓰지 않을 수 있겠습니까.

아아, 선생이여. 평소에 표방하는 것을 좋아하지 않아서 호를 짓는 심상한 일조차 진실로 달가워하지 않으셨습니다. 그러다가 올해 정월에 홀연히 아우를 불러 말씀하기를,

"당호(堂號)를 나는 '죽어서도 편안하다〔歿寧〕'의 뜻[7]에서 취하고자 한다."

7 죽어서도 편안하다의 뜻 : 송(宋)나라 유학자 장재(張載)의 〈서명(西銘)〉에 "살아서 내가 순하게 하늘을 섬기면 죽어서도 그 때문에 편안하다.〔存吾順事歿以寧〕"라고 한 것을 가리킨다.

라고 하셨습니다. 이는 아마도 혼돈한 세상을 싫어하여 정신이 천고에 내달려서, 홀연히 조화(造化)에 순응하고 초연히 더러움에서 떠남을 즐거움으로 삼아서 이러한 말을 한 것이 아니겠습니까. 진실로 이 말이 갑자기 이처럼 틀림없이 오늘날의 조짐이 될 줄은 생각지도 못하였습니다.

선생의 깊은 학문과 순수한 행실로 보면 세상에 모범이 되고 세속을 선하게 할 수 있는데 하나도 펼치지 못하였고, 인한 마음과 후한 덕은 큰 복을 받을 만한데 후사가 끊어졌습니다. 품부받은 바가 완전하고 수양한 것이 두터우므로 응당 기이(期頤)[8]의 수명을 누려야 마땅한데 끝내 또 수명을 가로막아 조금도 늘여주지 않았습니다. 천도(天道)의 보답이 어그러짐이 어찌 한결같이 이러한 지경에 이르렀단 말입니까. 아니면 기수(氣數)가 왕복하고 옮겨가서 하늘 또한 어찌할 수가 없는 것입니까.

양친께서 살아계시니, 무슨 말로 위로할 수 있겠습니까. 형수가 병들어 몸이 상하였으니, 누가 붙들어 부축할 수 있겠습니다. 부딪치는 상황마다 창자가 녹아내리고 만나는 일마다 간담이 찢어집니다. 또 뒤에 죽는 자의 모든 책무가 아우의 몸에 맡겨져 있으니 그저 감정대로 마음껏 슬퍼할 수도 없고 또 차마 어버이의 마음을 거듭 상하게 해드릴 수도 없어서 평소에는 마치 천치처럼 있고 곡할 때에는 울음을 삼키면서 남몰래 참고 속으로 쌓으며 쏟아내지 못하고 있습니다. 어쩌다 스스

8 기이(期頤) : 백세의 수명을 뜻한다. 《예기(禮記)》 〈곡례 상(曲禮上)〉에 "백 년은 인간이 살 수 있는 최고의 수명이니, 자손들은 최대한으로 봉양해야 한다.〔百年曰期, 頤.〕"라고 한 데에서 온 말이다.

로 여유를 가지고자 할 때면 만 가지 슬픈 단서들이 또 돌아가며 서로 저촉하는데, 이를 몰아내어 쫓아버리고자 해도 할 수가 없으니 차라리 깊은 잠에 든 채로 깨지 않고 싶습니다. 말이 여기에 미침에 지각이 있는 영령께서도 응당 어두운 구천 속에서 비통해하고 계실 것입니다.

아아, 아우가 젖을 뗀 이후로 선생의 곁에 있지 않았던 적이 없어서 침소에 출입하며 즐겁게 담소를 나누었습니다. 꽃 피고 달 밝은 자리에서 술을 마시며 글을 지을 때나 산수를 유람할 때에도 반드시 뒤를 따르며 함께하게 하시니, 마치 손에게 있어서 발의 존재와 같았고 마치 형체에 있어서 그림자의 존재와 같았습니다. 그러다가 근래에 이르러 점점 떨어져 살아야 할 형편에 놓이게 되었는데, 차마 서로 버리지 못하여 오래도록 한 담장 안에서 함께 살려고 마음먹었으니, 장씨(張氏) 9대가 함께 살았던 일[9]을 도모하여 뜻을 부쳤습니다. 분잡하고 화려한 것을 좋아하지 않아서 또 깊은 골짜기 속에서 함께 지내기를 바랐으니 동가(峒嘉)의 산수를 가리키며 상상하였습니다. 이는 모두 아우 또한 마음속에서 축원하였던 바로, 반평생 동안 헤아렸던 일 중에 이러한 이야기가 유독 많았습니다. 그러나 지금 만사가 모두 끝나버리니 쓸쓸하고 부질없어 이 세상에 뜻이 없어졌습니다. 비록 수명을 늘려 주어 오래 품었던 소원이 이루어진다고 하더라도 그저 슬픔만 더할 뿐이니 어찌 즐거울 수 있겠습니까.

지난날 대인께서 국경 밖으로 사행을 떠나실 적에 선생께서는 이역

9 장씨(張氏)……일 : 당(唐)나라 수장(壽張) 사람 장공예(張公藝)가 한집에서 9대가 함께 살았던 일을 가리킨다. 고종(高宗)이 그 집에 찾아가 한집에서 화목하게 살 수 있는 비결을 물으니, '인(忍)' 자 100개를 써서 올렸다는 고사가 전한다. 《小學 善行》

의 평원과 습지에서 직접 말채찍을 잡고 수고를 감당하며 시봉하지 못하였기에 척호(陟岵)의 그리움[10]에 밤낮으로 근심하며 마치 어린 자식이 부모의 품을 떠난 것처럼 하였습니다. 가을이 가고 겨울이 오면서 회가(回駕)가 가까워오기에 형제가 손을 맞잡고 도중으로 나아가 맞이하는 일을 날짜를 꼽아가며 기다렸습니다. 그런데 마침 아우가 유행병에 걸려 오랫동안 낫지 못하니 선생께서 깊이 근심하여 몸소 의원을 찾고 약을 구하였습니다. 이튿날 아침에 아우의 병이 다소 나았으나 선생께서도 병을 얻어 침상을 나란히 하여 함께 눕게 되었는데, 오히려 서로 번갈아가며 위로하고 병세를 살폈습니다. 내심 생각하기를, 선생의 병은 아우와 대략 비슷하므로 얼추 수삼 일만 지나면 빠르게 회복될 수 있으리라 여겼습니다. 그런데 뜻하지 않게 위태로운 병증이 모르는 사이에 퍼지고 원기가 은연중에 쇠약해져서 사흘이 채 못 되어 별안간에 불행한 일을 만나게 되었으니, 한밤중에 정신없이 허둥대며 약을 올렸으나 효험을 보지 못하였습니다. 처음에는 근심할 줄을 모르더니 끝내는 또 능히 힘을 쓰지도 못한 것입니다. 이는 아우가 어리석고 미련하며 정성이 미약한 데에서 비롯된 것이니, 선생께서 저를 사랑하여 잘 보살펴주었던 것과는 같지 못하였습니다. 잠깐의 수명이라도 늘여서 어버이의 얼굴을 다시 뵐 수 있게 하지 못하여 생사의 사이에서

10 척호(陟岵)의 그리움 : 자식이 멀리 떨어져 있는 부모를 애틋하게 그리워함을 말한다. '척호'는 《시경(詩經)》 위풍(魏風)의 편명으로, 효자가 부역을 나가 어버이를 잊지 못하는 심정을 노래한 것인데, 그 첫째 장에 "저 민둥산에 올라가 아버님 계신 곳을 바라보네. 아버님은 '아, 내 아들이 부역에 나가 밤낮으로 쉬지 못할 터인데. 부디 몸조심해서 죽지 말고 살아서 돌아오기만 해라.' 하시겠지.〔陟彼岵兮, 瞻望父兮. 父曰嗟予子行役, 夙夜無已. 上愼旃哉, 猶來無止.〕"라고 하였다.

이토록 지극한 통한을 품고 떠나시게 만들었으니, 이는 아우의 죄이고 아우의 잘못입니다. 백번 죽어 속죄하고자 한들 어찌 되돌릴 수 있겠습니까.

아아, 선생께서 아우를 버리고 떠나신 지 29일이 지나 월삭(月朔)이 바뀌었습니다. 처음에는 급작스럽고 망연하여 흐리멍덩한 가운데 의아하기만 하여, 선생이 잠을 자는 것만 같고 여행을 떠난 것만 같아서 날마다 막연하게 잠에서 깨어나기를, 여행에서 돌아오기를 바랐습니다. 그러나 이제는 장사하여 먼 길을 떠날 날이 정해져 영원한 이별이 임박하게 되었습니다. 오직 이곳 우헌(雨軒)[11]은 바로 선생께서 한가로이 거하시던 곳입니다. 뜰 사이를 방황하고 장막 안에서 흐느낌에, 걸출한 모습과 고원한 운치는 끝내 다시 뵐 수가 없고 그저 서글픈 바람이 문을 울리고 권축(卷軸)에 먼지가 쌓임을 볼 뿐이니, 마침내 지난날 바라던 바가 헛되고 망령됨을 알게 되었습니다. 하늘까지 닿는 비통함과 땅을 꿰뚫는 원통함이 처음 상(喪)을 당했을 때와 같으니, 더욱 의지하고 기댈 곳이 없습니다. 이에 흉금을 터놓아 글로 엮어서 영연(靈筵)의 앞에서 한번 호소하고자 하나, 정신이 혼미하여 또한 마음을 다 표현할 수가 없습니다. 오직 말로 다하지 못하는 가슴속

11 우헌(雨軒) : 청우헌(聽雨軒)을 이른다. 《노주집(老洲集)》 권27 〈연보(年譜)〉 병신년(1776, 영조52) 조목에 "종씨 교관 공·계씨 참판 공·재종제 부사 공과 함께 서로 책상을 맞댄 채 학업에 힘써서 영재(寧齋) 공에게 수학하였다. 청우헌(聽雨軒)은 금서(琴書)가 있는 곳인데, 바로 무리 지어 함께 거처하며 독서한 집이다.〔同從氏教官公、季氏參判公、再從弟府使公, 聯丌攻業, 受學于寧齋公. 聽雨軒, 琴書所, 卽群居讀書之室.〕"라는 내용이 보인다. '영재(寧齋)'는 오희상(吳熙常)의 백씨(伯氏)인 오윤상(吳允常)의 호이다.

응어리가 한없을 뿐입니다.

아아, 이치란 하나여서 서로 통하는 법이니, 마음에 잊지 못하고 그리워함은 응당 유명(幽明)에 차이가 없을 것입니다. 삼가 바라건대 존령께서는 부디 가엾게 여기시어 꿈속에서라도 줄곧 얼굴을 비치시어 공회(孔懷)의 그리움[12]을 다소나마 위로 받게 하시고, 또 아우의 어리석은 마음을 묵묵히 깨우치시어 도(道)에 들어갈 수 있게 해주십시오. 아아, 애석합니다. 아아, 비통합니다. 부디 흠향하소서.

12 공회(孔懷)의 그리움 : 형제간에 서로 걱정하고 그리워하는 것을 말한다. 《시경(詩經)》 소아(小雅) 〈상체(常棣)〉에 "죽음의 두려움에서도 형제가 서로 몹시 걱정하며, 언덕과 습지에 시신이 쌓여 있어도 형제가 서로 찾아 나서네.〔死喪之威, 兄弟孔懷. 原隰裒矣, 兄弟求矣.〕"라고 한 데에서 온 말이다.

맏형수 유인 김씨[13]에 대한 제문

祭伯嫂孺人金氏文

유세차(維歲次) 갑진년(1784, 정조8) 3월 병술삭(丙戌朔) 11일 병신일에 맏형수 유인(孺人) 광산 김씨(光山金氏)의 영구를 광릉(廣陵)의 무덤 왼쪽에 부장(祔葬)하게 되었습니다. 발인 이틀 전인 계사일에 수양(首陽 해주(海州)) 오희상(吳熙常)이, 유인이 상중(喪中)에 별세하여 따로 술잔을 올려 제사하지 못하는 까닭에 삼가 조전(朝奠)을 통하여 다음과 같이 글을 지어 영결을 고합니다.

사람이 누군들 죽지 않겠으며	人孰無死
죽음이 누군들 슬프지 않겠습니까마는	死孰不悲
형수만큼 슬픈 이가 없으니	悲莫如嫂
삼종이 모두 어그러졌습니다[14]	三從俱虧
종사(從死)하기를 맹세하더니	矢心下殉
마침내 지금 결행하셨습니다	乃決於斯

13 맏형수 유인(孺人) 김씨(金氏) : 1747~1784. 오희상(吳熙常)의 백형인 오윤상(吳允常)의 아내로, 본관은 광산(光山)이다. 김상성(金相聖)의 딸이며, 사계(沙溪) 김장생(金長生)의 후손이다. 1783년(정조7)에 남편 오윤상이 죽자 이듬해 2월 6일에 스스로 목숨을 끊었다. 뒤에 열녀로 정려(旌閭)되었다.

14 삼종(三從)이 모두 어그러졌습니다 ; '삼종'은 여인으로서 지켜야 할 삼종지도(三從之道)를 이르는 것으로, 즉 출가하기 전에는 아버지를 따르고 출가한 뒤에는 남편을 따르고 남편이 죽은 뒤에는 아들을 따르는 도리를 이른다. 유인(孺人) 김씨(金氏)가 후사를 두지 못한 채 남편을 먼저 떠나보냈으므로 이렇게 말한 것이다.

두려워하는 마음을 갖지 않고	不怛其衷
말을 바꾸지도 않으시니	不亂其辭
정밀하게 의리를 취한 것은	取義之精
또 누가 비견될 수 있겠습니까	又孰與比
아, 이 아름다운 정절은	猗此姱節
훌륭한 자질에서 말미암은 것입니다	而由懿姿
맑고 순수하며 고아하고 깨끗하기가	明粹高潔
얼음 담은 항아리나 눈 속에 핀 매화와 같아서	氷壺雪梅
겉과 속이 모두 투명하여	瑩徹表裏
한 점의 티도 없이 청백(淸白)하였습니다	皭無纖埃
시례의 가르침[15]을 배태하여	胚胎詩禮
명철한 견식이 모범이 될 만하였으니	哲識可師
본가에 있을 때부터	越自在室
규범이 일찍 이루어졌습니다	閨範夙治
우리 집안에 시집오신 뒤로	逮歸我家

15 시례(詩禮)의 가르침 : 집안에서 전수하는 가르침을 이른다. 진항(陳亢)이 공자(孔子)의 아들 백어(伯魚)에게 아버지로부터 특별한 가르침을 들은 것이 있는지 물었는데, 백어가 "특별한 것은 없고 홀로 서 계실 때에 내가 종종걸음으로 뜰을 지나자 시(詩)를 배웠느냐고 물으시기에 배우지 못했다고 대답했더니 시를 배우지 않으면 말을 할 수가 없다고 하셔서 물러 나와 시를 배웠고, 다른 날 또 혼자 서 계실 때에 내가 종종걸음으로 뜰을 지나자 예(禮)를 배웠느냐고 물으시기에 배우지 못했다고 했더니 예를 배우지 않으면 설 수가 없다고 하셔서 물러 나와 예를 배웠다.〔未也. 嘗獨立, 鯉趨而過庭, 曰: 學詩乎? 對曰: 未也. 不學詩, 無以言. 鯉退而學詩. 他日又獨立, 鯉趨而過庭, 曰: 學禮乎? 對曰: 未也. 不學禮, 無以立. 鯉退而學禮.〕"라고 대답한 데에서 나온 말이다. 《論語 季氏》

훌륭하다는 평판이 쇠하지 않았습니다　令譽不衰
백씨[16]가 집에 거하실 적에　伯氏居室
법도가 엄숙하였는데　繩尺夔夔
그 덕에 걸맞아 어김이 없어서　配德無違
금슬이 어우러지셨습니다　琴瑟宜之
우리 양친을 섬기실 적에는　事我兩尊
효성스러운 생각이 간절하여　憧憧孝思
기쁜 마음으로 뜻을 받들었고　怡愉承志
겉모습만 꾸미지 않았습니다　不以貌爲
이를 동서 간에도 미루어 나가　推之妯娌
신맛과 짠맛의 조화가 어긋남이 없었습니다　酸鹹不差
그 모든 아름다운 행실이　凡厥懿行
어찌 그리 성대한 것입니까　一何祈祈
누가 동사(彤史)[17]에 기록을 전하여　誰傳彤史
옛 현숙한 여인들과 나란히 하게 할는지요　幷古哲姬
아, 불민한 저는　嗟余不敏
백씨를 스승으로 섬겼으니　伯氏師只

16 백씨(伯氏) : 유인(孺人) 김씨(金氏)의 남편 오윤상(吳允常, 1746~1783)으로, 자는 사집(士執), 호는 영재(寧齋), 본관은 해주(海州)이다. 순암(醇菴) 오재순(吳載純)의 첫째 아들이며, 미호(渼湖) 김원행(金元行)의 문하에서 수학하였다. 학문에 뛰어나 두 아우인 오희상(吳熙常)과 오연상(吳淵常)을 가르치기도 하였다. 37세로 요절하였으며, 저서로는 《영재유고(寧齋遺稿)》가 있다.

17 동사(彤史) : 궁중(宮中)의 일과 후비(后妃)들의 일상(日常)을 기록하는 여관(女官)의 명칭인데, 여기서는 여인들의 선행을 기록한 역사책의 뜻으로 쓰였다.

어려서부터 장성하기까지	自孩及長
은혜로 길러주고 의리로 이끌어 주셨습니다	恩育義提
수고를 감당하며 가르침을 받드는 것이	服勤承誨
백 년 동안 이어지기를 기약하였건만	百年以期
하늘이 저에게 화를 내려	天之禍我
갑작스레 유명이 달라졌습니다	幽明遽催
영원을 한번 곡함에[18]	鴒原一哭
태산이 무너졌으니[19]	泰山其頹
누구를 우러르며 누구를 의지하겠습니까	安仰安放
저의 삶이 애통합니다	我生之哀
하늘과 땅이 장구하니	天長地久
이제 모두 끝나 좇을 수가 없습니다	已矣莫追
아득한 이 세상에	芒乎此世
우애를 베풀 곳이 없어지니	悌無所施
형수에게라도	擬於嫂氏
조금이나마 은혜를 갚고자 하여	庶報毫絲

18 영원(鴒原)을 한번 곡함에 : 형제가 죽음을 말한 것이다. '영원'은 형제를 뜻하는 말로, 《시경(詩經)》 소아(小雅) 〈상체(常棣)〉에 "척령이 언덕에 있으니, 형제가 어려움에서 구원하도다.〔脊令在原, 兄弟急難.〕"라고 한 데에서 나왔다. '척령(脊令)'은 곧 '척령(鶺鴒)'으로, 물새의 한 종류이다.

19 태산(泰山)이 무너졌으니 : 스승의 죽음을 비유하여 말한 것이다. 공자(孔子)가 자신이 별세할 꿈을 꾸고 일어나 노래하기를, "태산이 무너지겠구나. 들보가 꺾이겠구나. 철인이 죽게 되겠구나.〔泰山其頹乎! 梁木其壞乎! 哲人其萎乎!〕"라고 한 데에서, 스승이나 철인의 죽음을 의미하게 되었다. 《禮記 檀弓上》

우러르고 의지하며 式瞻式依
보호하고 지켰습니다 是護是持
지난 일을 이야기하려니 欲說往事
눈물이 먼저 흘러내립니다 淚先汍洏
뜻을 지킴이 돌처럼 굳세어 秉志如石
회유할 길이 없었습니다 無賴喩回
올바른 죽음을 얻었으니 死得其死
영령이여, 열렬하십니다 靈乎烈哉
만나는 일마다 참담하고 서글프니 觸境慘怛
살아남은 자는 창자가 끊어집니다 生者腸摧
일찍이 아들 하나를 두어 曾有一胤
후사를 담당하게 할 수 있어서 後事是尸
그나마 어버이의 마음을 庶幾持慰
위로할 만하였는데 堂闈之懷
비로 쓴 듯 불에 탄 듯 如掃如燼
민멸하고 말았습니다 泯而湮而
두 인한 이가 만났건만 兩仁之會
그 보답이 어쩌면 이토록 기구하단 말입니까 厥施何巇
아아, 저 푸른 하늘이여 吁彼穹玄
그 이치를 헤아릴 수 없습니다 理不可推
해가 왼쪽에 부장하기에 알맞으니 歲叶左祔
조재[20]의 의식을 섬돌에서 행하게 되었습니다 祖載當階

20 조재(祖載) : 장지(葬地)로 출발하기 전에 영구(靈柩)를 수레 위에 싣고 조제(祖

아름다운 자취가 가려지니	芳徽晻翳
옥이 가라앉고 향기가 묻히게 되었습니다	玉沈香埋
애간장을 쥐어짜 글을 지어서	抽腸爲文
영결의 술잔을 올립니다	式薦訣巵
영령께서는 지각이 있으시니	英靈不昧
저의 서글픈 마음을 잘 아실 것입니다	庶知我悲
아아, 애통합니다	嗚呼哀哉

祭)의 예를 행하는 것을 말한다.

백씨[21]에 대한 두 번째 제문

再祭伯氏文

유세차(維歲次) 갑진년(1784, 정조8) 10월 3일 을유일은 바로 우리 백씨 영재(寧齋) 선생이 별세하신 지 초기(初朞 소상(小祥))가 되는 날입니다. 선생이 후사가 없이 졸하였는데도 두 번의 제사를 지내는 제도를 취한 것은 김 유인(金孺人)이 있었기 때문이었습니다.[22] 그런데 이듬해 봄에 유인이 몸이 상하여 별세하여서 참최(斬衰)를 입는 사람이 끊어지게 되었습니다. 다시 기년(朞年)의 제사만 지내는 것으로 결정하여 궤연(几筵)을 장차 철거하려고 하니, 종제(從弟) 희상(熙常)이 그 하루 전 갑신일에 애통함을 머금고 글을 지어서 곡하며 다음과 같이 고합니다.

21 백씨(伯氏) : 오윤상(吳允常, 1746~1783)으로, 자는 사집(士執), 호는 영재(寧齋), 본관은 해주(海州)이다. 순암(醇菴) 오재순(吳載純)의 첫째 아들이며, 미호(渼湖) 김원행(金元行)의 문하에서 수학하였다. 학문에 뛰어나 두 아우인 오희상(吳熙常)과 오연상(吳淵常)을 가르치기도 하였다. 1783년(정조7) 10월 3일에 37세로 요절하였으며, 저서로는 《영재유고(寧齋遺稿)》가 있다.

22 선생이……때문이었습니다 : 두 번의 제사는 죽은 지 첫돌 만에 지내는 소상(小祥)과 두 돌 만에 지내는 대상(大祥) 두 제사를 이른다. 《예기(禮記)》 〈상복소기(喪服小記)〉에 "대공(大功)을 입는 자가 사자(死者)의 상을 주관할 경우 삼년복을 입는 사람이 있으면 반드시 그들을 위해서 소상(小祥)과 대상(大祥) 두 번의 제사를 지내야 한다.〔大功者主人之喪, 有三年者, 必爲之再祭.〕"라고 하였다. 김 유인(金孺人)은 오윤상(吳允常)의 아내이다. 오윤상에게 상(喪)을 주관할 아들이 없더라도 삼년복을 입어줄 아내가 있었기 때문에 소상과 대상 두 제사를 모두 지내는 제도를 취하였음을 말한 것이다.

아아, 선생이여. 수명이 짧은 데에다 피붙이의 자식마저 끊어졌는데 어진 부인마저 이어서 세상을 떠나시니, 그 형상이 아득해지고 남은 자취가 사라졌습니다. 아아, 하늘이여, 사람이여. 누가 이렇게 만든 것입니까. 기억건대, 예전에 선생께서 아우에게 몸을 닦아 명(命)을 세우는 의리[23]를 가르치며 말씀하기를,

"오직 내면적인 것만이 자기에게 달려있고 그 밖의 것들은 하늘로부터 오는 것이다. 자기에게 달린 것을 닦아서 하늘로부터 오는 것을 기다려야 하니, 그 밖의 것들을 따지고 계산한다면 명(命)을 세우는 것이 아니게 된다."

라고 하셨습니다.

아아, 선생이여. 이른 나이에 도(道)를 구하여 가장 처음으로 학업을 시작한 것이 《중용(中庸)》 한 책에 있었으니 진실로 이미 고명(高明)하고 박후(博厚)한 경지[24]에서 초연하게 정신을 집중하였던 것입니다. 만년에는 마침내 문공(文公 주희(朱熹))의 《소학(小學)》을 실천하셨으니 오직 이륜(彝倫)에 독실함을 다하고 언행을 삼가고 신중히 하여 간결하고 담박하며 차분하고 심오하여 묵묵히 내면을 수양하신 것

23 몸을……의리 : 《맹자(孟子)》 〈진심 상(盡心上)〉에 "마음을 보존하여 성(性)을 기르는 것은 하늘을 받들어 섬기는 일이요, 일찍 죽고 오래 사는 것에 의혹을 품지 않고서 몸을 닦으며 기다리는 것은 명(命)을 세우는 일이다.〔存其心, 養其性, 所以事天也. 夭壽不貳, 修身以俟之, 所以立命也.〕"라고 한 것을 이른다.

24 고명(高明)하고 박후(博厚)한 경지 : 《중용장구(中庸章句)》 제26장에 "그러므로 지성은 쉼이 없으니, 쉬지 않으면 오래가고, 오래가면 징험이 나타나고, 징험이 나타나면 유원하고, 유원하면 박후하고, 박후하면 고명하다.〔故至誠無息, 不息則久, 久則徵, 徵則悠遠, 悠遠則博厚, 博厚則高明.〕"라고 하였는데, 이를 원용하여 말한 것이다.

입니다. 요컨대 상천(上天)이 내려준 온전한 성품을 저버리지 않으려 하신 것입니다. 수명이 넉넉지 못한 것과 학업을 끝까지 이루지 못한 것으로 말하면 본래 천명(天命)에 달린 것이니, 선생께 있어서 무슨 유감이 되겠습니까. 마음 아프고 뼈에 사무쳐서 종신토록 사라지기가 어려운 고통은 그저 뒤에 죽는 자의 슬픔일 뿐입니다.

아아, 처음에 아우가 선생을 곡하게 되었을 적에 마음이 꺾이고 찢어지며 번뇌와 원통이 응어리져서 거의 하루도 살아갈 수가 없을 것 같더니, 세월이 덧없이 빠르게 흘러서 불씨를 취하는 나무가 바뀌어[25] 어느덧 일 년이 지났습니다. 오히려 스스로 배고프면 먹고 목마르면 마시며 때로 담소를 나누기도 하면서 마치 잊을 수 있는 듯이 지내고 있으니, 아우가 완악하고 어리석기가 몹시 심합니다. 또 온갖 근심거리가 몸에 모여들어 뜻과 학업이 저상되어 식견이 날로 경색되고 행실이 날로 황폐해졌으니, 더욱더 예전에 가르침을 받던 때에 비할 바가 아닙니다. 그러니 어찌 자기에게 달린 것을 닦는 데에 전력하여 가르침을 주신 뜻을 본받아서 훗날 구천으로 돌아가 뵈었을 때에 부끄러운 기색이 없을 수 있겠습니까. 매번 이를 생각할 때마다 저도 모르게

25 불씨를……바뀌어 : 일 년이 지났음을 말한 것이다. 《논어(論語)》〈양화(陽貨)〉에 "묵은 곡식이 이미 없어지고 새 곡식이 익으며, 불씨를 취하는 나무가 바뀌니, 일 년이면 그칠 만하다.〔舊穀既沒, 新穀既升, 鑽燧改火, 期可已矣.〕"라고 한 것을 원용한 것인데, 《집주(集註)》의 해설에 "'수(燧)'는 불씨를 취하는 나무이다. '불씨를 바꾼다〔改火〕'는 것은 봄에는 느릅나무와 버드나무의 불씨를 취하고, 여름에는 대추나무와 살구나무의 불씨를 취하고, 늦여름에는 뽕나무와 산뽕나무의 불씨를 취하고, 가을에는 갈참나무와 섶나무의 불씨를 취하고, 겨울에는 느티나무와 박달나무의 불씨를 취하는 것인데, 이는 또한 일 년을 주기로 한다."라고 하였다.

놀라고 두려운 마음이 듭니다. 오직 선생께서도 틀림없이 이에 대해 가엽게 여기고 측은하게 여겨서 구천에서도 차마 즐거워하지 못하실 것입니다.

명일에 장차 신주를 받들어 사당에 들일 것이니 유명(幽明)이 이로부터 더욱 멀어지게 됩니다. 아, 옛사람이 삼 년이라는 시간을 문 틈 사이를 지나는 사마(駟馬)나 굴러가는 탄환이라고 하였으니, 이는 그 빠름을 비유한 것입니다. 마침내 지금은 이를 반으로 뚝 잘라서 아침저녁으로 올리는 전(奠)과 곡읍(哭泣)하는 의절을 또 두 차례 상제(祥祭)를 지내는 상례(常禮)를 따르지 못하여 마치 상상(殤喪)[26]을 치르는 것과 같이 하게 되었습니다. 아우가 이에 있어서 더욱 어찌 마음을 가눌 수 있겠습니까. 이제 참으로 어찌할 수가 없습니다. 말은 여기에 그치지만 슬픔은 다할 기약이 없습니다. 아아, 애통합니다. 부디 흠향하소서.

26 상상(殤喪) : 성인이 되기 전에 일찍 죽은 자의 상(喪)을 이른다. 16세부터 19세 사이에 죽은 경우에는 장상(長殤)이라고 하고, 12세부터 15세 사이에 죽은 경우에는 중상(中殤)이라고 하고, 8세부터 11세 사이에 죽은 경우에는 하상(下殤)이라고 한다. 이 삼상에 따라서 각각 상복과 상기가 달라지며, 8세 이전에 죽은 사람에 대해서는 복을 입지 않는다. 《儀禮 喪服傳》

권홍지[27]에 대한 제문

祭權興之文

갑진년(1784, 정조8) 10월 3일 을유일에 안동(安東) 권자 홍지(權子興之)가 그 대인의 진양(晉陽) 임소에서 졸하여[28] 고향인 충원(忠原 충주(忠州))으로 반장(返葬)하였습니다. 우인(友人) 수양(首陽 해주(海州)) 오희상(吳熙常)이 병들어 상여 줄을 직접 잡지 못하고 집에서 곡하며 가마(加麻)[29]하였습니다. 2년이 지난 병오년(1786, 정조10)은 바로 졸한 지 두 돌이 되는 해이니 성기(星氣)가 빠르게 변화하는 것에 감회를 느끼고 의용(儀容)이 날로 잊혀 멀어지는 것에 애통함을 느낍니다. 이에 남쪽을 바라보며 눈물을 쏟으면서, 지면(漬綿)[30]의 전(奠)

27 권홍지(權興之) : 권중업(權中業, 1764~1784)으로, 자는 홍지, 본관은 안동(安東)이다. 부친은 오희상(吳熙常)의 장인인 권제응(權濟應)이며, 고조는 한수재(寒水齋) 권상하(權尙夏)이다.

28 그 대인의……졸하여 : 대인은 권중업의 부친 권제응(權濟應, 1724~1792)으로, 자는 인백(仁伯)·원박(元博), 호는 지안와(知安窩), 본관은 안동(安東)이다. 진양(晉陽)은 진주(晉州)의 이칭으로, 권제응은 1782년(정조6) 8월에 진주 목사(晉州牧使)에 제수된 바 있다.《承政院日記 正祖 6年 8月 22日》

29 가마(加麻) : 심상(心喪)을 한다는 표시로 스승이나 선배, 친구의 죽음을 애도하기 위한 것이다. '마(麻)'는 질(絰)과 대(帶)를 가리키는바, 시마복에 질(絰)과 대(帶)를 착용하였다가 장사를 치른 뒤에 제거한다.《禮記注疏 檀弓上》《儀禮注疏 喪服 記》《常變通攷 卷13 喪禮 五服外服制》

30 지면(漬綿) : '솜에 적신 술'을 뜻하는 말로, 망우(亡友)를 애도하는 변변찮은 제수(祭需)를 의미한다. 동한(東漢)의 서치(徐穉)가 항상 구운 닭 한 마리와 술에 담갔다가 꺼내어 말린 솜을 미리 준비해 두었다가 문상할 일이 있으면 그 닭과 솜을 가지고 가서

에 함께 올릴 글을 지어서 모월(某月) 모일(某日)에 다른 사람에게 부탁하여 영연(靈筵)의 앞에서 다음과 같이 고하게 합니다.

이오(二五)[31]가 혼탁해지면서 사람이 타고나는 기운이 부박해지기가 쉬워졌고, 성인(聖人)의 가르침이 무너지면서 선비가 도(道)를 배움에 있어 치우침이 많게 되었습니다. 이에 도(道)를 이룰 수 있는 자질과 도(道)에 나아가려는 뜻이 있으면서 진실로 중정(中正)을 실천하는 자가 거의 드물어졌습니다. 아아, 후중하고 독실하며 순결하고 관대하며 풍모가 훤칠하면서도 기운이 웅대한 것은 그대의 자질이었고, 어린 나이에 도(道)를 구하여 현인을 앙모하고 성인을 앙모해서 죽는 날까지 조금도 해이함이 없기를 기약한 것은 그대의 뜻이었습니다. 세유(世儒)들이 성(性)과 이(理)를 말하며 자신을 뽐내고 남을 무시하지만 그 행실을 살펴보면 열에 여덟, 아홉은 엉망진창인 행태를 싫어하고, 주자(朱子)가 만년(晩年)에 '구방심(求放心)'과 '존덕성(尊德性)'을 가지고 배우는 자들을 권면하였던 뜻[32]을 체행하여, 돌이켜

그 솜을 물에 담가 술기운이 우러나게 하여, 그것을 술 대신 사용해 제사를 지낸 고사에서 나온 것이다. 《後漢書 卷53 徐穉列傳》

31 이오(二五) : 이(二)는 음(陰)과 양(陽)의 두 기운을 말하고, 오(五)는 오행(五行)으로 금(金), 목(木), 수(水), 화(火), 토(土)를 말한다.

32 주자(朱子)가……뜻 : '구방심(求放心)'은 본래 《맹자(孟子)》 〈고자 상(告子上)〉에, "학문의 길은 다름이 아니라 그 잃어버린 마음을 찾는 것일 뿐이다.〔學問之道, 無他, 求其放心而已矣.〕"라고 한 데에 보이며, '존덕성(尊德性)'은 본래 《중용장구(中庸章句)》 제27장에, "군자는 덕성을 높이고 학문을 말미암는다.〔君子尊德性而道問學〕"라고 한 데에 보인다. 주희(朱熹)는 자신의 문인인 정단몽(程端蒙)과 정순(程洵)에게 각각 〈구방심재명(求放心齋銘)〉과 〈존덕성재명(尊德性齋銘)〉을 지어준 일이 있다. 《心經附註 卷4》

《소학(小學)》에서 구하여 오직 성실하게 따르고 실천하였습니다. 일찍이 말하기를,

"사람이 된 도리는 오직 이륜(彝倫)에 있어 본분을 다하는 데에 달려 있으니, 밝히고 수양하는 공부는 요컨대 이로부터 확충해나가는 것이다."

라고 하였습니다. 어버이를 섬길 적에는 부모의 마음으로 자신의 마음을 삼았고 거상(居喪)할 적에는 애통해하고 그리워하기를 삼년을 하루 같이 하였습니다. 형을 섬길 적에는 공경함이 지극하였으니 형이 사랑하고 중하게 여겼고, 벗과 교제할 적에는 담박하였으니 벗이 즐거워하며 경계해주었습니다. 자신을 수양함에 있어서는, 밖으로는 수렴하고 검속하되 안으로는 성실하고 강건하기에 힘써서 꾸준한 공부가 쌓임에 법도가 모두 확립되었는데, 부지런히 힘쓰고 힘써서 과시함도 없고 잡됨도 없었습니다. 이는 그대의 행실이 운위(云爲)에 드러난 것이니, 이를 통해 살펴보건대, 아름다운 자질과 큰 뜻이 있으면서 중정(中正)을 실천하는 자에 그대가 가까울 것입니다.

아아, 그대는 진실로 일찍부터 성취하여서 견고하게 지키고 참되게 실천하는 것이 옛날의 독학(篤學)하였던 군자라도 그보다 더할 수 없는 정도였습니다. 다만 미처 힘을 다하지 못하여 한창 정진하고자 했던 바는 오직 의리를 정밀하게 연구하는 일 하나뿐이었으니, 하늘이 수명을 빌려주어 궁격(窮格 궁리(窮理)·격물(格物))에 종사할 수 있게 하였다면 사유(思惟)가 점점 열리고 참된 견해가 이에 확립되어, 소명(昭明)하고 쇄락(灑落)하여 만물의 이치에 모두 밝은 경지에 저절로 이르렀을 것입니다. 이에 지(知)와 행(行), 이치와 사물이 혼연히 일체가 되어서 위로는 선조의 자취를 계승하고 아래로는 후학을 인도할 수 있었

을 것입니다. 하늘이 그대를 내린 것은 진실로 장차 훌륭한 일을 하게 하려던 것일 터인데, 마침내 중도에 요절하여 아무런 자취도 없이 전해지지 않게 되었으니, 이는 도대체 무슨 까닭이란 말입니까.

아아, 그대가 세상을 떠난 뒤로 저는 벗이 없어졌으며, 그대가 세상을 떠난 뒤로 저는 선(善)을 행할 이유가 없어졌습니다. 지난날 제 나이 열여섯 살에 그대의 집안으로 들어가게 되었는데[33] 그대는 저보다 한 살이 어렸습니다. 총각 머리를 하고 의젓하게 함께 앉았는데 말수가 몹시 적어서 마치 한 가지도 잘하는 것이 없는 사람처럼 겸손하고 공순하였으니, 제가 참으로 마음속에 기억하였습니다. 그 후에 그대는 과연 영화와 이익에 대한 뜻을 버리고 위기지학(爲己之學)[34]에 전심하여서 마치 벼랑에서 쏟아지는 물처럼 그치지 않고 굳세게 정진하였습니다. 저는 처음에 편지를 써서 권면하고 함께 교제하며 수양하기를 원하였는데, 그대가 마침내 저를 거부하지 않고 흔쾌히 받아들였습니다. 그러나 저는 어버이를 곁에서 모시느라 겨를이 없어서 집을 멀리 떠날 수가 없었고 그대도 또한 한수(漢水)를 건너오는 일이 드물었습니다. 이 때문에 남쪽과 북쪽에 서로 떨어져 있어서 함께 만날 기약이 없는지라

33 지난날……되었는데 : 오희상(吳熙常)이 16세의 나이에 권제응(權濟應)의 딸과 혼인한 것을 두고 말한 것이다. 오희상은 1778년(정조2) 3월에 청풍(淸風) 황강(黃江)에 있는 권제응의 집에서 혼례를 올렸다. 《老洲集 卷27 年譜》

34 위기지학(爲己之學) : 오직 자신의 덕성을 닦기 위해서 하는 학문으로, 남이 알아주기를 바라서 하는 학문인 '위인지학(爲人之學)'에 상대되는 말이다. 《논어(論語)》 〈헌문(憲問)〉에, "옛날의 학자들은 자신을 위한 학문을 하였는데, 오늘날의 학자들은 남에게 보여 주기 위한 학문을 한다.〔古之學者爲己, 今之學者爲人.〕"라고 한 공자(孔子)의 말에서 나온 것이다.

그저 서신으로 왕래하였으나, 진심을 부쳐 깊은 속뜻까지 다 털어놓아서 산하(山河)로 인해 가로막힌 바가 없었습니다. 다만 제가 어리석고 혼미하여 문질(文質)이 마땅한 바가 없는데 그대가 비루하게 여기지 않고 도리어 취향이 다르지 않다고 허여해주어서 저를 알아주고 저를 아껴주는 것이 제가 그대를 공경하는 것보다 더하였습니다. 또 허물을 경계하고 부족한 바를 권면하여 반드시 선(善)으로 들어가도록 하였습니다. 제가 또한 때로 천 가지 생각 중에 한 가지 옳은 생각을 하여[35] 말씀드리면 그대는 번번이 겸허하게 받아들이고 어김이 없어서 절조를 변치 않을 것을 원대하게 기약하였습니다.

경자년(1780, 정조4)에 관란정(觀瀾亭)에서 만나서야 비로소 9일 동안 정담을 나눌 기회를 얻게 되었는데,[36] 밝은 달빛이 마루를 채우고 차가운 강물이 문을 감싸고 돌아 마음이 경치와 어우러져서 세속의 티끌이 사라졌습니다. 침착하고 여유롭게 서로를 본받고 차분하고 정답게 이야기를 나누었으니, 이 마음이 환하게 빛나서 형해(形骸)를 초월하여 비춰주었습니다. 작별을 앞두고 그대가 굳세게 행함과 대기

35 천 가지……하여 : 아무리 어리석은 사람도 천 가지 생각을 하다 보면 한 가지 정도는 옳은 생각을 할 수 있다는 뜻으로, 보통 겸사로 말하는 것이다. 《사기(史記)》 권92 〈회음후열전(淮陰侯列傳)〉에 "지혜로운 자도 천 가지 생각 중에 반드시 한 가지 그릇된 생각이 있고, 어리석은 자도 천 가지 생각 중에 반드시 한 가지 옳은 생각이 있다.〔智者千慮, 必有一失; 愚者千慮, 必有一得.〕"라고 한 것을 원용한 것이다.

36 경자년에……되었는데 : 《노주집(老洲集)》 권27 〈연보(年譜)〉 경자년(1780, 정조4) 조(條)에, 오희상(吳熙常)이 4월에 청풍(淸風)의 황강(黃江)에 가서 8일 동안 머물며 권중업(權中業)과 함께 《심경(心經)》과 《대학(大學)》을 읽었다는 내용이 보인다. 또 《노주집》 권2 〈상백씨(上伯氏)〉에는 오희상이 청풍을 방문한 감회를 서술하며, 권중업과 함께 관란정(觀瀾亭)에서 머물렀음을 말한 내용이 보인다.

(大器)에 관한 글을 저에게 주었는데 저는 주자(朱子)의 "지극한 밝음이 아니면 그 기미를 살필 수 없고 지극한 굳셈이 아니면 그 결단을 이루지 못한다."[37]라는 말씀을 들며 그대에게 답하여 말하기를,

"굳셈은 밝게 아는 데에서 생겨나는 것입니다. 온공(溫公)은 구푼(九分)의 사람이었으니[38] 만약 앎〔知〕에 있어서 한 등급을 더하였다면 아마도 모자란 일푼(一分)을 채울 수 있었을 것입니다."

라고 하고 마침내 서로 웃으며 헤어졌습니다. 이때의 헤어짐이 영원한 이별이 될 줄을 어찌 생각이나 했겠습니까. 모두 끝나버리고 말았습니다.

또 제가 특별히 가슴속으로 깊이 슬퍼하는 이유가 있습니다. 아, 저희 백씨(伯氏)[39]는 저의 스승이었습니다. 제가 이 만남을 갖고 돌아온 뒤에 백씨께서 웃으며 물어보시기를,

37 지극한……못한다 : 이 말은 《논어(論語)》 〈안연(顔淵)〉의 극기복례장(克己復禮章)에 대한 주희(朱熹)의 《집주(集註)》의 해설에 보인다.

38 온공(溫公)은……사람이었으니 : 온공은 송(宋)나라의 명재상 사마광(司馬光)으로, 자는 군실(君實), 호는 우수(迂叟), 시호는 문정(文正)이며, 속수 선생(涑水先生)으로 불린다. 주희(朱熹)가 지은 《송명신언행록(宋名臣言行錄)》 후집 권7 〈사마광온국문정공(司馬光溫國文正公)〉에 "강절(康節) 소옹(邵雍)이 '군실은 구푼의 사람이다.〔君實, 九分人也.〕'라고 평가하였으니, 그 중하게 여김이 이와 같았다."라는 내용이 보인다.

39 백씨(伯氏) : 오윤상(吳允常, 1746～1783)으로, 자는 사집(士執), 호는 영재(寧齋), 본관은 해주(海州)이다. 순암(醇菴) 오재순(吳載純)의 첫째 아들이며, 미호(渼湖) 김원행(金元行)의 문하에서 수학하였다. 학문에 뛰어나 두 아우인 오희상(吳熙常)과 오연상(吳淵常)을 가르치기도 하였다. 37세로 요절하였으며, 저서로는 《영재유고(寧齋遺稿)》가 있다.

"너의 이번 걸음에 강산과 붕우에 대한 즐거움이 틀림없이 없지는 않았을 것이다. 산천을 유람하고 이야기를 나누는 사이에 귀에 담고 흉금을 채우고 돌아온 것이 있느냐?"

라고 하셨으니, 이는 그대와 함께 종유하게 된 것을 기뻐하여 이런 말씀을 하셨던 것입니다. 저도 내심 스스로 기뻐하여, 백씨가 가르쳐 주시는 것을 우러러 따르고 홍지가 탁마해주는 것을 곁에서 힘입는다면 비록 저처럼 형편없는 자라도 쑥이 삼밭에서 자라면 절로 곧아지듯이[40] 큰 허물은 면할 수 있을 것이라고 생각하였습니다. 그런데 계묘년(1783, 정조7)에 하늘이 저희 집안에 재앙을 내려 백씨가 세상을 떠나시니 저는 스승이 없어지게 되었습니다. 이에 꺾이고 무너지는 듯하여 실의에 빠져 살아가는 즐거움이 없어졌습니다. 그러나 그래도 그대가 있었기에 오히려 이끌어주고 가르쳐줌에 자주 힘입어 옛 학업을 폐하지 않아서 저희 백씨가 가르쳐주신 바를 잘 끝마치려는 기대를 하였습니다. 그런데 그대와 기약을 하자마자 그대가 또 갑자기 저보다 먼저 세상을 떠나게 될 줄을 어찌 생각이나 했겠습니까. 온 세상을 둘러보아도 그대와 같은 지우(知友)가 없으니, 제가 선(善)을 행하고자 한들 누구와 함께할 수 있겠습니까. 이는 저의 명운이 몹시 곤궁한 것이니, 그대를 위해 슬퍼할 겨를이 없이 이 몸의 외로운 처지를 스스로 슬퍼할 뿐입니다.

아아, 그대의 집에는 노야(老爺)께서 생존해 계셔서 지극한 슬픔을

40 쑥이……곧아지듯이 : 훌륭한 사람과 사귀면 절로 바른 사람이 됨을 비유한 말로, 《순자(荀子)》〈권학(勸學)〉에 "쑥이 삼밭에서 자라면 붙들어주지 않아도 곧게 자란다.〔蓬生麻中, 不扶而直.〕"라고 한 것을 원용하여 말한 것이다.

끼치게 되었고 몸에는 후사가 끊어져 전형(典刑)이 사라지게 되었으니, 이를 듣는 자가 누군들 슬퍼하며 눈물을 흘리지 않을 수 있겠습니까. 그러나 이것은 오히려 그대의 사사로운 사정에 관계된 것입니다. 덕업을 끝까지 이루지 못하고 뜻을 품은 채로 요절한 것으로 말하면 혼금(渾金 제련을 거치지 않은 금(金))과 양옥(良玉 질 좋은 옥(玉))이 구천 아래에 버려져서 장차 흙과 함께 썩어지게 된 것이니, 어찌하여 하늘은 그대를 태어나게 하고 명운을 주지 않은 것입니까. 어쩌면 생사여탈(生死與奪)에 있어서는 하늘도 힘을 쓸 수가 없는 것입니까. 아니면 기(氣)가 국한된 까닭에 도(道)가 장차 폐하려 하여 끝내 이러한 세상에 이러한 사람을 둘 수가 없었던 것입니까. 천고의 한이 무엇이 이보다 심하겠습니까. 슬프고 슬픕니다.

그대가 세상을 떠난 후로 지금 곡수(穀燧)가 두 번 바뀌었는데[41] 아득한 그리움이 오래될수록 더욱 깊어져서 가슴이 답답하고 괴롭습니다. 이후로 제가 세상을 살아갈 날이 얼마나 될지 모르겠으나 그대처럼 어진 자는 아마도 다시 볼 수 없을 듯합니다. 총명함이 그대와 같은 자는 있다고 하더라도 자질이 순수하기가 그대와 같은 자는 적을 것이며, 뜻을 지킴이 그대와 같은 자는 있다고 하더라도 학문이 진실하고 바르기가 그대와 같은 자는 드물 것입니다. 모두 끝났습니다. 저는 장차 그대와 같은 자를 다시 볼 수 없을 것입니다.

41 곡수(穀燧)가 두 번 바뀌었는데 : 2년이 지났음을 말한 것이다. '곡수가 바뀌었다'는 것은《논어(論語)》〈양화(陽貨)〉에 "묵은 곡식이 이미 없어지고 새 곡식이 익으며, 불씨를 취하는 나무가 바뀌니, 1년이면 그칠 만하다.〔舊穀既沒, 新穀既升, 鑽燧改火, 期可已矣.〕"라고 한 데에서 유래하여 1년이 지남을 의미하게 되었다.

그러나 저는 아첨하는 벗이 아니니 어찌 좋아하는 이에게 아부하며 지나치게 찬미하겠습니까마는, 사람들 중에 누가 제 말을 믿어주겠습니까. 그렇다면 제가 아는 것을 알아서 저의 생을 마치고 저의 생각을 연역하면서 정신을 모아 묵묵히 알아가며 길이 그대의 혼령과 함께 의지한다면 그래도 저의 나약한 마음을 흥기시킬 수 있어서 서로 알아줌이 깊은 것을 보게 되지 않겠습니까. 말이 여기에 이르렀으니, 그대는 듣고 계십니까? 아아, 애통합니다. 부디 흠향하소서.

제헌 심공[42]에 대한 제문

祭霽軒沈公文

유세차(維歲次) 정미년(1787, 정조11) 8월 갑진삭(甲辰朔) 21일 갑자일에 시생(侍生) 해주(海州) 오희상(吳熙常)이 삼가 술과 제수를 갖추어 근자에 작고하신 사어(司禦) 제헌(霽軒) 심 선생(沈先生)의 영령에 제사를 올리며 다음과 같이 고합니다.

아아, 소자가　嗚呼小子

공의 세대에 늦게 태어났는데　晩生公世

인연이 닿아 배알할 수 있었으니　夤緣拜謁

실로 어버이의 친교에 힘입은 것입니다　實籍親契

제가 어리석고 아둔하였으나　余蒙而顓

특별히 알아주시고 사랑해주셨으니　知愛也特

오직 특별히 사랑해 주신 덕분에　惟愛之特

가장 깊이 덕을 관찰할 수 있었습니다　最深觀德

대도가 감춰진 뒤로　大道旣隱

학문이 순수한 이가 드물어져서　學鮮其純

혹은 근본을 제쳐두고　或本之遺

42 제헌(霽軒) 심공(沈公) : 심정진(沈定鎭, 1725～1786)으로, 자는 일지(一志), 호는 제헌, 본관은 청송(靑松)이다. 박필주(朴弼周)·김원행(金元行)의 문인이다. 1753년(영조29) 사마시에 합격하였고 회덕 현감(懷德縣監), 송화 현감(松禾縣監), 세자익위사 사어, 첨지중추부사 등을 역임하였다. 저서로는 《제헌집》·《미호언행록(渼湖言行錄)》 등이 있다.

혹은 외물만 따릅니다	或外之循
어느 누가 우리 공처럼	孰如我公
진실하게 도를 실천하겠습니까	履道之眞
바르고 깨끗하며 화락하고 평이하였고	端潔愷悌
솔직하고 인자하였습니다	易直慈仁
효우에 근본을 두어서	本之孝友
일찍부터 지행이 있었습니다	夙有至行
문장에 조예가 깊어	淵乎文章
순수하면서도 올발랐는데	旣粹而正
오히려 외적인 것이라고 하여	猶曰外已
육경으로 돌이켜 구하셨습니다	六經反求
수렴하여 담박하고 검소하셨고	斂焉沖約
차분하게 내면을 닦으셨습니다	穆爾內修
만년의 공부가 더욱 독실해져	晩工愈篤
수양함이 깊고 쌓음이 두터워졌습니다	養深積厚
그 겉모습은 온화하였고	溫溫其表
그 지킴은 강직하였습니다	侃侃其守
아아, 훌륭한 덕을	於乎德美
어찌 다시 볼 수 있겠습니까	何可復覩
예전에 제가 가르침을 받은 곳은	昔余承誨
연사(蓮社)의 집이었는데	蓮社之宅
세헌(霽軒)은 날마다 조용하였고	霽軒日靜
낙산(駱山)에는 푸른빛이 쌓였습니다	駱岫翠積
그 사이에 맑은 물이 흘러	水淡其際

그 정취가 순정하고 농후하였습니다　醇醲其趣
공께서는 새로 터득한 것이 있으면　公有新得
반드시 저에게 일러 주셨고　必以我喩
저는 의심나는 것이 있으면　我有會疑
반드시 공께 질정하였습니다　必于公質
저를 인도하고 이끌어 주시어　誘我掖我
제가 돈독하고 성실해지도록 권면하셨습니다　勸我敦實
끝난 뒤에도 거듭하여　終而申之
집안의 가르침을 연역하였습니다　庭訓是繹
이 덕음을 따르며　服玆德音
길이 변치 않기를 생각하였는데　永思無斁
어찌 한 번 병환이 듦에　寧知一疾
유명이 갑자기 멀어지게 될 줄 알았겠습니까　幽明遽隔
명운이 덕에 걸맞지 못하였으니　命不侔德
누가 진실로 이렇게 만든 것입니까　誰實尸之
명운에 따라 죽음을 맞이하였으니　任運觀化
공께서는 어찌 한탄하시겠습니까마는　公于奚嘻
의지할 곳을 영영 잃은 까닭에　帡幪永失
저는 하염없이 눈물만 흐릅니다　我淚漣洏
세월이 쉬지 않고 흘러　日月幾何
어느덧 일 년이 지났으니　奄周一朞
사립문에는 풀이 무성하고　草深衡扉
서재는 텅 비고 휘장에는 먼지가 쌓였습니다　書閴塵帷
제가 찾아와 이리저리 방황하니　我來彷徨

모든 일이 다 서글픕니다	萬事悲欷
짧은 글과 박한 술로	短辭淺觴
저의 마음을 어찌 다하겠습니까	我懷曷旣
오직 이 변변찮은 정성이	惟有菲誠
구천까지 통하게 되기를 바랍니다	庶通冥漠
지각이 있으신 공의 영령께서	公靈不昧
굽어살펴 주십시오	倘垂顧格
아아, 애통합니다	嗚呼痛哉
부디 흠향하소서	尙饗

조카 유구환[43]에 대한 제문
祭兪姪久煥文

정미년(1787, 정조11) 6월 25일 신유일은 유 동자(兪童子) 구환(久煥)을 장사하는 날이니, 수양(首陽 해주(海州))의 외척이 슬픔을 이기지 못하여 글을 지어 찾아와 결별하며 다음과 같이 고한다.

아아, 옛날에 자피(子皮)가 죽자 자산(子產)이 말하기를,

"나는 이제 끝이로구나. 선(善)을 행할 이유가 없어졌다. 오직 이분만이 나를 알아주었다."

라고 하였다.[44] 지금 내가 너를 곡하게 된 후로 세상에는 또 내 마음을 알아주는 자가 없게 되었으니, 어찌하여 하늘은 내가 선(善)을 행하지 못하도록 하는 것인가. 어찌하여 너를 이렇게 빨리 데려갔단 말인가. 어찌하여 너를 이렇게 빨리 데려갔단 말인가.

43 유구환(兪久煥) : 1773~1787. 자는 원시(元視), 본관은 기계(杞溪)이다. 부친은 유만주(兪晚柱)이고 조부는 창애(蒼厓) 유한준(兪漢雋)이며, 외조부는 오희상(吳熙常)의 종숙부(從叔父)인 오재륜(吳載綸)이다. 15세의 나이에 요절하였으며, 오희상이 지은 유사(遺事)가 《노주집(老洲集)》 권20에 〈유동자구환유사(兪童子久煥遺事)〉라는 제목으로 실려 있다.

44 옛날에……하였다 : 자피(子皮)는 춘추 시대 정(鄭)나라 상경(上卿) 한호(罕虎)의 자이고, 자산(子產)은 춘추 시대 정(鄭)나라 대부 공손교(公孫僑)의 자이다. 일찍이 한호가 공손교의 재능을 알아보고 천거하여 정사를 맡게 하였는데, 한호가 죽자 공손교가 통곡하면서 "나는 이제 끝이로구나. 선(善)을 행할 이유가 없어졌다. 오직 이분만이 나를 알아주었다.〔吾已, 無爲爲善矣. 唯夫子知我.〕"라고 슬퍼했던 고사가 《춘추좌씨전(春秋左氏傳)》 소공(昭公) 13년 조에 보인다.

아아, 지난날 네가 열 살이 못 되었을 적에 나는 이미 네게 빼어난 자질이 있음을 마음으로 알았으나 그것을 깨우쳐 줄 수가 없음을 안타까워하여 마침내 한 마디 말을 꺼냈는데, 너는 즉시 깨달아 받아들이며 나를 우활하다고 여기지 않았다. 이후로는 내가 너에게 뜻을 부치는 바가 원대하였을 뿐만 아니라 네가 나에게 기대하는 바도 깊고 두터웠다. 오직 나의 투박하고 어리석은 행실을 사람들은 싫어하였으나 너는 용납하였고, 소루하고 촌스러운 말을 사람들은 무시하였으나 너는 좋아하였다. 옹졸한 성품과 우활한 뜻을 세상 사람들은 또 기롱하고 책망하였으나 오직 너만은 독실하게 믿어주었다. 흉금이 형해(形骸)를 벗어나 서로 교감하였고 지취(志趣)가 말을 필요로 하지 않고도 화합하였다. 다만 나는 쓸모없고 허술하여 남을 가르칠 재주가 없고 또 표방하는 것을 두려워하고 오직 자기의 뜻만 지킬 줄 알아서 감히 다른 사람이 내가 좋아하는 것을 함께해주기를 기대하지 않았다. 그런데도 지난해 겨울에 너를 받아들여 가르친 것은 비단 너의 조부 어른의 명을 어기기가 어려워 그런 것만은 아니었다. 너의 훌륭한 자질로 만약 나를 통해 통달함이 있을 수만 있다면, 나는 진실로 길을 잘 아는 말이 되어 인도해 주는 것을 꺼릴 것이 없었다. 너의 타고난 자질을 보건대, 본래 티끌이 적고 또 밝은 식견이 있었으니, 장차 먼저 《소학(小學)》을 가르쳐서 근본을 세우고 범위를 넓혀준 뒤에 이로 말미암아 육경(六經)에 나아가게 한다면 날마다 발전하는 결실을 보게 될 것이었다. 이에 절시(切偲)[45]를 기대하여 함께 수양하고 서로 가르쳐주어서 나도 너의 도움

45 절시(切偲) : 절절시시(切切偲偲)의 준말로, 친구 간에 간곡하게 충고하고 자상하게 권면하는 것을 말한다. 《논어(論語)》〈자로(子路)〉에 "간곡하고 자상하게 권면하고

을 받으며 대도(大道)에 함께 들어가기를 바랐었다. 그런데 네가 갑자기 나를 버리고 먼저 세상을 떠나버렸으니, 백년을 함께하려던 마음속 기약이 여기에 그치게 될 줄을 누가 생각이나 했겠느냐. 어찌하여 하늘은 내가 선(善)을 행하지 못하도록 하는 것인가. 어찌하여 너를 이렇게 빨리 데려갔단 말인가. 어찌하여 너를 이렇게 빨리 데려갔단 말인가.

아아, 인자하고 심후한 자질은 어찌 하늘에서 명(命)을 내려주는 바가 아니겠는가. 상서롭고 온화하며 순수하고 진중한 행실은 어찌 신명이 돕는 바가 아니겠는가. 몸가짐이 엄숙하였으니, 사람들은 혹 그 성취함이 너무 이른 것을 염려하였으나 나는 장차 큰일을 해낼 것이라고 여겼다. 또 다투는 바가 없이 점잖았으니, 사람들은 혹 기운을 떨치지 못할 것이라고 의심하였으나 나는 이를 내면으로 쌓는 것이라고 여겼다. 그런데 지금 마침내 급작스럽게 요절하여 상상(殤喪)[46]의 나이에 그쳐서 난초가 꺾이고 옥이 부서진 형세가 되어 땅속에 묻히게 되었다. 어찌하여 하늘이 어진 이를 돕지 않고 신명이 선한 이에게 복을 주지 않는 것인가. 또 어찌하여 사람들이 염려했던 바가 들어맞고 내가 믿었던 바가 어그러진 것인가. 모두 끝났구나. 모두 끝났구나.

화락하면 선비라고 할 수 있다. 친구간에는 간곡하고 자상하게 권면하고 형제간에는 화락하여야 한다.〔切切偲偲, 怡怡如也, 可謂士矣. 朋友切切偲偲, 兄弟怡怡.〕"라는 공자(孔子)의 말이 보이는데, 여기에서 나온 것이다.

46 상상(殤喪) : 성인이 되기 전에 일찍 죽은 자의 상(喪)을 이른다. 16세부터 19세 사이에 죽은 경우에는 장상(長殤)이라고 하고, 12세부터 15세 사이에 죽은 경우에는 중상(中殤)이라고 하고, 8세부터 11세 사이에 죽은 경우에는 하상(下殤)이라고 한다. 이 삼상에 따라서 각각 상복과 상기가 달라지며, 8세 이전에 죽은 사람에 대해서는 복을 입지 않는다.《儀禮 喪服傳》

기억건대, 예전에 달 밝은 밤에 내가 오래된 우물가에 있었는데 네가 나를 뒤따랐다. 내가 우연히 우물 위에 뜬 달을 가리키며 너를 불러 말하기를,

"오직 저 환하게 빛나는 것이 인심(人心)의 영명(靈明)함을 상징할 수 있을 것이다."

라고 하였는데, 네가 대답하여 말하기를,

"달이 환하게 빛나는 것은 그저 허명(虛明)함일 뿐이니, 무엇을 통하여 이(理)의 찬연(燦然)함을 보겠습니까. 성신(星辰)이 찬란하게 반짝이며 하늘에서 경위(經緯)를 이루고 있는 것이 바로 심성(心性)의 전덕(全德)에 비유될 수 있을 것입니다."

라고 하였다. 나는 이 말이 도(道)를 깨우친 자에 가까운 것을 기특하게 여겨 마음속에 새겨두면서, 네가 훗날 심성을 수양함이 소명(昭明)하고 쇄락(灑落)하여 온갖 이치를 환하게 알아서 능히 이 말을 저버리지 않게 될 것을 징험하였다. 그런데 지금 그 말은 남아있으나 그 사람은 다시 볼 수가 없으니, 내가 어찌 길이 울부짖고 영영 애통해 하며 세월이 오래될수록 더욱 혹독하게 여기지 않을 수 있겠느냐.

아아, 너를 장사하는 날이 다가와서 형해(形骸)가 장차 흙으로 돌아가게 되었는데, 그 찬란하게 반짝이는 심령(心靈)은 또한 함께 따라가 썩어져 흩어지고 마는 것인가, 아니면 승화하여 성신(星辰)이 되는 것인가? 내가 앞으로 하늘에 저 반짝이는 것을 보고 네 심령이 여기에 깃들어 있다고 상상하며 마치 신명을 대하듯 경건한 마음을 갖는다면, 나의 끝없는 슬픔을 위로하여서 내가 선(善)을 행하도록 흥기시킬 수 있지 않겠는가. 아니면 그렇지 않을 것인가. 아아, 슬프다.

장인 목사 권공[47]에 대한 제문
祭外舅牧使權公文

아아, 우리 공이여 猗歟我公
훌륭한 가문의 자취를 잘 계승하셨습니다 趾美賢門
그 법도를 이어받아 襲其模楷
덕과 의를 돈독히 하셨습니다 德義是敦
전전긍긍하며 지켜나가서 兢兢持循
혹시라도 실추시킬까 염려하셨습니다 恐或失墜
그 외모는 엄숙하셨고 栗如其外
중심은 평온하셨습니다 中實沖夷
정승이 될 만한 재기가 있고 巖廊才器
산림에 은거할 지취를 지니셨으나 林壑襟期
시운을 만나지 못하여 而不遇時
뜻을 굽혀 목사에 그치셨습니다 屈意州牧
소 잡는 칼로 닭을 잡았으니[48] 牛刀割鷄

47 권공(權公) : 권제응(權濟應, 1724~1792)으로, 자는 인백(仁伯)・원박(元博), 호는 지안와(知安窩), 본관은 안동(安東)이다. 권상하(權尙夏)의 증손이다. 1754년(영조30)에 벼슬길에 올라 사헌부 감찰, 사도시 첨정, 충주 목사, 보은 현감, 진주 목사 등을 역임하였다. 지암(止菴) 김양행(金亮行)과 친분이 두터웠다고 전한다. 《性潭集 卷21 牧使權公墓碣銘幷序》

48 소……잡았으니 : 뛰어난 능력을 가지고 작은 고을을 다스림을 비유하여 말한 것이다. 공자(孔子)의 제자 자유(子游)가 무성(武城)의 수령이 되어 예악(禮樂)으로 고

어찌 덕에 걸맞았다고 하겠습니까　曷云稱德
돌아와 은거하며 소요하니　反以徜徉
바로 한수의 한 굽이였습니다　寒水一曲
산림의 봉우리 그윽하고 우뚝하며　林巒幽峭
호수의 수면은 찰랑대며 맑았습니다　湖面漣淥
그 가운데에서 노래하고 읊조리며　嘯咏其中
술을 걸러 마셨습니다　有酒滴瀝
득실에 대해 모두 잊고　得喪渾忘
유유자적하며 즐기셨습니다　逌然自適
과시하고 아첨하는 것에 있어　嬛娟夸毗
그 속에 빠짐을 부끄러워하시어　恥彼陷溺
빛을 감추고 참된 본성을 보존하였으니　韜光葆眞
누가 공의 훌륭함을 알았겠습니까　孰知公賢
제가 헤아려보건대　我儀圖之
참으로 수옹(遂翁 권상하)의 후손이셨습니다　允遂翁孫
아, 저 소자가　嗟余小子
외람되이 혼인의 인연을 맺게 되니　猥托良姻
깨진 기와 조각처럼 변변찮은 자질을　瓦礫之質
진귀하게 봐주셨습니다　視以奇珍
산하가 멀리 떨어져 있어　山河迢遞
제가 찾아뵙는 일이 뜸하였다가　我拜其疎

을을 다스리는 것을 보고 공자가 "닭을 잡는 데에 어찌 소 잡는 칼을 쓰랴.〔割鷄, 焉用牛刀?〕"라고 한 데서 나온 것이다.《論語 陽貨》

처음으로 차분하게 뵈었던 것이 始奉從頌
도유[49]의 해에 우거하던 거처에서였습니다 屠維僑廬
안석에 기대어 정성스럽게 隱几諄諄
제가 정진하도록 권면하셨으니 勖我進步
마음에 새겨 송연히 분발하여 佩服竦厲
어기지 않기를 길이 생각하였습니다 永思無忤
그러나 훗날의 기약이 어그러져 後期悠謬
끝내 외롭고 쓸쓸함을 안게 되었으니 終抱惸惸
어찌하여 지금에 云胡而今
갑자기 유명이 멀어지게 된 것입니까 遽隔幽明
허공을 바라봄에 俛仰虛廓
끝없는 눈물만 흐릅니다 有淚無涯
봄바람이 불어와서 春風聿至
온갖 향기로운 꽃들이 한창인데 百昌芳華
공께서는 돌아가셔서 다시 오지 않으시니 公歸不返
저의 감회가 어찌 끝이 있겠습니까 我懷曷極
글을 지어 향을 사르며 緘辭瓣香
공경히 마음속에 담은 말을 고하노니 敬告腷臆
만고의 이별에 萬古之訣
이 한 잔의 술이 있을 뿐입니다 有玆一觴
신령이 매우 환히 살피시니 神理孔炯
부디 돌아보고 부디 흠향하소서 庶顧庶嘗

49 도유(屠維) : 고갑자(古甲子)로, 천간(天干) 중 기(己)를 뜻한다.

종질 치준[50]에 대한 제문
祭宗姪致俊文

종질 치준이 죽어 장사하였는데, 당시에 나는 마음이 크나큰 슬픔에 사로잡혀 결별하는 한마디 말을 내지 못하였었다. 그러다가 어느덧 2년의 세월이 흘러 이제 궤연을 철거하게 되었다. 내가 진실로 한 마디 결별의 말을 하지 않을 수가 없기에 마침내 몇 줄의 글을 지어 대상(大祥) 하루 전에 소박한 제수와 술을 올리며 다음과 같이 고한다.

아아,	嗚呼
태어난 것이 우연이 아니었건만	生也不偶
죽는 것이 어찌 이리도 촉급한 것이냐	死也何促
반신반의하던 사이에	然疑之頃
무덤가의 풀이 두 해가 묵었다	壟草再宿
요절을 애도하고 상상[51]을 곡하는 일이	悼夭哭殤
예로부터 얼마나 많았겠느냐마는	從古何限

50 치준(致俊) : 오치준(吳致俊, 1793~1809)으로, 자는 경수(景秀), 본관은 해주(海州)이다. 오서상(吳叙常)의 장남으로, 오희상(吳熙常)의 고조인 오두인(吳斗寅)에게 종손(宗孫)이 된다. 1809년(순조9) 1월 25일에 17세의 나이로 요절하였고, 뒤에 이조 참판에 추증되었다.

51 상상(殤喪) : 성인이 되기 전에 일찍 죽은 자의 상(喪)을 이른다. 16세부터 19세 사이에 죽은 경우에는 상상(長殤)이라고 하고, 12세부터 15세 사이에 죽은 경우에는 중상(中殤)이라고 하고, 8세부터 11세 사이에 죽은 경우에는 하상(下殤)이라고 한다. 이 삼상에 따라서 각각 상복과 상기가 달라지며, 8세 이전에 죽은 사람에 대해서는 복을 입지 않는다.《儀禮 喪服傳》

내가 너를 슬퍼하는 마음은	伊我惜汝
종신토록 베어내기가 어렵다	沒世難剗
마치 고운 옥이 부서져버린 것과 같으니	譬彼玉碎
다시 온전케 할 방법이 도무지 없다	理絶再全
누가 생사여탈을 주관하는 것인가	孰尸予奪
하늘에도 따져 물을 수가 없다	莫詰老天
아, 너의 사람됨은	嗟汝爲人
참으로 쉬이 얻을 만한 것이 아니었다	實未易得
총명하고 준수한 자는	聰明秀雋
때로 혹 만나볼 수 있으나	時或有覿
순일하면서 잡박하지 않은 자는	醇而不醨
너와 같은 이가 또 누가 있겠느냐	似汝者誰
가르치지 않아도 엄숙하여	弗敎而肅
자연히 절로 법도가 있었다	天然自規
화순함이 쌓여	和順之積
규문이 화기애애하였고	閨門藹如
선(善)을 행하기를 몹시 좋아하는 마음은	好善之優
사해처럼 광대하였다	四海廣歟
열심히 독서하고 촌음을 아낌은	劬書惜陰
또한 타고난 것이었다	亦自天植
이렇게 장성해나간다면	率是以往
그 진보하는 바를 어찌 다 헤아릴 수 있었겠느냐	其進曷度
두 대에 걸쳐 선(善)을 쌓은 결실을	兩世種善
너에게서 수확하게 되었는데	庶於汝穫

이제 모두 끝나버려 已乎已乎
결국 아득한 구천으로 돌아가고 말았다 竟歸冥漠
내가 어리석기 짝이 없어 余愚寡偶
노쇠하도록 멍하니 있다가 到老兀兀
만년에야 너를 얻고서 晩而得汝
이끌어주며 함께하기를 기대하게 되었다 期與提挈
너는 나를 아버지나 스승처럼 보았고 父師視余
나는 너를 자식처럼 길렀다 余以子畜
정취가 부합하였던 것이니 韻味之凝
겉모습 때문이 아니었다 不以貌色
옛날 소계에서 昭溪宿昔
나와 만나 함께 어울렸을 적에 共我周旋
달빛이 고요한 마루를 비추고 月臨靜軒
바람이 너른 소나무 그늘에 불어왔었다 風拂松盤
참된 운치가 상통하여 眞趣之會
온화하고 공경스럽게 서로를 보았다 穆然相看
나의 슬하에 堦庭之間
어찌 자식이 없겠냐마는 子姓豈無
너를 유독 깊이 의지하여 仗汝特深
노년을 수습하고자 하였다 擬殿桑榆
백년을 기대하였건만 百年以恃
새벽별처럼 금방 저버렸으니 失若晨星
아마도 나의 명운이 어그러져 殆余命舛
너의 생에까지 누를 끼친 듯하다 帶累汝生

마음속에 기약한 바가 영영 틀어졌으니	心期永已
아아, 나의 기구함이여	噫我之畸
긴긴 밤에 새벽이 올 줄 모르니	厚夜莫曉
누가 나의 슬픔을 알겠느냐	誰知我悲
궤연을 장차 철거하게 되었으니	帷几行撤
어디에 마음을 쏟아내랴	用情何所
이렇게 한번 술을 올리며	趁此一酹
몇 마디 말을 고할 뿐이다	告以數語
유명의 큰 이별이	幽明大別
이 술잔에 그치게 되니	止於玆觴
아아, 치준이여	嗟嗟致俊
부디 와서 이를 흠향하여라	其庶來嘗

자부 심씨[52]에 대한 제문

祭子婦沈氏文

내가 종자부(宗子婦) 심씨가 세상을 떠날 때에 거상(居喪) 중에 있었는데[53] 상기를 다 마친 뒤에는 신주가 이미 사당으로 옮겨졌으므로 결별하는 글을 짓지 못하였다. 갑술년(1814, 순조14) 윤2월 16일 무인일에 냉절(冷節 한식)의 제사를 지내면서 비로소 몇 마디 글을 지어 그 무덤에 다음과 같이 고한다.

아, 내가 너를 곡하였을 적에	嗟余哭汝
어버이의 상중에 있었으니	時持憂服
파리한 목숨이 위태로운 가운데	纍然危喘
그 참혹함을 더하였었다	增其慘毒
어버이의 상에 눈물을 다 쏟은 나머지	昊天餘淚
너에게 흘릴 눈물은 마르고 말았다	於汝乎涸
유명이 점점 멀어져	幽明漸闊
어느덧 두 해가 지나니	再閱歲籥
아름다운 자취가 길이 사라지고	芳徽永淪
구천이 아득해졌다	泉塗冥漠

52 자부(子婦) 심씨(沈氏) : 1782～1812. 오희상(吳熙常)의 장남 오치성(吳致成)의 아내로, 본관은 청송(靑松)이며, 부친은 심능수(沈能秀)이다.

53 내가……있었는데 : 종자부(宗子婦)는 맏며느리를 이른다. 오희상(吳熙常)은 1811년(순조11) 10월에 양부 오재소(吳載紹)의 상(喪)을 당하였는데, 이듬해인 1812년 1월에 자부 심씨(沈氏)가 죽었다. 《老洲集 卷27 年譜》

슬퍼함에도 때가 있으니 悲有時已
애석하다, 잊을 수가 있겠느냐 惜也可忘
네가 우리 집안에 들어온 때를 기억해보건대 記汝入門
훌륭하다는 칭찬이 일찍부터 드러났다 令譽夙彰
이마가 불룩하고 몸집이 풍만하였으니 犀角豐盈
용모가 얼마나 복스러웠던가 何容之昌
선량하고 온순하며 총명하고 민첩하였으니 祥順明敏
자질이 얼마나 훌륭하였던가 何質之臧
안살림을 도맡게 되어서는 逮主中饋
제사를 완벽하게 준비하여 祀事孔明
제수를 정갈하게 갖추었고 蠲潔蘋藻
의표는 법도에 맞았다 儀中珮珩
이러한 훌륭함은 迺如之賢
신명이 위로하는 바이니 神所勞斯
집안을 화목하게 꾸려 나가 宜家宜室
복록을 누릴 것이었고 福履是綏
좌계를 잡은 듯 틀림없이 如執左契
조만간에 보답을 받을 것이었다 朝暮責償
어찌 한번 병이 듦에 云胡一疾
갑자기 재앙을 만나리라 생각했겠느냐 遽罹于殃
임종하며 남긴 말에서 臨絶之言
효성을 더욱 알 수 있었다 益見孝思
어쩌면 나의 곤궁한 명운이 奈余窮命
도리어 누를 끼친 것이 아니겠느냐 反以累之

오래도록 깊은 한이 남아	沈恨終古
마치 꿈을 꾸는 듯 의아하다	如夢如疑
선영에 제사를 올리면서	有事先阡
너의 무덤에 들려 살피노니	歷省汝墳
눈에 가득한 경치에	滿眼雲物
봄기운이 완연하다	春意氤氳
언덕의 풀은 새싹이 돋아나고	隴荄抽新
시냇가 꽃은 향기를 내뿜건만	磵花吐芬
너만 홀로 어찌하여	汝獨胡爲
낮이 없는 긴긴 밤 속에 있는 것이냐	厚夜無晝
무덤을 돌며 애통한 마음이 일어	繞塋一慟
늙은이의 눈물이 소매를 적신다	老淚沾袖
이렇게 술과 안주를 갖추어	陳此觴豆
짧은 글을 올리노니	短辭以侑
슬프구나, 부디 흠향하여라	哀哉尙饗

민원리[54]에 대한 제문

祭閔元履文

갑술년(1814, 순조14) 5월 신묘삭(辛卯朔) 28일 무오일은 바로 여흥(驪興) 민공 원리(閔公元履)를 발인하는 날입니다. 우인(友人) 수양(首陽 해주(海州)) 오희상(吳熙常)은 좋은 교분이 영영 끝나서 이 생이 더욱 외로워진 것을 가슴 아파하여 깊은 슬픔으로 글을 지을 수가 없었습니다. 그런데 문득 이렇게 미적거리다가 그냥 보내게 될까 염려되어 애써 거칠게 말을 엮어 하루 전 정사일에 삼가 술과 안주를 갖추어 영연(靈筵)의 앞에서 다음과 같이 결별을 고합니다.

아, 그대의 훌륭함이여	嗟子之賢
나와 같은 부류의 사람이 아니었는데	匪我輩人
벗으로 교제하게 해주시니	而以齒友
어찌 덕 있는 이웃이 아니겠습니까	豈云德隣
옛날 제가 스승을 잃었으니	昔我喪師

54 민원리(閔元履) : 민치복(閔致福, 1766~1814)으로, 자는 원리, 호는 확재(擴齋), 본관은 여흥(驪興)이다. 대사헌 민우수(閔遇洙)의 증손으로, 할아버지는 민백겸(閔百兼)이고, 아버지는 이조 판서 민종현(閔鍾顯)이다. 김양행(金亮行)·이직보(李直輔)의 문인이다. 1789년(정조13) 사마시에 합격하고, 원릉 참봉(元陵參奉), 동몽교관, 호조·공조·형조의 낭관(郎官), 남평 현감(南平縣監) 등을 역임하였다. 1814년(순조14) 4월 16일 남평의 임소에서 49세의 나이로 졸하였다. 오희상(吳熙常)이 지은 묘지(墓誌)가 《노주집(老洲集)》 권16에 〈확재민공묘지명(擴齋閔公墓誌銘)〉이라는 제목으로 실려 있다.

바로 천륜의 관계였습니다[55]	天倫之親
어두운 길에 홀로 서 있으며	獨立冥途
누구를 좇아야 할지 막막하였습니다	倀倀疇因
그러다가 우연히 그대를 만나게 되었으니	邂逅遇子
정옹[56]의 집안이었습니다	貞翁之門
난초의 싹이 돋은 듯, 옥이 솟아나온 듯하였고	蘭抽玉峙
기린과 난새처럼 상서로웠습니다	瑞麟祥鸞
예천(醴泉)과 영지(靈芝)[57]는 근원이 있으니	靈醴有自
그 이치가 어긋남이 없습니다	其理不忒
마치 자석이 철을 당기듯 끌린 것이	如磁於鐵
바로 처음 뵈었을 때였습니다	則在初覿
서른한 해 동안	三十一年
서로 추향이 다른 것도 잊었습니다	兩忘所趨
중간에 집을 옮겨	中間移宅
소격동(昭格洞) 한 모퉁이에 거처하니[58]	昭磵之隅

55 옛날……관계였습니다 : 오희상(吳熙常)이 스승으로 섬기며 수학하였던 백형(伯兄) 오윤상(吳允常)이 죽은 것을 두고 말한 것이다.

56 정옹(貞翁) : 민우수(閔遇洙, 1694~1756)로, 자는 사원(士元), 호는 정암(貞菴), 본관은 여흥(驪興)이며, 시호는 문간(文簡)이다. 민치복(閔致福)의 증조이다. 1714년(숙종40) 생원시에 합격하였고, 신임사화(辛壬士禍)가 일어나자 벼슬을 버리고 낙향하여 학문에만 전념하다가 영조 대에 등용되어 벼슬이 대사헌에 이르렀다. 저서로는 《정암집(貞菴集)》 등이 있다.

57 예천(醴泉)과 영지(靈芝) : 예천은 감미로운 물이 솟아난다는 신비한 샘이고 영지는 전설상의 신비한 약초인 지초(芝草)인데, 훌륭한 자손은 훌륭한 조상에 근원을 두는 것임을 비유하는 뜻으로 쓰인다.

그대의 마을과 가까웠는지라　取近仁里
도보로 끊임없이 왕래하였습니다　步武源源
서로 익숙하게 만나보니　相觀旣熟
교분이 더욱 두터워졌습니다　契與愈惇
저를 큰 도움이 되는 벗으로 여기셨으니　謂我强輔
저는 그대를 속인 것이 부끄럽습니다　我愧子謾
제가 그대에게 유익했던 것이 아니라　非吾益子
그대가 실로 제게 유익하였습니다　子實益吾
의심나는 것은 질정하지 않음이 없었고　無疑不質
모든 일은 자문을 구하였습니다　無事不諏
안으로는 이륜에 관한 것　內而彜倫
밖으로는 세도에 관한 것부터　外而世道
성명과　以至性命
귀신의 신묘함에 이르기까지　鬼神之妙
물어보면 곧 응답해주시고　有叩斯應
저를 비루하게 여기지 않으셨습니다　不我以鄙
이를 따르고 이를 좇아서　是遵是程
오직 그대를 본받았습니다　惟子之視
기억건대 일찍이 서로 소매를 이끌며　憶曾携袂
수락산의 꼭대기에 올랐었습니다[59]　水落之巓

58 중간에……거처하니 : 오희상(吳熙常)은 1801년(순조1) 9월에 소격동(昭格洞)으로 이사하였는데, 민치복(閔致福)이 인근에 살고 있어서 열흘을 멀다 않고 왕래하며 십여 년간 함께 강학하였다는 내용이 《노주집(老洲集)》 권27 〈연보(年譜)〉에 보인다.

가을밤의 텅 빈 산에　空山秋夜
달빛이 앞의 여울을 비추니　月臨前湍
흉금을 터놓으며 마주함에　披襟而對
신운이 통창하였습니다　神韻融暢
또렷하게 서로 기약함이　皎然相期
천년의 세월에 있었습니다　千載之上
도봉으로 돌아와서　歸來道峰
소광정(昭曠亭)[60]에서 옷깃을 떨치니　振衣昭曠
아름다운 노랫가락을　渢渢葩騷
번갈아 읊조리며 정취가 합하였습니다　迭誦合趣
덧없는 인생에서 흡족함을 얻었으니　浮生得意
이때의 유람은 잊기가 어렵습니다　玆遊難朽
함께 어울림이 오래되었던 덕분에　以周旋久
여측(蠡測)[61]의 식견이나마 가질 수 있었습니다　蠡測粗存

59 기억건대……올랐었습니다 : 오희상(吳熙常)은 1790년(정조14) 7월에 민치복(閔致福), 조진구(趙鎭球)와 함께 수락산(水落山)과 도봉산(道峯山) 일대를 유람하였다. 이에 대하여 지은 기문이 《노주집(老洲集)》 권15에 〈유수락소기(遊水落小記)〉라는 제목으로 실려 있다.

60 소광정(昭曠亭) : 도봉서원(道峯書院) 남쪽 계곡 건너편에 자리한 모정(茅亭)으로, 윤봉구(尹鳳九)가 세우고 권상하(權尙夏)가 이름을 지어준 것이다. 《寒水齋集 卷22 昭曠亭記》《노주집(老洲集)》 권15 〈유수락소기(遊水落小記)〉에 의하면, 오희상(吳熙常)은 수락산(水落山)을 유람한 이튿날에 도봉서원을 배알하였고 또 이튿날에 소광정에 올랐다가 종암(鐘巖)의 별업을 거쳐 청령각(淸泠閣)에서 술잔을 기울이고 돌아왔다.

61 여측(蠡測) : '표주박으로 바닷물을 헤아린다'는 뜻인 '이려측해(以蠡測海)'의 준

온화하고 분명하며 담박하고 겸손하였고 溫明沖愨

순후하면서도 정채(精彩)가 났습니다 醇又精神

인자하고 온화함이 내면에 쌓여서 慈和積中

행실이 가정에 충만하였으며 行滿家庭

진실하고 온순하여 바깥사람들에게 신뢰를 받아 信順孚外

사람들과 다툼이 없었습니다 物無與爭

비단옷에 홑옷을 덧입는[62] 수양은 錦絅之修

실로 집에서 전해온 법도였습니다 實型家傳

자랑하지도 않고 과시하지도 않았으니 弗矜弗夸

법도가 매우 발랐습니다 繩規孔端

깊은 학식과 신묘한 깨달음은 淵識神解

또 하늘로부터 얻은 것이었으니 又自天得

복잡한 이치의 연수(淵藪)에 있어서 棼然理藪

자세히 이해하여 드러내어 밝히셨습니다 融會發剔

몸소 체득하고 마음으로 이해하였고 躬體心認

겉으로만 꾸미지 않았으며 不以皮膜

말로, 얕은 식견으로 원대한 사리를 헤아리는 것을 비유하는 말이다. 한(漢)나라 동방삭(東方朔)이 지은 〈답객난(答客難)〉의 "대통 구멍으로 하늘을 엿보고 표주박으로 바닷물을 헤아리며 풀줄기로 종을 치는 격이다.〔以筦窺天, 以蠡測海, 以莛撞鍾.〕"라는 구절에서 유래하였다. 《漢書 卷65 東方朔傳》《文選 卷45》

62 비단옷에 홑옷을 덧입는 : '비단옷에 홑옷을 덧입는다'는 것은 덕이나 재능을 겉으로 드러내어 과시하지 않음을 비유하여 말한 것으로, 《중용장구(中庸章句)》 제33장에 "《시경(詩經)》에 말하기를 '비단옷을 입고 홑옷을 덧입는다.' 하였으니, 그 문채가 드러남을 싫어한 것이다.〔詩曰: 衣錦尚絅. 惡其文之著也.〕"라고 한 데에 보인다.

도심(道心)을 익숙하게 강마하여	講道機熟
날로 쇄락한 경지로 나아가셨습니다	日就灑落
한둘의 묘체는	一二妙諦
백세의 뒤를 기다릴 만하였습니다	可俟來百
많이 쌓고 함부로 내지 않았으니	多積訒出
알아주는 자가 드물었습니다	知者蓋鮮
입언하여 후인을 깨우치도록	立言牖後
애오라지 그대에게 권면하였습니다	聊以子勉
그대가 편지를 보내오니	子以書來
제가 형처럼 돈독히 여겼습니다	吾所敦兄
말의 표면에 얽매이지 않고	不落言詮
고명하게 마음으로 탐구하셨습니다	玩心高明
그대가 종사한 바를	子所從事
나에게 모두 쏟아주셨습니다	爲我囷傾
그대는 사학(斯學 유학)에 있어서	子於斯學
진실하면서도 생기가 있으셨으니	實而又活
법문의 한 맥을	法門一脈
장차 그대가 게시할 것이었습니다	將子是揭
중년에 녹사(祿仕)하였으니	中歲祿隱
어버이 봉양을 위하여 뜻을 굽히신 것입니다	蓋爲親屈
그대가 현감이 되신 뒤에[63]	逮子爲縣

63 그대가……뒤에 : 1811년(순조11) 8월에 민치복(閔致福)이 남평 현감(南平縣監)이 된 것을 두고 말한 것이다. 《承政院日記 純祖 11年 8月 11日》

제가 도독[64]을 만나게 되었는데 我罹荼毒
찾아와 곡진하게 조문하시며 臨弔繾綣
혹독한 화를 당한 저를 위로해주셨습니다 愍我禍酷
제가 또 이리저리 떠돌며 我又飄轉
불암산[65] 자락에 우거하게 되니 佛嵒之趾
남쪽 지방과 멀리 떨어져 迢迢南紀
네 해 동안 왕래가 막혔습니다 貽阻四祀
단구(丹丘 단양(丹陽))와 황려(黃驪 여주(驪州))는 丹丘黃驪
일찍부터 마음에 품었던 곳이니 夙所翹思
돌아가 함께 은거하기를 歸歟偕隱
누차 서신에 말하였습니다 屢發書辭
부끄럽게도 제가 편안한 거처를 추구하느라 媿余懷土
비록 즉시 결행하지는 못하였지만 縱未卽決
조만간에 서로 손을 이끌고 早晚携手
함께 한 곳으로 돌아가 살아서 同歸于一
남은 노년의 생에 桑榆餘景
그대와 의지하며 절차탁마하고자 하였습니다 賴子磋切
어찌 하루저녁에 云胡一夕

64 도독(荼毒) : 극심한 고통을 뜻하는 말로, 부모의 상(喪)을 가리켜 말하기도 한다. 오희상(吳熙常)이 1811년(순조11) 10월에 양부 오재소(吳載紹)의 상(喪)을 당한 것을 가리켜 말한 것이다. 《老洲集 卷27 年譜》

65 불암산(佛嵒山) : 노원(蘆原)에 위치한 불암산(佛巖山)을 말한다. 오희상(吳熙常)은 1812년(순조12) 3월에 가솔을 데리고 노원으로 옮겨 우거하였다. 《老洲集 卷27 年譜》

부고가 갑자기 전할 줄을 알았겠습니까	訃車忽傳
하도 놀라 반신반의하여	錯愕然疑
하늘에 따져 묻고만 싶습니다	殆欲問天
친애하는 이들이 사방에 멀리 떨어진 채	親愛四遠
타향에서 혼백이 끊어졌으니	魂斷他鄕
애통함이 자당(慈堂)을 휘감고	痛纏慈闈
독자(獨子)가 슬픔에 경황이 없습니다	獨亂皇皇
우뚝 솟은 금성산(錦城山)에	錦岫嶙峋
붉은 명정이 나부끼니	丹旐飄拂
인정과 이치에 있어 참혹하여	情理慘毒
말을 하려 함에 먼저 목이 멥니다	欲說先咽
어떤 귀신이 차마 이렇게 한 것입니까	何鬼忍此
운수가 막힌 것을 어찌하겠습니까	奈運之閼
그대가 지금 떠나버리시니	子今已矣
저의 생이 애처롭습니다	可哀吾生
아득하게 맥이 끊어지니	墜緖茫茫
누구와 함께 끝을 맺겠습니까	誰與究竟
공회의 남은 눈물[66]을	孔懷餘淚
그대에게서 다하게 되었습니다	於子乎罄

66 공회(孔懷)의 남은 눈물 : '공회'는 형제간의 정을 이르는 것으로, 《시경(詩經)》 소아(小雅) 〈상체(常棣)〉에 "죽음이 두려움에서도 형제가 서로 몹시 걱정하며, 언덕과 습지에 시신이 쌓여 있어도 형제가 서로 찾아 나서네.〔死喪之威, 兄弟孔懷. 原隰裒矣, 兄弟求矣.〕"라고 한 데에서 온 말이다. 오희상(吳熙常)의 백형 오윤상(吳允常)이 죽은 것에 대한 슬픔을 두고 말한 것이다.

그대와 주고받은 편지가 子所往復
상자에 가득히 쌓여 있으니 有櫝箱溢
유묵이 찬연히 빛을 발하나 遺墨爛然
차마 다시 펼쳐볼 수가 없습니다 不忍復閱
일을 다 끝마치지 못하고 有案未了
품은 바를 다 펼치지 못하였습니다 有蘊未究
사람과 거문고가 모두 떠나가니[67] 人琴俱亡
천고에 한을 묻게 되었습니다 埋恨窮宙
지금의 사람들 중에 凡今之人
누가 저의 슬픔을 알겠습니까 孰知我悲
세월은 멈추지 않아서 不淹者辰
상여가 발인하게 되니 載戒靈輀
창망한 새벽별을 보며 蒼茫曉星
제가 교외로부터 찾아왔습니다 我來自郊
장차 행렬을 바라보게 됨에 將見將覲
어쩌면 이리도 쓸쓸한 것입니까 一何寥寥
백년을 기약했던 마음을 百年心期

67 사람과……떠나가니 : 동진(東晋)의 명필인 왕희지(王羲之)의 다섯째 아들 왕휘지(王徽之)와 일곱째 아들 왕헌지(王獻之) 형제가 모두 병에 걸렸는데, 아우 왕헌지가 병들어 먼저 죽자 왕휘지가 조문하러 가서 왕헌지의 시신이 안치된 영상(靈牀)으로 올라가 아우가 즐겨 탔던 거문고를 꺼내 퉁겨 보았으나 음조가 맞지 않자 거문고를 내던지며 "자경아, 자경아, 사람과 거문고가 모두 떠나갔구나.〔子敬子敬, 人琴俱亡.〕"라고 하며 애통해한 고사가 있다. 《晉書 卷80 王徽之列傳》 '자경(子敬)'은 왕헌지의 자이다.

이 한 잔의 술에 부칩니다 寓玆一杯
저의 여생이 얼마나 되겠습니까 此生幾何
다시 구천에서 만나려할 뿐입니다 重擬泉臺
아아, 애통합니다 嗚呼哀哉
부디 흠향하소서 尙饗

권경지[68]에 대한 제문

祭權敬之文

남간(南澗) 권공(權公)이 졸하여 장사할 적에 우인(友人) 해주(海州) 오희상(吳熙常)이 한수(漢水)를 거슬러 올라가 새로운 무덤에서 한 번 곡하고자 하였으나 병으로 인해 어그러졌습니다. 세월이 덧없이 흐르는 사이에 어느덧 한 해가 지났으니, 슬픈 감회가 일어 마음을 주체할 수가 없습니다. 이에 삼가 포(脯)와 과일과 함께 글을 지어 보내어 공의 종자(從子) 서인(敍仁)에게 부탁하여 모월(某月) 모일(某日)에 영연(靈筵)의 앞에서 읽어 다음과 같이 고하게 합니다.

풍속이 경박해지고 세도가 추락함에	風漓世降
법도 있는 가문이 먼저 쇠락하였습니다	法門先衰
교활하고 고결한 체하니	便儇皎厲
몸가짐을 잘 지키는 자가 드물어졌습니다	鮮克自持
집안의 법도를 독실하게 지키기를	篤守家範
누가 공과 같이 하였겠습니까	如公者誰
한수[69]가 고조가 되시고	寒水爲祖

68 권경지(權敬之) : 권중집(權中緝, 1753~1814)으로, 자는 경지, 본관은 안동(安東)이다. 부친은 오희상(吳熙常)의 장인인 권제응(權濟應)이며, 고조는 한수재(寒水齋) 권상하(權尙夏)이다. 1803년(순조3) 음보로 돈녕부 참봉에 제수되고 한성부 주부, 송화 현감(松禾縣監), 활인서 별제, 진산 군수(珍山郡守) 등을 역임하였다. 오희상이 지은 묘갈명이 《노주집(老洲集)》 권17에 〈군수권공묘갈명(郡守權公墓碣銘)〉이라는 제목으로 실려 있다.

산수[70]가 숙부가 되시니 山水爲叔
전대의 훌륭함을 태어나면서부터 함양하여 胚涵前光
일찍부터 돈독히 자립하셨습니다 夙自敦植
화려한 꾸밈은 모두 털어버리고 刊落華藻
진실로 법도를 실천하셨습니다 允蹈繩墨
더욱 간절히 힘쓴 바는 尤所惓惓
직(直) 자의 지결[71]이었습니다 直字旨訣

69 한수(寒水) : 권상하(權尙夏, 1641~1721)로, 자는 치도(致道), 호는 한수재(寒水齋)·수암(遂菴), 본관은 안동(安東)이다. 송시열(宋時烈)의 적전 제자로, 송시열이 사사(賜死)된 뒤로 평생 벼슬하지 않고 청풍(淸風)의 황강(黃江)에 머물면서 학문과 교육에 전념하였다. 저서로는 《한수재집(寒水齋集)》·《삼서집의(三書輯疑)》 등이 있다.

70 산수(山水) : 권진응(權震應, 1711~1775)으로, 자는 형숙(亨叔), 호는 산수헌(山水軒), 본관은 안동(安東)이다. 증조는 권상하(權尙夏), 조부는 권욱(權煜), 부친은 권정성(權定性)으로, 권중집(權中緝)에게는 종숙부(從叔父)가 된다. 한원진(韓元震)의 문하에서 수학하면서 과거 시험을 보지 않았으나 초선(抄選)으로 시강원 자의가 되었다. 후에 권상하의 일로 《유곤록(裕昆錄)》을 소론(疏論)한 것 때문에 제주(濟州)에 귀양 갔다가 몇 해 뒤에 방면되었으나 병으로 죽었다.

71 직(直) 자의 지결 : 송시열(宋時烈)이 임종을 앞두고 권상하(權尙夏)에게 '직(直)' 자를 들어 권면하였던 것을 두고 말한 것이다. 송시열이 1689년(숙종15) 5월 14일에 후명(後命)을 받게 될 것을 알고 권상하에게 영결을 고하는 편지를 보내어 주자(朱子)의 가르침을 이어갈 것을 권면하며 말하기를, "주자가 역책하실 때에 문인에게 '직(直)' 한 글자를 전수해주며 말씀하기를, '천지가 만물을 낳는 법칙과 성인이 만사에 응하는 법칙은 「직(直)」 일 뿐이다.'라고 하였네. 공자는 '사람이 살아가는 이치는 직(直)한 것이니, 직(直)하지 않으면서도 살아있는 것은 죽음을 요행히 벗어난 것이다.〔人之生也直, 罔之生也, 幸而免.〕'라고 하였고, 맹자가 전성(前聖)이 말씀하지 못한 것을 말씀한 것이 바로 호연 장(浩然章)인데, 여기에서도 또한 '직(直)' 한 글자를 가지고 호연지

자나깨나 예법을 따라 행하여	寐寤率履
실추시키지 않기를 맹세하셨고	矢無隊失
이(利)와 의(義)의 구분에 있어서는	利義之分
마치 쇠를 자르듯이 단호하셨습니다	有如截鐵
중간에 곤경을 만나더라도	間取困躓
근심하거나 후회함이 없으셨습니다	而無悶悔
저 세속의 사람들을 개탄하여	慨彼流俗
마치 자신을 더럽힐 듯이 볼 뿐만이 아니었습니다	不啻若浼
다른 사람은 혹 침체하였다고 말하였으나	人或謂滯
자신은 지킴이 있었던 것이었습니다	我則有守
공이 과거시험에 응시함은	蓋公應擧
그 뜻이 포부를 펴는 데에 있었던 것인데	志在展布
안타깝게도 운수가 막혀 급제하지 못하고	惜屯不登
음보의 관직에서 뒤섞여 지내셨습니다	混跡蔭路
만년에 현감의 자리로 나아가	晩就縣紱
탁월한 재주를 다소 시험하였는데	少試利器
세상과 부합하기 어려움을 스스로 알고	自知難偶
초복의 뜻[72]을 갑자기 이루셨습니다	初服遽遂
물가에 있는 정자에	臨水亭榭

기(浩然之氣)를 기르는 요점으로 삼았네."라고 하였다.《宋子大全 卷89 奉訣致道, 附錄 卷11 年譜10》

72 초복(初服)의 뜻 : 벼슬을 떠나 처음에 살던 곳으로 돌아가 은거하고자 하는 뜻이다. 초복은 벼슬하기 전에 입던 옷으로, 굴원(屈原)의 〈이소경(離騷經)〉에 "물러나 다시 나의 초복을 손질하리.〔退將復修吾初服〕"라는 구절에서 유래하였다.

도서를 갖추어 두고서 有圖有書

성현처럼 되기를 바라는 뜻을 품고 志希賢聖

연비어약(鳶飛魚躍)[73]의 즐거움을 누리셨습니다 樂參鳶魚

부지런히 힘쓰며 해를 보내어 矻矻窮年

노년이 되어서도 더욱 노력하시니 老而愈勵

산림에 은거하는 전형이 林下典刑

이 덕분에 쇠하지 않았습니다 賴以不替

제가 고지식하고 졸렬하여 繄我蹇拙

평소에 벗이 적었는데 素尠朋好

혼인의 인연 덕분에[74] 婚姻之故

공을 매우 일찍부터 알게 되었습니다 識公忒早

서른여섯 해 동안 왕래하며 三紀周旋

더할 나위 없이 친밀하게 교유하였습니다 交莫與密

옛 의리로써 서로 권면하여 古義交勉

서로 친압하는 바가 없었습니다 庶弗相暱

공이 벼슬살이를 하러 올라오면서 洎公宦遊

73 연비어약(鳶飛魚躍) : 솔개가 하늘 위를 날고 물고기는 연못에서 뛴다는 뜻으로, 만물이 천리에 순응하여 각자의 본성대로 잘 살아감을 비유하여 말한 것이다. 《중용장구(中庸章句)》 제12장에 "《시경(詩經)》에 이르기를 '솔개는 날아 하늘에 이르고 물고기는 연못에서 뛰논다.' 하였으니, 하늘의 도가 위아래에 밝게 드러남을 말한 것이다. 〔詩云: 鳶飛戾天, 魚躍于淵. 言其上下察也.〕"라고 보인다.

74 혼인의 인연 덕분에 : 오희상(吳熙常)이 권중집(權中緝)의 누이와 혼인한 것을 두고 말한 것이다. 오희상은 1778년(정조2) 3월에 청풍(淸風) 황강(黃江)에 있는 장인 권제응(權濟應)의 집에서 혼례를 올렸다. 《老洲集 卷27 年譜》

한 해 동안 저희 집에 머무셨으며	周歲館余
이웃에 집터를 마련하신 뒤로는	旣卜芳鄰
서로의 집 대문을 드나들었습니다	下上門閭
경전의 심오한 뜻과	經旨之賾
예법의 분분한 연수(淵藪)에 있어서	禮藪之紛
의심나는 것이 있으면 반드시 물어	有疑必叩
서로 할 말을 다하였습니다	互盡其言
말이 간혹 어긋나기도 하였으나	言或參差
맛은 함께 음미하였습니다	味則共咬
서로 바라보며 즐겁게 웃으면서	相視歡笑
뜻이 뚜렷하게 부합하였습니다	犁然意表
덧없는 인생에 이러한 즐거움을	浮生此樂
어느 때인들 잊겠습니까	曷日其忘
공이 다시 오셨을 적에	公之再來
저는 동강[75]에서 침체하였는데	我滯東岡
저의 외로움을 위로해주시며	慰我惸恤
외딴 집에서 이틀을 묵으셨습니다	信宿幽莊
이슬 맺히는 가을 숲에서	露滴秋林
촛불 밝히며 오랜 시간 담소하였으니	燭熒話長

75 동강(東岡) : 벼슬하지 않고 물러나 있는 곳을 말한다. 후한(後漢)의 주섭(周燮)이 조정의 잇단 부름에도 불구하고 이에 응하지 않자, 그의 종족들이 그에게 "선대로부터 훈작과 은총이 계속 이어져 왔는데 그대는 어찌하여 동강의 비탈만 지키는가?〔自先世以來, 勳寵相承, 君獨何爲守東岡之陂乎?〕"라고 말한 데서 온 것이다. 동강은 주섭의 선인(先人)이 초가집을 지어놓은 동쪽 산등성이이다. 《後漢書 卷53 周燮列傳》

노년의 삶을 말하며 指景桑楡

저와 함께 은둔할 것을 약속하였습니다 約我偕藏

도옹이 남촌에 은거하였던 것[76]과 陶翁南村

덕공이 녹문에 은거하였던 것[77]처럼 德公鹿門

뜻을 함께하기를 소원하여 願言同志

구원에서의 삶을 즐기고자 하였습니다 娛此丘園

삼청에서 눈보라 칠 적에 三淸風雪

남쪽으로 내려가는 공을 전별하였으니[78] 餞公南轅

작별함이 계속되었으나 分手亹亹

76 도옹(陶翁)이……것 : 마음이 맞는 사람과 함께 은거함을 말한 것이다. 도옹은 동진(東晉)의 고사(高士) 도연명(陶淵明)을 이르고 남촌(南村)은 도연명의 고향이자 은거하던 마을인 율리(栗里)를 이른다. 도연명의 〈이거(移居)〉 시에 "예전부터 남촌에 살고 싶었으니, 좋은 집터 찾아서가 아니었네. 들으니 깨끗한 마음을 간직한 사람 많아, 아침저녁으로 자주 만나려고 해서라오.〔昔欲居南村, 非爲卜其宅. 聞多素心人, 樂與數晨夕.〕"라고 하였다.

77 덕공(德公)이……것 : 서로 빈주(賓主)를 구분하지 않고 격의 없이 지냄을 말한 것이다. 덕공(德公)은 후한(後漢) 때의 은사(隱士) 방덕공(龐德公)을 이르고 녹문(鹿門)은 방덕공이 형주 자사(荊州刺史) 유표(劉表)의 초빙을 거절하고 처자를 데리고 들어가 은거하였던 산 이름이다. 방덕공의 집에 사마휘(司馬徽)가 찾아왔는데, 방덕공이 출타하고 집에 없자 사마휘는 곧장 집안으로 들어가서 방덕공의 처자에게 서서(徐庶)가 방문할 것임을 말하고 기장밥을 짓도록 재촉하였다. 이에 분주히 상을 차려내자 이윽고 방덕공이 돌아와서 다함께 만나니, 누가 손님이고 누가 주인인지 모를 정도로 격의가 없었다고 한다. 《後漢書 卷83 逸民列傳 龐公》《古今事文類聚 前集 卷24 賓主相忘》

78 남쪽으로……전별하였으니 : 권중집(權中緝)이 1814년(순조14) 2월에 진산 군수(珍山郡守)로 부임한 것을 두고 말한 것이다. 《老洲集 卷17 郡守權公墓碣銘》《承政院日記 純祖 14年 2月 25日》

그래도 훗날에 만날 기약이 있었습니다　後期猶存
단구(丹丘 단양(丹陽))에서의 묵은 빚을　丹丘宿債
부끄럽게도 제가 미적거리며 갚지 못하였으니　我媿蹩躠
함께 질탕하게　擬共跌宕
무우(舞雩)에서 바람 쐬는 흥취[79]를 누리려고 하였습니다　風雩之節
어찌 얼마 안 되어　那知未幾
부음이 홀연히 전해질 줄을 알았겠습니까　幽音忽傳
풍족하게 내려준 재능을 야박하게 펼치게 하니　豐畀薄施
하늘이여 어찌 된 것입니까　奈何于天
공이 떠나감이 슬픈 것이 아니라　非亡之悲
세상이 쇠함이 슬플 뿐입니다　悲在衰世
엄숙한 모습과 고인의 마음을　肅貌古心
어디에서 다시 만나겠습니까　於何復際
산기슭에 홀로 서 있노라니　獨立山阿
저의 생이 더욱 외롭습니다　吾生益孤
갈림길에서 길을 잃었으니　行迷岐路
누구와 함께하며 누구에 기대겠습니까　孰相孰扶
계방[80]을 곡한 이후로　自哭季方

79 무우(舞雩)에서……흥취 : 사람들과 어울려 유유자적하게 봄놀이를 하는 흥취를 말한다. 공자(孔子)가 제자들에게 각자의 뜻을 말해보라고 했을 때 증점(曾點)이 "늦봄에 봄옷이 마련되면 어른 대여섯, 동자 예닐곱과 기수(沂水)에서 목욕하고 무우에서 바람 쐬고 읊조리며 돌아오겠습니다.〔暮春者, 春服既成, 冠者五六人, 童子六七人, 浴乎沂, 風乎舞雩, 詠而歸.〕"라고 한 것을 원용하여 말한 것이다. 《論語 先進》

80 계방(季方) : 난형난제(難兄難弟)의 고사로 유명한 동한(東漢)의 진기(陳紀)와

좋은 사귐이 영영 끝이 났는데　良契永已
공이 지금 또 떠나가시니　公今又逝
저에게는 벗이 남아 있지 않습니다　我無友矣
훌륭한 아들[81]이 집안을 이어　賢子承家
대과에 일찍 급제하였습니다　早闡嵬科
본인에게 인색하였던 복이 후손에게 넉넉히 베풀어졌으니　嗇躬裕後
이치가 아마도 어긋남이 없는 듯합니다　理庶無差
삼양[82]이 다시 돌아와　三陽載回
만물이 모두 생동하는데　百昌咸熙
아, 저는 죽음을 드리우고 있으니　噫我殀殀
그 자취가 마치 매여 있는 듯합니다　其跡如縻
유유하게 흐르는 한수를　漢水沄沄
거슬러 올라갈 방법이 없기에　欲溯無因
부는 바람에 슬픈 마음을 실어 보내니　臨風寄哀
공의 신령이 알아주시기를 바랍니다　公庶有神
아아, 부디 흠향하소서　嗚呼尙饗

진심(陳諶) 형제의 자(字)가 원방(元方)과 계방인 데에서 아우를 뜻한다. 곧 권중집(權中緝)의 아우 권중업(權中業, 1764~1784)을 가리키는데, 권중업은 1784년(정조8) 10월에 부친 권제응(權濟應)의 임소인 진주(晋州)에서 21세의 나이로 요절하였다.

81 훌륭한 아들 : 권중집(權中緝)의 아들 권돈인(權敦仁, 1783~1859)을 가리켜 말한 것으로, 자는 경희(景羲), 호는 이재(彝齋), 본관은 안동(安東)이다. 1813년(순조13) 증광 문과에 병과로 급제하였으며, 벼슬이 영의정에 이르렀다.

82 삼양(三陽) : 정월(正月)을 가리키는 말이다. 《주역(周易)》의 괘효(卦爻)에 동짓달인 11월부터 양효(陽爻)가 아래에서 하나씩 생겨 올라와서 정월에 이르면 양효가 셋이 되므로 정월 또는 봄을 뜻하게 되었다.

조국진[83]에 대한 제문

祭趙國珍文

나는 노년의 나이에도 늙지 않아서	吾衰未老
수차례 벗을 곡하였습니다	屢哭朋遊
백발에 의기투합함은	投分白首
그대와 함께하기를 도모하였더니	將子是謀
아, 나의 기구함이여	嗟我之畸
그대가 또 먼저 떠나갔습니다	子又先逝
그대와 나는	惟子與我
이종 형제였습니다	從母舅弟
친척의 정의가 있었을 뿐 아니라	可但親懿
취향도 서로 같았습니다	臭味攸同
나이는 두 살 차이가 났는데	齒差二齡
그대는 훌륭하고 나는 아둔하였습니다	子賢我侗
그대의 사람됨은	子於爲人
비유하자면 번여[84]와 같았습니다	譬彼璠璵

83 조국진(趙國珍) : 조진구(趙鎭球, 1765~1815)로, 자는 국진, 본관은 풍양(豐壤)이다. 부친은 조준(趙埈)이며, 외조부는 이천보(李天輔)로, 오희상(吳熙常)과는 이종사촌간이다. 1783년(정조7)에 생원시와 진사시에 합격하였고, 벼슬은 대구 판관(大丘判官)에 이르렀다. 1815년(순조15) 6월 8일에 51세를 일기로 졸하였다.

84 번여(璠璵) : 노(魯)나라의 보옥(寶玉) 이름으로, 공자(孔子)가 "아름답도다, 번여여. 멀리서 바라보면 광채가 찬란하고, 가까이서 살펴보면 곱고도 깨끗하구나.〔美哉!

보통의 신장에 용모가 훤하였고　中身哲貌
말하고 웃는 모습이 온화하였습니다　談笑藹如
신명함이 안에 쌓여서　神明蘊內
상서롭고 화락한 기운이 밖으로 드러났습니다　祥和彪外
옹용하고 진밀하여　雍容縝密
과시하거나 자랑하지 않았습니다　弗以夸大
일찍부터 스스로 도를 구하여　蚤自求道
심오한 경지를 엿보았습니다　爰覿淵奧
깊은 생각이 이르는 바에　湛思所詣
자나깨나 독실하게 힘썼습니다　寤寐慥慥
이택[85]의 도움을　麗澤之益
외람되게도 나에게 부탁하였으니　猥以屬我
절차탁마하여　磋之切之
혼매하고 나태함을 경계하였습니다　儆其昏惰
평원의 숲에서 보배로운 수레를 몰아[86]　珍駕平林

璠璵. 遠而望之, 煥若也; 近而視之, 瑟若也.〕"라고 찬탄한 바가 있다.《初學記 卷27》 전하여 후세에는 학덕이 훌륭한 현사(賢士)를 비유하는 말로 쓰인다.

85 이택(麗澤) : 친구 간에 서로 절차탁마(切磋琢磨)하여 학문을 강습하는 것을 말한다.《주역(周易)》〈태괘(兌卦) 상전(象傳)〉에 "두 못이 서로 붙어 있는 것이 태(兌)이니, 군자는 이것을 본받아 붕우간에 강습한다.〔麗澤兌, 君子以朋友講習.〕"라고 한 데에서 온 말이다.

86 평원의……몰아 : 후한(後漢) 때의 문인 장형(張衡)의 〈사현부(思玄賦)〉에 "육예의 보배로운 수레를 몰아, 도덕의 평원의 숲에서 노닌다.〔御六藝之珍駕兮, 遊道德之平林.〕"라고 하였는데, 이를 원용하여 말한 것이다.

함께 재주를 뽐내고자 하였으니 擬共掉鞅
당시에 모두 나이가 젊어 時俱少年
뜻과 힘이 한창 굳세었습니다 志力方强
수사[87]는 인(仁)을 말씀하였고 洙泗言仁
염락[88]은 이(理)를 천명하였으니 濂洛闡理
우리 유학의 정수(精髓)가 吾儒眼藏
바로 여기에 있습니다 正維在是
지리하고 치우친 것은 支離偏枯
생각한 바가 아니었습니다[89] 匪伊所士
지난날 그대가 장수[90]하던 곳은 曩子藏修

87 수사(洙泗) : 노(魯)나라 곡부(曲阜)에 있는 수수(洙水)와 사수(泗水)를 아울러 일컫는 말인데, 공자(孔子)와 맹자(孟子)가 이 지역에서 태어나 강학 활동을 하였던 데에서 공자와 맹자를 지칭하는 말로 쓰인다.

88 염락(濂洛) : 염계(濂溪)의 주돈이(周敦頤), 낙양(洛陽)의 정호(程顥)·정이(程頤) 형제를 합칭한 말이다. 통상 염락관민(濂洛關閩)이라고 하여, 관중(關中)의 장재(張載), 민중(閩中)의 주희(朱熹)를 포함한 송대(宋代)의 성리학자들을 통칭하는 말로 쓰인다.

89 생각할 바가 아니었습니다 : 해당 원문은 '匪伊所士'인데, '士'는 문맥상 '思'의 오자인 듯하여 '思'로 바로잡아 번역하였다.

90 장수(藏修) : 늘 학문에 뜻을 두고 게을리 하지 않는 것을 이른다. 《예기(禮記)》〈학기(學記)〉에 "군자는 학문에 있어서 장(藏)하고 수(修)하고 식(息)하고 유(遊)한다.〔君子之於學也, 藏焉, 修焉, 息焉, 遊焉.〕"라고 하였는데, 이에 대한 공영달(孔穎達)의 소(疏)에 "장(藏)이란 언제나 마음에 학업을 생각하고 있음을 말한 것이고, 수(修)란 학습을 폐하지 않음을 말한 것이고, 식(息)이란 일을 하다 피곤하여 쉴 때에도 마음이 학습에 있음을 말한 것이고, 유(遊)란 일이 없이 한가하게 노닐 때에도 마음이 학문에 있음을 말한 것이다."라고 하였다.

바로 저 유양(維揚 양주(楊州))이었습니다	于彼維揚
만장봉[91]이 높이 솟고	萬丈峰高
물이 양양하게 흘렀습니다	有水洋洋
굽어보고 우러르며 구경하고 발을 담그면서	俯仰眺濯
즐거움에 근심도 잊었습니다	樂而憂忘
유조[92]의 해에	歲在柔兆
나는 거상 중에 있으면서	我守堊廬
그대와 함께 마주하며	與子對講
자양(紫陽 주희(朱熹))이 남긴 책을 강독하였습니다	紫陽遺書
의리의 깊은 바다는	義理淵海
마치 끝이 없는 듯하니	若無涯畔
한 치 한 치 공력을 쌓아가며	銖累寸積
융회관통(融會貫通)하기를 기약하였습니다	期底融貫
번갈아가며 외우고 서로 토론하면서	迭誦互討
마치 훈지(壎篪)[93]처럼 어우러졌고	如篪于壎

91 만장봉(萬丈峰) : 경기 양주(楊州)에 자리한 도봉산(道峯山)의 대표적인 봉우리로, 자운봉(紫雲峰), 선인봉(仙人峰)과 함께 삼봉(三峰)이라고 불린다.

92 유조(柔兆) : 고갑자(古甲子)로, 천간(天干) 중 병(丙)을 뜻하는바, 곧 병진년(1796, 정조20)을 가리킨다. 오희상(吳熙常)은 1795년 2월에 본생모(本生母)의 상(喪)을 당하였는데, 이해에 조진구(趙鎭球)와 함께 주자서(朱子書)를 강독하였고 이듬해인 1796년에는 《이정전서(二程全書)》를 강독하였다. 《老洲集 卷27 年譜》

93 훈지(壎篪) : 모두 악기 이름으로, 훈(壎)은 흙을 구워서 만든 나팔이고 지(篪)는 대나무로 만든 피리이다. 《시경(詩經)》 소아(小雅) 〈하인사(何人斯)〉에 "백씨는 훈을 불고, 중씨는 지를 분다.〔伯氏吹壎, 仲氏吹篪.〕"라고 하였는데, 서로 조화된 음률을 이룬다는 뜻에서 형제간에 화합하고 우애가 지극함을 비유하는 말로 쓰인다.

진전과 묘체에 있어서	眞詮妙諦
말을 잊고 그 이면의 뜻을 이해하였습니다	會意忘言
예로부터 시비를 따져 결론이 나지 않는 것은	古今聚訟
바로 예서(禮書)이니	而禮一部
경례(經禮)와 곡례(曲禮)[94]의 인혁에 있어서	經曲因革
주소(註疏)가 분분합니다	箋疏紛糾
사람들이 그 사이에서	人於其間
헷갈려 하지 않는 경우가 드문데	鮮不迷眩
근원으로 거슬러 올라가고 흐름을 터놓으며	溯源瀹流
그대는 유독 정밀하게 연구하였습니다	子獨精硏
없어지지 않고 영원히 전할 만한 것은	可垂不刊
바로 구선의 편입니다	九選之編
그대가 벼슬살이를 하게 되면서	迨子宦遊
몇 해 동안 만나지 못하였습니다	契濶幾年
여덟 고을에서 현가[95]로 다스림을	八邑絃歌
어찌 시험하지 않았겠습니까	豈曰不試
백성은 선적[96]에 교화되었고	民化善籍

94 경례(經禮)와 곡례(曲禮) : 경례는 기본적인 대강령이 되는 예(禮)를 이르고 곡례는 구체적인 소절목이 되는 예(禮)를 이른다.

95 현가(絃歌) : 거문고를 타고 시를 노래하며 예악(禮樂)으로 교화를 펴는 것을 의미한다. 공자(孔子)의 제자 자유(子游)가 노(魯)나라 무성(武城)이라는 고을의 읍재(邑宰)로 있으면서 현가로 백성을 교화하였던 데서 나온 말이다. 《論語 陽貨》

96 선적(善籍) : 선한 행실을 적은 기록으로, 악한 행실을 적은 기록인 악적(惡籍)과 함께 선행을 장려하고 악행을 징계하는 수단으로 사용되었다.

선비는 경의에 흥기하였습니다　士興經義
어질다는 소문이 성대하였고　藹然仁聞
유도(儒道)로 다스림이 훌륭하였습니다　斐然儒治
그대가 공문서를 처리하느라 권태로울 적에　子倦朱墨
나는 바위산 기슭에 살고 있었는데　我棲巖巒
지난해 맹춘에　昨春維孟
한 차례 즐겁게 만남을 가졌습니다　邂逅一歡
등불 밝히며 술에 취하니　燈灺酒醺
밤이 깊어 북두성이 난간에 걸렸습니다　星斗闌干
어느 이야기인들 하지 않았겠습니까　何話不宣
세상일이 만 가지였습니다　世故萬端
소원하는 바는 서로 손을 이끌고　願言携手
함께 세한의 절개[97]를 지키는 것이었습니다　共保歲寒
어찌 한번 병이 듦에　云胡一疾
유명이 갑자기 달라질 줄 알았겠습니까　幽明遽催
풍운이 한번 부서지니　風韻一碎
만사에 애가 끊어집니다　萬事腸摧
머리털 늘인 저 고아는　髫彼孤童
누가 길러주고 누가 돌봐주겠습니까　誰培誰栽
그대의 글을 엮고　編子之文

97 세한(歲寒)의 절개 : 어려움에 처해서도 뜻이 변하지 않는 절개를 이른다. 《논어(論語)》〈자한(子罕)〉에 "날이 추워진 다음에야 소나무와 잣나무가 늦게 시듦을 알 수 있다.〔歲寒然後知松栢之後凋也〕"라고 한 데서 온 말이다.

그대의 행적을 기록하여 紀子之蹟
뒤에 죽는 이의 책임을 다소나마 다하기를 粗效後死
마음에 맹세합니다 矢在心臆
아, 오늘날의 일은 噫近日事
나로 말미암은 것이 몹시 부끄럽습니다 愧切由吾
말세의 풍속은 높아지기가 쉬워서 末俗易高
주색(朱色)과 자색(紫色)[98]을 구분하지 못합니다 莫分紫朱
명분을 우선하고 실제를 뒤로하며 先名後實
근본을 버려두고 지엽을 따르니 遺本循末
이러한 행태가 계속된다면 率是以往
오도는 망하고 말 것입니다 吾道蔑滅
내가 이를 근심하여 余爲斯憫
한 마디 말을 경솔히 내었다가 一言輕脫
마침내 사람들을 노하게 하여 迺觸人怒
구설의 말이 떠들썩하였습니다 簧舌聒聒
그대에게까지 누를 끼쳐서 餘累及子
없는 사실을 날조하여 근거로 삼았습니다 鑿空爲援
산 사람이야 그렇다고 하더라도 㝵矣生人
차마 구원에 있는 사람에게까지 이렇게 한단 말입니까 忍此九原

98 주색(朱色)과 자색(紫色) : 주색은 정색(正色), 자색은 간색(間色)인 데에서 정사(正邪) 또는 진위(眞僞)를 비유하게 되었다. 공자(孔子)가 이르기를, "자색이 주색의 지위를 빼앗는 것을 싫어한다.〔惡紫之奪朱也〕"라고 한 데에서 나온 것이다. 《論語 陽貨》

그러나 나는 거리낄 것이 없으니	然我無疚
하물며 그대에게 허물이 있겠습니까	矧子何有
근심으로 괴롭고 분주하여	憂病棲屑
뒤늦게 술 한 잔을 올립니다	一酹其後
대상(大祥)의 때를 맞이하여	趁茲祥期
애오라지 슬픈 마음을 고하노니	聊以告哀
지각이 있는 영령이여	靈之不昧
부디 흠향하기를 바랍니다	其尙歆哉

현보[99]에 대한 제문

祭玄甫文

정축년(1817, 순조17) 6월 계유삭(癸酉朔) 28일 경자일은 바로 나의 족제(族弟) 현보(玄甫)의 대상(大祥) 하루 전이다. 족형(族兄) 희상(熙常)이 세월이 쉽게 흘러감에 감회를 느끼고 남은 인생이 더욱 외로워지는 것을 슬퍼하여 술과 과일의 제수를 소략히 갖추고 글을 지어서 다음과 같이 고한다.

재주 있는 이를 얻기가 어렵다는 탄식은 才難之歎
옛날부터 이미 있어 왔으니 自昔已然
더구나 지금처럼 혼란하고 경박한 세상에서는 矧今淆漓
더욱 얻기가 어려워졌다 蓋尤難焉
아아, 현보여 嗟嗟玄甫
재주가 있으면서도 어질었다 才而又賢
어려서부터 총명함이 드러났으니 幼而英發
마치 굴레를 벗은 말과 같았다 如馬脫羈
태학에서 수학함에 出遊膠庠
그 문장 재주를 크게 떨쳤다 大鳴厥辭
출세를 달갑게 여기지 않는 바가 있어 有不屑而

99 현보(玄甫) : 오귀상(吳龜常, 1778~1815)으로, 자는 현보, 본관은 해주(海州)이다. 부친은 오재정(吳載鼎)이고, 조부는 오림(吳琳)이다. 1804년(순조4)에 진사시에 합격하였고, 1815년 6월 29일에 졸하였다.

일찍부터 스스로 학문에 뜻을 두었으니 早自志學
총명하고 민첩함에 聰穎敏達
독실함까지 겸비하였다 濟以敦篤
효우의 행실은 孝友之行
육친이 모두 감탄하였고 六親咸歎
선(善)을 좋아하는 용기는 好善之勇
천 명의 장부도 앞서지 못하였다 千夫莫前
이러한 자질로 중임을 맡는다면 以此任重
어느 높은 곳인들 오르지 못했겠는가 何高不攀
항상 대성하여 常期大成
우리 집안을 빛내기를 기대하였다 以張吾門
처음에 그대가 나를 종유하였을 적에 始君從我
겨우 총각을 면한 때였는데 纔免總角
그대는 나를 스승으로 삼고자 하였고 君欲師我
나는 아우로 보살펴주었다 我以弟畜
기러기처럼 줄지어 다니고 물고기처럼 몰려다니기를 鴈次魚隨
이십 년 간 하였으니 二十年間
상전벽해(桑田碧海)의 아득한 세월 동안 桑海茫茫
기쁨과 슬픔을 함께 겪었다 共閱悲歡
만년에 물고기 잡기 좋고 구름 가까운 곳에 집을 짓고 漁雲晩築
그대와 함께 은거하였으니 與君偕藏
불암산이 우뚝 솟고 佛嵒峩峩
한계가 양양하였다 寒溪洋洋
맑은 대낮 부용 핀 누각에 蓉樓淸晝

강학하는 자리를 만들고 中闢講席
좌우에 서책을 늘어놓으니 左右縹緗
육경(六經)이 엄연하였다 有儼六籍
만물의 조화와 현묘한 추기(樞機)에 대해 萬化玄樞
함께 끝까지 통달하기를 기약하였다 期共透極
간간이 술을 마시고 시를 읊조리니 間以觴詠
참된 정취가 밝게 어우러졌다 眞趣融朗
물고기와 새, 구름에 이르기까지 魚鳥雲物
모두 그 상(象)을 이해하였으니 揔是會象
이연히 자득하여 서로 바라봄에 怡然相看
형해를 둘 다 잊었다 形骸兩忘
나는 노쇠하여 병들고 我衰而病
그대는 굳세고 건강하였으니 君壯而康
내가 먼저 아침이슬처럼 스러져 恐先朝露
이 즐거움이 지속되지 못할까 염려되었다 此樂不長
그런데 어찌 이와 반대로 豈料反是
그대가 나보다 먼저 떠날 줄을 알았겠는가 君先我亡
우리 국사가 떠난 것이니 亡我國士
그저 나 혼자만의 슬픔이 아니다 匪直我私
하늘이 그대를 낸 것이 天之生君
진실로 이러하단 말인가 亶其如斯
효에 있어 봉양을 마치지 못하였고 孝不終養
인(仁)하였으나 자식이 없었다 仁而無兒
사후의 재앙이 身後禍殃

혹독하고도 몹시 슬프니	酷又絶悲
재배의 이치[100]가	栽培之理
어그러진 지 오래된 것이다	久矣其虧
구름이 지나고 비가 흩뿌리니	雲飛雨散
얼마의 세월이 지났는가	俛仰幾時
이 대상(大祥)의 때를 맞이하여	趁玆祥期
나의 옛집으로 돌아왔다	返我舊棲
문가의 버드나무에 안개가 자욱한데	煙籠門柳
바람이 세차게 불고 새가 울어댄다	風號禽啼
적막한 빈집에는	寂寞虛堂
부질없이 옛 글씨만 남아있다	空留舊題
인생사 덧없기가	浮生人事
거품이나 그림자보다 심하니	劇于泡影
쓸쓸한 이 생애	牢落此生
노년에 의지할 곳이 없다	無藉暮境
한 잔 술로 영결을 고하니	一杯與訣
천고가 아득하다	邈乎千古
아아, 현보여	嗟嗟玄甫

100 재배(栽培)의 이치 : '재배'는 심은 것을 북돋아 준다는 뜻으로, 《중용장구(中庸章句)》 제17장에 "하늘이 물건을 낼 적에는 반드시 그 재질을 따라 돈독히 한다. 그러므로 심은 것은 북돋아 주고 기운 것은 엎어버리는 것이다.〔天之生物, 必因其材而篤焉. 故栽者培之, 傾者覆之.〕"라고 한 데에 보인다. 곧 하늘이 좋은 나무나 곡식을 심어 놓았으면 이것을 북돋아 잘 키우듯이, 훌륭한 인물을 탄생시켰으면 그에게 많은 복록과 수명을 누리게 하는 이치를 뜻한다.

어느 때에나 다시 보겠느냐	何時復覩
아아, 다 끝났도다	嗚呼已哉
부디 흠향하여라	尙饗

심자순[101]에 대한 제문
祭沈子純文

근래에 고(故) 곡성 현감(谷城縣監) 거관재(居觀齋) 심공(沈公)의 상기(喪期)가 끝나 갑니다. 해주(海州) 오희상(吳熙常)이 징악산(徵岳山) 속에서 병들어 칩거하느라 몸소 술과 안주를 올릴 수가 없기에 마침내 돈 백 문(文)과 함께 수백 자의 글을 지어 멀리 공의 아우 헌영(獻永)에게 부쳐서 글을 받는 날에 소박한 제수를 차려 영연(靈筵)의 앞에서 읽어 다음과 같이 고하게 합니다.

나와 그대의 사귐은　繄我子交
사십 년이 넘었으니　贏四十年
취향은 지초(芝草)와 혜초(蕙草)[102]처럼 가까웠고　臭近芝蕙
관계는 순숙(荀淑)과 진식(陳寔)[103]처럼 돈독하였습니다　契篤荀陳

101 심자순(沈子純) : 심문영(沈文永, 1767~1817)으로, 자는 자순, 호는 거관재(居觀齋), 본관은 청송(靑松)이다. 제헌(霽軒) 심정진(沈定鎭)의 차남으로, 심재진(沈載鎭)의 양자가 되었다. 은진 현감(恩津縣監), 곡성 현감(谷城縣監) 등을 지냈으며 1817년(순조17) 12월 2일에 졸하였다.

102 지초(芝草)와 혜초(蕙草) : 모두 향기가 좋은 풀들로, 어진 사람은 비슷한 부류의 어진 사람과 교유하여 행복과 불행을 함께함을 비유한다. 진(晉)나라 육기(陸機)의 〈탄서부(歎逝賦)〉에 "참으로 소나무가 무성하면 잣나무가 기뻐하고, 아, 지초가 불에 타면 혜초가 탄식하도다.〔信松茂而栢悅, 嗟芝焚而蕙歎.〕"라고 하였다.

103 순숙(荀淑)과 진식(陳寔) : 모두 후한(後漢) 말기의 고사(高士)들이다. 진식에게는 자가 원방(元方)인 진기(陳紀)와 자가 계방(季方)인 진심(陳諶) 두 아들이 있었는데, 학문과 덕행으로 명성이 높아 사람들이 난형난제(難兄難弟)라고 칭하였으며,

청명하고 화락하였으니	淸明樂豈
나는 그대의 훌륭함에 탄복하였습니다	我服子賢
겉으로 꾸미는 바가 없었으며	罔有表襮
선(善)을 즐거워하고 의(義)를 좋아하였습니다	樂善好義
담소하는 것이 온화하고 유순하였으니	言笑晏晏
진실한 뜻이 애연하였습니다	藹然眞意
정밀하고 자세한 식견과	精覈之識
민첩하고 예리한 재주가 있었으니	敏銳之才
그대는 학문을 함에 있어서	子於爲學
하늘이 그 재목을 후하게 내려주셨습니다	天篤其材
가정에서 스승을 얻어	得師家庭
순순하게 예법을 따랐으니	率履循循
함께 학문을 닦자는 약속은	共修之約
내가 그 적임자가 아닌 것이 부끄러웠습니다	我媿非人
구이지학(口耳之學)에서 시원스레 벗어나	灑脫口耳
고명한 경지에 나아갈 것을 기대하였으니	期造高明
증자(曾子)의 전(傳)과 자사(子思)의 책[104]	曾傳思書

순숙에게는 검(儉), 곤(緄), 정(靖), 도(燾), 왕(汪), 상(爽), 숙(肅), 부(敷) 여덟 아들이 있었는데 이들은 모두 덕망이 있어 사람들이 순씨(荀氏)의 팔룡(八龍)이라고 칭하였다. 진식이 그의 아들들과 함께 순숙의 집을 방문한 적이 있었는데, 그때 하늘에 덕성(德星)이 모였으므로 태사(太史)가 "5백 리 안의 현인들이 한 데 모였다.〔五百里內有賢人聚〕"라고 아뢰었던 고사가 있다. 《異苑 卷4》

104 증자(曾子)의……책 : '증자의 전(傳)'은 《대학(大學)》을 이르고 '자사(子思)의 책'은 《중용(中庸)》을 이른다.

주자(周子)의 도설(圖說)과 장자(張子)의 명(銘)[105]	周圖張銘
양양한 낙민[106]에 이르기까지	洋洋洛閩
또 모두 융회관통(融會貫通)하였습니다	又厥會通
마음을 깨끗이 씻고 이에 종사하여	洗心從事
묵묵히 참된 공부를 하였습니다	闇然眞工
부지런히 강학하고 토론하며	亹亹講討
서로의 곳집을 기울여주었습니다	互傾廩囷
끝내는 하나의 의견으로 귀결되었으니	終歸一串
말은 잊은 채 뜻을 환하게 이해하였습니다	融意忘言
기억건대 예전에 함께 어울려 노닐기를	憶昔追遊
성곽 동쪽의 옛집에서 하였습니다	城東舊廬
소나무 아래 있던 방에서	松下房櫳
고요한 여가에 거문고 뜯고 독서하였습니다	靚暇琴書
높은 벼슬은 생각하는 바가 아니었으니	黻冕匪思
자신의 분수에 따라 담박하였습니다	澹泊吾分
감흥이 이는 대로 쏟아내니	遇境輸寫
정경을 담아낸 빼어난 시문이었습니다	風花逸韻
어지러이 놓인 주옥같은 글이	錯落珠璣
술상을 찬란하게 비추었습니다	爛暎杯案

105 주자(周子)의……명(銘) : '주자의 도설(圖說)'은 주돈이(周敦頤)가 지은 〈태극도설(太極圖說)〉을 이르고, '장자(張子)의 명(銘)'은 장재(張載)가 지은 〈동명(東銘)〉과 〈서명(西銘)〉을 이른다.

106 낙민(洛閩) : '낙(洛)'은 낙양(洛陽)의 정호(程顥)·정이(程頤)를 이르고, '민(閩)'은 민중(閩中)의 주희(朱熹)를 이른다.

벼슬길에서 배회하면서는	低回宦跡
세상과 어그러졌습니다	與世齟齬
난새가 가시나무에 깃든 것이니	棲鸞枳棘
그대에게 걸맞는 바가 아님을 알았습니다	知非子所
벼슬을 그만두고 돌아오니	解紱歸來
가난한 가운데 더욱 궁핍해졌습니다	貧而益窘
사람들은 우활하다고 비웃었으나	人笑其迂
그대에게 근심이 없어진 것이 반가웠습니다	喜子無悶
지난해 늦가을에	曩歲秋暮
진솔한 마음으로 찾아왔는데	眞率來過
하얗게 서리 내린 머리털이 쇠잔하여	颯然霜毛
마주 대함에 서글픈 탄식이 나왔습니다	相對悲嗟
국화 꽃 띄워 술을 마심에	有酒泛菊
늦가을의 향기가 술동이를 가득 채웠으니	晩馥盈樽
밤새 나눈 한 마디 말은	中宵一言
서로 잊지 않기를 맹세한 것이었습니다	矢不相諼
여관에서 고복하니	旅舍皐復
아, 어찌 그리 바삐 떠난 것입니까	吁何其忙
벗이 미처 이별을 고하지 못하였고	友未及訣
자식도 곁에 있지 못하였습니다	兒不在傍
그 속에 품은 시문들까지	竝其肚藁
또한 사라져 없어지고 말았습니다	亦淪而喪
몹시 코가 시큰거리고 목이 메니	千萬酸噎
저 푸른 하늘에 물을 수도 없습니다	莫詰彼蒼

아, 나는 소루하고 완악하여	噫余疏頑
문(文)과 질(質)이 마땅한 바가 없으니	文質無當
밀어주고 이끌어준 것은	推挽提挈
몇 사람의 우리 벗들이었습니다	數三吾黨
어찌하여 하늘이 이들을 남겨두지 않아서	胡天不憖
차례로 무덤으로 돌아가게 한단 말입니까	次第山丘
지금 또 그대를 곡하게 되니	今又哭子
나의 생이 아득합니다	我生悠悠
마침 조정의 부름을 받아	屬膺旌招
궁벽한 곳에서 명을 피하고 있는데	逋命窮陬
말세의 행장을	行藏末路
누구와 함께 상의하겠습니까	疇適與謀
좋은 벗을 그리워할 때마다	每懷良朋
이별의 슬픔이 사무칩니다	耿耿離憂
몸소 술 한 잔을 올리지 못하니	一酹莫親
누가 나의 슬픔을 알겠습니까	孰知我悲
바람결에 길게 울부짖으며	臨風長嘷
짧은 글을 멀리 부치노니	遙寄短辭
혼령이 감응하는 바가	靈之赴感
여기에 있을 것입니다	其庶在玆
아아, 애통합니다	嗚呼哀哉
부디 흠향하기를 바랍니다	尙饗

사목[107]에 대한 제문
祭士默文

신사년(1821, 순조21) 5월 정사일(丁巳日 8일)에 종제(從弟) 사묵의 영구(靈柩)가 장차 발인하여 통진(通津)의 새 무덤으로 향하게 되었다. 종형(從兄) 희상(熙常)이 국상(國喪)이 빈소(殯所)에 있는 때[108]와 겹쳐 별도로 제사를 올리지 못하다가 마침내 3일 전인 갑인일(甲寅日 5일)에 단양(端陽 단오)의 상전(常奠 상제(常祭))을 통해 슬픔을 머금고 글을 지어서 곡하며 다음과 같이 고한다.

아아, 사묵이여. 어찌하여 나를 버리고 먼저 가는가. 지난 소양(昭陽)[109]의 해에 백씨(伯氏)[110]가 세상을 떠남에 마치 내 몸의 절반이 떨어

107 사묵(士默) : 오연상(吳淵常, 1765~1821)으로, 자는 사묵, 호는 약암(約菴), 본관은 해주(海州)이다. 오재순(吳載純)의 삼남(三男)으로, 오희상(吳熙常)의 친아우인데, 출계(出系)하여 재종숙(再從叔) 오재륜(吳載綸)의 후사가 되었다. 1800년(정조24) 정시문과에 병과로 급제하였고 한성부 좌・우윤, 예조・이조 참판, 안동 부사, 홍문관 부제학, 도승지 등을 역임하였다. 1821년(순조21) 3월 12일에 졸하였다. 저서로는《약암집》10권이 필사본으로 전한다.

108 국상(國喪)이……때 : 왕대비 효의왕후(孝懿王后)가 승하한 것을 두고 말한 것이다. 효의왕후는 정조의 비로, 1821년(순조21) 3월 9일에 자경전(慈慶殿)에서 승하하였다.《純祖實錄 21年 3月 9日》

109 소양(昭陽) : 고갑자(古甲子)로, 천간(天干) 중 계(癸)를 뜻한다. 오희상(吳熙常)의 백형 오윤상(吳允常)이 별세한 계묘년(1783, 정조7)을 가리킨다.

110 백씨(伯氏) : 오윤상(吳允常, 1746~1783)으로, 자는 사집(士執), 호는 영재(寧齋), 본관은 해주(海州)이다. 순암(醇菴) 오재순(吳載純)의 첫째 아들이며, 미호(渼湖) 김원행(金元行)의 문하에서 수학하였다. 학문에 뛰어나 두 아우인 오희상(吳熙常)

져 나간 것 같았는데 지금 또 그대를 잃었으니 나는 몸이 남아 있지 않은 듯하다. 아아, 나와 그대는 한 살의 차이를 두고 태어났다. 앞으로는 품에 안고 뒤로는 소매를 잡는[111] 어릴 때부터 노년에 이르기까지 성품은 성급하고 여유로운 차이가 있고 행적은 침체하고 현달한 차이가 있었으나 오직 마음만은 일치되어서 서로 의지하고 서로 기대어 하루라도 서로에게 없어서는 안 되는 존재와 같았다. 그러다가 어버이의 상(喪)을 거듭 당하게 되어서는[112] 이 생이 의지할 곳 없이 외로운 처지가 되었으니, 믿고서 생명을 부지해 나갈 수 있는 자로는 그대에게는 오직 내가 있었고 나에게는 오직 그대가 있었다. 그런데 그대가 어찌 일찍이 조금도 돌아보지 않고 영영 세상을 떠나버리기를 이처럼 무심하게 하는 것인가. 마치 매미가 허물 속에서 신음하다가 허물을 벗어버린 것처럼 자유롭게 천지의 조화와 하나가 된 것은 그대에게 있어서는 오히려 즐거운 일일 것이다. 그러나 인간 세상에 홀로 남아

과 오연상(吳淵常)을 가르치기도 하였다. 1783년(정조7) 10월 3일에 37세로 요절하였으며, 저서로는 《영재유고(寧齋遺稿)》가 있다.

111 앞으로는……잡는 : '앞으로는 품에 안고 뒤로는 소매를 잡는다〔前襟後裾〕'는 것은 어렸을 때에 형제의 관계가 친밀한 것을 표현한 말로, 안지추(顔之推)의 《안씨가훈(顔氏家訓)》〈형제(兄弟)〉에 "자식들이 어릴 적에 부모는 왼쪽에서 손잡고 오른쪽에서 끌며, 앞으로는 품에 안고 뒤로는 소매를 잡는다. 밥은 같은 밥상에서 먹고, 옷은 물려 입으며, 공부는 형이 보던 책을 그대로 쓰고, 놀 때는 같은 방소로 함께 간다.〔方其幼也, 父母左提右挈, 前襟後裾, 食則同案, 衣則傳服, 學則連業, 遊則共方.〕"라고 한 데에 보인다.

112 어버이의……되어서는 : 오희상(吳熙常)의 본생부모가 별세한 것을 두고 말한 것이다. 본생부인 오재순(吳載純)은 1792년(정조16) 12월에 별세하였고 본생모인 연안 이씨(延安李氏)는 1795년 2월에 별세하였다. 《老洲集 卷27 年譜》

서[113] 마치 병든 나무에 가지가 없는 것과 같으니 뒤에 죽는 자의 슬픔이 나에게 있어 더욱 혹독하다. 이를 가지고 비교하여 논해보면 내가 살아 있는 것이 그대가 죽은 것만 못하니, 어찌 슬프지 않겠는가. 어찌 애통하지 않겠는가.

아아, 사묵이여. 나와 그대는 백씨의 책상 아래에서 함께 수학하였는데 그때에는 부모가 모두 생존해 계시고 형제가 무고하였으니[114] 맹자(孟子)가 말씀한 '천하의 즐거움'이라는 것을 우리가 모두 가지고 있었다. 백씨가 왼쪽으로 나를 끌어주고 오른쪽으로 그대를 당겨주어서 《증사(曾史 십팔사략(十八史略))》로부터 시작하여 육경(六經)과 백가(百家)의 책들에 이르기까지 모두 지시하여 가르쳐주고 입으로 알려주셨으며, 우주 사이에 있는 의리의 광대한 강목(綱目)에 있어서도 모두 양단(兩端)을 다 들어 가르쳐주셨다. 이에 장차 그 성취함을 보게 될 것이었는데, 그대는 뛰어나고 훌륭하였으나 나는 못나고 여렸고 그대는 영민하고 통달하였으나 나는 혼매하고 나약하였으며, 그대는 하나를 들으면 둘을 아는 재주가 있었으나 나는 우둔한 자질에 가로막혀 트이지 못하였다. 백씨가 풀무질하여 단련시켜 준 것이 나에게는 수고

113 인간……남아서 : 해당 원문은 '了然人世之間'인데, '了然'은 문맥상 '孑然'의 오류인 듯하여 바로잡아 번역하였다.

114 부모가……무고하였으니 : 《맹자(孟子)》 〈진심 상(盡心上)〉에 "군자가 세 가지 즐거움이 있는데, 천하에 왕 노릇하는 것은 여기에 들어있지 않다. 부모가 모두 생존해 계시고 형제가 무고한 것이 첫 번째 즐거움이요, 위로는 하늘에 부끄럽지 않고 아래로는 사람에게 부끄럽지 않은 것이 두 번째 즐거움이요, 천하의 영재를 얻어 교육하는 것이 세 번째 즐거움이다.〔君子有三樂, 而王天下不與存焉. 父母俱存, 兄弟無故, 一樂也; 仰不愧於天, 俯不怍於人, 二樂也; 得天下英才而教育之, 三樂也.〕"라고 하였는데, 이를 원용하여 말한 것이다.

롭기만 하여 학업을 끝마치지 못하였다. 천륜의 스승을 곡하게 되어서는 우리들이 살아갈 흥취가 이미 황량히 사라졌으나, 그래도 남기신 뜻을 받들어 죽을 때까지 서로 권면하여 실추함이 없기를 맹세하였으니, 그대와 내가 함께 이것을 늘 잊지 않았다. 그러나 이제는 다 끝나고 말았으니, 애통하고 서글프다.

아아, 사묵이여. 그대는 사람됨에 있어서 매우 얻기 어렵다고 할 만하다. 기우(氣宇)가 빼어나고 영특하며 흉금이 평탄하고 솔직하였다. 집에 있어서는 효우의 행실을 돈독히 하였고 관직에 있어서는 청렴한 지조를 드러내었다. 글을 지음에 전아하고 순정하며 풍부하고 통창하여 격조가 뛰어나서 예원(藝苑 문단)에서 우뚝하게 활약하며 국가의 융성함을 드날리게 할 만하였다. 과거에 급제하여 이름을 떨치게 되어서는 옛사람이 군주를 바로잡고 백성을 보호하였던 것을 개연(慨然)히 흠모하였다. 이에 경연(慶筵)의 자리와 상소문을 통하여 누차 창언(昌言)을 아뢰었으나 받아들여지지 않자 무언가를 해볼 만한 때가 아님을 점차 알게 되어 세상에 나서려는 뜻이 이미 시들해졌다. 이 때문에 지방의 고을 수령 자리에서 전전한 것이 절반이 넘었으나, 약산(藥山)에서의 일[115]로 말하면 그대의 평소 충의와 재략을 다소 볼 수 있었다. 그러나 이를 알아주는 자가 또한 드물다.

아아, 사묵이여. 벼슬은 아경(亞卿)에 올랐으니 현달하지 않았다고

115 약산(藥山)에서의 일 : 약산은 평안북도 영변(寧邊)에 있는 산 이름이다. 1811년(순조11) 오연상(吳淵常)이 영변 부사(寧邊府使)로 부임했을 적에 가산(嘉山)에서 홍경래(洪景來)가 난을 일으켰는데, 오연상이 약산산성(藥山山城)에서 빈명을 이끌고 성을 수비하며 난을 진압하는 데에 일조하였던 것을 이른다.《臺山集 卷11 吏曹參判吳公墓誌銘》《純祖實錄 11年 12月 28日》

할 수 없고 향년이 쉰일곱이었으니 단명하였다고 할 수 없는데, 사람들이 혹 그 쓰임을 다하지 못하고 수명이 더 길지 못하였음을 안타깝게 여긴다. 그러나 지위는 어찌 반드시 태정(台鼎 정승)에 올라야 하며 수명은 어찌 반드시 이기(頤期)[116]를 누려야 하겠는가. 달인(達人)이 보자면 촌척(寸尺)의 장단(長短)에 불과하니 또한 어찌 굳이 세세하게 비교하고 따질 필요가 있겠는가. 유독 괴이한 것은, 그대의 평생을 살펴보자면 신명(神明)에게 미움을 받을 일이 거의 없었는데 만년의 명운을 전부 기구하게 만들어 기질(奇疾)에 걸려 갖가지 고생을 다 겪게 하더니 종국에는 또 아끼던 훌륭한 아들을 잃게 하여[117] 마치 원수처럼 감당하지 못하게 만들었다. 이는 무슨 까닭인가. 내가 종일토록 생각하고 밤새도록 궁구해보아도 그 이유를 알 수 없으니, 더없이 인자하다는 하늘에 유감이 없을 수가 없다.

아아, 사묵이여. 내가 일찍이 그대와 안신입명(安身立命)의 의리를 논하고는 이어서 이르기를,

"이 세상은 비좁으니, 부침하며 더러워지기보다는 차라리 물러나 선인(先人)의 시서(詩書)를 공부하여 허물을 적게 하기를 추구하는

116 이기(頤期) : 기이(期頤)와 같은 뜻으로, 100세를 뜻한다. 《예기(禮記)》 〈곡례 상(曲禮上)〉에 "100년은 인간이 살 수 있는 최고의 수명이니, 자손들은 최대한으로 봉양해야 한다.〔百年曰期, 頤〕"라고 한 것에서 유래하였다.

117 종국에는……하여 : 오연상(吳淵常)의 차남 오치유(吳致愈, 1798~1820)가 죽은 것을 두고 말한 것이다. 오치유는 자는 경서(景黎), 본관은 해주(海州)이다. 1816년(순조16) 19세의 나이로 진사시에 합격하였으며, 부친 오연상의 병구완을 하던 중에 병에 걸려 1820년 9월 6일에 23세의 나이로 요절하였다. 오희상(吳熙常)이 지은 묘표가 《노주집(老洲集)》 권18에 〈종자치유묘표(從子致愈墓表)〉라는 제목으로 실려 있다.

것이 낫지 않겠는가."

라고 하니 그대도 웃으며 턱을 끄덕였다. 늘 늙기 전에 벼슬을 그만두고 나를 따라 청진(淸眞)한 곳에서 여생을 즐기기를 바랐는데, 그대가 갑자기 병들고 말았다.

아아, 나와 그대가 서른 살 이전에는 기러기 떼처럼 줄지어 다니고 물고기 떼처럼 몰려다니며 일찍이 하루도 떨어져 산 적이 없었는데, 그대가 벼슬살이로 사방을 다니면서 떨어져 사는 근심이 이에 시작되었다. 무인년(1818, 순조18)에 이르러서는 내가 외람되이 조정으로부터 궁정(弓旌)의 초빙을 받아 산야(山野)에 자취를 숨기고 길이 도성을 멀리하게 되었으니[118] 이 때문에 크게 떨어져 살게 되었다. 징암(徵巖)[119]과 종남(終南)[120]을 멀리서 서로 바라보며 구름이 이는 저녁과 달 밝은 밤에는 더욱 답답한 생각이 일어나 울적함 감회를 이기지 못하

118 무인년에……되었으니 : '궁정(弓旌)'은 고대에 활로 사(士)를 초빙하고 정(旌)으로 대부(大夫)를 초빙하였던 데에서, 현자를 초빙하는 예물의 뜻으로 쓰인다. 1818년(순조18) 겨울에 우의정 남공철(南公轍)의 주청에 따라 경학에 밝고 행실을 닦는 선비를 뽑아서 특별히 초빙하게 되었는데, 이때 오희상(吳熙常)이 이우신(李友信)과 함께 천거되어 경연관(經筵官)과 서연관(書筵官)에 부직(付職)되고 뒤이어 사헌부 지평에 제수되었다. 이에 오희상은 증조 오태주(吳泰周)의 병사(丙舍)가 있던 광주(廣州) 징악산(徵岳山)으로 물러나 거처하였다. 《老洲集 卷27 老洲吳先生行狀》

119 징암(徵巖) : 당시 오희상(吳熙常)이 조정의 초빙을 피하여 은거하였던 광주(廣州) 징악산(徵岳山)을 이른다. 《老洲集 卷27 老洲吳先生行狀》

120 종남(終南) : 당(唐)나라 수도 장안(長安)의 남쪽에 있던 종남산(終南山)으로, 노장용(盧藏用)이 이곳에 은거하였다가 고사(高士)라는 명성이 전해져 황제의 부름을 받았던 '종남첩경(終南捷逕)'의 고사로 유명하다. 《新唐書 卷123 盧藏用列傳》 우리나라에서는 한양(漢陽) 남쪽에 있는 남산(南山)의 별칭으로도 사용되었는바, 곧 당시 오연상(吳淵常)이 거주하고 있던 한양을 비유하여 말한 것이다.

여 꿈속에 몇 번이나 나타났다. 그러다가 작년 여름에 월곡(月谷)에서 돌아와[121] 비로소 노호(鷺湖)의 남쪽에 있던 한 정자를 차지하여 머물게 되었다.[122] 노호(鷺湖)와 징악(徵嶽)은 똑같은 임시 거처이지만 오직 골육(骨肉)과 가까운 곳을 취하여 만년에 서로 의지하며 지낼 계획을 세운 것이었다. 그렇지 않다면 내가 무엇 때문에 먼 곳에서 와서 서울 가까운 땅에서 배회하겠는가. 그런데 지금 유명(幽明) 간에 갑자기 재촉하여 사람 일이 별안간에 변하였으니, 비록 내가 이곳에서 생을 마치며 그대와 함께 하루의 화락함을 누리고자 한들, 할 수 있겠는가, 할 수 있겠는가. 모두 끝났으니, 비통할 뿐이다.

아아, 사묵이여. 그대의 병이 치유되기 어렵다는 것을 본래 알고 있었지만, 자식을 먼저 떠나보낸 후로 애상(哀傷)과 울적함으로 모르는 사이에 기력이 쇠하여 병증이 점점 악화되었으니, 마치 여울에 떠내려가는 배를 노를 저어 지탱할 수 없는 것과 같았다. 그러나 그래도

121 월곡(月谷)에서 돌아와 : 해당 원문은 '歸自越中'인데, '越'은 '月谷'의 '月'의 오자인 듯하여 바로잡아 번역하였다. 1818년(순조18) 오희상(吳熙常)이 조정의 초빙을 받은 뒤에, 행장(行狀)에 의하면 광주(廣州) 징악산(徵岳山)에 가서 거처한 것으로 되어 있고, 연보(年譜)에 의하면 광주(廣州) 월곡(月谷)의 묘려(墓廬)에 가서 거처한 것으로 되어 있다. 곧 징악산과 월곡은 같은 지역으로 보인다.《老洲集 卷27 年譜, 老洲吳先生行狀》

122 노호(鷺湖)의……되었다 : 오희상(吳熙常)의 연보(年譜) 경진년(1820, 순조20) 조(條)에 "7월에 비로소 노강(鷺江)의 소파정(少波亭)에 정주(定住)하였다."라는 내용이 보인다. '노호'·'노강'은 현재 노량진(鷺梁津) 부근을 흐르는 한강(漢江) 유역을 이른다. '소파정'은 당시 노량진 근처에 있었던 정자로,《순암집(醇菴集)》 권5〈소파정기(少波亭記)〉에 의하면 노강의 남안(南岸)에 있던 청풍(淸風) 김정부(金靜夫)의 별업(別業)이었다고 한다.

이처럼 급히 떠날 줄을 생각지도 못하였기에 3월 초에 한 차례 만나 들어가 살폈다가 이윽고 국상을 만나 현아(縣衙)의 뜰에 달려가 거애(擧哀)하고 성복(成服)하는 날을 기다려 또 곧장 서울 어귀로 향하려고 생각하였다. 그런데 12일 동틀 녘에 치익(致翼)이 편지를 보내어 다급함을 알리기에 마침내 빠르게 달려가 문으로 들어가니 이미 임종하여 손쓸 방도가 없었다. 이에 사지가 바닥에 고꾸라지고 오장이 마디마디 찢어졌다. 병들었을 때에는 옆에서 지키며 간호해주지도 못하고 죽을 때에는 손을 잡으며 영결해주지도 못하여, 동기(同氣)가 되어 길 가는 사람처럼 대하고 말았으니, 아득하게 끝없는 이 한(恨)은 영원토록 사라지지 않을 것이다. 아 하늘이여, 원통할 뿐이다.

아아, 내가 상화(喪禍)를 물리도록 겪으며 심신(心神)이 이미 죽어져서 빈껍데기만 남아 있었는데 그대가 떠난 이후로 실의에 빠져 더욱 더 인간 세상에 대한 뜻이 없어졌으니, 얼마 안 되어 그대를 따라 죽게 되지 않겠는가. 죽어서도 만약 지각이 있다면 장구히 누리는 변두(籩豆)[123]의 즐거움을 구천에서라도 이어나갈 수 있지 않겠는가. 아아, 사묵이여. 그러한가, 그렇지 아니한가? 아아, 몹시 애통할 뿐이다. 부디 흠향하여라.

123 변두(籩豆) : 성찬(盛饌)의 뜻으로, 《시경(詩經)》 소아(小雅) 〈상체(常棣)〉에 "네 변두를 늘어놓아, 술 마시기를 실컷 하더라도, 형제가 모두 있어야, 화락하고 또 사모할 수 있다네.〔儐爾籩豆, 飮酒之飫. 兄弟旣具, 和樂且孺.〕"라고 한 데서 온 말인데, 형제가 모두 함께 있는 즐거움이나 서로 그리워하는 마음을 비유하는 말로 쓰인다.

심정이[124]에 대한 제문

祭沈靜而文

유세차(維歲次) 신사년(1821, 순조21) 10월 무인삭(戊寅朔) 29일 병자일에, 해주(海州) 오희상(吳熙常)이 들으니 척형(戚兄) 고(故) 함양 군수(咸陽郡守) 청송(靑松) 심공(沈公)의 영구(靈柩)가 장차 발인하여 고향인 유양(維楊 양주(楊州))으로 향한다고 합니다. 발이 도성에 묶여 있는 터라 조재(祖載)[125]를 행하는 곁에 몸소 나아갈 수가 없기에 마침내 몇 줄의 거친 글을 지어서 척계면주(隻鷄綿酒)[126]에 실어 보내어 빈소의 집사자(執事者)에게 부탁하여 전(奠)을 올리며 읽어 다음과 같이 고하게 합니다.

아, 저의 신세가 기구하여	噫余畸蹇
세상에 교제하는 이가 적었는데	寡交於世

124 심정이(沈靜而) : 심능정(沈能定, 1760~1821)으로, 자는 정이, 호는 소재(塑齋), 본관은 청송(靑松)이다. 부친은 심이지(沈頤之)이다. 금산 군수(錦山郡守), 함양 군수(咸陽郡守) 등을 역임하였다. 1821년(순조21) 8월 18일에 졸하였다.

125 조재(祖載) : 장지(葬地)로 출발하기 전에 영구(靈柩)를 수레 위에 싣고 조제(祖祭)의 예를 행하는 것을 말한다.

126 척계면주(隻鷄綿酒) : 한 마리 닭과 솜에 적신 술을 뜻하는 '척계서주(隻鷄絮酒)'와 같은 말로, 망우(亡友)를 애도하는 변변찮은 제수(祭需)를 뜻한다. 동한(東漢)의 서치(徐穉)가 항상 구운 닭 한 마리와 술에 담갔다가 꺼내어 말린 솜을 미리 준비해 두었다가 문상할 일이 있으면 그 닭과 솜을 가지고 가서 그 솜을 물에 담가 술기운이 우러나게 하여, 그것을 술 대신 사용해 제사를 지낸 고사에서 나온 것이다. 《後漢書 卷53 徐穉列傳》

만년에 즐거움을 함께할 이를 만나 晩暮相歡
공과 깊은 교분을 맺었습니다 托公深契
학교의 서쪽과 종묘의 동쪽에서 校西廟東
서로 마을을 바라보며 相望里閭
얼굴을 보지 못하면 편지를 주고받으며 不面則牘
열흘이 멀다 하고 왕래하였습니다 旬日爲疎
경전의 깊은 뜻과 예의 변통 經奧禮變
집안에서 일어나는 모든 일에 대하여 居室百爲
의심나는 것이 있이 있으면 항상 여쭈었는데 有疑輒詢
저를 등한시하지 않으셨습니다 不我鄙夷
흥이 일면 함께 노닐기를 興至相羊
교외의 천석에서 하면서 郊坰泉石
손을 잡고 함께 해학을 나누니 握手諧謔
더욱 진심을 볼 수 있었습니다 愈見肝膈
덧없는 세상에도 즐거운 마음이 들어 浮世賞心
백년을 함께하길 기약하였건만 百年爲期
이제 영영 끝나고 말았으니 今焉永已
저의 생이 몹시 서글픕니다 我生之悲
세속은 날로 경박해져서 俗尙日漓
아첨을 잘하고 약삭빠르니 巧令便儇
수려한 용모와 빼어난 풍격이 있은들 魁顔偉標
누가 공의 훌륭함을 알겠습니까 孰知公賢
독후한 풍도와 篤厚之風
해박한 식견으로 恢達之識

예를 돈후하게 하고 의를 즐거워하기를	惇禮樂義
마치 음식에 주린 자처럼 하였습니다	如飢于食
중년에 시련을 만나	中歲履險
동심인성(動心忍性)하며 능력을 향상시키셨습니다[127]	動忍增益
서실에 고고한 뜻을 부치며	寄傲一室
서적을 좌우에 늘어놓으셨습니다	左右篇籍
논어와 주서를	魯論朱書
외고 연역하면서 피곤한 것도 잊으셨습니다	誦繹忘疲
아침에 도를 들으면 저녁에 죽어도 좋다고 하였으니[128]	朝聞夕死
소원이 바로 여기에 있으셨습니다	願則在斯
경세제민의 재주가 넉넉하여	優優經濟
일찍부터 걸출한 재능을 지니셨건만	夙抱利器
자취가 백리의 작은 고을에서 침체하였으니	跡屈百里
어찌 시험해본 바가 적다고 하지 않겠습니까	豈曰少試
말로의 감회가 드니	末路之感
서로 백발로 마주하게 되었습니다	相對華顚

127 동심인성(動心忍性)하며……향상시키셨습니다 : '동심인성'은 마음을 분발시키고 성질을 참는다는 뜻으로, 《맹자(孟子)》 〈고자 하(告子下)〉에 "하늘이 장차 큰 임무를 이 사람에게 내리려 할 적에는 반드시 먼저 그 심지를 괴롭게 하며, 그 근골을 수고롭게 하며, 그 체부를 굶주리게 하며, 그 몸을 빈궁하게 한다. 그리하여 그 하는 바를 방해하고 어지럽게 한다. 이것은 그 마음을 분발시키고 성질을 참게 함으로써 그 능력을 향상시키고자 해서이다.〔天將降大任於是人也, 必先苦其心志, 勞其筋骨, 餓其體膚, 空乏其身, 行拂亂其所爲. 所以動心忍性, 曾益其所不能.〕"라고 한 것을 원용한 것이다.

128 아침에……하였으니 : 이는 본래 공자(孔子)의 말로, 《논어(論語)》 〈이인(里仁)〉에 보인다.

제가 은거한 뒤로	自余屛居
몇 년이나 떨어져 지냈던지요	契濶幾年
텅 빈 골짜기를 울리는 발걸음 소리 깊이 그리워하고[129]	思深谷跫
갈대와 이슬의 시 절절하게 읊조렸습니다[130]	詠切葭露
호상에서 한번 만나기를	湖上一會
늦은 가을 전으로 기약했었는데	期秋未暮
공이 갑자기 별세하시어	公遽返眞
더러운 속세의 허물을 벗어버리셨습니다	蟬蛻濁汚
풍류가 한번 흩어지니	風流一散
고개를 돌림에 아득할 뿐입니다	回首芒芒
해 저물어 가는 때에 뜻을 부쳤는데	歲晏寄意
차가운 등걸만 상에 있습니다	寒査在牀
눈 속에서 꽃봉오리 피었으나	雪裏發蓓
누구를 위해 향기를 내뿜겠습니까	而誰爲香

129 텅……그리워하고 : 외로운 거처에 반가운 손님이 찾아오기를 몹시 바람을 말한 것이다. 《장자(莊子)》 〈서무귀(徐无鬼)〉에 "텅 빈 골짜기에 숨어 사는 사람은 명아주와 콩잎이 족제비의 길마저 막고 있는 터라, 빈 골짜기에서 홀로 걷다가 쉬다가 하노라면, 다른 사람이 걸어오는 발자국 소리만 들어도 기뻐한다.〔夫逃虛空者, 藜藋柱乎鼪鼬之逕, 踉位其空, 聞人足音跫然而喜矣.〕"라고 하였는데, 이를 원용하여 말한 것이다.

130 갈대와……읊조렸습니다 : 만나고 싶으나 만날 수 없어 그리워하는 마음을 나타낸 것이다. '갈대와 이슬의 시'는 《시경(詩經)》 진풍(秦風) 〈겸가(蒹葭)〉를 가리키는 것으로, 이 시에 "갈대가 푸르르니, 이슬이 서리가 되도다. 이른바 저분, 이 물가 한편에 있도다. 물결을 거슬러 올라 따르려 해도, 길이 막히고 또 멀며, 물살을 따라 내려가 따르려 해도, 완연히 물의 중앙에 있도다.〔蒹葭蒼蒼, 白露爲霜. 所謂伊人, 在水一方. 溯洄從之, 道阻且長. 溯游從之, 宛在水中央.〕"라고 하였다.

아, 저의 발이 묶여	嗟我跡拘
영연에서 곡하지 못하였습니다	未哭帷堂
살아계실 때에는 지친과 같았는데	生猶周親
돌아가셔서는 길가는 사람처럼 대하니	死同行路
인사가 이 지경에 이름에	人事至此
평소의 마음을 저버린 것이 부끄럽습니다	愧負平素
공의 영구가 발인함을 들으니	聞公輴軔
저의 서글프고 그리운 마음이 더합니다	增我慨慕
강가를 찾아와 슬픈 마음을 부치니	臨江寄哀
눈물이 추운 포구를 가득 채웁니다	淚滿寒浦
제가 준비한 술이 비록 보잘것없으나	我酒雖薄
영령께서 부디 마다하지 않으시길 바랍니다	靈庶無吐
아아, 슬픕니다	嗚呼悲夫
부디 흠향하소서	尙饗

사묵[131]에 대한 두 번째 제문

再祭士默文

계미년(1823, 순조23) 3월 경오삭(庚午朔) 11일 경진일은 바로 사묵의 대상(大祥) 하루 전이다. 내가 떡과 술 등의 조촐한 제수를 마련하여 소파강(少波江)에서 찾아와 곡하고 술을 올리며 다음과 같이 고한다.

저 대강을 바라다보니 瞻彼大江
북쪽으로 콸콸 흐르는구나 北流活活
현호 한 모퉁이에 玄湖一曲
궤연이 차려져 있으니 帷几攸設
내가 그 남쪽에 살면서 我居其南
가까이에서 바라다보았었다 相望邇密
혼령이 멀리 있지 않았고 魂氣不疏
유명 간의 차이가 크지 않았으니 幽明不濶
때때로 슬픔이 지극해지면 有時哀至
한번 노 저어 찾아오는 길이 막히지 않았다 一棹不閡
궤연을 철거함에 길게 울부짖으며 披幃長嘷

131 사묵(士默) : 오연상(吳淵常, 1765~1821)으로, 자는 사묵, 호는 약암(約菴), 본관은 해주(海州)이다. 오재순(吳載純)의 삼남(三男)으로, 오희상(吳熙常)의 친아우인데, 출계(出系)하여 재종숙(再從叔) 오재륜(吳載綸)의 후사가 되었다. 1800년(정조24) 정시문과에 병과로 급제하였고 한성부 좌·우윤, 예조·이조 참판, 인동 부사, 홍문관 부제학, 도승지 등을 역임하였다. 1821년(순조21) 3월 12일에 졸하였다. 저서로는 《약암집》 10권이 필사본으로 전한다.

가슴을 가득 채운 이 슬픔을 쏟아내니	洩玆塡肝
슬픔 속의 즐거움[132]이라는	哀中之樂
옛사람의 말이 틀리지 않는구나	古語不謾
도도하게 흐르는 세월이	滔滔日月
마치 내달리는 시냇물과 같으니	如川之駛
상생[133]의 예가 끝나고	象生禮訖
귀신의 일이 시작되었다	鬼事伊始
행여나 다시 볼까 하였더니	如將復覿
이제는 모두 끝나고 말았다	今焉已矣
끝나고 만 것을 어찌하랴	已矣奈何
늙은이 눈물만 하염없이 흘러내린다	老淚徒懸
아아, 사묵이여	嗟哉士默
누가 너처럼 훌륭하였겠는가	孰如爾賢
훌륭한 자질과 전수받은 바가 있었고	有質有受
문학과 행실을 함께 겸비하였다	有文有行
명운이 어찌하여 좋지 못하였던 것인가	命胡不臧

132 슬픔 속의 즐거움 : 김창흡(金昌翕)이 자신의 형인 김창협(金昌協)에 대하여 지은 제문에 다음과 같은 내용이 보인다. "선생께서 일찍이 말씀하기를, '왕양명(王陽明)이 또한 좋은 말을 남겼으니, 슬픔을 당하여 유감없이 곡하는 것이 곧 슬픔 속의 즐거움이라고 하였다.'라고 하였습니다.〔先生嘗謂: 王陽明亦有好說, 當哀而哭盡情, 便是哀中之樂.〕"《三淵集 卷32 祭仲氏大祥文》 왕양명(王陽明)은 명(明)나라 학자 왕수인(王守仁)으로, 양명은 호이다.

133 상생(象生) : 탈상하기 전까지 망자를 아직 살아 있는 것으로 여겨 궤연(几筵)을 설치하고 의복과 기물 및 의식 절차를 살아 있을 때에 준하여 행하는 것을 말한다.

그 쓰임을 다하지 못하였다 庸有未竟
아침저녁 사이에 붓을 적셔 蚤晩泚筆
구천에 이 글 지어 올리지만 矢詞泉下
백대의 뒤에 百世之後
그 누가 알아주랴 誰其知者
오늘밤 곡을 그침에 哭止今夕
한 잔 술로 영결하나 訣以一觶
바람이 슬피 불고 여울이 오열함은 風悲灘咽
만고토록 오래 이어지리라 萬古其邃
아아, 애통하다 嗚呼慟矣
부디 흠향하여라 尙饗

이신로[134]에 대한 제문

祭李新老文

처음에 그대는 나와	始君於我
성이 다른 형제간이었더니[135]	異姓昆季
내가 출계(出系)한 뒤로는	洎余過房
또 매부가 되었네[136]	又是妹壻
젊은 시절부터 서로 의지하여	幼壯相須
백발이 되도록 변함이 없었지	白首靡替
한 명은 패옥을 차고 한 명은 갈의를 입어[137]	佩玉褐衣
그 행적은 길이 달랐으나	跡則殊塗
밝게 빛나는 방촌은	炯然方寸

134 이신로(李新老) : 이재수(李在秀, 1770~1822)로, 자는 신로, 본관은 연안(延安)이다. 이정귀(李廷龜)의 후손으로, 할아버지는 이천보(李天輔)이며, 아버지는 이문원(李文源)이다. 1809년(순조9) 증광 문과에 갑과로 급제하고, 홍문관 응교·경상도 관찰사 등을 역임하였다. 1822년 1월에 경상도 관찰사로 재임 중에 졸하였다.

135 처음에……형제간이었더니 : 이재수(李在秀)의 조부인 이천보(李天輔)는 오희상(吳熙常)의 본생모의 부친이다. 곧 이재수와 오희상은 내외종 형제간이다.

136 내가……되었네 : 이재수(李在秀)는 오재소(吳載紹)의 딸과 혼인하였는데, 오희상(吳熙常)이 출계(出系)하여 계부(季父) 오재소의 양자가 되면서 이재수는 오희상에게 매부가 되었다.

137 한 명은 패옥(佩玉)을……입어 : 패옥은 문무백관의 조복(朝服)과 제복의 좌우에 늘이어 차던 옥으로, 패옥을 찬다는 것은 높은 벼슬을 함을 뜻한다. 갈의는 일반 사람이 입는 옷으로, 갈의를 입는다는 것은 벼슬하지 않음을 뜻한다.

둘 다 추향을 잊었지 兩忘所趨
중간에 희로애락을 겪으며 中間哀樂
상전벽해가 수차례 뒤바뀌었네 桑海屢遷
거듭하여 어버이의 상을 당하였으니 荐罹巨創
하늘이 나의 생을 도와주지 않았는데 我生不天
두려워하는 나를 근심하여 愍我葸葸
만날 때마다 눈물을 흘렸네 見輒泫然
그대는 사람됨에 있어서 子於爲人
중임을 맡을 만한 기량이 있었네 大受之器
훤칠한 얼굴에 후덕한 자질을 갖추고 魁顔厚質
뜻을 굽히지 않기를 맹세하였네 矢不骫骳
거친 베로 몸을 감싸고 大布裹身
비단 옷을 좋아하지 않았네 不屑紈綺
훌륭하고 훌륭하신 익헌공(翼憲公)[138]이여 顯顯翼憲
그대가 실로 빼어 닮은 아들이었지 君實肖子
술 마신 뒤 담소를 나눌 때면 酒後談笑
그 기개가 온 좌중을 압도하였네 氣蓋一座
걸출하게 장원으로 급제하니 裒然大魁
조정에서 서로 경하하였지 公朝相賀

138 익헌공(翼憲公) : 이재수(李在秀)의 부친 이문원(李文源, 1740~1794)으로, 자는 사질(士質), 본관은 연안(延安)이며, 시호는 익헌이다. 본생부는 이국보(李國輔)로, 출계(出系)하여 11촌 숙부인 이천보(李天輔)의 후사가 되었다. 1763년(영조39) 진사시에 합격하고 1771년 정시 문과에 급제하였으며, 공조·이조 판서, 함경도 관찰사 등을 역임하였다.

반근착절(盤根錯節)[139]에서 주선하면서　周旋盤錯
시험한 것이 알맞지 않음이 없었네　試蔑不宜
공고(公孤)[140]의 중신이 되리라는 기대를 받으며　將公將孤
형통한 길을 평탄하게 걸었네　平步亨逵
그러나 그 만년의 계획은　而其晩計
산림에서 나물 캐고 물가에서 낚시하는 것이었네　採山釣水
마침내 토구(菟裘)[141]를 돌아보니　乃睠菟裘
설오의 마을이었네　雪梧之里
저 도철(饕餮)[142]과 같은 이들은　彼哉饕餮

139 반근착절(盤根錯節) : 뿌리가 뒤엉키고 가지가 어지러이 교차되었다는 뜻으로, 처리하기 어려운 일을 비유하는데, 주로 외직(外職)으로 나가 다스리기 어려운 고을을 맡았을 때 쓰는 표현이다. 후한(後漢) 안제(安帝) 때에 도적 영계(寧季)가 무리를 규합하여 조가현(朝歌縣)을 공략하고 재물을 약탈하였는데, 우후(虞詡)가 조가현의 장(長)에 임명된 뒤에 "쉬운 것을 구하지 않고 어려운 일을 피하지 않는 것이 신하의 직분이니, 반근착절을 만나지 않으면 어떻게 이기를 구별할 수 있겠는가.〔志不求易, 事不避難, 臣之職也. 不遇盤根錯節, 何以別利器乎?〕"라고 하고는 갖가지 계책을 써서 도적들을 모두 토벌한 고사에서 나온 말이다. 《後漢書 卷58 虞詡列傳》

140 공고(公孤) : 삼공(三公)과 삼고(三孤)의 준말이다. 삼공은 주(周)나라의 태사(太師)·태부(太傅)·태보(太保)를 이르고 삼고(三孤)는 삼공 다음의 소사(小師)·소부(小傅)·소보(小保)를 이르는데, 우리나라에서는 각각 삼정승과 좌·우찬성에 해당한다.

141 토구(菟裘) : 노(魯)나라의 지명으로, 늙어서 벼슬에서 물러나 은거하는 곳을 가리킨다. 《춘추좌씨전(春秋左氏傳)》 은공(隱公) 11년 조에 "토구에 궁실을 짓게 하여 내 장차 거기에서 늙으리라.〔使營菟裘, 吾將老焉.〕"라고 하였는데, 여기에서 나온 말이다.

142 도철(饕餮) : 사람을 잡아먹는다는 악수(惡獸)의 이름으로, 탐욕이 많고 악한 사람을 비유하는 데 쓰인다.

서로 재앙으로 빠뜨리지 않는 이가 드문데	希不胥淪
그대의 한 가지 일은	知子一着
거의 고인에 가까웠음을 알겠네	庶幾古人
내가 은명을 피하여	我逋恩命
시골집에서 배회하였는데	棲遑田廬
서로 바라다 보이는 근교에서	莽蒼相望
여유롭게 찾아와 어울렸네	過從其徐
산속 창가에 가랑눈 내리는데	山窓微雪
새벽녘 촛불 자주 돋우었지	晨燭屢剪
술잔 들고 흉금을 터놓음에	把杯披襟
정신이 왕성하고 기운이 빼어났네	神旺氣雋
덧없는 인생에 이러한 일을 누릴 날이	浮生此事
그래도 남아 있으리라 생각하였는데	尙擬餘日
지난해 겨울에	往歲維冬
그대가 영남의 감영을 맡게 되었네[143]	子殿南臬
강가의 정자에서 작별하니	江榭留別
운수(雲樹)[144]의 그리움이 맺혔네	雲樹戀結
그대는 평소에 꼿꼿하였으니	子素骯髒
황태(黃鮐)[145]를 기원했었는데	黃鮐是祝

143 그대가……되었네 : 이재수(李在秀)는 1820년(순조20) 10월에 경상도 관찰사에 제수되었다. 《承政院日記 純祖 20年 10月 3日》

144 운수(雲樹) : 벗을 그리워하는 마음을 뜻하는 말로, 두보(杜甫)의 〈춘일억이백(春日憶李白)〉 시에 "위수 북쪽엔 봄 하늘에 우뚝 선 나무요, 강 동쪽엔 저문 날 구름이로다.〔渭北春天樹, 江東日暮雲.〕"라고 한 데서 유래하였다.

어찌하여 뜻밖에 한번 앓은 병으로 那意一疾
노래하며 떠났다가 곡하며 돌아오게 되었는가 往歌來哭
상여가 길을 나서니 輀車載路
나그네도 탄식하며 슬퍼하네 行旅咨傷
하물며 나의 슬픔 어떠하랴 矧余之悃
존망에 대한 생각이 더욱 간절하네 念切存亡
과부가 된 누이 외로워하고 惸惸嫠妹
고아가 된 생질 두려움 속에 있네 皇皇孤甥
복을 심는 집안에 種福之門
하늘이 어찌하여 이런 재앙을 내린단 말인가 天胡斯殃
마치 저 큰 나룻배가 譬彼巨艑
중류에서 돛대를 잃은 것과 같네 中流失檣
세월이 빠르게 흘러 天時荏苒
서한이 두 차례 지났네 再閱暑寒
어찌하랴 내 발이 묶여 奈我跡拘
한 번 찾아갈 길이 없는 것을 一往無因
그런대로 짧은 글을 엮어서 聊綴短辭
다른 이를 시켜 한 잔 술을 올리게 하니 替奠一巵

145 황태(黃鮐) : 장수하는 노인을 뜻하는 '황구태배(黃耇台背)', 혹은 '황발태배(黃髮台背)'의 준말이다. '황구(黃耇)'·'황발(黃髮)'은 늙어서 머리카락이 하얗게 새었다가 다시 누렇게 변한 것을 이른다. '태배(台背)'의 '태(台)'는 복어를 뜻하는 '태(鮐)'의 통용자로, 늙어서 등에 복어의 무늬 같은 검버섯이 생긴 것을 이른다. '황구태배'와 '황발태배'는 각각 《시경(詩經)》 대아(大雅) 〈행위(行葦)〉와 노송(魯頌) 〈비궁(閟宮)〉에 보인다.

진실로 이 자리에 있다면	誠在乎斯
영령이여 부디 감응하기를	靈其格思

망매 정부인[146]에 대한 제문
祭亡妹貞夫人文

갑신년(1824, 순조24) 맹동(孟冬 10월) 정묘일(丁卯日 8일)에 망매(亡妹) 정부인(貞夫人) 오씨(吳氏)의 영구가 장차 땅속으로 영영 돌아가게 되었다. 그 8일 전인 기미일(己未日 9월 30일)에 오라비 희상(熙常)이 노호(老湖)에서 찾아와 소박한 제수와 짧은 글을 올려 곡하며 다음과 같이 고하여 영결한다.

우리 어버이의 상에 슬피 곡한 뒤로	哀我泣莪
지금 세월이 얼마나 흘렀던가	今幾日月
네가 있었던 덕분에	賴你之存
가슴에 품은 슬픔을 위로할 수 있었는데	慰此含恤
하늘이 나를 위태롭게 하여	天之杌我
네가 먼저 지고 마니	而汝先萎
나의 모든 형제가	凡吾兄弟
아, 모조리 떠나버렸도다	噫其盡之
너의 사람됨을 생각건대	念爾爲人
순후한 기운이 쇠하지 않아서	淳氣不剝
입에는 감괴(甘壞)[147]하는 말이 없었고	口無甘壞

146 망매(亡妹) 정부인(貞夫人) : 이재수(李在秀)의 부인으로, 오희상(吳熙常)의 양부 오재소(吳載紹)의 딸이다. 1824년(순조24) 8월에 졸하였다. 《老洲集 卷27 年譜》

147 감괴(甘壞) : 상대의 환심을 사기 위해 비위를 맞춰가며 알랑거리다가 관계를

행실에는 거짓으로 꾸미는 바가 없었다 行絶矯飾
저 교묘한 이들을 부끄러워하고 恥彼纖巧
자신의 천진함을 보존하였으며 葆我天眞
흉금이 넓게 트여서 曠然襟抱
남과 나의 구분이 없었다 物我靡間
이에 칭송을 듣고 안락을 누렸으니 是有譽處
복록을 받은 것이었다 福履攸申
부자를 따라 존귀해져서 從夫子貴
몸이 영화롭게 되었다 有以榮身
교남의 감영으로 따라 가니[148] 隨官嶠藩
사람들이 염모하였다 衆所艶慕
떨어져 지내는 것이 괴로워 分離之苦
유독 내가 늙어갔는데 偏玆衰暮
어찌 알았으랴 돌아올 때에 那知其歸
성이 무너지는 애통[149]에 휩싸일 줄을 痛纏崩城

망치는 것을 이른다. 《예기(禮記)》 〈표기(表記)〉에 "군자의 사귐은 물과 같고 소인의 사귐은 단술과 같으니, 군자는 담박함으로 사귐이 이루어지고 소인은 단맛 때문에 사귐이 깨진다.〔君子之接如水, 小人之接如醴. 君子淡以成, 小人甘以壞.〕"라고 한 데에서 온 말이다.

148 교남의……가니 : 남편 이재수(李在秀)가 1820년(순조20) 10월에 경상도 관찰사에 제수되어 부임한 것을 두고 말한 것이다. 《承政院日記 純祖 20年 10月 3日》

149 성이 무너지는 애통 : 남편을 잃은 아내의 슬픔을 이른다. 전국 시대 제(齊)나라 사람인 기량(杞梁)이 전쟁에 나가서 죽어 돌아왔는데 그의 아내가 남편의 시체를 성 아래에다 놓고 열흘 동안 슬피 통곡하자 성이 무너진 고사에서 나온 것이다. 《列女傳 齊杞梁妻》

형해(形骸)가 파리해지고 정신이 피폐하여	形尫神凋
남은 생이 위태로웠다	凜凜餘生
장녀를 먼저 떠나보낸 지	長女先折
사흘이 채 못 되었으니	曾不三夕
어떤 귀신이 차마 이렇게 한단 말인가	何鬼忍此
말을 함에 마음이 아려 온다	欲說心惻
내가 교외에 숨어 살아	余屛郊牧
서울을 오가는 일이 뜸해졌었다	迹疏京轂
병세가 위독해진 뒤에야	迨疾旣革
다급하게 찾아와 결별하였으니	倉兄來訣
만나서 겨우 몇 마디를 나누고는	纔接數言
말을 삼킨 채 다시 내뱉지 못하였다	呑莫復泄
만사가 영영 끝나고 말았으니	萬事永已
통곡하며 혼절하였다	一慟隕絶
너는 먼저 돌아가 양친을 모시게 되었는데	汝先歸侍
나는 완악하여 구차하게 살아 있도다	我頑苟活
막막한 이 세상에서	茫茫此世
누구를 따르고 누구를 의지하랴	誰因誰依
장사하는 날이 정해짐에	窀穸有期
근근이 술 한 잔을 올리니	聊奠一巵
글은 끝을 맺지만	有盡者辭
슬픔은 끝이 없도다	不盡者悲
그러나 나 또한 늙었으니	然我老矣
살아서 슬퍼할 날이 얼마나 되랴	悲亦幾時

아아, 애통하다	嗚呼哀哉
부디 흠향하여라	尙饗

임득여[150]에 대한 제문

祭任得汝文

숭정(崇禎) 후 네 번째 돌아오는 경인년(1830, 순조30) 8월 병술삭(丙戌朔) 22일 정미일은 바로 영서(穎西) 임공(任公)이 별세한 지 두 돌이 되는 날입니다. 우인(友人) 해주(海州) 오희상(吳熙常)이 병들어 발이 묶인 터라 몸소 찾아갈 수가 없기에 6일 전인 신축일(辛丑日 16일)에 삼가 소박한 제수와 짧은 글을 갖추어서 손자 홍선(弘善)을 시켜 영연(靈筵)의 앞에서 읽어 다음과 같이 고하게 합니다.

내가 옛사람을 생각하니	我思古人
옛사람이 멀리 있었습니다	古人遠而
중년에 공을 알게 되니	中歲識公
전형(典型)이 바로 여기에 있었습니다	典刑在玆
그 지킴이 확고하였고	確乎其守
그 위의가 걸출하였습니다	杰然其儀

150 임득여(任得汝) : 임로(任魯, 1755~1828)로, 자는 득여, 호는 영서거사(穎西居士), 본관은 풍천(豊川)이다. 부친 임종주(任宗周)가 1777년(정조1) 홍국영(洪國榮)에 의해 유배되어 죽은 이후로 벼슬을 단념하고 학문에만 전념하다가, 1809년(순조9) 벼슬을 시작하여 익위사 익찬, 신녕 현감(新寧縣監), 충원 현감(忠原縣監) 등을 지냈다. 1822년 충원 현감으로 있을 때에 암행어사 서좌보(徐左輔)에 의해 봉고파직(封庫罷職)되어 진천(鎭川)으로 유배되었다가 이듬해에 풀려났다. 1828년 8월 22일에 졸하였다. 오희상(吳熙常)이 지은 묘지명(墓誌銘)이 《노주집(老洲集)》 권17에 〈익찬임공묘지명(翊贊任公墓誌銘)〉이라는 제목으로 실려 있다.

풍조(風操)가 독후하였고　風誼篤厚
흉금이 광달하셨습니다　襟韻曠夷
청문(靑門 동대문) 밖의 낡은 집에서　靑門老屋
풍설 속에 처량히 지내고　風雪凄其
누항에서 표주박의 물을 마시며 끼니를 거르더라도[151]　巷瓢雖空
굶주림을 잊고 즐거워하셨습니다　可以樂飢
일찍부터 과거공부를 버리고　早謝公車
진수(進修)[152]에 부지런히 힘쓰셨습니다　進修孜孜
오로지 실천함에 힘을 쏟고　專懋實踐
저 아첨하는 자들을 부끄러워하셨습니다　恥彼夸毗
사소한 예절과 간단한 절목도　疏節簡目
절로 법도에 부합하셨습니다　自中繩規
나이가 들수록 더욱 독실해지시니　老而彌篤
공자의 마음이요 주자의 생각이었습니다　孔情朱思
돌아가며 외고 읊조리면서　循環諷誦
밤낮으로 피로함도 잊으셨습니다　習昕忘疲

151 누항에서……거르더라도 : 누항에서 표주박 물을 마시고 끼니를 거른다는 것은 본래 공자(孔子)가 안빈낙도(安貧樂道)하는 안회(顔回)를 칭찬하며 한 말로, 《논어(論語)》〈옹야(雍也)〉에 "어질구나, 안회여! 한 그릇의 밥과 한 표주박의 물로 누항에서 생활하는 것에 대해 다른 사람들은 그 근심을 견뎌 내지 못하는데, 안회는 그 즐거움을 고치지 않으니, 어질구나, 안회여!〔賢哉回也! 一簞食, 一瓢飮, 在陋巷, 人不堪其憂, 回也不改其樂, 賢哉回也!〕"라고 하였고, 〈선진(先進)〉에 "안회는 도에 가까웠으나, 자주 끼니를 굶었다.〔回也其庶乎, 屢空.〕"라고 하였다.

152 진수(進修) : 덕을 진전시키고 학업을 닦는다는 뜻인 '진덕수업(進德修業)'의 줄임말로, 《주역(周易)》〈건괘(乾卦) 문언전(文言傳)〉에 보인다.

큰 포부가 원하는 바는	大心所願
이를 사해까지 미루어나가는 것이었습니다	四海可推
만년에 녹사에 뜻을 굽히셨으니	晩屈祿仕
어찌 재주를 다 펼쳤다고 하겠습니까	豈曰展施
우거진 가시나무에	蓁蓁枳棘
난새와 봉황이 깃든 것이었습니다[153]	鸞皇棲遲
어진 이의 벼슬길이 험난하니	賢路邅迍
누가 그 덕을 제대로 알아보겠습니까	知德者誰
돌아보건대 어리석고 무지한 저를	顧我倥侗
멀리하여 버리지 않으셨습니다	而不遐遺
부지런히 강학하고 토론하여	亹亹講討
의심스러운 바를 질정하였습니다	互質其疑
성(性)과 도(道), 인(人)과 물(物)에 대하여	性道人物
때로 생각이 어긋났으나	縱或參差
서로 바라보며 활짝 웃었으니	啞然相視
참된 뜻은 훼손됨이 없었습니다	眞意不隳
교외의 별업과 절에서	郊野梵宇
날을 택하여 함께 어울렸으니	選日追隨

153 우거진……것이었습니다 : 현사(賢士)가 낮은 지위에 있음을 비유하여 말한 것이다. 후한(後漢) 때 고성 영(考城令) 왕환(王渙)이 일찍이 구람(仇覽)을 주부(主簿)로 임명하려다가, 그의 그릇이 워낙 큰 것을 보고서 "가시나무는 난새와 봉황이 깃들 곳이 아니니, 백리 고을이 어찌 대현이 맡을 곳이겠는가.〔枳棘非鸞鳳所棲, 百里豈大賢之路?〕"라고 탄식하고는, 자신의 한 달 봉급을 그에게 주어 태학(太學)으로 보낸 고사에서 나온 것이다.《後漢書 卷106 循吏列傳 仇覽》

서로의 마음을 환히 들여다보며	洞見城府
담소하고 해학함이 무르익었습니다	談諧淋漓
중원(中原)에서 질탕하게 노닐었으니[154]	中原跌宕
그윽한 모임에 멀리서 달려갔습니다	遠赴幽期
구담(龜潭)[155]은 맑고 물살이 빨랐으며	龜潭淸駛
옥순(玉筍)[156]은 기이함을 뽐냈습니다	玉筍呈奇
동지들이 모두 모였고	同志俱在
풍물이 마침 이에 걸맞았습니다	風物適宜
이때의 유람을 잊기가 어려우니	玆遊難朽
잠에서 깨어 말함에 정신이 달려갑니다	寤言神馳
근년에 격조하였던 것은	比年貽阻
제가 병들고 공이 노쇠해서였습니다	我病公衰
낙산(駱山)의 아래	駱峀之下
노강(鷺江)의 물가	鷺江之湄

154 중원(中原)에서 질탕하게 노닐었으니 : 중원은 충원(忠原), 곧 충주(忠州)의 이칭이다. 오희상(吳熙常)은 1820년(순조20) 4월에 충원 현감(忠原縣監)으로 있던 임로(任魯)를 비롯하여 홍직필(洪直弼), 이장영(李章英) 등과 함께 단양(丹陽)・청풍(淸風)・제천(堤川) 등 호서(湖西) 일대의 승경을 유람하였다. 《老洲集 卷27 年譜》

155 구담(龜潭) : 단양(丹陽) 명승지의 하나이다. 기암절벽의 바위 형태가 거북을 닮았다는 구봉(龜峯)의 주위를 에워싼 못으로, 물속에 비친 바위가 거북무늬를 띠고 있다 하여 붙여진 이름이다.

156 옥순(玉筍) : 옥순봉(玉筍峰)으로, 단양(丹陽)으로 들어가는 입구에 있으며 퇴계(退溪) 이황(李滉)이 단양 군수로 있을 때 붙인 이름이다. 네댓 개의 석봉(石峯)으로 이루어져 있는데, 봉우리들이 마치 옥순(玉筍)처럼 치솟아 있다 하여 옥순봉이라 불린다.

서로 바라다 보이는 멀지 않은 곳에서　相望非遐
성문을 사이에 두고 있었습니다　城闉間之
외면하지 않고 만나주심에　有遻無舍
창가의 해가 매번 기울었습니다　窓日輒移
사문의 끊어진 맥을　斯文墜緒
함께 부지하기로 하였습니다　逝共維持
희끗한 황발의 머리로　皤皤黃髮
시귀(蓍龜)[157]가 되려고 하였는데　擬作龜蓍
공이 탁한 세상을 싫어하여　公厭濁世
저 찬란한 곳으로 올라가셨습니다　升彼赫曦
저무는 길에 외로이 서있으니　孑立暮途
제가 살아있은들 무엇하겠습니까　我生何爲
묵은 자취를 추억함에　追繹陳迹
늙은이 눈물이 하염없이 흐릅니다　老淚漣洏
글을 엮어서 대신 올리게 하니　綴辭替奠
이 술 잔을 받아주시길 바랍니다　尙歆斯巵
아아, 애통합니다　嗚呼哀哉
부디 흠향하소서　尙饗

157 시귀(蓍龜) : 점을 칠 때 사용하는 시초(蓍草)와 귀갑(龜甲)으로, 사표(師表)를 비유하는 말로 쓰인다.

이 좌상 성로[158]에 대한 제문
祭李左相性老文

유세차(維歲次) 신묘년(1831, 순조31) 10월 기묘삭(己卯朔) 14일 임진일은 바로 고(故) 좌의정 연안(延安) 이공(李公)이 연관(捐館)한 지 두 돌이 되는 날입니다. 외종형(外從兄 고종형) 오희상(吳熙常)이 늙고 병들어 송장처럼 있어서 궤연(几筵)을 철거하기 전에 한번 찾아가 곡할 길이 없기에 4일 전 무자일(戊子日 10일)에 과일과 술 등의 제수를 대략 갖추어 서제(庶弟) 근상(謹常)을 시켜 영좌(靈座) 앞에서 읽어 다음과 같이 고하게 합니다.

아, 내가 늙어가 噫余衰邁
형제를 수차례 곡하였습니다 屢哭昆弟
정이 돈독하고 친함이 지극하였는데 情篤親至
공이 또 세상을 떠났습니다 公又謝世
돌아보건대 짧은 해 저물어가니 顧惟短景
슬퍼할 날이 얼마나 남았겠습니까 悲不幾時
진췌(殄瘁)[159]에 있어 애통함이 깊은 것이니 痛深殄瘁

158 이 좌상(李左相) 성로(性老) : 이존수(李存秀, 1772~1829)로, 자는 성로, 호는 금석(金石)·연유(蓮游), 본관은 연안(延安)이다. 이정귀(李廷龜)의 후손으로, 할아버지는 이천보(李天輔)이며, 아버지는 이문원(李文源)이다. 1794년(정조18) 정시 문과에 병과로 급제하였고 벼슬이 좌의정에 이르렀다. 1829년(순조29) 10월 14일 좌의정으로 재임하던 중에 졸하였다. 시호는 문익(文翼)이다. 조부 이천보는 오희상(吳熙常)의 본생모의 부친으로, 이존수와 오희상은 내외종 형제간이 된다.

비단 사사로운 정으로 곡하는 것이 아닙니다	不但哭私
옛날에 공은 어린 나이부터	昔公妙歲
영특한 기운이 무리보다 빼어났습니다	英氣邁倫
풍표가 우뚝하였고	風標鵠峙
신명처럼 총명하였습니다	聰悟如神
일을 만나서는 과감하고 통달하여	遇事果達
머뭇거리는 바가 조금도 없었습니다	絶少逡巡
탄탄대로의 벼슬길을 걸음에	坦履亨衢
태평성대를 만났습니다	遭際昌辰
규영(奎瀛)에서 시초(視草)하고[160]	視草奎瀛
금란(金鑾)[161]에서 붓을 잡았으며	珥筆金鑾
화무(華膴)[162]의 관직을 두루 역임하고	歷揚華膴
일찍 경(卿)의 반열에 올랐습니다	早躋卿班
네 차례 번곤(蕃閫)을 맡아 다스리면서	四膺藩寄
쇠잔한 백성을 소생시키고 간악한 무리를 제거하였으며	蘇殘剔奸

159 진췌(殄瘁) : 현인(賢人)이 죽어 나라가 위태롭게 된 것을 이른다. 《시경(詩經)》 대아(大雅) 〈첨앙(瞻仰)〉의 '진췌장(殄瘁章)'에 "선인(善人)이 없으니, 나라가 끊기고 병이 들리라.〔人之云亡, 邦國殄瘁.〕"라고 한 데에서 나온 말이다.

160 규영(奎瀛)에서 시초(視草)하고 : 규영은 규장각(奎章閣)의 별칭이다. 시초는 초고(草稿)를 본다는 뜻으로, 임금의 조칙을 대신 기초(起草)하는 것을 말한다.

161 금란(金鑾) : 금란전(金鑾殿)으로, 당(唐)나라 덕종(德宗) 때 학사원(學士院)을 금란파(金鑾坡) 위의 금란전 곁으로 옮긴 이후 한림원(翰林院)의 별칭이 되었다. 우리나라에서는 예문관 혹은 홍문관에 해당한다.

162 화무(華膴) : 청직(淸職)과 후직(厚職)을 가리킨다. 화(華)는 삼사(三司)와 같은 청환(淸宦)이고 무(膴)는 호조(戶曹)와 같은 후한 녹봉을 받는 관직을 말한다.

영남에서의 황정은　嶺外荒政
외롭고 고독한 이들에게 칭송을 받았습니다　歌詠惸矜
통달한 재주와 고아한 명망은　通才雅望
사람들이 앞설 수 없었습니다　衆莫居前
전조(銓曹)와 문원(文苑)　銓部詞苑
금곡(金穀)과 졸승(卒乘)에 있어서　金穀卒乘
재주를 넉넉하게 펼치니　布施優優
걸맞지 않은 바가 없었습니다　靡有不稱
정승을 선발함에　載卜金甌
태사(台司 의정부)에서 중임을 맡았으니　任重台司
계책을 올려 임금을 돕는 것을　升猷贊元
공에게 기대하였는데　於公乎期
공은 마침내 직무를 버리고　公乃釋務
물가에서 집을 빌려 살았습니다　僦屋湖湄
이웃에 가까이 사니　接近隣曲
대문과 울타리가 서로 바라다보였습니다　相望門籬
가마를 타고 찾아와서　便輿來過
강가 누각에서 정답게 이야기를 나누었는데　晤語江樓
백성과 나라에 대하여 돌아보고 관심 두어　眷係民國
벼슬에 나아가서나 물러나서나 늘 근심하였습니다　進退皆憂
《자경편(自警編)》을 보충한 것[163]에서　自警補篇

163 자경편(自警編)을 보충한 것 : 《자경편》은 자기 자신을 경계하는 데에 도움이 되는 송대(宋代) 제공(諸公)의 언행(言行)을 모아 기록한 책으로, 송(宋)나라 조선료

공의 마음을 알 수 있습니다 公心可求
성상이 옛 정승을 그리워하여 上思舊袞
조정의 계책을 전적으로 맡기셨습니다 專畀廟籌
백성들이 다시 등용됨을 기뻐하기를 民喜更用
마치 병의 완쾌를 기다리듯이 하였는데 如病待瘳
목가(木稼)[164]가 재앙의 조짐을 보이더니 木稼示災
공이 갑자기 기성(箕星)을 타셨습니다[165] 公遽騎箕
이 훌륭한 보필을 잃었으니 失此良弼
누가 이 시대를 구원하겠습니까 救時者誰
나라의 명운이 관계된 바이니 邦運攸關
조정과 재야의 사람들이 모두 슬퍼하고 탄식하였습니다 朝野戚嗟
나는 초야에서 살아서 我處畎畝

(趙善璙)가 편찬한 것이다. 이존수(李存秀)의 행장(行狀)에 "또 송(宋)나라 사람의 자경본편(自警本編)에 있어서 그 격언과 지론을 정밀하게 뽑아서 편말에 붙이고 '광보자경편(廣補自警編)'이라고 이름을 붙였다.〔又於宋人自警本編, 精抄其格言至論, 付之編末, 名之曰廣補自警編.〕"라는 내용이 보인다. 《經山集 卷18 左議政李公行狀》

164 목가(木稼) : 극심한 추위로 나무에 고드름이 얼어붙는 것인데, 전쟁이나 재앙이 일어나거나 혹은 현인군자가 죽을 조짐이라고 한다. 송(宋)나라 왕안석(王安石)이 지은 한기(韓琦)의 만사에 "목가가 생기자 고관이 두려워 떨었다는 말 들었는데 산이 무너진 오늘 철인이 죽었도다.〔木稼曾聞達官怕, 山頹今見哲人萎.〕"라고 보인다. 《石林詩話》

165 기성(箕星)을 타셨습니다 : '기성을 탄다'는 것은 죽어서 하늘로 올라가 별이 되었다는 말로, 현신(賢臣)의 죽음을 의미한다. 《장자(莊子)》 〈대종사(大宗師)〉에 "부열은 도를 터득하고 무정을 도와 천하를 모두 소유하였으며, 죽은 뒤에는 별이 되어 동유성에 오르고 기성과 미성을 타고 열성과 나란하게 되었다.〔傅說得之, 以相武丁, 奄有天下, 乘東維, 騎箕尾, 而比於列星.〕"라고 하였는데, 여기에서 유래하였다.

은둔과 현달의 길은 달랐으나　　隱顯殊途
마음을 터놓고 도움을 구하여　　虛襟求助
나를 우활한 유자로 여기지 않았습니다　　不我迂儒
돈후하고 관대함으로 권면함에　　勉以惇大
공은 거스르는 바가 없었으니　　公不爲忤
지금 세상의 현귀한 사람들 중에　　今世貴人
이러한 기량과 풍도를 가진 이가 없습니다　　無此器度
안쓰러워라 저 난극(欒棘)[166]이여　　戀彼欒棘
고향의 집으로 돌아갑니다　　還家故山
구원에 계신 분을 다시 살아 돌아오게 하기 어려우니　　九原難作
늙은이 눈물이 절로 흐릅니다　　老淚自潸
세월이 빠르게 흘러　　日月遒迅
대상(大祥)이 어느덧 다가왔습니다　　祥期奄迫
대신 술 한 잔을 올리게 하니　　替奠一巵
부디 흠향하기를 바랍니다　　庶幾歆假

166 난극(欒棘) : 상주(喪主)가 슬픔에 몸이 야위어 몹시 수척해지는 것을 뜻한다. 《시경(詩經)》 회풍(檜風) 〈소관(素冠)〉에 "행여 흰 관을 쓴 극인의 수척함을 볼 수 있을까.〔庶見素冠兮, 棘人欒欒兮?〕"라고 하였는데, 《시경집전(詩經集傳)》에서 "극(棘)은 급함이다. 상사(喪事)는 그 총총(總總)히 하고자 하니, 슬프고 급한 모양이다. 난란(欒欒)은 수척한 모양이다."라고 풀이하였다.

망실[167]에 대한 제문

祭亡室文

임진년(1832, 순조32) 3월 기망(旣望 16일) 계해일에 망실(亡室) 안동 권씨(安東權氏)의 영구가 장차 발인하여 광릉(廣陵) 백호(白湖)에 있는 새 무덤으로 향하게 되었다. 그 하루 전 임술일(壬戌日 15일) 저녁에 남편 오희상(吳熙常)이 좋은 인연이 영영 끝나버린 것을 애도하고 이 생이 더욱 외롭게 된 것을 슬퍼하여 병을 무릅쓰고 몇 줄의 글을 엮어서 조전(祖奠)을 행하는 중에 의례적인 축문을 대신하여 읽어 다음과 같이 고한다.

아아, 그대와 내가 한집에 사는 인연이 오늘 저녁이면 끝나고 마니, 어찌하여 이리도 무심하게 나를 버리고 먼저 떠나는 것이오. 병이 난 날부터 고복(皐復)하는 밤까지 사나흘을 넘기지 못하였으니, 어쩌면 귀신이 서로 재촉하여 조금도 지체할 수가 없었던 것이오? 무릇 사람의 정(情)이란, 사귄 지가 오래되면 정이 두터워지고 정이 두터워지면 잊기가 어려워지고 잊기가 어려워지면 슬픔이 따르는 법이오. 내가 그대와 다른 성씨로서 합한 지가 지금 55년이 되었으니, 오래되었다고 할 수 있소. 설령 그대가 평범하고 예사로운 사람이었다고 하더라도 내 마음에서 갑자기 떠나보낼 수가 없을 것인데, 그대처럼 현숙한 이는

167 망실(亡室) : 안동 권씨(安東權氏, 1761~1832)로, 권제응(權濟應)의 딸이다. 1778년(정조2) 3월에 오희상(吳熙常)과 청풍(淸風) 황강(黃江)에 있는 부친 권제응의 집에서 혼례를 올렸으며, 1832년(순조32) 1월 17일에 향년 72세를 일기로 졸하였다.

내 눈에 실로 다시 보기가 어려우니, 정을 잊고 슬퍼하지 않고자 한들 할 수가 있겠소.

기억건대, 그대가 열여덟 살의 나이에 우리 집안으로 들어왔는데, 그때에는 왕모(王母 조모)께서 집안을 거느리셨고 우리 양가의 내외 어른들께서도 살아계셨으며 우리 형제자매도 모두 무고하였으니 사해(四海)의 따스한 봄기운이 모두 우리 집안에 모여 있었다오. 왕모께서는 몸소 예(禮)로써 솔선하셔서 규문(閨門) 안에 법도가 엄중하였는데, 그대는 새로 들어온 어린 며느리로서 윗사람과 아랫사람에게 훌륭하다는 칭찬을 들었다오. 임자년(1792, 정조16)과 을묘년(1795)에 이르러 화난(禍難)이 거듭 이어져 앞서 당한 상(喪)의 담제(禫祭)가 지나기도 전에 뒤따르는 화(禍)가 더욱 혹독하였소.[168] 이때 백씨(伯氏)와 형수는 먼저 일찍 세상을 떠났고[169] 치성(致成)[170]도 어려서 장가들지 못했기에 사당의 제사를 받드는 중임을 위태롭게도 맡길 곳이 없었

168 임자년과……혹독하였소 : 1792년(정조16) 12월에 오희상(吳熙常)의 본생부인 오재순(吳載純)이 별세하고 1795년 2월에 오희상의 본생모인 연안 이씨(延安李氏)가 별세한 것을 두고 말한 것이다. 《老洲集 卷27 年譜》

169 백씨(伯氏)와……떠났고 : 백씨는 오희상(吳熙常)의 맏형 오윤상(吳允常, 1746~1783)으로, 자는 사집(士執), 호는 영재(寧齋), 본관은 해주(海州)이다. 1783년(정조7) 10월 3일에 37세로 요절하였으며, 아내 유인(孺人) 김씨(金氏)도 이듬해에 졸하였다.

170 치성(致成) : 오희상(吳熙常)의 장남 오치성(吳致成, 1785~1844)으로, 자는 서오(瑞五), 호는 아관(我觀), 본관은 해주(海州)이다. 1792년(정조16) 12월에 오희상의 본생부인 오재순(吳載純)이 별세하자 오희상은 오치성을 죽은 백씨(伯氏) 오윤상(吳允常)의 후사로 세워서 승중(承重)하여 상주(喪主)가 되게 하였다. 《老洲集 卷27 年譜》

소. 그런데 그대가 집안의 살림을 대신 맡아서 제사를 받듦에 해이함이 없는 한결같은 마음으로 제기를 경건하게 정돈하고 제수를 정갈하게 장만하니, 불효의 죄가 쌓여 지극한 애통이 가슴에 사무친 나로서도 오히려 이 덕분에 다소 위로를 받아 구차하게나마 살아갈 수가 있었소. 그리고 우리 형제들이 모두 출계(出系)하여 세 집이 한 담장 안에서 함께 살아서 사람도 많고 일도 번잡하여 현위(弦韋)[171]와 조예(鑿枘)[172]처럼 부합하지 못하였는데, 그대가 그 가운데에 차분하게 있으면서 감괴(甘壞)[173]의 말을 전혀 하지 않고 시기하거나 해치는 마음을 두지 않아서, 해결하기 어려운 일이 있어도 기심(機心)으로 영합하지 않고 흉금을 터놓아 순하게 응하며 화기(和氣)를 잃지 않았으니 모두가 인(仁)하다고 칭송하였소.

그대는 타고난 자질에 찌꺼기가 적어서 언행에 드러나는 진심이 절

171 현위(弦韋) : 팽팽한 활시위와 부드러운 가죽을 뜻하는 것으로, 급함과 느림을 비유하는 말로 쓰인다. 전국 시대 서문표(西門豹)는 성질이 너무 급해 자기의 성질을 느슨하게 하기 위해 부드러운 가죽을 차고 다녔고 진(晉)나라 때 동안우(董安于)는 자기의 성질이 너무 느슨하여 이를 바로잡기 위해 팽팽한 활시위를 차고 다녔다는 데서 온 말이다. 《韓非子 觀行》

172 조예(鑿枘) : 둥근 구멍과 모난 자루라는 뜻으로, 서로 걸맞지 않는 것을 비유하는 말로 쓰인다. 초(楚)나라 송옥(宋玉)의 〈구변(九辯)〉에 "둥근 구멍에 모난 자루 끼워 넣으려 함이여, 맞지 않아 끼워 넣기 어려움을 내가 물론 잘 알도다.〔圜鑿而方枘兮, 吾固知其鉏鋙而難入.〕"라고 한 데에서 나온 말이다.

173 감괴(甘壞) : 상대의 환심을 사기 위해 비위를 맞춰가며 알랑거리다가 관계를 망치는 것을 이른다. 《예기(禮記)》 〈표기(表記)〉에 "군자의 사귐은 물과 같고 소인의 사귐은 단술과 같으니, 군자는 담박함으로 사귐이 이루어지고 소인은 단맛 때문에 사귐이 깨진다.〔君子之接如水, 小人之接如醴. 君子淡以成, 小人甘以壞.〕"라고 한 데에서 온 말이다.

로 여인의 법도를 어기지 않았으니, 겉모양만 보기 좋게 꾸며서 치장하는 것을 즐거움으로 삼는 세속의 부녀들과는 조금도 비슷한 점이 없었소. 이는 질장구에 가득한 성신(誠信)[174]이 가정에서부터 무젖었기에 그러한 것이었소. 나와 함께 거처할 적에 정순(貞順)함을 지키며 부지런히 스스로를 삼가서 일찍이 흐트러진 모습이나 나태한 행실을 보인 적이 없었고, 특히 말을 삼가서, 비록 편안하게 쉬는 때라도 한 번도 사사로운 말을 언급하지 않았소. 나는 젊었을 적에 거칠고 사나운 병통이 있어서 때때로 격노하며 말을 뱉으면서도 이것이 덕을 훼손하고 일을 망친다는 것을 스스로 깨닫지 못하였는데, 그대의 안색이 더욱 온화해지고 목소리가 더욱 차분해지는 것을 보고는 점차 뉘우칠 줄을 알게 되어 마음을 누그러뜨렸던 적이 여러 번이었소. 옛 사람의 말에 "부부는 경계하여 서로 이루어준다."라고 하였는데 그대의 경계함은 잠규(箴規)로써 하지 않고 성색(聲色)으로 하였던 것이오. 이는 말을 하지 않고도 절로 관선(觀善)[175]의 유익함이 있었던 것이니, 은근하게

174 질장구에 가득한 성신(誠信) : 《주역(周易)》 〈비괘(比卦) 초육(初六)〉에 "성신(誠信)을 두어 친하여야 허물이 없으리니, 성신이 질장구에 가득하면 종말에 와서 다른 길함이 있으리라.〔有孚比之, 无咎, 有孚盈缶, 終來有他吉.〕"라고 하였는데, 이를 원용하여 말한 것이다. 이 구절에 대해 정이(程頤)의 《역전(易傳)》에서 "성신이 안에 충실하여 물건이 질장구 속에 가득 찬 것과 같은 것이다. 질장구는 질박한 기물이니, 질장구가 속이 꽉 차 있어서 밖에 문식을 가하지 않은 것과 같이 하면, 종말에 와서 다른 길함이 있음을 말한 것이다.〔誠信充實於內, 若物之盈滿於缶中也. 缶質素之器, 言若缶之盈實其中, 外不加文飾, 則終能來有他吉也.〕"라고 해석하였다.

175 관선(觀善) : 친구들끼리 서로 좋은 점을 보고 배우는 것을 뜻한다. 《예기(禮記)》 〈학기(學記)〉에 "서로 좋은 점을 보고 선해지는 것을 '마(磨)'라고 한다.〔相觀而善之謂磨〕"라고 한 데에서 나온 것이다.

한 사람의 좋은 벗이 되어 준 것이오. 내심 규문(閨門)에서 이러한 벗을 얻어 노년에 서로 의지하고 도움을 받을 수 있게 된 것을 다행으로 여겼다오. 그리고 세상을 돌아보고는 스스로 졸렬하기가 짝이 없음을 잘 알았으므로 세상의 이른바 영예와 복록 일체는 다른 사람들에게 양보하고 산골짜기의 연하(煙霞) 속에서 지내는 것이 바로 오매불망 바라는 바였소. 그러나 중년 이전에는 몸이 자유롭지 못하여 성시(城市)에서 문을 닫아걸고 있으면서 책에다 마음을 붙였소. 그러다가 중광(重光)의 해[176]를 만나서 사람의 일이 급변하는 것이 극에 달하니, 선민(鮮民)[177]의 생에 경화(京華)에서 거주하는 것이 더욱더 즐겁지 않았소. 이에 자취가 정처 없어서 불암산(佛巖山)의 아래, 징악(徵嶽)의 기슭, 남호(南湖)의 물가 등지를 돌아다녔는데 그대 또한 나를 따라 이리저리 떠돌았으니, 그 담박하게 고초를 감내하는 것이 그저 일개 곤궁한 선비의 아내와 같았다오. 빈천을 싫어하고 부귀를 좋아하는 것이 인지상정이건마는, 그 안색을 살펴보건대 마치 자연스러운 듯 편안하게 여겨서, 풍족함과 부족함을 따져 외물(外物)에서 만족을 찾는 기색이 전혀 없었으니, 그대는 어질다고 할 만하오. 연옹(淵翁)이 망실(亡室)에 대하여 지은 제문(祭文)[178]에 "그대의 화순(和順)함이 아

176 중광(重光)의 해 : 중광은 고갑자(古甲子)로, 천간(天干) 중 '신(辛)'을 이른다. 곧 오희상(吳熙常)의 양부(養父) 오재소(吳載紹)가 별세한 해인 신미년(1811, 순조1)을 가리킨다.

177 선민(鮮民) : 부모를 여의고 의지할 곳 없는 사람을 이른다. 《시경(詩經)》 소아(小雅) 〈육아(蓼莪)〉에서 부모를 여읜 뒤에 의지할 곳 없는 처지를 탄식하며 "선민의 생이 죽음만 같지 못한 지 오래되었도다.〔鮮民之生, 不如死之久矣.〕"라고 하였는데, 여기에서 나온 것이다.

니었다면 나의 우활함을 어디에 내어놓았겠는가."라고 하였는데, 나도 그대에 대하여 또한 이렇게 말하고 싶소.

아아, 그대가 지금 영영 돌아가 버리니 나는 어느새 일흔 나이의 늙은 홀아비가 되었소. 앞으로 남은 세월이 얼마나 될는지 모르겠으나 집에 머물면서도 그저 나그네처럼 처량할 따름이고 공허할 따름이니 아마도 괴로움만 있고 즐거움은 없을 듯하오. 돌아보건대 나는 상사(喪事)를 실컷 겪어서, 형해(形骸)는 비록 남아 있으나 정신은 이미 빠져나갔으니 어찌 오래 버틸 수 있겠소. 오직 글을 엮고 말을 세워 그 숨겨진 덕을 드러낸다면 그래도 지우(知遇)에 대한 은혜를 저버리지 않을 수 있을 것이나, 또한 자신하지 못하는 점이 있소. 이에 마지막 영결하는 때에 틈을 내어 붓을 들어서 평소에 함께 지내며 잘 알게 된 점들을 대략 들어 글로 엮어서 영구(靈柩)의 앞에서 진술하니 그대는 이를 알겠소, 모르겠소? 모두 끝났으니 슬플 따름이오. 아아, 애통하오. 부디 흠향하시오.

178 연옹(淵翁)이……제문(祭文) : 연옹은 김창흡(金昌翕, 1653~1722)으로, 자는 자익(子益), 호는 삼연(三淵), 본관은 안동(安東)이다. 김창흡이 부인 경주 이씨(慶州李氏)에 대하여 지은 제문으로, 《삼연집(三淵集)》 권31에 〈제망실이씨문(祭亡室李氏文)〉이라는 제목으로 실려 있다.

망녀 민씨 부인[179]에 대한 제문
祭亡女閔氏婦文

유세차(維歲次) 계사년(1833, 순조33) 4월 신축삭(辛丑朔) 21일 신유일에 망녀 민씨(閔氏) 부인(婦人)의 영구(靈柩)가 서울 집에서 장차 발인하여 황려(黃驪 여주(驪州))의 무덤으로 향하게 되었다. 그 늙은 아비가 호상(湖上)에서 병들어 누워 있느라 이에 들어가 참여하지 못하기에 전(奠)을 갖추고 글을 지어서 손자 홍선(弘善)을 시켜 영연(靈筵)에서 읽어 다음과 같이 고하게 한다.

아아, 내가 완악하여 죽지 못하고 세상에 오래도록 남아 있어서 지난해 봄에는 너의 어미를 곡하고 올해 봄에는 또 너를 곡하게 되었다. 재앙이 잇따르는 것이 어찌 이리도 혹독하단 말이냐. 더구나 너의 죽음은 몹시 안타깝고도 또 몹시 애통하고 한스러운 바가 있으니, 이치에 순응하여 슬픈 정을 잊고자 하더라도 참으로 그리할 수가 없다.

아아, 너는 태어나면서부터 빼어난 자질이 있어서 인자하고 유순하며 올곧고 한결같아 가르치지 않고도 이룸이 있었으니 어려서부터 장성하기까지 한 번도 부모와 형제의 마음을 조금이라도 거스른 적이 없었다. 또 염담(恬淡)하여 욕심이 적으며 온화하여 포용력이 있어서

179 망녀(亡女) 민씨(閔氏) 부인 : 1798~1833. 오희상(吳熙常)의 첫째 딸로, 17세에 출가하여 민치록(閔致祿)의 아내가 되었다. 1833년(순조33) 3월 15일에 향년 36세를 일기로 졸하였다. 민치록은 한산 이씨(韓山李氏)를 두 번째 아내로 맞이하여 명성황후(明成皇后)를 낳았는데, 민치록이 여성부원군(驪城府院君)에 추봉됨에 따라 함께 해령부부인(海寧府夫人)에 추봉되었다. 《老洲集 卷16 亡女閔氏婦墓誌銘, 卷27 年譜》

해치고 탐하는 마음이 없었고 시비하는 말을 하지 않았다. 천한 계집종을 대할 적에도 비록 못된 짓을 하였더라도 나쁜 말로 욕하거나 꾸짖지 않았으며 어그러지고 복잡하여 매우 난처한 일이 있어도 순하게 대처하여 낯빛과 언사에 조금도 원망하거나 탓하는 기색을 보이지 않았다. 대체로 세속의 부녀(婦女)들은 거짓을 꾸미고 말만 잘하며 편협하고 도량이 좁은데, 그 비슷한 모습을 찾아보려고 해도 전혀 볼 수가 없었다. 이 때문에 귀천(貴賤)과 소장(少長)에 관계없이 이구동성으로 훌륭함을 칭찬하였다.

아름다운 행실로 말하면, 세간에 어찌 너와 같은 사람이 없겠느냐. 하지만 잡되지 않고 순수하여 포용할 만한 기국이 있는 것으로 말하면, 부녀들 중에 견줄 만한 이가 매우 드물었다. 나는 자식에 대하여, 비록 선한 점이 있더라도 구차하게 칭찬하는 것을 원치 않아서 그저 마음에만 감추어 두었으니, 사내로 태어나 집안의 명성을 잇지 못한 것이 애석하였다. 명문가에 시집가게 되어서는 너의 현숙함으로 보아, 작게는 그 몸을 영화롭게 할 수 있고 크게는 규문의 법도를 이룰 수 있을 것이라고 여겼다. 그런데 지금 마침내 이와 전혀 반대가 되어서 명(命)이 그 몸에 걸맞지 못하여 살아서는 규방에서 가리어져 있어 드러낸 바가 없었고 죽어서는 그 법도를 전할 자식 하나도 남기지 못하였다. 이에 비로 쓴 듯, 불에 탄 듯이 거품이나 환영처럼 스러지고 말았으니 어찌 몹시 안타깝지 않겠느냐.

아아, 너는 부모에 대해 특히 깊은 사랑이 있어서 차마 잠시도 슬하를 떠나지 못하였다. 그러다가 갑술년(1814, 순조14) 혼인한 이후로 비로소 다소 떨어져 살게 되었는데, 무인년(1818)에 이르러 내가 은명(恩命)을 피해 영영 도성을 떠나 기내 교외의 사이에 자취를 감추면서 이로 인해 완전히 떨어져 살게 되었다. 그러자 항상 애틋한 그리움을 품고 때때로 근친하러 왔으나 시부모가 계시는 집을 오래도록 떠나 있을 수 없어서 열흘 남짓 머물지는 못하였다. 매번 이별할 때면 마음이 허전하여 하직하고 문을 나설 때마다 번번이 눈가에 눈물을 보이니 네 어미가 더욱 그리워하며 잊지 못하였다. 그러다가 네 어미가 세상을 떠나게 되면서 너는 영영 실시(失恃)[180]의 사람이 되었다. 이에 마치 돌아갈 곳이 없는 궁한 사람처럼 큰 슬픔에 젖어 곡읍하는 애통함이 사람들을 감동시킬 정도로 애달팠으니, 너는 진실로 살아 있는 것을 괴로워하였다. 그러더니 지난 정월 기망에 대상(大祥)을 맞아 찾아와 만났는데 그 모습이 예전과 다르고 정신이 초췌하였다. 내가 내심 매우 놀라 걱정이 되었으나 바삐 떠난다고 하기에 붙잡아 머물게 하면서 자세히 살피며 돌보지 못하였다. 지난달 상순 담제(禫祭)에 참여하러 왔을 적에 보니 모든 것이 예전에 비해 더욱 파리해졌으므로 비로소 병의 뿌리가 깊이 자리잡은 것이라 의심되어 의원을 데려와 진맥하게 하려고 하였는데 머문 지 겨우 수일 만에 떠나고 말았다. 그렇게 떠나고 또 수일 뒤에 병이 들었다는 소식이 당도한 것이다. 이에 의원을 보내 진찰하게 하니, 병이 위가 망가져 치료하기가 어려우므로 급히 보제(補劑)를 써야 한다고 하였다. 결국 몇 첩의 약제를 연달아 써봤으나 아무런 효과도 보지 못하였다. 아무리 치료하기가 어렵다고 하였지

180 실시(失恃) : 어머니를 여읜 것을 이른다. 《시경(詩經)》 소아(小雅) 〈육아(蓼莪)〉에 "아버지가 없으면 누구를 믿으며, 어머니가 없으면 누구를 믿을까.〔無父何怙? 無母何恃?〕"라는 구절에서 유래하여, 아버지를 여읜 것을 '실호(失怙)', 어머니를 여읜 것을 '실시'라고 하게 되었다.

만 젊은 사람의 병이 어찌 이처럼 위독하리라 생각이나 했겠느냐. 이튿날 아침에 너의 오라비를 시켜 살펴보고 약을 달여 주게 하려고 하였는데 너는 갑자기 그날 밤에 죽고 말았다. 성문이 닫혀서 인편을 통한 소식을 전할 수 없어 먼 교외의 땅에서는 듣지도 못하고 알지도 못하였으니 끝내 한 사람의 친속도 그 곁에 없었다. 원덕(元德)[181]은 또 고을의 일로 멀리 관차(官次)에 있었으므로 오직 복비(福婢) 하나가 숨이 다하는 것을 지켜보고 시신을 거두었을 뿐이다. 그러니 유언으로 남길 말이 가슴 속에 가득하였던들 누구에게 말할 수 있었겠느냐. 터놓지 못한 채 가슴에 삼키고 답답한 가운데 목숨을 다하였으니, 이것이 어찌 그저 산 사람만의 고통이겠는가. 너 또한 무궁한 한을 품게 된 것이다. 현숙함에 대한 보답이 이처럼 어그러지게 되었으니, 어찌 몹시 애통하고 한스럽지 않겠느냐.

아아, 너는 일찍이 1녀를 낳았으나 바로 일찍 죽었고 그 후로 다시는 아이를 낳지 못하였다. 너는 이 때문에 남모를 비통이 있어서 일찍이 나에게 말하기를,

"만약 끝내 아이를 낳을 수 없음을 알게 된다면 차라리 일찍 죽어서 시댁에 후사를 이을 길을 열어주는 것이 나을 것입니다."

라고 하였다. 그 말이 몹시 애절하였는데 네가 지금 죽고 말았다. 너는 과연 너의 소원대로 된 것을 다행으로 여겨 죽음을 슬퍼하지 않느냐?

181 원덕(元德) : 민치록(閔致祿, 1799~1858)으로, 자는 원덕, 호는 서하(棲霞), 본관은 여흥(驪興)이나. 인현왕후(仁顯王后)의 부친인 민유중(閔維重)의 5대손으로, 제문의 주인공과 혼인하여 오희상(吳熙常)의 사위가 되었다. 당시에 과천 현감(果川縣監)으로 있었다.

나는 조만간 죽게 될 사람인데, 효성스러운 네가 어찌하여 그 잠깐을 죽지 않고 기다리지 못하고[182] 도리어 나에게 슬픔을 안긴단 말이냐. 요컨대 장수함과 단명함은 본디 명운에 달린 것이니 네가 비록 조금 기다리고자 하였어도 할 수 없었던 것이냐? 그러나 천명과 인사는 또한 때때로 정승(貞勝)[183]이 있고 보면, 너의 죽음에 대하여 나는 실로 그 가운데 의심이 쌓이니 또 어찌 전부 명운으로 돌릴 수 있겠느냐. 원통하고 원통하며, 가혹하고 가혹하다.

돌아보건대 나의 기구한 운수로 수차례 큰 상사(喪事)를 겪고도 모질게 견디고 구차히 살아남았으니, 만약 지독(舐犢)[184]의 정으로 지나치게 슬퍼하며 절제할 줄을 모른다면 장차 인효(仁孝)의 군자에게 기롱을 받을 것이다. 그러므로 너를 곡하게 된 후로 달관하여 마음을 달래보고자 애썼으나 오직 앞서 말한 안타깝고 애통하고 한스럽다는

182 어찌하여……못하고 : 해당 원문은 "何不少須更無死"인데, 일반적인 용례에 근거할 때 "更"은 "臾"의 오류로 보이므로 바로잡아 번역하였다.

183 정승(貞勝) : 서로가 항상 이기는 관계에 있다는 뜻으로, 《주역(周易)》 〈계사전 하(繫辭傳下)〉에 "길(吉)과 흉(凶)은 항상 이기는 것이다.〔吉凶者, 貞勝者也.〕"라고 하였는데, 이에 대해 주희(朱熹)의 《본의(本義)》에서 "정(貞)은 바름이요 떳떳함이니, 물건은 바름을 떳떳함으로 삼는다. 천하의 일이 길(吉)이 아니면 흉(凶)이요 흉(凶)이 아니면 길(吉)이어서 항상 서로 이기고 그치지 않는다.〔貞, 正也常也, 物以其所正爲常者也. 天下之事, 非吉則凶, 非凶則吉, 常相勝而不已也.〕"라고 해석하였다.

184 지독(舐犢) : 송아지를 핥아 준다는 뜻으로, 어버이가 자식을 몹시 사랑하는 것을 뜻한다. 양표(楊彪)의 아들 양수(楊修)가 조조(曹操)에게 죽음을 당하였는데, 조조가 양표에게 야윈 이유를 묻자, 양표가 "늙은 소가 송아지를 핥아 주는 사랑을 아직도 품고 있어서 그렇다.〔猶懷老牛舐犢之愛〕"라고 대답한 고사에서 유래하였다. 《後漢書 卷54 楊震列傳 楊彪》

생각이 돌아가며 촉발하여 훌훌 떨쳐버릴 수가 없으니 학문한 힘이 두텁지 못하고 쇠한 마음이 나약한 것을 홀로 슬퍼한다. 비통하고 비통하다.

지금 네가 영영 흙속으로 돌아가는데, 내가 늙고 병들어 그 광중으로 들어가는 것을 가서 볼 수가 없다. 그런데 또 영결하는 한 마디 말조차 생략한다면 내 마음이 차마 견디지 못할 뿐만 아니라 너의 영령 또한 응당 어둑한 구천 속에서 머뭇거리며 서운하게 여길 것이다. 이에 병을 무릅쓰고 글을 지어보지만 정신이 혼매하여 말이 여기에 그칠 뿐이다. 혼령이 있다면 그래도 나의 슬픈 마음을 알 수 있을 것이다. 아아, 슬프다. 아아, 비통하다. 부디 흠향하여라.

고총에 제사하는 글

饋古塚文

나의 백씨(伯氏)[185]를 장사한 무덤의 위아래로 수십 보 사이에 서너 개의 고총(古塚)이 있는데 봉분이 무너져 주저앉고 수풀이 우거져 뒤덮여서 알아볼 수가 없었습니다. 소양(昭陽)의 해[186]에 백씨를 이곳에 장사하면서, 터를 닦는 날에야 역부(役夫)가 비로소 이곳이 무덤임을 겨우 알아보았습니다. 아, 이 산의 안팎 등성이 주변이 우리 집안의 소유가 된 것은 지금 백여 년이 되었습니다. 이 무덤이 누구의 무덤인지는 알지 못하지만 요컨대 연대가 매우 오래되었으니 우리 집안보다 먼저 이곳에 묘를 쓴 자일 것입니다. 제가 매번 등성이를 따라 두루 살펴볼 때면 처량하고 쓸쓸해져 이 때문에 서글픈 감회가 일어나지 않은 적이 없었습니다. 이는 바로 인심이 본래 그러한 것이니 억지로 꾸미는 바가 아닙니다. 만약 이 마음을 가지고 미루어본다면 깊은 인(仁)과 지극한 덕(德)을 지닌 백씨에 대하여 측은하게 여기는 것이 어찌 제 마음의 몇 갑절 이상이 되지 않겠습니까. 시절에 따라 향사할

185 백씨(伯氏) : 오윤상(吳允常, 1746~1783)으로, 자는 사집(士執), 호는 영재(寗齋), 본관은 해주(海州)이다. 순암(醇菴) 오재순(吳載純)의 첫째 아들이며, 미호(渼湖) 김원행(金元行)의 문하에서 수학하였다. 학문에 뛰어나 두 아우인 오희상(吳熙常)과 오연상(吳淵常)을 가르치기도 하였다. 1783년(정조7) 10월 3일에 37세로 요절하였으며, 저서로는 《영재유고(寗齋遺稿)》가 있다.

186 소양(昭陽)의 해 : 소양은 고갑자(古甲子)로, 천간(天干) 중 '계(癸)'를 이른다. 오윤상(吳允常)이 별세한 해인 계묘년(1783, 정조7)을 가리킨다.

때면 응당 그 굶주리는 것을 불쌍하게 여겨 음식을 권하여 나누어 주어서 먹이려고 할 것입니다. 그러나 산 사람이 이를 행하지 않는다면 아마도 장차 민멸되고 말 것입니다. 제가 이 때문에 두려운 마음이 들어서 올해 중원(中元)[187]부터 밥과 국, 술과 과일 한 상을 차려 여러 무덤에 올리고, 해마다 이를 계속하려고 합니다.

아아, 만약 사람이 집터를 정하여 이웃을 맺게 되면 마을의 사람들이 모두 싫어함 없이 반갑게 맞이합니다. 사랑하여 아프지 않기를 바라고 공경하여 혹시라도 소홀히 대할까 경계하면서 보호하고 지키며 반드시 오래도록 이곳에서 지내기를 소원하니, 이는 산 사람의 상정(常情)입니다. 이곳 몇 개의 무덤이 백씨의 묘와 이처럼 가까이 이웃하고 있는데, 제가 듣기로는 신(神)과 사람은 이치가 똑같다고 하니 어찌 차이가 있겠습니까. 신(神)이 좌우에서 보우하여 재앙을 내리지 않고 우리 후인(後人)이 때에 따라 음식을 올리기를 영세토록 변함없이 한다면, 어찌 우리 집안의 길상(吉祥)이 아니겠으며 또한 신(神)이 복을 내리지 않겠습니까. 제가 올리는 제수(祭需)는 비록 보잘것없으나 저의 말은 정성을 다하였으니 신(神)은 부디 휘파람 불며 와서 흠향하여 저의 정성을 저버리지 마소서.

187 중원(中元) : 음력 7월 15일로, 백중(百中)이라고도 한다.

고문告文

《순암집》[188]을 완성한 뒤에 가묘에 고하는 글
醇庵集成後告家廟文

유세차(維歲次) 무진년(1808, 순조8) 6월 을미삭(乙未朔) 15일 기유일에 효손(孝孫) 치성(致成)[189]이 현조고(顯祖考) 보국숭록대부(輔國崇祿大夫) 행 판중추부사 겸 이조판서 판의금부사 지경연사 홍문관 대제학 예문관 대제학 지성균관·춘추관사 세자좌부빈객 규장각검교제학 오위도총부도총관 증시(贈諡) 문정공(文靖公) 부군(府君)과 현조비(顯祖妣) 정경부인(貞敬夫人) 연안 이씨(延安李氏)께 감히 밝게 고합니다.

삼가 생각건대 부군께서는 광채를 숨기고 명성을 감추시어 남이 알

188 순암집(醇庵集) : 오희상(吳熙常)의 본생부인 순암 오재순(吳載純)의 문집이다. 오희상이 지은 발문(跋文)이 《노주집(老洲集)》 권15에 〈순암집발(醇庵集跋)〉이라는 제목으로 실려 있다.

189 치성(致成) : 오희상(吳熙常)의 첫째아들 오치성(吳致成, 1785~1844)으로, 자는 서오(瑞五), 호는 아관(我觀), 본관은 해주(海州)이다. 오희상은 본생부인 오재순(吳載純)이 별세하자 오치성을 죽은 백씨(伯氏) 오윤상(吳允常)의 후사로 세워서 승중(承重)하게 하였다.

아주기를 구하지 않으셨으니 문집을 간행하는 것이 평소의 뜻에 흡족한 바가 아님을 잘 알고 있습니다. 그러나 《예기(禮記)》〈제통(祭統)〉에 이르기를, "선조에게 아무런 미덕이 없는데 칭송한다면 이는 속이는 것이고, 선행이 있는데도 알지 못한다면 이는 밝지 못한 것이고, 이를 알면서도 후세에 전하지 않는다면 이는 어질지 못한 것이다."라고 하였습니다. 부군께서는 순일한 덕과 깊은 학문을 지니시고도 당시에 인정을 받지 못하였고 또 저술하여 후세에 밝게 드러낸 바가 없으셨으니, 오직 남기신 해타(咳唾) 중에 보이는 서언(緖言)에서 그나마 덕(德)을 살펴보아 그 한두 가지나마 확인할 수 있습니다. 지금 소자가 그저 겸덕(謙德)만을 체행할 줄 알아서 사사로이 상자에 보관한 채로 꼭꼭 싸매두고 드러내지 않는다면 어찌 심히 어질지 못한 것이 아니겠습니까. 삼가 원집(原集)에서 열 중에 넷만을 취하여 차라리 적을지언정 많지 않게 하였고 차라리 생략할지언정 과장하지 않았습니다. 부(賦), 시(詩), 문(文) 각각 약간 수(首)에 잡지(雜識) 1편을 덧붙이니 총 10권이 됩니다. 활자(活字)로 간인하여 공역(工役)을 마쳤기에 공경히 사유(事由)를 고하오니 서글픈 감회를 이기지 못하겠습니다. 경건히 고하고 삼가 고합니다.

가묘에 고하는 글

告家廟文

희상(熙常)이 이달 10일에 외람되이 유현(儒賢)의 선발에 들어서 경연관(經筵官)과 서연관(書筵官)에 제수되는 은혜를 입었습니다.[190] 삼가 생각하건대, 불초(不肖)가 장수(藏修)[191]하는 실제가 없으나 중간에 녹사(祿仕)하였던 것은 그 뜻이 반포(反哺)[192]에 있었던 것이었습니다. 그러나 바람이 나무에 그치지 않고 어버이가 기다려 주지 않아서[193] 지극한 애통이 갑작스레 휘감으니, 선민(鮮民)의 생에 있어 당세

190 이달……입었습니다 : 오희상(吳熙常)은 1818년(순조18) 10월 10일에 경행(經行)으로 의정부와 이조에 의해 초선되어 다음 날 있었던 정사에서 이우신(李友信)과 함께 경연관(經筵官)과 서연관(書筵官)에 임명되었다.《承政院日記 純祖18年 10月 10日, 11日》《日省錄 純祖18年 10月 10日, 11日》《純祖實錄 18年 10月 10日》《老洲集 卷27 年譜》

191 장수(藏修) : 늘 학문에 뜻을 두고 게을리 하지 않는 것을 이른다.《예기(禮記)》〈학기(學記)〉에 "군자는 학문에 있어서 장(藏)하고 수(修)하고 식(息)하고 유(遊)한다.〔君子之於學也, 藏焉, 修焉, 息焉, 遊焉.〕"라고 하였는데, 이에 대한 공영달(孔穎達)의 소(疏)에 "장(藏)이란 언제나 마음에 학업을 생각하고 있음을 말한 것이고, 수(修)란 학습을 폐하지 않음을 말한 것이고, 식(息)이란 일을 하다 피곤하여 쉴 때에도 마음이 학습에 있음을 말한 것이고, 유(遊)란 일이 없이 한가하게 노닐 때에도 마음이 학문에 있음을 말한 것이다."라고 하였다.

192 반포(反哺) : 까마귀 새끼가 장성하면 먹이를 물어다가 제 어미에게 먹여 준다는 데서 온 말로, 자식이 장성한 뒤에 어버이를 봉양하여 은혜에 보답하는 것을 뜻한다.

193 바람이……않아서 : 어버이가 세상을 떠나서 자식이 봉양하고 싶어도 다시는 봉양할 수 없게 됨을 말한 것이다. 춘추(春秋) 시대 때 공자(孔子)가 길을 가는데 고어(皐

에 대한 뜻이 사라져 문을 닫아걸고 칩거하였습니다. 이미 머리털이 하얗게 센 지금에 오직 선인(先人)의 시서(詩書)를 대략이나마 지키면서 어리고 몽매한 후학들을 가르쳐 유업이 사라지지 않게 하기를 바랐습니다. 그러나 뜻하지 않게 허황된 명성이 임금의 귀에까지 알려져서 과분한 은혜가 갑작스럽게 내리니, 황공하여 놀라고 두렵기가 마치 깊은 골짜기 속으로 떨어진 듯하였습니다. 분수와 의리를 헤아려 보건대 일어나 소명(召命)에 응할 수가 없는 이상 도성 안에 머물러 있어서는 안 되기에 장차 전야(田野)에 자취를 감추어 여생을 보내려고 합니다. 지금 막 떠나려고 함에 목이 메는 슬픔을 이기지 못하여 감히 고합니다.

魚)라는 사람이 길에서 슬피 울고 있기에 까닭을 물었더니, "나무는 고요하고자 하여도 바람이 그치지 않고 자식이 봉양하고 싶어도 어버이는 기다려 주지 않는다.〔樹欲靜而風不止, 子欲養而親不待.〕"라고 답한 고사에서 온 말이다.《韓詩外傳 卷9》

백씨[194]의 묘에 고하는 글
告伯氏墓文

선생이 소자를 버리고 세상을 떠나신 지가 36년이 되었습니다. 인간 세상의 비환(悲歡)이 변화하는 것이 상전벽해(桑田碧海)보다도 심하여 소자의 머리털이 이미 하얗게 세고 듬성해졌습니다. 아아, 선생은 소자에게 있어서 은정(恩情)으로는 비록 동기(同氣)이나 의리로는 실로 사부(師父)가 되시니 그 은덕을 갚고자 하면 하늘처럼 커서 다함이 없습니다. 예전에 평소 하셨던 말씀을 기억해보건대, 명성이 실제보다 지나친 것을 매우 부끄러운 것으로 여기셨습니다. 비바람이 부는 저녁에 더 자세한 가르침을 청하자 명(名)과 실(實)을 분석하여 가르쳐 주시기를 더할 나위 없이 정성스럽고 친절하게 해주셨습니다. 그러나 소자가 무상(無狀)하여 이 뜻을 깊이 체행하지 못해서 자신이 가진 것 중에 일컬어질 만한 실제가 없는데, 허황된 명성이 이미 바깥에서 치달려 구중(九重)에까지 잘못 전해져서 외람되게도 정초(旌招)의 명(命)을 받게 되었습니다.[195] 속이고 기망하여 이름을 훔친 것이 죄가

194 백씨(伯氏) : 오윤상(吳允常, 1746~1783)으로, 자는 사집(士執), 호는 영재(寧齋), 본관은 해주(海州)이다. 순암(醇菴) 오재순(吳載純)의 첫째 아들이며, 미호(渼湖) 김원행(金元行)의 문하에서 수학하였다. 학문에 뛰어나 두 아우인 오희상(吳熙常)과 오연상(吳淵常)을 가르치기도 하였다. 1783년(정조7) 10월 3일에 37세로 요절하였으며, 저서로는 《영재유고(寧齋遺稿)》가 있다.

195 정초(旌招)의……되었습니다 : 오희상(吳熙常)이 1818년(순조18) 10월에 경행(經行)으로 의정부와 이조에 의해 초선되어 경연관(經筵官)과 서연관(書筵官)에 임명

아님이 없는데, 선생의 뜻을 저버린 것이 더욱더 큰 죄가 됩니다. 한밤중에 일어나 가슴을 치며 슬퍼하고 부끄러워하지만 어찌 되돌릴 수 있겠습니까.

근래에 병사(丙舍)에 찾아와 머무르며 아침저녁으로 우러르고 의지하니, 텅 빈 산에 바람이 불어 풍경 소리가 울리면 마치 모습과 목소리를 직접 마주할 것만 같습니다. 그러나 끝내 아득하여 볼 수도 없고 들을 수도 없으니, 이에 혈혈단신의 외로운 그림자로 적막한 신세임을 더욱 깨달아서 도리어 구원(九原)에서 지각이 없이 지내는 것이 부러워집니다. 또 삼가 살펴보건대, 근래에 민이(民彝)와 물칙(物則)이 혼란하고 더럽혀져 국세(國勢)가 날로 위태롭고 어지러워지고 있으니 실로 때를 잘못 만났다는 탄식을 하게 됩니다. 매번 주 부자(朱夫子 주희(朱熹))의 "몸은 집에 비하면 소소하고 집은 나라에 비하면 소소하다."라는 말씀을 욀 때마다 여러 번 반복하며 격앙하게 됩니다. 다만 소자는 혼매하고 나약하니 어찌 무궁한 사변(事變)에 있어서 기미를 환히 살펴 용기 있게 결단하여 그 옳은 의리를 잃지 않을 수 있겠습니까. 오직 선생의 영령께서 저승에서도 묵묵히 인도하고 음덕을 드리워 주시기를 바랄 뿐입니다. 작은 정성을 이에 바치니 선생께서는 살펴주소서.

된 것을 두고 말한 것이다.《老洲集 卷27 年譜》

가묘에 고하는 글

告家廟文

유세차(維歲次) 갑신년(1824, 순조24) 10월 경신삭(庚申朔) 21일 경진일에 효자(孝子) 희상(熙常)이 현고(顯考) 숭정대부(崇政大夫) 행 예조판서 겸 판의금부사 지경연사 동지성균관·춘추관사 오위도총부 도총관 부군(府君)과 현비(顯妣) 증 정경부인(貞敬夫人) 한산 이씨(韓山李氏)께 감히 밝게 고합니다. 한 가지 선행으로 요약하는 일[196]은 실로 상전(常典)이 되지만 지금까지 지체하였던 것은 평소의 겸손하셨던 덕을 받들어 행하였기 때문이었고 또 훗날을 기다리지 않을 수가 없기 때문이었습니다. 다만 불초가 엄자산(崦嵫山)으로 해가 기울려고 하여[197] 더 이상 지체할 수가 없기에 이달 14일에 태상(太常 봉상시)에 시호를 청하였습니다. 이에 홍문관에서 '순일한 행실이 어긋남이 없다〔純行不爽〕'와 '충을 향하고 덕을 바치다〔嚮忠納德〕'의 두 가지 시법(諡法)을 취하여 부군의 시호를 논의하여 '정헌공(定獻公)'으로 정

196 한 가지……일 : 시호를 내리는 것을 이른다. 《예기(禮記)》 〈표기(表記)〉에 "선왕이 시호로써 이름을 높이시되 한 가지 선행만 요약하여 말한 것은, 이름이 행실보다 더함을 부끄러워해서이다.〔先王諡以尊名, 節以壹惠, 恥名之浮於行也.〕"라고 하였는데, 이는 훌륭한 선행이 많아서 낱낱이 다 거론하기가 어려우므로 대표적인 선행을 절취하여 시호로 내린다는 뜻이다.

197 엄자산(崦嵫山)으로……하여 : 노년이 되었음을 비유하여 말한 것이다. 엄자산은 옛날에 해가 들어가는 곳으로 생각했던 산의 이름으로, 만년 또는 노년의 비유로 쓰인다.

하였습니다. 지금 중광(重光)의 해[198]로부터 일기(一紀 12년)를 꽉 채운 세월이 흘러서 목소리와 모습이 더욱 멀어졌으니 그리워하여도 닿을 수가 없습니다. 교서를 공경히 받드노니 더욱 애통한 마음이 더합니다. 삼가 술과 과일을 갖추어 경건히 고하고 삼가 고합니다.

198 중광(重光)의 해 : 중광은 고갑자(古甲子)로, 천간(天干) 중 신(辛)을 이른다. 곧 오희상(吳熙常)의 양부 오재소(吳載紹)가 별세한 해인 신미년(1811, 순조11)을 가리킨다.

축문祝文

신계사에서 삼연[199] 선생에게 올리는 춘추 향사 축문
新溪祠三淵先生春秋享祝文

봉황은 천 길의 높은 곳으로 날아가 버리고	鳳擧千仞
용은 구중(九重)의 깊은 못 속으로 숨어버렸습니다	龍藏九淵
고명하고 쇄락함은	高明灑落
백대의 참된 전수입니다	百世眞傳
제사를 매우 정갈하게 올려	祀事孔明
제기를 가지런히 진설합니다	有踐豆籩

199 삼연(三淵) : 김창흡(金昌翕, 1653~1722)으로, 자는 자익(子益), 호는 삼연, 본관은 안동(安東)이며, 시호는 문강(文康)이다.

반계서원[200]에서 여호 박 문경공[201]에게 올리는 춘추 향사 축문

潘溪書院黎湖朴文敬公春秋享祝文

순수한 자질로	純粹之姿
박문약례(博文約禮)의 공부를 하셨습니다	博約之功
의리를 정밀히 연구하여 쓰임을 지극히 하셨으니	精義致用
참으로 유종이 되십니다	展矣儒宗
한 곳의 당에서 제사를 올림에	一堂秩祀
네 분의 현인이 함께하십니다	四賢攸同

200 반계서원(潘溪書院) : 전남 나주에 위치한 서원으로, 1695년(숙종21) 지방유림의 공의로 고려 후기 문신 박상충(朴尙衷)의 학문과 덕행을 추모하기 위해 창건하여 위패를 모셨다. 1697년 '반게(潘溪)'라고 사액되었으며 그 뒤 박소(朴紹)・박세채(朴世采)가 배향되었고, 또 박필주(朴弼周)가 추가 배향되었다.

201 여호(黎湖) 박 문경공(朴文敬公) : 박필주(朴弼周, 1665~1748)로, 자는 상보(尙甫), 호는 여호, 본관은 반남(潘南)이며, 시호는 문경이다.

애사哀辭

외종자 남 유인[202]에 대한 애사 병서

外從姊南孺人哀辭 竝序

유인(孺人)은 평창 군수(平昌郡守) 의령(宜寧) 남공(南公) 휘 공필(公弼)의 딸로, 18세에 청풍 김씨(淸風金氏) 집안으로 시집와서 성균관 진사 기정(基鼎)의 아내가 되었다. 시집온 지 15년 만에 병으로 세상을 떠나니 향년이 겨우 32세였다.

유인은 성품이 효(孝)에 돈독하여 어려서부터 이미 부모를 사랑하고 공경할 줄을 알아서 장난치고 놀 때에도 부모의 곁을 떠나지 않았고 가르치는 바가 있으면 일찍이 조금도 어긴 적이 없었다. 어버이가 병이 들면 어른을 따라 진지를 올리는 일을 살펴서 수저를 얼마만큼 뜨시는가에 따라 기뻐하거나 근심하였다. 어머니 오 숙인(吳淑人)이 규범(閨範)을 잘 닦아서 자녀를 가르침에 법도가 있었는데, 유인은 바탕이 진실하고 훌륭한 데에다 그 가르침을 잘 받들어 따른 덕에 계례(笄禮)

202 외종자(外從姊) 남 유인(南孺人) : '외종자'는 고모의 딸로서 손위 누이인 사람을 이른다. 부친은 남공필(南公弼)이며, 모친은 해주 오씨(海州吳氏)로, 곧 오희상(吳熙常)의 조부 오원(吳瑗)과 오원의 첫 번째 아내 안동 권씨(安東權氏)의 소생이다.

를 올릴 나이가 되기도 전에 부도(婦道)를 이미 갖추었다. 시집온 뒤에는 집안에서 익힌 행실을 똑같이 미루어 행하되 특히 시부모를 공경히 섬기기를 힘썼고 남편을 받들 적에는 오직 예(禮)에 따르고 겉치장을 하지 않았다. 비단옷과 진주를 가지고 찾아오는 사람이 있으면 마치 못 본 듯이 하였으니 이 때문에 김씨 집안의 사람들이 이구동성으로 그 훌륭함을 칭송하였다.

유인은 수려하고 청초하며 단정하고 공손하였으며, 담박하여 욕심이 적었다. 어렸을 때에 어른이 돈을 주어 패물을 장만하게 하였는데 이를 사양하며 말하기를,

"소녀가 이를 받는다면 이는 어려서부터 재물을 좋아하는 것이니 감히 사양하겠습니다."

라고 하였으니, 외물에 있어서 담박하기가 이와 같았다. 그리고 도리어 서사(書史)를 좋아하여, 어머니 숙인에게서 《소학(小學)》과 《여계(女誡)》를 배울 적에 한 번 보면 곧장 그 대의(大義)를 깨우쳤다. 일찍이 말하기를,

"사람의 성품은 본래 선(善)하니 이를 거스르면 금수가 되는 것이고 이를 따르면 사람이 되는 것이다. 어찌 여자라고 하여 스스로 수양하지 않을 수 있겠는가."

라고 하였다. 그리고 옛날 현철한 여인들의 아름다운 행실과 훌륭한 말씀을 뽑아 베껴서 항상 스스로 살피고 돌아보며 그와 같아질 것을 생각하였는데, 또한 속으로만 간직하고 다른 사람이 알지 못하게 하였다.

남편의 상(喪)을 당한 뒤에 유인은 애통해 하여 살고자 하는 의욕이 없어졌으나 시부모와 어머니가 생존해 계셨으므로 오히려 억지로 먹고

마시며 슬픔을 억누르고 살아갔다. 그러다가 1년 만에 병이 갑자기 위독해지니 손수 어머니 숙인에게 편지를 썼다. 임종할 적에 얼굴을 보고 영결하지 못하게 된 것을 크게 슬퍼하여 어머니를 연달아 부르기를 그치지 않으니, 이를 듣는 이들이 그 돈독한 효성을 더욱 훌륭하게 여기며 슬퍼하였다.

아아, 내훈(內訓)이 폐해진 지가 오래되었으니, 여인 중에 문장에 뛰어난 자는 혹 질박한 경우는 드물기도 하고 부모에게 사랑을 받은 자는 혹 시부모에게 박한 평을 듣기도 한다. 누가 유인처럼 식견이 영민하고 지혜로우며 행실이 진실하고 겸손하여 본가에 있을 적에는 효성스럽다는 칭송을 듣고 시집온 뒤에는 훌륭하다는 명성을 드러내었겠는가. 안타깝게도 이처럼 부덕을 잘 갖추었으나 끝내 수명에 있어서는 인색하였으니 이것이 무슨 천도(天道)란 말인가.

유인의 어머니는 바로 나의 고모이니, 이 때문에 평소에 내가 유인의 훌륭함에 탄복하였었다. 유인이 세상을 떠난 뒤에 유인의 언니가 나의 백씨(伯氏)[203]에게 애사를 지어줄 것을 청하였는데, 백씨가 이미 허락하고는 별세하자 다시 나에게 부탁하였다. 서글프다. 내가 어찌 차마 사양하겠는가.

글은 다음과 같다.

203 백씨(伯氏) : 오윤상(吳允常, 1746~1783)으로, 자는 사집(士執), 호는 영재(寧齋), 본관은 해주(海州)이다. 순암(醇菴) 오재순(吳載純)의 첫째 아들이며, 미호(渼湖) 김원행(金元行)의 문하에서 수학하였다. 학문에 뛰어나 두 아우인 오희상(吳熙常)과 오연상(吳淵常)을 가르치기도 하였다. 1783년(정조7) 10월 3일에 37세로 요절하였으며, 저서로는 《영재유고(寧齋遺稿)》가 있다.

아아, 유인이여	嗟哉孺人兮
규방에서 훌륭하게 길러졌네	毓美閨房
명철하며 유순하니	明秀婉嫕兮
타고난 자질이 매우 아름다웠네	天質孔臧
가을 물결처럼 평온하고	秋水澹澹兮
봄날 난초처럼 향기로웠네	春蘭芬芳
본가에 있을 적에는 효성과 우애가 있어서	在家孝友兮
지행이 일찍부터 드러났고	至行夙彰
시집온 뒤에는 순종함을 지키고	適人秉順兮
단정함을 겸비하였네	濟以端莊
식견은 도서에 통달하여	識通圖書兮
겉치장하는 것을 하찮게 여겼네	薄彼粉粧
온갖 덕이 모두 뛰어나니	衆德畢宜兮
훌륭하다는 칭송이 자자하였네	令譽是長
아아, 유인이여	嗟哉孺人兮
길상(吉祥)에 응할 만하였는데	哿膺吉祥
쌍검이 구천에 묻히니[204]	雙劍埋泉兮
도리어 재앙을 만났도다	反離于殃

204 쌍검(雙劍)이 구천에 묻히니 : 부부가 모두 죽어서 땅에 묻힘을 말한 것이다. 쌍검은 옛날 오(吳)나라의 간장(干將)과 막야(莫邪) 부부가 만든 명검인 용천검(龍泉劍)과 태아검(太阿劍)으로, 예장(豫章) 풍성현(豐城縣)의 옛 옥사(獄舍) 터에 묻혀 있었는데, 진(晉)나라 때 장화(張華)가 북두(北斗)와 견우(牽牛) 사이에 자기(紫氣)가 쏘아비추는 것을 보고는 풍성현으로 뇌환(雷煥)을 부임하게 하여 두 보검을 찾아내었던 고사가 있다. 《晉書 卷36 張華列傳》

어찌하여 보답이 어그러진 것인가　　胡舛報施兮
저 푸른 하늘에 물을 수 없네　　莫詰蒼蒼
내 말이 과장된 것이 아니니　　我言匪夸兮
숨은 광채를 밝게 드러낼 수 있으리라　　庶昭幽光

신중심에 대한 애사 병서

辛仲深哀辭 竝序

예전에 내가 징악산(徵嶽山) 아래에서 은거할 적에[205] 식솔들을 데리고 오지 않고 오직 서너 명의 학생들과 함께 아침저녁으로 강학하며 즐거움으로 삼았다. 이때 종자(從子) 치유(致愈)[206]와 신군 중심(辛君仲深)이 실로 함께하였다. 치유는 걸출하여 표일한 기상이 있었고 중심은 큰 키에 체격이 건장하며 관후(寬厚)하여 포용력이 있었으니, 모두 빼어난 후학들이라고 할 만하였다. 나는 이들을 돌아보고 기뻐하지 않은 적이 없었고 두 사람도 기질과 취향이 비슷하여 서로 좋아하였다. 몇 년 뒤에 나는 노호(露湖)의 남쪽으로 거처를 옮겼는데[207] 치유

205 예전에……적에 : 오희상(吳熙常)이 1818년(순조18) 겨울에 경행(經行)으로 천거되어 경연관(經筵官)과 서연관(書筵官)에 부직(付職)되고 뒤이어 사헌부 지평에 제수되자 이를 피하여 증조 오태주(吳泰周)의 병사(丙舍)가 있던 광주(廣州) 징악산(徵岳山)으로 물러나 거처하였던 것을 두고 말한 것이다. 《老洲集 卷27 老洲吳先生行狀》

206 치유(致愈) : 오치유(吳致愈, 1798~1820)로, 자는 경서(景黎), 본관은 해주(海州)이다. 오희상(吳熙常)의 아우인 오연상(吳淵常)의 차남으로, 1816년(순조16) 19세의 나이로 진사시에 합격하였으며, 부친의 병구완을 하던 중에 병에 걸려 1820년 9월 6일에 23세의 나이로 요절하였다. 오희상이 지은 묘표가 《노주집(老洲集)》 권18에 〈종자치유묘표(從子致愈墓表)〉라는 제목으로 실려 있다.

207 노호(露湖)의……옮겼는데 : '노호(露湖)'는 현재 노량진(鷺梁津) 부근으로, '노호(鷺湖)'·'노강(鷺江)'이라고도 한다. 오희상(吳熙常)은 1820년(순조20) 7월에 당시 병중에 있던 아우 오연상(吳淵常)과 가까운 곳에서 살고자 하여 이곳으로 거처를 옮기고 작은 서재를 마련하여 '관선(觀善)'이라고 편액하고 후학을 가르쳤다. 《老洲集 卷27 年譜》

는 병들어 종유하지 못하였고 오직 중심과 왕래하며 서로 의지하였다. 그런데 학업을 시작한 지 얼마 안 되어 치유가 병으로 세상을 떠나니, 중심과 마주하여 옛날 일을 말할 때마다 주르륵 눈물이 흘렀다.

하루는 중심이 고향에서 찾아와 만나보았는데 모습이 야위고 정신이 초췌하였으니, 중심이 그 아우를 새로 곡하게 되면서 이로 인하여 병이 생긴 것이었다. 나는 놀라서 달인(達人)의 말을 고해주며 위로하고 그를 보냈다. 그런데 결국 갑신년(1824, 순조24) 8월 모일(某日)에 세상을 떠나니, 향년이 겨우 23세였다. 아, 두 사람은 모두 요절할 이치가 없는데 마치 하늘이 원수로 여겨 미워하기라도 한 것처럼 억울하게 해를 당하였으니, 이것이 무슨 이치인가. 어쩌면 기수(氣數)가 요동하면 이치는 진실로 믿을 수 없는 점이 있게 되는 것인가. 비통할 따름이다.

중심은 이름이 준(濬)으로, 영월부(寧越府) 사람이니, 부친은 문과에 급제한 증 홍문관 수찬 덕우(德羽)이다. 중심은 집안에서 대대로 유술(儒術)을 전해와 막 성동(成童)의 나이를 넘겼을 때부터 이미 고인(古人)의 학문에 뜻을 두어서 물욕(物慾)에 있어 담박하고 내행(內行)에 돈독하게 힘썼다. 사람을 대할 적에는 평온하여 모난 데가 없어서 담박하고 진솔한 기운이 얼굴 위에 드러났고 모질거나 영악한 모습이 조금도 없었다. 이에 만나는 이들이 한번 말을 나눠보면 좋아하게 되지 않는 경우가 없었다. 그러나 내면으로는 밝게 분별하여 지키는 바가 있었다. 한번은 거자(擧子)로서 과장(科場)에 들어갔다가 사습(士習)이 무너진 것을 보고는 즉시 시권(試券)을 접고 나오며 말하기를,

"어찌 이런 무리들과 함께 떼 지어 나아가고 물러날 수 있겠는가."

라고 하였으니, 만약 이러한 지조를 확충해나갈 수 있었다면 어찌 고

인(古人)에 미치지 못할 것을 근심하였겠는가.

중심은 평소에 나를 독실하게 믿어서 거의 목숨까지 바치려고 하였다. 다만 나는 허빈(虛牝)[208]과 같아서 실로 그의 스승이 되기에 부끄러웠으나 마음속으로는 그의 자질을 가상히 여기고 또 그의 뜻에 감동하여 사양하지 않고 그 요청을 받아들였다. 이에 나의 지식과 사려를 다하여 곁에서 돕고 인도해서 끝내 그 성취함을 보고자 하였는데 지금 갑자기 여기에 그치게 되었으니, 어찌 매우 슬프지 않겠는가. 그를 위하여 짧은 글을 지어 애도하고 또 그 대략을 드러낸다.

글은 다음과 같다.

아아, 중심이여	嗟嗟仲深兮
비유컨대 난초처럼 빼어나고 지초처럼 수려했네	譬蘭抽而芝秀
자질이 진실하고 아름다웠고	維芳姿之洵美兮
게다가 뜻이 높고 성대하였네	況奇志之峻茂
뭇사람들 한창 명예와 이익에 빠져서	衆方汨於聲利兮
마치 만 마리 말이 치달리듯 하였는데	若萬馬之奔馳
그대는 홀로 거두어들여 발걸음을 멈추어서	子獨斂然而駐足兮
천고를 생각하며 울결하였네	緬千載而鬱伊
일찍이 징악산에서 못난 나를 따라 어울리니	曾逐臭於徵嶽兮

208 허빈(虛牝) : 텅 빈 골짜기의 뜻이다. 한유(韓愈)의 〈증최립지평사(贈崔立之評事)〉 시에 "가련하다 쓸데없이 정신만 허비할 뿐, 황금을 텅 빈 골짜기에 던지는 것과 같도다.〔可憐無益費精神, 有似黃金擲虛牝.〕"라고 하였는데, 이를 원용하여 말한 것으로, 자신을 스승으로 삼는다면 쓸모없이 버려지게 될 것임을 비유하여 말한 것이다.

처음 만남에 자석처럼 끌렸네　　卽磁鐵於初覿
앞서거니 뒤서거니 서로 끌어주며　　擬後先而提挈兮
대도로 함께 나아가고자 하였는데　　指大道而共適
아아, 그대의 수레바퀴에 막 기름칠을 하였건만　　唉子轅之方脂兮
갑자기 문을 나서고서 먼저 부러지고 말았네　　忽出門而先摧
끝내 뜻을 간직한 채 성취하지 못하였으니　　竟齎志而未就兮
귀신의 간사함이 애통하구나　　恫鬼神之遹回
막막하게 홀로 서서 그림자를 돌아보니　　倀獨立而顧影兮
나의 선한 마음을 일으켜 줄 이 그 누구인가　　起予善者其誰
끝났도다, 깊고 어두운 중천이여　　已矣重泉之窅冥兮
한갓 짧은 글에 슬픈 심정 쏟아내노라　　徒寫哀于短辭

노주집

제15권

제題 기記 서序 발跋

서序

《속근사록》 서
續近思錄序

내가 일찍이 관북(關北)의 여러 선비로부터 듣건대, 고(故) 참봉 봉암(鳳巖) 한공(韓公)[1]이 은거하며 후학들을 가르쳐 성대하게 관북 유자의 종장이 되어서 지금까지도 봉액(縫掖)을 입는 자들이 모두 흡연(翕然)히 한공을 존숭한다고 한다. 이를 듣고서 한공의 깊은 학문과 넓은 지식은 틀림없이 보통 사람들보다 크게 뛰어난 바가 있을 것이라고 생각하였는데, 근래에 한공의 후손 한국선(韓國禩)이 한공이 엮은 《속근사록》 3권을 가지고 천리 길을 찾아와서 나에게 서문을 지어 줄 것을 부탁하였다.

삼가 생각건대, 자주자(子朱子 주희(朱熹))의 《근사록》 한 책은 사서

1 봉암(鳳巖) 한공(韓公) : 한몽린(韓夢麟, 1684~1762)으로, 자는 태서(泰瑞), 호는 봉암, 본관은 청주(淸州)이다. 1710년(숙종36) 생원시에 합격하였으나 일찍이 과거를 포기하고 학문에 힘썼다. 함경 감사 김한철(金漢喆)의 천거로 1739년(영조15)과 1743년에 중부 참봉(中部參奉)과 영릉 재랑(寧陵齋郎)에 제수되었으나 모두 사양하였다. 관북부자(關北夫子)로 불렸으며, 1830년(순조30) 이조 참의에 추증되었다. 저서로는 《봉암집(鳳巖集)》 등이 있다.

(四書)의 진벌(津筏)[2]이 된다. 크게는 천인성명(天人性命)의 근원을, 세밀하게는 일상에서 몸소 행하는 실제를, 원대하게는 제가(齊家)·치국(治國)·겸선천하(兼善天下)[3]의 방법을 모두 포함하고 개괄하여서, 책을 펼침에 그 이치가 찬연하게 빛나니, 선현을 이어서 후학을 인도하는 것이 그 본말을 모두 갖추었다고 할 만하다. 청(淸)나라 유자 장백행(張伯行)[4]이 또 주자의 미언(微言) 가운데 학문에 절실한 것들을 취하여 종류대로 분류하고 편차해서 속록(續錄)을 만든 바가 있다. 주자의 저술은 넓고 풍부하여 사자(四子)가 남긴 책[5]의 몇 갑절이 될 뿐만이 아니며, 우주 안의 의리가 주자에 이르러서 크게 갖추어졌으니 이것이 속록이 만들어진 이유이다.

2 진벌(津筏) : 나루를 건너는 뗏목이라는 뜻으로, 인도하여 목적지에 도달하도록 하는 방법이나 수단을 비유한다.

3 제가(齊家)……겸선천하(兼善天下) : '제가(齊家)'는 집안을 잘 다스림을 뜻하고 '치국(治國)'은 일국(一國)을 잘 다스림을 뜻하는 것으로, 둘 다 《대학장구(大學章句)》 경(經) 1장에 보이는 말이다. '겸선천하(兼善天下)'는 천하의 사람들을 모두 선하게 한다는 뜻으로, 《맹자(孟子)》 〈진심 상(盡心上)〉에 "옛사람들은 뜻을 펴게 되면 은택이 백성에게 베풀어지고, 뜻을 펴지 못하면 몸을 닦아 세상에 드러내었다. 곤궁하면 일신을 홀로 선하게 하고, 영달하면 천하를 모두 선하게 하였던 것이다.〔古之人, 得志, 澤加於民; 不得志, 修身見於世. 窮則獨善其身, 達則兼善天下.〕"라고 보인다.

4 장백행(張伯行) : 1651~1725. 청(淸)나라 초기의 문신이자 학자로, 자는 효선(孝先), 호는 서재(恕齋)이다. 정주학(程朱學)을 연구하였으며 《이락연원속록(伊洛淵源續錄)》, 《성리정종(性理正宗)》, 《속근사록(續近思錄)》, 《광근사록(廣近思錄)》 등의 많은 저서를 남겼다.

5 사자(四子)가 남긴 책 : 사서(四書), 곧 《논어(論語)》·《맹자(孟子)》·《대학(大學)》·《중용(中庸)》을 가리킨다. '사자'는 각 책을 저술한 공자(孔子), 맹자, 증자(曾子), 자사(子思)를 이른다.

지금 한공의 이 책은 범례를 정함에 있어서 한천(寒泉)의 규례[6]를 그대로 따랐는데, 내용의 취사선택은 장백행의 책과 대략 유사하니 다른 시대에 태어나 먼 이역에서 함께 상의하지 않고도 똑같은 생각을 한 것이 또한 기이하다. 더구나 이 책들은 나누어 보면 각각 일가(一家)로 전할 만하고 합하여 보면 득실을 서로 참고하여 볼 수 있으니 함께 공존하여도 무방할 것이다.

아, 공은 궁벽하고 황량한 지역에서 태어나서 떨쳐 일어나 홀로 제창하여 중화(中華)의 저술가와 비견되었으니, 이른바 호걸지사(豪傑之士)[7]가 아니겠는가. 또 듣건대, 공이 이 책을 편집할 때에 나이가 이미 일흔이 넘어서 오른팔이 병들어 왼손으로 붓을 잡고 선사(繕寫)하여 책을 완성하였다고 한다. 학문을 좋아하는 정성이 노년이 될수록 더욱 깊어졌으니 더욱더 겉으로만 사모하는 자들이 미칠 수 있는 바가 아니다.

만약 관북 지역의 배우는 자들이 모두 한공의 마음을 가지고 자신의 마음으로 삼아서, 이 책을 가지고 침잠하고 완역하여 환하게 이해한 뒤에 또 이를 통해 《대전(大全)》에 나아갈 수 있다면, 중대한 것과 세밀한 것을 모두 빠뜨리지 않고 해박함과 요약함을 모두 다할 수 있게

6 한천(寒泉)의 규례 : 한천은 이재(李縡, 1680~1746)로, 자는 희경(熙卿), 호는 도암(陶菴)·한천, 본관은 우봉(牛峰)이다. 이재는 《근사록심원(近思錄尋源)》을 저술한 바 있다.

7 호걸지사(豪傑之士) : 《맹자(孟子)》 〈진심 상(盡心上)〉에 보이는 말로, "문왕과 같은 성군이 나오기를 기다린 뒤에야 흥기하는 자는 일반 백성이니, 호걸지사로 말하면 문왕과 같은 성군이 없더라도 혼자서 흥기한다.〔待文王而後興者, 凡民也. 若夫豪傑之士, 雖無文王, 猶興.〕"라고 하였다.

될 것이니, 장백행의 책을 보지 않더라도 괜찮을 것이다. 훗날 이 책이 중국으로 들어가서 안목을 갖춘 자가 보게 된다면, 주자의 책이 좌해(左海)에서 크게 연구되었음과 먼 변방에도 장백행과 같은 자가 나왔음을 알 수 있을 것이다. 이 책을 세상에 전하지 않을 수 없으니, 이에 대략 수정(修整)을 더하고 서문을 짓는다.

한공은 휘가 몽린(夢麟)이다. 최학암(崔鶴菴) 신(愼)에게 수학하였는데, 학암의 학문은 화양(華陽) 송 문정공(宋文正公 송시열(宋時烈))에게서 나왔다.

숭정(崇禎) 후 네 번째 기묘년(1819, 순조19) 계동(季冬 12월) 하순에 수양(首陽 해주(海州)) 오희상(吳熙常)이 쓰다.

《해주오씨세보》 서
海州吳氏世譜序

우리 오씨의 세보를 지금 고정(考定)하여 10편을 만들었다. 작업을 마치고 장차 간인하려고 할 적에 종중의 사람들이 내가 다소 간여한 바가 있다고 하여 그 전말을 기록하게 하였다. 비록 몹시 분수에 지나치는 일이기는 하나 진실로 감히 사양할 수 없기에 삼가 다음과 같이 서술한다.

오씨가 세보를 기록한 것은 고려(高麗) 군기감 감(軍器監監) 공[8]으로부터 시작되었다. 6대를 전하여 풍저창 승(豐儲倉丞) 공[9]에 이르렀는데 풍저창 승 공의 세 아들 중에 첫째와 둘째의 두 계파가 본지(本支)가 실로 번창하여 명성과 덕망이 계속되어서 지금 4백여 년에 이르도록 끊임없이 이어지고 있다. 복록을 기르고 경사를 돈독히 하여 성대하게 명문가를 이루게 된 것을, 이 세보를 살펴보면 확인할 수 있으니 아아, 성대하다.

세보는 예전에 세 가지 본(本)이 세상에 전하였다. 갑술년(1634, 인조12)에 처음으로 만들어졌고 무술년(1718, 숙종44)에 비로소 모양이 갖추어졌으며 신묘년(1771, 영조47)에 증보되었는데, 신묘년의 세보는 수집한 바가 너무 광범위하여 취사함에 있어 정밀함이 부족하였다. 근자에 종중의 사람들이 이를 개수할 것을 함께 도모하여 오류를

8 군기감 감(軍器監監) 공 : 오인유(吳仁裕, ?~?)로, 자세한 정보는 미상이다.

9 풍저창 승(豐儲倉丞) 공 : 오효충(吳孝沖, ?~?)으로, 자세한 정보는 미상이다.

바로잡고 부족한 것을 보충해서 친소(親疏)를 막론하고 뒤에 나온 후손들을 모두 취하여 이어서 기록하였다. 의례(義例)와 절목(節目)은 실로 갑술년과 무술년 두 세보의 규례를 따랐으며, 신묘년의 세보에서 추후에 보이는 다른 계파의 경우에는 대체로 생략하기를 추구하여 훗날 대보(大譜)가 간행될 때를 기다렸다. 이는 사실만을 전하는 도리와 의심스러운 것은 빼놓는 도리를 그 속에 함께 부친 것이니 "요약됨으로 인해 잘못되는 경우는 드물다."[10]라는 것이 어찌 이 세보를 두고 한 말이 아니겠는가.

이어서 삼가 생각건대, 정자(程子)가 말씀하기를, "종자법이 폐해졌으나 후세의 보첩에는 그래도 유풍이 있었는데, 보첩이 또 폐해지자 사람들이 유래한 바를 알지 못하여 골육에 계통이 없어졌다."[11]라고 하였다. 이는 선배와 장덕(長德)이 선조를 높이고 종족을 단결하는 데에 애쓰면서 특히 보계(譜系)를 밝히는 것을 집안의 급선무로 여겼던 이유이다.

무릇 거슬러 위로 올라가면 천만 사람이 한 사람을 뿌리로 두고, 아래로 내려와 갈라지면 한 사람으로부터 천만 사람에 이르게 된다. 지금 중외에 흩어져 사는 우리 종중의 사람들은 비록 촌수가 멀어지고 친함이 다했다고 하더라도 모두 오종(五宗)[12]의 의리를 미루고 백세(百

10 요약됨으로……드물다 : 이 말은 《논어(論語)》 〈이인(里仁)〉에 보인다.

11 종자법이……없어졌다 : 이 말은 《이정유서(二程遺書)》 권15 〈입관어록(入關語錄)〉 등에 보인다.

12 오종(五宗) : 종법(宗法)에, 시조를 계승하는 후손은 대종(大宗)이 되고 고조·증조·조부·부를 각각 계승하는 후손은 소종(小宗)이 되는데, 대종 하나와 소종 넷을 합하여 오종이라고 한다. 혹은 오세(五世)와 같은 말로, 고조·증조·조부·부·자신

世)의 우호를 돈독히 하여 함께 공경하고 사랑해서 은혜를 두루 베풀고 의리를 흡족히 해야 할 것이다. 또 이로써 효도하고 우애하여 선조의 법도를 계승하고, 겸양하고 삼가서 후손에게 물려주어 폐하지 않고 이어지게 해야 할 것이다. 이렇게 하면 이 세보가 전해지는 것이 무궁함을 기약하게 될 것이고 이륜(彝倫)을 펴고 풍속을 돈후하게 하는 것이 진실로 여기에서 벗어나지 않게 될 것이다. 공경히 이로써 종중의 사람들에게 고하고 이어서 이러한 내용을 세보의 권 머리에 쓴다.

숭정(崇禎) 후 네 번째 기축년(1829, 순조29) 계하(季夏 6월)에 후손 오희상(吳熙常)이 삼가 쓰다.

5대를 뜻하기도 한다.

《소화외사》[13] 서

小華外史序

성인의 마음이 《주역(周易)》에 드러나니, 박괘(剝卦)가 다함에 반드시 복괘(復卦)로 받은 것은 천지 사이에 사물이 끝내 다할 수가 없어서 비록 순음(純陰)의 달이라고 하더라도 실로 양(陽)이 없었던 적이 없음을 밝힌 것이다.[14] 후세를 근심한 것이 매우 깊고 간절하다.

13 소화외사(小華外史) : 오경원(吳慶元)이 1392년(태조1)부터 1824년(순조24)까지 우리나라와 중국 간의 외교 관계를 기록한 편년체 역사서이다. 범례에서 우리나라를 중국에 견주어 소중화(小中華)라고 표현하였으며, 존주양이(尊周攘夷)의 태도를 확고히 하였다. 1830년(순조30)에 본편 8권의 초고를 완성하였고, 아들 오현상(吳顯相)이 이것을 교열하고 별편(別編) 2권, 속편(續編) 2권을 보충해 12권 6책으로 간행하였으며, 1868년(고종5)에 손자 오취선(吳取善)이 경상도 관찰사로 있으면서 재간하였다. 본집에는 사신명단이나 특사파견 등 대명(對明) 외교와 선조와 인조 연간의 왜란 및 호란과 관련된 기사가 수록되어 있으며, 속편에는 왜란 당시 원정 온 지휘관의 명단인 《왕인성명기(王人姓名記)》 및 《황조유민록(皇朝遺民錄)》에서 발췌한 글 등이 수록되어 있다. 별편은 《대보단지(大報壇志)》이다.

14 박괘(剝卦)가……것이다 : 박괘(剝卦 ䷖)는 한 개의 양효(陽爻)가 다섯 개의 음효(陰爻) 위에 자리한 형상이고, 복괘(復卦 ䷗)는 한 개의 양효가 다섯 개의 음효 아래에서 자라나는 형상이다. 《주역(周易)》 64괘의 순서를 보면 박괘의 다음에 복괘가 이어지는데, 이에 대해 〈서괘전(序卦傳)〉에서 "박(剝)은 깎여서 다하는 것인데, 사물은 끝내 다할 수 없는 것이니, 박(剝)은 위에서 다하면 아래로 돌아오기 때문에 복(復)으로 받았다.〔剝者, 剝也. 物不可以終盡, 剝窮上反下, 故受之以復.〕"라고 하였다. '순음(純陰)'은 괘(卦)의 여섯 효(爻)가 모두 음효라는 뜻으로, 곧 곤괘(坤卦 ䷁)를 가리킨다. 일 년의 열두 달을 《주역》의 괘(卦)에 배치하면 박괘는 9월에, 곤괘는 10월에, 복괘는 11월에 해당한다. 〈박괘 상구(上九)〉에 대한 《역전(易傳)》의 해설에 다음과 같은 내용

지금 이적(夷狄)이 중화(中華)에 들어와 주인이 되어서 선왕의 온 강토와 백성들이 모두 가죽옷을 입고 젖비린내를 풍기는 오랑캐의 풍속으로 변하고 있다. 예로부터 오랑캐가 중화를 어지럽혔던 화난이 이처럼 드셌던 적이 없으니 이는 바로 음도(陰道)가 극성한 것이다. 오직 우리나라만이 홀로 옛 관상(冠裳)[15]과 예악을 바꾸지 않아서, 비록 세력이 다하고 힘이 약하여 의지할 바가 없더라도 경주(京周)를 그리워하는 한 생각[16]만큼은 마치 강물이 반드시 동쪽으로 향하는 것[17]처럼 변함이 없으니 한관(漢官)의 위의(威儀)[18]를 오히려 우리나라에

이 보인다. "괘(卦)를 달에 배치하면 곤(坤)은 10월에 해당하니, 기운의 소식(消息)으로 말하면, 양(陽)이 깎이면 곤괘가 되고 양(陽)이 오면 복괘가 되어 양(陽)이 일찍이 다하지 않는다. 양(陽)이 위에서 사라져 다하면 다시 아래에서 생긴다. 그러므로 10월을 '양월(陽月)'이라 하니, 이는 양(陽)이 없다고 의심할까 염려해서이다.〔以卦配月, 則坤當十月. 以氣消息言, 則陽剝爲坤, 陽來爲復, 陽未嘗盡也. 剝盡於上, 則復生於下矣. 故十月謂之陽月, 恐疑其无陽也.〕"

15 관상(冠裳) : 본래 관원의 예복을 뜻하는데, 전하여 문명, 예의, 법도 등을 의미한다.

16 경주(京周)를……생각 : '경주'는 주(周)나라의 도성을 가리킨다. 《시경(詩經)》 조풍(曹風) 〈하천(下泉)〉에 "개연히 내 잠에서 깨어 탄식하며, 저 경주를 생각하노라.〔愾我寤嘆, 念彼京周.〕"라고 하였는데, 이는 망한 주(周)나라 왕실을 그리워함을 말한 것이다. 여기에서는 멸망한 명(明)나라를 그리워함을 뜻한다.

17 강물이……것 : '강물이 반드시 동쪽으로 향한다'는 것은 《순자(荀子)》 권20 〈유좌편(宥坐篇)〉에 "강물은 만 번을 굽이쳐 흘러도 반드시 동쪽으로 향한다.〔其萬折也, 必東.〕"라고 한 것을 원용하여 말한 것으로, 천자국인 명(明)나라에 대한 변함없는 충심을 비유하는 말로 쓰인다.

18 한관(漢官)의 위의(威儀) : 한(漢)나라 조정 관원들의 복식과 전례(典禮) 및 제도를 지칭하는 것으로, 전하여 번성한 중화(中華)의 문물과 제도를 뜻하는 말로 쓰인다. 왕망(王莽) 말년에 유수(劉秀)가 회양왕(淮陽王) 유현(劉玄)에 의해 사예교위(司隷校尉)에 발탁되었을 때, 그동안 왕망에 의해 폐기된 한(漢)나라의 복식 등 옛 제도를

서 볼 수 있게 되었다. 아, 이것이 어찌 상구(上九)의 석과(碩果)[19]가 아니겠는가.

그러나 밝은 하늘이 회복되지 못하고[20] 황하(黃河)가 맑아지기를 기다리기가 어려우니[21] 사람들이 또 당장의 편안함에 안주하고 보고 듣는 것에 물들어서 그저 피폐(皮幣)와 주옥(珠玉)[22]을 가지고 호랑이처럼

모두 복구시키자, 늙은 관리들이 눈물을 흘리며 "오늘에 다시 한관의 위의를 보게 될 줄은 생각하지도 못하였다.〔不圖今日復見漢官威儀〕"라고 탄식한 고사가 있다.《後漢書 卷1上 光武帝紀》

19 상구(上九)의 석과(碩果) :《주역(周易)》〈박괘(剝卦) 상구〉에 "큰 과일이 먹히지 않음이니, 군자는 수레를 얻고 소인은 집을 허물리라.〔碩果不食. 君子得輿, 小人剝廬.〕"라고 하였다. 박괘의 상구는 하나의 양효(陽爻)가 다섯 개의 음효(陰爻) 위에 홀로 있는 형상인데, 이를 가지고 큰 과일이 나무의 높은 가지 끝에 달려 있어서 사람들이 따 먹지 못한 덕분에 종자가 되어서 훗날을 기약할 수 있음을 비유한 것이다. 이는 곧 하나 남은 양(陽)의 기운이 외로운 것처럼 보이지만 결코 끊어지지 않고 계속 이어진다는 뜻을 보인 것이다.

20 밝은……못하고 : 천도(天道)가 폐색되어 세상이 어지러움을 이른 것으로,《순자(荀子)》권18〈성상편(成相篇)〉에 "밝은 하늘이 회복되지 못하니 근심이 끝이 없구나. 천추에 반드시 돌아옴은 옛날의 떳떳한 이치이니, 제자들이 학문에 힘쓰면 하늘이 잊지 않을 것이다.〔皓天不復, 憂無疆也. 千歲必反, 古之常也. 弟子勉學, 天不忘也.〕"라고 보인다.

21 황하(黃河)가……어려우니 : '황하가 맑아진다〔河淸〕'는 것은 본래 삼국 시대 위(魏)나라 이강(李康)이 지은〈운명론(運命論)〉에 보이는 말로, "황하가 맑아지면 성인이 나온다.〔黃河淸而聖人生〕"라고 하였는데, 곧 성왕(聖王)이 출현하여 태평성대가 이룩될 상서(祥瑞)를 의미한다.

22 피폐(皮幣)와 주옥(珠玉) : 가죽과 비단, 보옥(寶玉) 등의 귀한 예물을 이른다. 주(周)나라 태왕(太王)이 일찍이 빈(邠) 땅에 살 적에 적인(狄人)들이 침범하자, 피폐, 견마(犬馬), 주옥을 가지고 그들을 섬겼으나 아무런 소용이 없으므로, "적인들이 바라는 것은 곧 우리의 토지이다." 하고, 끝내 빈 땅을 버리고 기산(岐山) 아래로 가서

흉포한 오랑캐에게 아첨할 것을 구하기만 하고 중화와 이적의 대방(大防)은 거의 알지 못하고 있다. 이것이 바로 《소화외사》를 만든 까닭이니, 이 책을 만든 것은 또한 부득이한 것이다.

아아, 열황제(烈皇帝) 갑신년(1644, 인조22)[23]은 바로 천지가 폐색된 때인데 속국이 먼저 그 칼날을 받았으니, 정축년(1637)에 성하(城下)의 맹약을 맺은 일[24]은 충지(忠志)를 지닌 선비들이 지금까지도 팔을 걷어붙이며 한번 설욕할 것을 생각하고 있다. 이때에 충렬공(忠烈公) 추담(秋潭) 선생[25]과 같은 분은 홍익한(洪翼漢)·윤집(尹集) 두 학사와 함께 천자를 위하여 오랑캐의 조정에서 목숨을 버려 절개를

정착했던 고사가 있다. 《孟子 梁惠王下》

23 열황제(烈皇帝) 갑신년 : '열황제'는 명(明)나라 마지막 황제인 장렬제(莊烈帝) 의종(毅宗)을 이른다. 숭정(崇禎) 17년 갑신년(1644)에 이자성(李自成)이 이끄는 농민반란군이 북경(北京)으로 쳐들어와 외성(外城)을 함락시키자, 이해 3월에 의종은 만세산(萬歲山)에 들어가 33세의 나이로 고목에 목을 매고 자결하였다.

24 정축년에……일 : 성하(城下)의 맹약이란 적군이 성 아래까지 침입해 와서 압박을 받아 어쩔 수 없이 맺게 된 굴욕적인 맹약을 이른다. 정축년(1637)은 병자호란(丙子胡亂)이 일어난 이듬해로, 이해 1월에 남한산성(南漢山城)이 청(淸)나라 군대에게 포위되자 인조가 결국 성문을 열고 나와 산성 아래의 삼전도(三田渡)에서 청(淸)나라 태종(太宗)에게 항복하고 청(淸)나라와 군신(君臣)의 관계를 맺는 맹약을 하였다

25 충렬공(忠烈公) 추담(秋潭) 선생 : 오달제(吳達濟, 1609~1637)로, 자는 계휘(季輝), 호는 추담, 본관은 해주(海州)로, 병자호란 때 삼학사(三學士) 중 한 사람이다. 1627년(인조5) 사마시에 합격하고 1634년에 별시 문과에 장원으로 급제하였다. 전적·수찬 등을 거쳐 부교리가 되었다. 병자호란이 일어나자 남한산성에 들어가서 청(淸)나라와의 화의를 끝까지 반대하였으며, 인조가 청군에 항복한 이후에 청(淸)나라에 끌려가 심양성(瀋陽城) 서문 밖에서 윤집(尹集)·홍익한(洪翼漢)과 함께 처형당하였다. 좌승지·영의정에 추증되었으며, 시호는 충렬이다. 저서로는 《충렬공유고》가 있다.

세우니 천하의 사람 중에 그 이름을 칭송하지 않는 이가 없다. 우리나라 사람들이 좌임(左衽)을 면할 수 있었던 것은 바로 선생 덕분이다.

족제(族弟)인 오경원(吳慶元) 선여(善餘) 보(甫)[26]가 충렬공의 장손으로서 대의(大義)가 점점 어두워지는 것을 개탄하고 깊은 수치를 씻지 못하는 것을 비통해 하였다. 이에 공사(公私)의 문헌 중에 존주양이(尊周攘夷)[27]와 관계된 것들을 수집해서 자잘하고 소소한 기록과 청(淸)과 왜(倭)의 역사서에 이르기까지 모두 광범위하게 채록하되, 강(綱)을 세우고 연도순으로 편집해서 자양(紫陽)의 서법[28]을 삼가 취하였다. 홍무(洪武) 임신년(1392, 태조1)에서 시작하여 당저(當宁) 갑신년(1824, 순조24)에서 마치니, 전후 433년[29] 동안에 명(明)나라에서 국호를 내려준 일과 왜란(倭亂)에 우리나라에 원병을 보내준 일과 제단을 세워 제사를 올린 일[30]과 대보(大寶)를 본떠 새긴 일[31]과 충신과

26 오경원(吳慶元) 선여(善餘) 보(甫) : 오경원(吳慶元, 1764~1839)으로, 자는 선여, 호는 수양일민(首陽逸民), 본관은 해주(海州)이다. 1783년(정조7) 진사시에 합격하여 영희전 참봉(永禧殿參奉)이 되었으며, 연일 현감(延日縣監)·해주 판관(海州判官) 등을 거쳐 김산 군수(金山郡守)가 되었으나 불치죄(不治罪)로 1829년(순조29) 아산(牙山)에 유배되었다가 이듬해에 석방되었다.

27 존주양이(尊周攘夷) : 주(周)나라를 존숭하고 오랑캐를 배척하는 의리로, 후대에는 주로 명(明)나라를 존숭하고 청(淸)나라를 배척하는 '존명배청(尊明排淸)'의 의리를 뜻하게 되었다.

28 자양(紫陽)의 서법 : '자양'은 주희(朱熹)의 별호이다. 주희가 편찬한 《자치통감강목(資治通鑑綱目)》의 서법을 이른다.

29 433년 : 원문에는 '四百二十三年'으로 되어 있는데, 앞에서 언급한 홍무(洪武) 임신년(1392, 태조1)부터 순조 갑신년(1824)까지는 계산상 433년이 되므로 '二'를 '三'으로 바로잡아 번역하였다.

30 제단을……일 : 임진왜란 때에 원군을 보낸 명(明)나라 신종(神宗)의 은혜를 기리

열사가 절개를 지키고 의리를 다한 일과 간흉과 난적이 나라를 팔고 오랑캐에 붙은 일이 낱낱이 기록되어 곤월(袞鉞)[32]이 삼엄하게 드러나 있다. 이는 모두 전인(前人)들의 말을 그대로 기술하고 자신의 견해를 끼워 넣지 않은 것이니 어찌 이른바 '돈사(惇史)'[33]가 아니겠는가. 황실이 남쪽으로 옮겨간 이후[34]로 말하면 제가(諸家)의 잘못된 체례(體例)를 일소(一掃)하고 정통의 소재(所在)를 밝게 게시하여 더욱더 천지간

기 위하여 1704년(숙종30)에 창덕궁(昌德宮) 안에 대보단(大報壇)을 설치하여 제사한 일을 말한다. 1749년(영조25)에는 이곳에서 명(明)나라 태조(太祖)와 의종(毅宗)까지 합사(合祀)하였다.

31 대보(大寶)를……일 : 1712년(숙종38) 이이명(李頤命)이 승문원의 문서 속에서 명(明)나라 황제가 내려준 국새(國璽)가 압인되어 있는 자문(咨文)을 발견하여 봉진(奉進)하였는데, 숙종이 이를 모각하여 금보(金寶)로 만들어 보관해두었다가, 1720년에 하교하여 청(淸)나라의 국새 대신에 이것을 사용하게 한 일을 말한다.《肅宗實錄 38年 10月 26日, 46年 4月 24日》

32 곤월(袞鉞) : 포폄(褒貶)을 뜻하는 말로, 옛날에 곤의(袞衣)를 하사하여 포상하고 부월(斧鉞)을 주어 징계한 데에서 나온 말이다.

33 돈사(惇史) : 돈후(敦厚)한 덕을 지닌 사람의 언행(言行)을 기록한 역사책을 말한다.《예기(禮記)》〈내칙(內則)〉에 "노인을 봉양함에 있어서 오제는 그들의 덕행을 모범으로 삼았고, 삼왕은 그들이 좋은 말을 해 주기를 청하였다. 오제는 그들의 덕행을 모범으로 삼았으되, 그들의 정신과 신체를 봉양할 뿐이었고 그들이 좋은 말을 해 주기를 청하지는 않았는데, 그들이 좋은 말을 해 주면 기록하여 돈사로 삼았다.〔凡養老, 五帝憲, 三王有乞言. 五帝憲, 養氣體而不乞言, 有善, 則記之爲惇史.〕"라는 말이 나온다.

34 황실이……이후 : 1644년 청(淸)나라에 의해 북경(北京)이 함락된 이후 명(明)나라 황실의 일족들이 도주하여 남쪽으로 내려가 남경(南京)에서 남명(南明)을 세운 것을 말한다. 홍광제(弘光帝), 융무제(隆武帝), 영력제(永曆帝)가 차례로 즉위하여 청(淸)나라에 맞서 싸웠으나, 1662년 곤명(昆明)에서 영력제가 살해됨으로써 남명은 멸망하였다.

에 세워놓아도 어그러지지 않고 백세(百世) 뒤에 성인을 기다려도 의혹되지 않을 수 있게 되었다.[35] 공력을 쓴 것이 부지런하고 그 뜻이 진실하니 참으로 애달프다.

책을 완성한 뒤에 나에게 서문을 써줄 것을 부탁해오니, 내가 책을 받아 끝까지 읽어보고서 옷깃을 여미고 탄식하며 다음과 같이 말한다. 우리 동국은 이전의 역사서에서 소중화(小中華)로 불려온 지가 오래되었다. 명(明)나라가 천하를 다스림에 이르러서는 우리를 내복(內服)[36]과 같이 보아서, 동점(東漸)[37]의 교화에 은혜를 입고 흥기된 것이 예전보다 성대하였으니 바로 이른바 "중국의 예법으로 나아오면 중국으로 대우하였다."[38]라는 것이다. 그러나 지금의 중국은 옛날의 중국이 아니

35 천지간에……되었다 : 이 말은 본래 《중용(中庸)》에 보이는 것으로, 《중용장구(中庸章句)》 제29장에 "이 때문에 군자의 도(道)는 자신의 덕성에 근본을 두어 백성들에게서 징험되며, 삼왕(三王)에게 상고해 보아도 틀리지 않으며, 천지간에 세워 놓아도 어그러지지 않으며, 귀신에게 질정하여도 의심이 없으며, 백세 뒤에 성인을 기다려도 의혹되지 않는 것이다.〔故君子之道本諸身, 徵諸庶民, 考諸三王而不謬, 建諸天地而不悖, 質諸鬼神而無疑, 百世以俟聖人而不惑.〕"라고 하였다.

36 내복(內服) : 천자의 교화가 미치는 왕기(王畿) 이내의 지역을 이르는 말로, 천자의 교화가 미치지 않는 왕기 밖의 지역인 외복(外服)과 상대되는 말이다.

37 동점(東漸) : 중화(中華)의 문명이 동쪽으로 전파됨을 뜻하는 말로, 《서경(書經)》 하서(夏書) 〈우공(禹貢)〉 말미에 "동쪽으로는 바다까지 번져갔고, 서쪽으로는 유사(流沙) 지역에까지 입혀졌으며, 북쪽과 남쪽의 끝까지 이르러 풍성(風聲)과 교화가 사해에 다 미치자, 우(禹)가 현규(玄圭)를 폐백으로 올리면서 일이 완성되었음을 아뢰었다.〔東漸于海, 西被于流沙, 朔南暨, 聲教訖于四海, 禹錫玄圭, 告厥成功.〕"라고 한 것에서 유래하였다.

38 중국의……대우하였다 : 이는 본래 당(唐)나라 문장가 한유(韓愈)가 지은 〈원도(原道)〉에 보이는 말로, "공자가 《춘추》를 지을 때에, 제후가 이적(夷狄)의 예법을

니 황조의 문헌을 징험할 수 있는 것이 도리어 우리 동국에 있지 않겠는가. 더구나 양(陽)은 다할 수 있는 때가 없고 이(理)는 반드시 회복되는 기미가 있으니, 이 책이 비록 공언(空言)[39]으로 남았으나 아직 죽지 않은 인심을 일깨울 만하다. 훗날 진인(眞人)이 천명을 받아 천하를 확청하고서 동관(東觀)과 석거(石渠)[40]에서 황조(皇朝 명나라)의 정사(正史)를 편찬하게 된다면, 이 적료한 서책이 비로소 천하와 함께 공유될 수 있어서 사관(史官)이 틀림없이 여기에서 취함이 있을 것이니, 어찌 속인에게 쉽게 말할 수 있는 바이겠는가. 선여는 우선 이를 은밀히 보관하여 때를 기다리는 것이 옳을 것이다.

'외사(外史)'라고 한 것은, 글은 사가(史家)의 체례(體例)를 사용하였으나 감히 사서를 찬술한 것으로 자처하지 않은 것이다.

쓰면 이적으로 폄하했고, 이적이 중국의 예법으로 나아오면 중국으로 대우하였다.〔孔子之作春秋也, 諸侯用夷禮則夷之, 進於中國則中國之.〕"라고 하였다.

39 공언(空言) : 단지 포폄이나 시비를 제기하는 역할만 하고 당대에 쓰이지 않은 의견이나 주장을 말한다.

40 동관(東觀)과 석거(石渠) : 궁중의 장서각을 뜻한다. '동관'은 본래 동한(東漢) 때 낙양(洛陽)의 남궁(南宮)에 있던 건물인데, 여기에서 반고(班固) 등이 《동관한기(東觀漢記)》를 편찬하였으며, 장제(章帝)와 화제(和帝) 때 황궁의 장서각으로 삼았다. '석거'는 서한(西漢) 황실에서 서적을 보관하던 곳으로, 장안(長安) 미앙궁(未央宮)의 북쪽에 있었다.

충암 김 선생[41] 연보 서
冲庵金先生年譜序

내가 일찍이 《기묘록(己卯錄)》[42]을 읽다가 조 문정공(趙文正公)[43]의 원사(爰辭 공초(供招)) 가운데 "국가의 병통은 이(利)라는 근원에 있다.〔國家病痛 在於利源〕"라는 여덟 글자를 접하였는데, 그 말이 통절하

41 충암(冲庵) 김 선생(金先生) : 김정(金淨, 1486~1521)으로, 자는 원충(元冲), 호는 충암·고봉(孤峯), 본관은 경주(慶州)이다. 1507년(중종2) 증광 문과에 장원으로 급제하고 벼슬이 형조 판서에 이르렀다. 기묘사화(己卯士禍) 때에 조광조(趙光祖)의 일파로 몰려 극형에 처해지게 되었으나, 영의정 정광필(鄭光弼) 등의 옹호로 금산(錦山)에 유배되었다가, 진도를 거쳐 다시 제주도로 옮겨졌다. 그 뒤 신사무옥(辛巳誣獄)에 연루되어 다시 중죄에 처해져 사사(賜死)되었다. 1545년(인종1) 복관되었고, 1646년(인조24) 영의정에 추증되었다. 저서로는 《충암집(冲庵集)》이 있으며, 시호는 문간(文簡)이다.

42 기묘록(己卯錄) : 기묘사화(己卯士禍)에 관련된 인물들의 행적을 정리한 책으로, 김육(金堉)이 1638년(인조16)에 간행하였는데 일명 《기묘제현전(己卯諸賢傳)》이라고도 한다. 김정국(金正國)의 《기묘당적(己卯黨籍)》과 안로(安璐)의 《기묘록보유(己卯錄補遺)》를 바탕으로 하고 일부 인사들을 추가한 것으로, 218명의 행적이 수록되어 있다.

43 조 문정공(趙文正公) : 조광조(趙光祖, 1482~1519)로, 자는 효직(孝直), 호는 정암(靜菴), 본관은 한양(漢陽)이다. 1510년(중종5) 사마시에 장원으로 합격하고, 1515년 증광 문과에 을과로 급제하여 부제학과 대사헌 등을 역임했다. 김종직(金宗直)의 학통을 이은 사림파의 영수로서, 급진적인 개혁을 추진하다가 훈구파(勳舊派) 남곤(南袞) 일파가 일으킨 기묘사화(己卯士禍)로 죽임을 당하였다. 1545년(인종1) 복관되고, 1568년(선조1) 영의정에 추증되었다. 저서로는 《정암집(靜菴集)》이 있으며, 시호는 문정이다.

여 사람의 폐부를 찌르니 읽던 책을 덮고 눈물을 흘리지 않은 적이 없었다.

중묘(中廟 중종)의 성세(盛世)에 충암 김 선생이 조 문정공과 함께 동시대에 탄생하여 요순군민(堯舜君民)[44]의 뜻을 품고 있었는데, 함께 어수지계(魚水之契)[45]의 은혜를 입어서 인재들을 널리 초치하여 왕도(王道)를 높이고 패도(霸道)를 물리쳐서 신의(信義)를 두터이 하고 명검(名檢)을 숭상하여 온 세상을 사유(四維)[46]의 가운데에 두니, 다스림과 교화가 밝게 선양되어 삼고(三古)[47]의 성세와 방불하였다. 불행하

44 요순군민(堯舜君民) : 신하로서 자신의 군주를 요순(堯舜)과 같은 성군으로 만들고 백성들을 요순시대와 같은 태평성대의 백성으로 만든다는 뜻으로, 《맹자(孟子)》 〈만장 상(萬章上)〉에 보인다. 은(殷)나라 때 이윤(伊尹)이 본래 벼슬할 뜻이 없었는데 탕왕(湯王)이 세 차례나 사람을 보내어 정중하게 초빙하자 마음을 돌려 말하기를, "내가 들녘에서 농사지으며 이대로 요순의 도를 즐기는 것이, 어찌 이 임금을 요순과 같은 성군으로 만드는 것만 하겠으며, 어찌 이 백성들을 요순 때의 백성으로 만드는 것만 하겠으며, 어찌 요순의 도가 행해지는 것을 직접 보는 것만 하겠는가.〔與我處畎畝之中由是以樂堯舜之道, 吾豈若使是君爲堯舜之君哉? 吾豈若使是民爲堯舜之民哉? 吾豈若於吾身親見之哉?〕"라고 하였다.

45 어수지계(魚水之契) : 임금과 신하가 서로 뜻이 맞아서 믿고 의지하는 하는 것을 물고기와 물의 관계로써 비유한 말이다. 삼국(三國) 시대 촉한(蜀漢)의 황제 유비(劉備)가 제갈량(諸葛亮)을 두고 "내가 공명(孔明)을 얻은 것은 물고기가 물을 얻은 것과 같다.〔孤之有孔明, 猶魚之有水也.〕"라고 말한 데에서 유래하였다. 《三國志 蜀志 卷5 諸葛亮傳》

46 사유(四維) : 나라를 다스리는 데 지켜야 할 예(禮)·의(義)·염(廉)·치(恥)의 네 가지 원칙으로, 《관자(管子)》 〈목민(牧民)〉에 "사유는 첫째로 예, 둘째로 의, 셋째로 염, 넷째로 치를 이르는데, 사유가 펴지지 않으면 나라가 멸망한다.〔四維: 一曰禮, 二曰義, 三曰廉, 四曰恥. 四維不張, 國迺滅亡.〕"라고 보인다.

47 삼고(三古) : 상고(上古)·중고(中古)·하고(下古)를 아울러 일컫는 말로, 복희

게도 군흉이 옆에서 으르렁대어 갑자기 좌복(左腹)으로 들어가는 일[48]이 일어나 사화(士禍)가 온 천지를 삼켜 군현(群賢)들이 모두 쫓겨났는데, 선생이 당한 화난은 더욱 혹독하고 참담하였다. 이는 기수(氣數)가 그렇게 만든 것이니 어찌 인력이 할 수 있는 것이겠는가.

그러나 두 선생은 조정에서 벼슬한 시기가 길지 않아 비록 뜻을 크게 행하지는 못하였지만 그 자취와 공렬이 엄연하게 세상에 남아 있다. 평피(平陂)[49]가 백번 변하였어도 끝내 예의의 전형(典刑)을 잃지 않아서 이적(夷狄)과 금수로 변하는 것을 면할 수 있었던 것은, 그 근원을 따져보면 실로 기묘명현(己卯名賢)의 기월(期月)의 교화[50]에 뿌리를 둔 것임을 속일 수 없다. 후대에서 본조의 성명지치(聲明之治)[51]를 논할 적에 반드시 기묘명현을 먼저 꼽는 것이 어찌 그 이유가

(伏羲) 시대를 '상고', 문왕(文王) 시대를 '중고', 공자(孔子) 시대를 '하고'로 나누기도 하며, 복희(伏羲) 시대를 '상고', 신농(神農) 시대를 '중고', 오제(五帝) 시대를 '하고'로 나누기도 한다.

48 좌복(左腹)으로 들어가는 일 : '좌복'은 '왼쪽 배'의 뜻으로, 《주역(周易)》 〈명이(明夷) 육사(六四)〉에 "왼쪽 배로 들어가서 밝음을 해칠 마음을 얻어 문으로 나온다.〔入于左腹, 獲明夷之心, 于出門庭.〕"라고 하였다. 이는 간사한 술수를 써서 군주에게 깊은 신임을 얻은 뒤에 멋대로 나쁜 짓을 자행하는 것을 비유하여 말한 것이다.

49 평피(平陂) : 《주역(周易)》 〈태괘(泰卦) 구삼(九三)〉에 "평평하기만 하고 기울지 않는 것은 없으며, 가기만 하고 돌아오지 않는 것은 없다.〔無平不陂, 無往不復.〕"라고 한 데서 온 말로, 세도(世道)의 성쇠와 흥망을 뜻한다.

50 기월(期月)의 교화 : 빠른 시일 안에 이룩해 낸 교화를 뜻한다. '기월'은 1년으로, 《논어(論語)》 〈자로(子路)〉에 "만약 나를 등용해 주는 임금이 있다면, 1년 만에 어느 정도 성과는 낼 수 있고, 3년이면 치적을 이룰 수 있을 것이다.〔苟有用我者, 期月而已可也, 三年有成.〕"라는 공자(孔子)의 말이 보인다.

51 성명지치(聲明之治) : 성교(聲敎)와 문명(文明)으로 이룬 훌륭한 정치를 뜻한다.

없겠는가.

근일로 내려오며 옛날의 시대와 점점 멀어져서 선현이 남긴 은택이 마침내 끊어지고 온 나라가 이익을 추구하여 이익을 위해 오가고 있다. 혼탁하고 몽매해져서 중요한 민이(民彝)와 물칙(物則),[52] 삼강(三綱)과 오상(五常)이 있다는 것을 다시 알지 못하니 세도(世道)가 또 한 번 쇠퇴함에 되돌릴 수 없게 되었다. 이에 두 선생의 풍도를 그리워할 때마다 마치 더위잡아 올라갈 수 없는 하늘처럼 아득하기만 하니 아아, 개탄스럽다.

김 선생의 연보는 집안에 보관하던 옛 책이 있었는데, 선생의 사손(嗣孫)인 침랑(寢郎) 군 김성태(金聖泰)가 장차 판각하여 오래도록 전하게 하려고 하면서 나에게 교정하는 일을 부탁하였다. 미호(渼湖) 김 문경공(金文敬公 김원행(金元行))이 일찍이 이를 손수 정리하였으나 여전히 정돈되지 못한 부분이 있었다. 이에 마침내 교정을 더하여 중첩된 부분은 산삭하고 빠뜨린 부분은 보충하였으며, 또 여러 인사들이 공에 대해 기술한 글들을 덧붙여서, 정리하여 2편으로 만들었다.

이 일을 마친 뒤에 침랑 군이 나에게 서문을 지어줄 것을 부탁해오니, 나는 노쇠하여 붓을 놓은 지가 오래되었으나 이왕 이 일에 참여하였으므로 또한 감히 끝내 사양할 수 없는 점이 있었다. 삼가 생각건대, 선생의 심오한 도덕과 걸출한 문장과 탁월한 공업에 대해서는, 이미

52 민이(民彝)와 물칙(物則) : 사람의 도리와 사물의 법칙을 말한다. 《시경(詩經)》 대아(大雅) 〈증민(烝民)〉에 "하늘이 뭇 백성을 내었으니 사물이 있으면 법칙이 있네. 백성이 떳떳한 본성을 갖고 있는지라 이 아름다운 덕을 좋아하네.〔天生烝民, 有物有則. 民之秉彝, 好是懿德.〕"라고 한 데에서 나왔다.

선현의 충실한 논의가 연보 속에 갖추어 실려 있으니 어찌 췌언할 필요가 있겠는가. 다만 마음속의 감회를 서술하여 돌려주는 바이다.

기記

간운대 기문

看雲臺記

청령정(淸泠亭)의 동쪽에는 폭포가 세찬 소리를 내며 쏟아진다. 폭포를 따라 올라가면 아득한 골짜기가 나타나는데, 양쪽의 언덕이 문처럼 마주보며 버티고 있고 돌멩이들이 바둑돌처럼 줄줄이 늘어서 있다. 덩굴을 붙잡고 발돋움하여 구불구불한 길을 따라 수십 보를 가면 몇 사람이 앉을 수 있는 너른 네모진 바위가 있고 높이가 몇 장(丈) 남짓이 되는 선바위가 이를 받치고 있다. 이것이 이른바 간운대(看雲臺)이니, 절묘하기가 마치 사람이 만든 것 같지만 실로 천연으로 만들어진 것이다. 좌우에는 절벽의 형세가 가파르고 아래에는 밝은 모래와 새하얀 자갈이 펼쳐져 있어서 더러워진 바가 없이 깨끗하며 단풍나무와 노송나무가 덩굴로 덮인 채 무성하게 우거졌다. 개천이 그 사이에 졸졸 흘러서 굽이를 이루며 구덩이를 채우고 넘쳐흐르는데 깨끗하고 맑은 기운을 머금고 있다. 그 풍경을 보면 정신이 고요해지고 그 소리를 들으면 뜻이 고원해지니, 경지가 그우하고 아늑하기가 실로 이 골짜기 중에 최고이다.

청령정은 바로 우리 집안의 별업(別業)으로, 국문(國門)의 동쪽에 있다. 옛날에 백씨(伯氏)[53]가 한가한 날에 자주 이곳에서 노닐었는데 꼭 나를 데리고 갔었다. 그런데 하루는 백씨가 흥이 일어 혼자 이곳에 왔다가 마침내 물줄기를 따라서 원류까지 거슬러 올라가 처음으로 이 대(臺)를 발견하고는 즐거워하였다. 그러나 한편으로 나와 함께 오지 못한 것을 몹시 아쉬워하여 이 이름을 붙였으니, 이는 두 공부(杜工部)의 시어(詩語)[54]에서 취한 것이다. 뒤에 백씨가 세상을 떠나니, 나는 외로이 인간 세상에 몸을 붙여 살면서 산천을 노닐 생각이 다시는 들지 않아 오랫동안 이 정자를 찾지 않았다. 근래에 일이 있어 이 정자에 왔다가 마침내 그 장소를 찾았는데, 백씨의 고아한 정취는 이미 붙잡아 좇을 수가 없고 오직 샘물만 졸졸 흐르고 구름만 두둥실 떠간다. 이에 굽어보고 우러르며 길게 탄식하고 기문을 적는다.

때는 병오년(1786, 정조10) 백로(白露) 날이다.

53 백씨(伯氏) : 오윤상(吳允常, 1746~1783)으로, 자는 사집(士執), 호는 영재(寧齋), 본관은 해주(海州)이다. 순암(醇菴) 오재순(吳載純)의 첫째 아들이며, 미호(渼湖) 김원행(金元行)의 문하에서 수학하였다. 학문에 뛰어나 두 아우인 오희상(吳熙常)과 오연상(吳淵常)을 가르치기도 하였다. 37세로 요절하였으며, 저서로는 《영재유고(寧齋遺稿)》가 있다.

54 두 공부(杜工部)의 시어(詩語) : 두 공부는 당(唐)나라 시인 두보(杜甫)로, 그가 지은 〈한별(恨別)〉 시에 "고향 집 생각하며 달 아래 거닐다 맑은 밤에 서 있고, 아우를 그리워하며 구름 보다가 한낮에 조네.〔思家步月淸宵立, 憶弟看雲白日眠.〕"라고 한 구절의 '간운(看雲)'을 가리켜 말한 것이다.

수락산을 유람하고 지은 짧은 기문
遊水落小記

경술년(1790, 정조14) 맹추(孟秋 7월) 기망(旣望 16일)에 조국진(趙國珍 조진구(趙鎭球)), 민원리(閔元履 민치복(閔致福))와 약조하여 수락산(水落山)의 승경을 유람하기로 하였다. 이날 이른 아침에 종암(鍾巖)의 정사(亭舍)에서 모여서 점심을 먹고 송산(松山)의 남 동지(南同知) 한길(漢吉)의 집에 들러서 그 집의 소년 중에 길을 잘 아는 자를 데리고 말을 놓아둔 채 걸어서 길을 떠났다. 옥류동(玉流洞)에 이르자 숲 사이에 어둑한 기색이 이미 창연하였다. 바위 위에서 잠시 쉬고서 마침내 방향을 돌려 금류(金流)를 찾으니 달빛이 시냇물의 한복판을 비추어 일대의 경관이 매우 아름다웠다. 전대 속의 술을 꺼내어 조금씩 술잔을 기울이며 번갈아 시를 읊어 물소리와 함께 서로 운율을 이루니 밤이 깊고 굶주림이 심한 것도 알지 못하였다. 이에 절 안으로 들어가서 음식을 재촉하며 앉았는데, 이윽고 홀연히 구름이 일고 비가 쏟아지면서 우레가 함께 몰려와, 그 소리가 산비탈과 골짜기에 진동하였다. 그러다가 조금 뒤에 하늘이 맑게 개어 은하수가 또렷이 빛나니 또한 빼어난 장관이었다. 이어서 선실(禪室)에서 누웠다.

이튿날 아침 서둘러 새벽밥을 먹고 산문(山門)을 나와서 서계(西溪)에 들러 유람하고 이어서 도봉서원(道峯書院)[55]으로 향하여 사당을 배

55 도봉서원(道峯書院) : 1573년(선조6)에 조광조(趙光祖)의 학문과 덕행을 추모하기 위하여 서울 도봉산(道峯山)에 세운 사액(賜額) 서원이다. 1696년(숙종22)에는 송

알하고 물러나와 침류당(枕流堂)에 앉아서 흉금을 터놓으며 마주하니 담박한 사귐에 형체를 잊었다. 저녁이 되어 장서각으로 자리를 옮겨서 서각 안의 주자서(朱子書)를 꺼내어 함께 보며 뜻을 다해 토론하니 명리(名理)가 환히 드러났다. 밤이 깊어 달빛이 몹시 밝은 가운데 시냇가로 걸어 나오니 사방이 고요하고 시원한 바람이 피부에 스몄다. 한참 있다가 돌아와 재(齋)에서 묵었다.

이튿날에 소광정(昭曠亭)에 오르고 또 종암의 별업을 거쳐 청령각(淸泠閣)에서 술잔을 기울이고 돌아오니 날이 이미 저물었다.

나는 산수를 유람하는 것을 매우 좋아하지만 어버이를 곁에서 모시느라 한가한 때가 적었다. 이에 비록 마음껏 멀리 나가지는 못하였으나 만일 조금의 여유가 생기면 매번 천진하게 밖으로 나가서 도성 근처의 천석(泉石)을 두루 유람하였다. 그러나 또한 붕우들을 데리고 함께한 적은 없었다. 이번에 유람한 여러 산들은 거의 다 다녀봤던 곳들이어서 특별히 서술할 것이 없으나, 오직 마음이 맞는 사람들과 함께 산수의 경치 속에서 흥겨이 실컷 노닌 것이 막혀 있던 심사를 털어내게 할 만하였고 또 자세히 책을 살펴보는 가운데 계발한 바가 많아 잊을 수 없는 점이 있었다. 이에 한번 글로 적어 기록하는 바이다.

시열(宋時烈)을 추가 배향하였다.

도산 기행 안동의 자사에 있을 때[56]

陶山記行 在安東子舍時

기미년(1799, 정조23) 맹추(孟秋) 처서(處暑) 이틀 뒤에 새벽에 일어나 달빛에 의지하여 부(府) 북쪽의 송금현(松金峴)을 넘어 40리를 가서 예안읍(禮安邑)의 점사(店舍)에 도착하여 잠시 쉬었다. 읍치(邑治)는 앞은 개천을 바라보고 뒤는 산을 등지고 있어서 대체로 골짜기의 느낌이 많았다. 10리를 더 가서 도산서원(陶山書院)에 이르렀는데, 산속에 자리를 잡고 있어서 비록 매우 협소하지만 분강(汾江)이 굽이쳐 멀리 뻗고 들판이 평평하고 안온하여 시야에 원만하게 들어왔다. 그윽하고 고요한 가운데 평탄하고 탁 트인 운치까지 겸비하고 있었으니 실로 유도자(有道者)가 은거하며 소요하기에 알맞은 곳이었다.

원우(院宇)의 앞 약간 동쪽에 '암서(巖栖)'라는 편액이 걸린 세 칸의 건물이 있는데, 이는 바로 선생이 독서하던 곳이다. 예전에는 초가지붕이었으나 지금은 기와로 바꾸었고 사립문과 흙 계단은 모두 옛날 그대로의 것이다. 연갑(硯匣), 여장(藜杖), 타구(唾具), 분대(盆臺), 중인(重茵 겹방석) 등의 물건을 보관하고 있어서 선생이 생전에 사용하던 것들을 아직까지도 전하고 있었다. 그 아래에 작은 연못과 작은 도랑을

56 안동(安東)의……때 : 자사(子舍)는 큰 방 곁에 딸린 조그만 방으로, 주로 지방관의 거처에 그 아들이 머무는 곁방을 가리킨다. 오희상은 1799년(정조23) 2월에 부친 오재소(吳載紹)가 안동 부사(安東府使)로 부임하자 모친을 모시고 함께 안동으로 내려가 머물렀고, 7월에 도산서원(陶山書院)을 배알하였다. 《老洲集 卷27 附錄 年譜》

만들고 또 돌을 쌓아 돈대를 만들어 놓았다. 이는 모두 선생이 붙인 이름이 있으나 원직(院直 서원 지기)에게 물어보았으나 매우 우둔하여 거의 분변하지 못하였다.

방 뒤에 처마를 연하여 반 칸의 구들장을 두고는 그 안에 한 승려를 머물게 해서 물 긷고 불 때는 사환(使喚)으로 갖추어 놓았다. 선생의 본가가 퇴계(退溪)에 있어서 거리가 거의 5리가 되는데 여기에 고요히 홀로 머물 때마다 주위에 수풀만 있고 촌락이 없으므로 함께 거처하는 승려를 두었던 것이니, 당일의 담해(啖薤)의 공부[57]를 상상해 볼 수 있다. 서원을 배알하고 점심을 먹고서 돌아오는 길에 다시 예안읍에서 조금 쉬었다가 마침내 복주(福州 안동)의 관아로 돌아오니 날이 아직 저물기 전이었다.

57 담해(啖薤)의 공부 : '담해'는 '염교를 먹는다'는 뜻으로, 북송(北宋) 때의 명재상인 범중엄(范仲淹)이 장백산(長白山)의 승사(僧舍)에서 공부할 적에 좁쌀 두 되로 죽을 끓여 이를 굳힌 뒤에 칼로 잘라 덩이를 나누어서 먹고, 염교 십여 줄기를 잘라 식초와 소금에 절여서 먹었던 데에서, 가난하고 고생하는 가운데 학문에 힘쓰는 것을 뜻하게 되었다. 《言行龜鑑 卷1 學問門》

계미년 기행
癸未記行

숭정(崇禎) 후 네 번째 계미년(1823, 순조23)은 바로 내가 태어난 갑자가 다시 돌아오는 해이니, 어버이를 여의고 살아가는지라 유모(孺慕)[58]의 마음이 더욱 절실하다. 냉절(冷節 한식)을 맞아 분진(汾津)[59]에 가서 절사(節祀)를 지냈다. 5월 4일 임신일에 또 직산(稷山)[60]으로 성묘하러 떠났는데 치익(致翼)이 함께 따라갔다. 월곡(月谷)[61]으로 길을 떠나서 병사(丙舍 묘막)에서 묵었는데 이척 기덕(李戚基德)이 술을 가지고 찾아와 담소를 나누었다. 이튿날 계유일에 묘사(墓祀)를 행하고 식사를 서두른 뒤에 길을 떠나 오산(鰲山)의 점사(店舍)에서 점심을 먹었다. 손치(孫峙)를 넘어 저녁에 양향(陽鄕 양성(陽城))에 도착하니, 종중의 노소가 모두 모여 한밤까지 정답게 이야기를 나누었다. 갑술일에 선영을 두루 성묘하였는데, 이날에 근상(謹常)이 호상(湖上)에서 찾아왔다. 을해일에 퇴전당(退全堂)에서 종회(宗會)를 열어 구계(舊

58 유모(孺慕) : 어린아이가 부모를 각별히 사랑하고 그리듯이 어버이의 죽음을 슬퍼하며 그리워함을 뜻한다.

59 분진(汾津) : 통진(通津)의 이칭으로, 이곳은 오희상(吳熙常)이 출계(出系)하여 대를 이은 오재소(吳載紹)의 묘가 있는 곳이다. 《老洲集 卷27 附錄 年譜》

60 직산(稷山) : 오희상(吳熙常)의 생부인 오재순(吳載純)의 묘가 있는 곳이다. 《老洲集 卷27 附錄 年譜》

61 월곡(月谷) : 오희상(吳熙常)의 증조부 오태주(吳泰周), 조부 오원(吳瑗) 등의 묘가 있는 곳으로, 경기도 광주에 있다. 《老洲集 卷27 附錄 年譜》

稧 화수회(花樹會))를 닦았다.

병자일에 덕봉서원(德峯書院)[62]에서 강회(講會)를 열었다. 나는 무인년(1818, 순조18)부터 처음으로 서원의 일을 맡았는데 율곡(栗谷 이이(李珥))의 《학교모범(學校模範)》[63]을 대략 본떠서 강규(講規)를 만들어 학생들에게 주어 한 달에 한 번 모여 강독하게 하였다. 이번 걸음에 학생들이 강회를 열고 청하므로 내가 마침내 여기에 나아갔는데, 직월(直月)[64]인 윤영후(尹永厚) 명여(命汝), 박종규(朴宗圭) 여현(汝玄)이 함께 왔고 성주(城主)-박공 긍원(朴公肯源)-도 찾아와 강회를 들었으니, 강회의 학생은 모두 50여 인이었다. 나이의 순으로 예를 행한 뒤에 장자(長者)는《대학(大學)》을, 동자(童子)는《소학(小學)》을 가지고 각각 문의(文義)를 서로 질문하니 분위기가 매우 무르익었다. 모인 이들 중에 총명하고 영특하여 아낄 만하지 않은 이가 없었으나 모두 공령(功令 과거시험)에 몰두하느라 머리를 돌려 이 학문을 믿고 따르려는 자가 없었다. 강독을 마친 뒤에 불러서 앞으로 나오게 하여 내외(內外)·경중(輕重)의 구분과 정 부자(程夫子 정이(程頤))가 학문의 과정을 구분한 가르침을 말해주어 신신당부하여 권면하였다.

정축일에 직산의 묘(墓) 아래에 나아갔다. 무인일은 바로 내 생일이었다. 일찍 일어나 묘(墓)에 절을 올리고 묘역의 안팎을 두루 돌아보고

62 덕봉서원(德峯書院) : 1695년(숙종21)에 양곡(陽谷) 오두인(吳斗寅)의 충절과 덕행을 추모하기 위해 건립한 서원으로, 경기도 안성시 양성면에 있다.

63 학교모범(學校模範) : 이이(李珥)가 선조(宣祖)의 명을 받아 만든 교육 훈규로, 입지(立志), 검신(檢身), 독서(讀書) 등 총 16조(條)로 되어 있다.

64 직월(直月) : 향약의 일을 맡아보던 직책으로, 오늘날의 간사(幹事)와 같다.

는 이어서 명발재(明發齋)[65]에서 유숙하였다. 이곳의 편액은 바로 사묵(士默)[66]의 글씨로, 계축년(1793, 정조17)에 새겨서 걸어 놓은 것이었다. 31년이 흐른 지금까지 마치 영겁이 지난 것처럼 사람일이 몹시 변하였는데 오직 이 몸만이 외로이 남아 있다. 인간세상을 우러르고 굽어봄에 슬프고 답답한 심정을 자못 이길 수가 없다. 기묘일에 묘(墓)에 하직하고 양향(陽鄉)으로 돌아왔다. 경진일에 일찍 출발하여 월곡에서 묵었다. 신사일에 호상(湖上)으로 돌아왔다.

65 명발재(明發齋) : '명발'이라는 이름은 《시경(詩經)》 소아(小雅) 〈소완(小宛)〉에 "날이 밝도록 잠을 못 이루고, 나의 두 분 부모님 생각하노라.〔明發不寐, 思我二人.〕"라는 구절에서 따온 것이다.

66 사묵(士默) : 오연상(吳淵常, 1765~1821)으로, 자는 사묵, 호는 약암(約菴), 본관은 해주(海州)이다. 오희상(吳熙常)의 아우이다. 1800년(정조24) 정시문과에 병과로 급제하였고 한성부 좌·우윤, 예조·이조 참판, 안동 부사, 홍문관 부제학, 도승지 등을 역임하였다. 저서로는 《약암집》 10권이 필사본으로 전한다.

제발題跋

사관[67]의 시고 뒤에 적다
書士寬詩稿後

옛사람이 말하기를, "시는 사람에게 있어서 눈썹과 같다."라고 하였으니, 이는 사람의 귀·눈·코·입은 모두 담당하는 바가 있으나 유독 눈썹은 담당하는 바가 없으면서도 또한 없어서는 안 되는 것임을 말한 것이다. 그러나 이는 시벽(詩癖)이 있는 사람의 말이다. 만약 어떤 사람이 귀와 눈이 멀었다면 어느 겨를에 눈썹이 곱고 추한 것을 따지겠는가. 더구나 소경과 귀머거리도 오히려 사람 축에 드는데, 눈이 잘 보이고 귀가 잘 들린다면 설령 눈썹이 없다 한들 사람이 되는 데에 무슨 문제가 있겠는가.

사관은 어렸을 때부터 시 짓는 것을 몹시 좋아하여 날마다 시를 읊으며 그치지 않고 힘써서 민묘(敏妙)한 의사와 청신(淸新)한 정취가 풍

67 사관(士寬) : 오철상(吳澈常, 1765~1826)으로, 자는 사관, 본관은 해주(海州)이다. 부친 오재경(吳載絅)은 오희상의 생부인 오재순(吳載純)과 육촌간이 되는데, 실제 혈연을 따지면 사촌간이 된다. 1805년(순조5)에 처음으로 벼슬하여 참봉이 되었고 관직이 이천 부사(利川府使)에 이르렀다.

부하였다. 내가 그 시를 한번 읊조릴 때마다 나도 모르게 무릎을 치며 탄성이 나온다. 그러나 부디 사관은 아름답게 꾸미는 일에만 전심하느라 눈은 흐리고 귀는 멀었는데 눈썹만 아름다워지지는 말기를 바란다.

경자년(1780, 정조4)[68] 계동(季冬 12월)의 날에 사경(士敬 오희상의 자(字))이 쓰다.

68 경자년 : 대본에 '庚子'로 되어 있는데, 경자년은 오희상(吳熙常)의 나이가 18세인 해인바, 오류가 있는 듯하나.

남 숙인[69] 유사 뒤에 적다

書南淑人遺事後

예전에 내가 혼례를 치를 적에 처음으로 숙인을 뵈었는데, 숙인은 나를 몹시 아껴서 나아가 뵐 때마다 매우 반가워하였다. 그러나 그 낯빛과 말씨가 장엄하면서도 간묵하여, 좋아한다고 하여 의용을 방만히 하지 않고 아낀다고 하여 말을 함부로 하지 않았다. 이에 나는 송연(竦然)하게 공경하는 마음이 일어나 나도 모르게 단정치 못한 모습이 몸에서 사라졌으니, 이를 통해 숙인에게 현덕(賢德)이 있음을 알 수 있었다.

숙인이 별세한 뒤에 숙인의 계자(季子) 권중업(權中業) 흥지(興之)가 유사 몇 칙(則)을 기술하여 나에게 보여 주고 그 뒤에 한마디 말을 덧붙여 줄 것을 부탁하였다. 내가 생각건대, 숙인은 효성과 우애를 자신의 몸에 쌓고 은혜와 사랑을 남에게 베풀어서 부자(夫子)가 바람직하게 여기고 친족과 이웃이 선함을 인정하였다. 그 훌륭한 법도와 아름다운 행실이 모두 동사(彤史)[70]에 전하여 규문에 모범이 될 만하

69 남 숙인(南淑人) : 오희상(吳熙常)의 장모로, 권제응(權濟應)의 처이다. 본관은 의령(宜寧)이며, 부친은 참봉 남득관(南得寬)이다.

70 동사(彤史) : 궁중 생활의 기록을 맡은 여관(女官)이나 또는 그 기록을 뜻하는데, 전하여 현숙한 여인들의 선행에 대한 기록을 뜻하는 말로 쓰인다. 옛날 여자 사관(史官)들이 자루가 붉은 붓으로 궁중의 정령(政令)이나 훌륭한 여인의 언행 등을 기록하였기 때문에, 붉은 붓을 동관(彤管)이라 하고 이 붓으로 서술한 기록을 동편 또는 동사라 칭하게 되었다.

니, 참으로 숙인의 덕이 훌륭하다.

그러나 이것이 어찌 숙인의 덕을 전부 드러낸 것이라 하겠는가. 숙인이 임종할 때에 중업을 돌아보며 말하기를,

"학문이 순일하지 못하고 덕이 높아지지 않는 것은 다만 욕심을 이겨내지 못하는 데에서 말미암는 것이다. 세상의 유자들 중에 이 마음을 깨끗이 씻어내어 이욕(利慾)의 구덩이에서 빠져나와 스스로를 속이지 않을 수 있는 자가 몇 사람이나 되겠느냐. 네가 학문을 하고자 한다면 반드시 이(理)와 욕(慾)의 기미에 있어서 천백(千百)의 공부[71]를 들여야 할 것이다."

라고 하였다. 아, 숙인은 행실이 독실한 데에다 식견 또한 이처럼 고매하고 절실하여 학문에 힘쓰는 군자와 유사하니, 숙인은 아마도 도(道)에 가까울 것이다. 지엽적인 낯빛과 말씨만 보고서 숙인을 안다고 하는 것이 어찌 옳겠는가. 지금 홍지가 영리(榮利)를 좇는 마음을 끊고서 독실하게 자수(自修)하고 있으니, 이를 통해 숙인의 말을 장차 확인할 수 있을 것이다.

71 천백(千百)의 공부 : 남들보다 몇 갑절의 힘을 들여 부지런히 노력하는 공부를 말한다. 《중용장구(中庸章句)》 제20장에 "남이 한 번에 능숙하게 하면 나는 그것을 백 번이라도 하고, 남이 열 번에 능숙하게 하면 나는 그것을 천 번이라도 할 것이다. 만약 이런 방식으로 해나갈 수만 있다면 아무리 어리석은 사람이라도 반드시 명민해지고, 아무리 유약한 사람이라도 반드시 강해지게 될 것이다.〔人一能之, 己百之; 人十能之, 己千之. 果能此道矣, 雖愚, 必明; 雖柔, 必强.〕"라고 한 데에서 온 말이다.

〈임명파왜도〉 발
臨溟破倭圖跋

이 도첩은 바로 정 충의공(鄭忠毅公)[72]이 쌍포(雙浦)에서 왜구를 격파하였던 것을 그린 그림이다. 예전 만력(萬曆) 임진년(1592, 선조25)에 왜구가 창궐하여 삼도(三道)를 노략하고 경성(京城)을 침범하고는 관서(關西)와 관북(關北)을 침략하니, 관북의 22주가 모두 왜적의 소굴이 되었다. 수신(帥臣)과 장리(將吏 군관)들이 적이 쳐들어온다는 소문만 듣고도 겁을 먹고 달아나서, 맞서 싸워 수비할 계책을 지닌 자가 없었는데, 공이 병마평사로서 뜻을 같이 하는 이들을 이끌어 의병을 일으켜 수차례 전투하여 왜장 가등청정(加藤淸正)을 쌍포에서 크게 격파시켰다. 이에 가등청정이 크게 군색해져서 무리를 이끌고 밤중에 달아나니 관북이 마침내 안정되었다.

이때에 영남(嶺南)과 호남(湖南) 양 도(道)에서도 의병이 봉기하여 곳곳에서 구름처럼 모였으나 오히려 왕왕 패배하여 수년이 지나서야

72 정 충의공(鄭忠毅公) : 정문부(鄭文孚, 1565~1624)로, 자는 자허(子虛), 호는 농포(農圃), 본관은 해주(海州)이며, 시호는 충의이다. 1585년(선조18) 생원이 되고, 1588년(선조21) 식년 문과에 갑과로 급제해 한성부 참군이 되었다. 1592년(선조25)에 회령의 반민(叛民) 국경인(鞠景仁)이 임해군(臨海君)·순화군(順和君) 두 왕자와 이들을 호종한 김귀영(金貴榮)·황정욱(黃廷彧)·황혁(黃赫) 등을 잡아 왜장 가등청정(加藤淸正)에게 넘기고 항복하자, 이에 격분해 의병을 조직하여 쌍포(雙浦) 전투와 이듬해 백탑교(白塔郊) 전투에서 대승해 관북 지방을 완전히 수복하였다. 이후 길주목사(吉州牧使), 전주 부윤(全州府尹)을 역임하였으며, 이괄(李适)의 난에 연루되어 고문을 받다 죽었다. 후에 신원되어 좌찬성에 추증되었다.

비로소 안정될 수 있었다. 또 관북은 국도와 거리가 멀어 형세가 막혀서 조정의 명령이 전달되지 못하고 천병(天兵 명나라 원병)이 구원하지 못하였다. 그런데 공이 일개 종사관으로서 고군(孤軍) 수천 인을 이끌고 전후 세 차례의 싸움에서 모두 승리를 거두어 끝내 막강했던 왜구를 쓸어버리고 빈기(邠岐)[73]의 옛 강토를 회복하여 큰 공훈을 세웠으니, 어찌 위대하지 않겠는가.

공의 휘하에 있던 강문우(姜文佑)가 그 격전했던 상황을 목도하고 이 그림을 그려서 지금까지 전해오니 이를 통해 쌍포의 전투가 몹시 장렬하였음을 알 수 있다. 공의 후손 모(某)가 한 본을 모사하여 보관해서 자손들에게 보여주고자 하면서 나에게 발문을 지어줄 것을 부탁하였다. 아, 공의 훈업은 이미 국승(國乘 국사)에 실려 있어서 사람들의 이목에 널리 알려졌으니 그림이 있을 필요가 없다. 그러나 후세의 사람들이 이 일을 직접 목도한 것처럼 여겨 백년, 천년의 뒤에도 늠연(凜然)히 생각을 일으키게 하는 데에는 또 이 도첩이 도움이 되지 않겠는가.

73 빈기(邠岐) : 빈(邠) 땅과 기산(岐山)을 이르는 것으로, 왕업(王業)이 일어난 곳을 뜻한다. 주(周)나라 문왕(文王)의 조부인 고공단보(古公亶父)가 처음에는 빈(邠) 땅에 살다가 적인(狄人)이 침략하자 기산 아래로 옮겨 와서 거주하였는데, 주(周)나라가 이때부터 이곳을 거점으로 하여 왕업을 성취하였다. 《孟子 梁惠王下》 관북(關北)은 태조 이성계(李成桂)의 출신지이므로 빈기(邠岐)에 견주어 말한 것이다.

덕수서원[74] 원규 발

德水書院院規跋

이상은 덕수서원 원규 총 몇 칙이다. 덕수서원은 관서(關西) 숙천부(肅川府) 덕수동(德水洞)에 있으니 바로 우리 율곡(栗谷) 이 선생(李先生 이이(李珥))을 향사하는 곳이다. 선생이 일찍이 이 고을에서 학업을 닦고 강학하였다고 하여 고을의 여러 선비들이 그 장소에 서원을 세우고 선생을 향사하였는데 얼마 뒤에 철폐되었다. 금상(今上 정조) 기해년(1779, 정조3)에 여러 선비들이 또 재물을 모아 옛터의 모습을 고쳐서 영령을 봉안한 사당과 선비들이 머무는 재실과 대문과 곁채, 부엌과 곳집을 각각 차례대로 완성하였다. 이에 배우는 선비들이 장차 이곳에서 한가로이 노닐며 강습하고 또 깨끗이 재계하여 향사를 올리게 되었으니 이것이 원규가 만들어진 이유이다.

그러나 이는 오히려 지엽적인 것이니 어찌 향사의 의리를 완전히 다한 것이겠는가. 내가 듣건대, 현인을 향사하는 의리로는 세 가지가 있으니, 하나는 융숭히 보답하기 위함이고, 하나는 도(道)를 높이기 위함이고, 하나는 가르침을 밝히기 위함이다. 융숭히 보답하는 것은 도(道)를 높이려는 것이고 도(道)를 높이는 것은 가르침을 밝히려는

74 덕수서원(德水書院) : 평안남도(平安南道) 숙천(肅川) 덕수동(德水洞)에 있다. 율곡(栗谷) 이이(李珥)의 장인인 노경린(盧慶麟)이 숙천 부사(肅川府使)로 있을 적에 이이가 이곳에 초당(草堂)을 짓고 왕래하였는데, 옛터에 이이가 심은 밤나무가 많았다고 한다. 1732년(영조8)에 제생(諸生)이 창건하여 봉안하였는데, 1741년에 조정의 명으로 훼철되었다가 1788년(정조12)에 다시 창설되었다. 《栗谷全書 卷34 附錄 院享錄》

것이니, 도(道)를 높이지 않고 가르침을 밝히지 않는다면 비록 제기를 진설하고 제수를 담아 올린다고 하더라도 어찌 융숭히 보답한다고 할 수 있겠는가. 그러므로 이 세 가지가 갖추어진 뒤에야 선생을 향사하는 의리가 온전하게 되는 것이다.

아, 지금은 선생이 계시던 시대와 이백여 년이나 멀어졌다. 참된 유자가 나오지 않고 선비들도 옛일을 본받지 않아서 모두 휩쓸려 공리(功利)와 과거(科擧)의 습속에 빠져들어 성명(性命)과 인의(仁義)의 학문이 있음을 알지 못한다. 이 때문에 선생의 향사가 나라 안에 널리 행해져도 선생의 도(道)는 민멸되지 않은 것이 거의 드문 것이다. 지금 숙천부의 선비들이 만일 독실하게 뜻을 세우고 힘써 행하여 근본을 두텁게 하고 실제에 힘써서 이로써 자신을 닦고 또 이로써 남에게 미쳐 가서 선생의 도(道)와 가르침이 이 덕분에 실추되지 않게 할 수 있다면, 융숭히 보답하는 의리가 바로 여기에 있게 될 것이다. 재계하고 향사하는 의례와 학업을 익히는 절목은 이미 상세한 규례가 있으므로 여기에서는 다시 말하지 않고, 선생을 향사하는 의리를 말하여 덕수서원 원규의 발문을 짓는다.

백씨[75] 유묵 발

伯氏遺墨跋

백씨(伯氏)는 젊었을 때에 임지(臨池)[76]의 유희에 관심을 두지 않았었는데 말년에 이르러 안 노공(顔魯公)[77]의 필법을 매우 좋아하여 책을 보다가 뜻이 피로해질 때면 그 필첩을 꺼내어 임서하며 말하기를,

"강직하고 방정하며 전아하고 엄격하니 참으로 정기(正氣)에서 나온 필획이다."

라고 하였다. 지금 백씨의 글씨를 삼가 살펴보건대, 조의(造意 구상)와 결구(結構 짜임새)는 안 노공에 모두 부합하는지 잘 모르겠지만 굳센 소나무나 노성한 대나무와 같아서 아름답게 꾸미거나 유약한 자태가 조금도 없으니 노공에 부끄럽지 않을 수 있다.

75 백씨(伯氏) : 오윤상(吳允常, 1746~1783)으로, 자는 사집(士執), 호는 영재(寧齋), 본관은 해주(海州)이다. 미호(渼湖) 김원행(金元行)의 문하에서 수학하였으며 아우인 오희상(吳熙常)과 오연상(吳淵常)을 가르치기도 하였다. 벼슬에 나아가지 않고 학업에 열중하였으며, 37세의 나이로 요절하였다.

76 임지(臨池) : 서법(書法)을 학습하는 것 또는 서법을 말한다. 후한(後漢) 때 초성(草聖)으로 일컬어졌던 장지(張芝)가 일찍이 글씨를 익힐 적에, 못가에 가서 글씨를 연습하여 못물이 다 검어졌던 고사에서 유래하였다. 《晉書 卷36 衛瓘列傳》

77 안 노공(顔魯公) : 당(唐)나라 때의 명신이자 유명한 서예가인 안진경(顔眞卿, 709~785)으로, 자는 청신(淸臣)이며, 노군공(魯郡公)에 봉해졌다. 덕종(德宗) 때에 태자 태사(太子太師)가 되었으며, 이희열(李希烈)이 반란을 일으키자 75세의 노구를 이끌고 초유(招諭)하러 갔다가 구금되어 3년간 온갖 회유를 받았으나 끝내 거절하고 살해되었다. 서예에 뛰어나서 해서·행서·초서에 모두 능하였으며, 특히 해서는 장엄하고도 웅장하여 높은 평가를 받았다.

옛날에 가까이에서 모시던 날을 기억해 보건대, 강(剛)이라는 덕목을 말하게 되면 반복해서 뜻을 다하지 않은 적이 없었다. 아, 백씨는 늦게 말세에 태어나서 항상 지절(志節)로 스스로를 닦아, 세속에 동화되지 않기를 원하였을 뿐만 아니라 자신이 세속을 변화시키기를 원하였으니 이러한 뜻이 진실로 뚜렷하였다. 그러므로 비록 예사의 한묵(翰墨)이라고 하더라도 반드시 안 노공을 기준으로 삼았던 것이다. 그렇다면 백씨가 안 노공을 사모한 것은 안 노공의 지절 때문이었던 것이니 어찌 그저 필법만 취한 것이겠는가.

백씨가 별세한 지 14년 뒤에 사묵(士默)[78]이 옛 상자에서 유묵(遺墨) 몇 장을 찾아내어 손수 표구하여 필첩을 만들어서, 이로써 죽을 때까지 잊지 못하는 그리움을 부치고자 하였다. 아 슬프다. 그러나 지금 백씨는 이미 별세하여 오직 그 가르침의 일맥이 나와 사묵에게 달려있게 되었으니, 어찌 한갓 지묵(紙墨)만 어루만지고 있어서야 되겠는가. 이를 통하여 백씨가 남긴 뜻을 심역(尋繹)하여 양강(陽剛)에 힘써 나아가고 유도(柔道)에 끌려가지 않는다면, 이 필첩을 두고 은밀히 전한 지결(旨訣)이라고 하더라도 좋을 것이다. 이와 같이 적어서 서로 권면하는 바이다.

병진년(1796, 정조20) 5월 소회(少晦 29일)에 아우 희상(熙常)이 삼가 적는다.

78 사묵(士默) : 오연상(吳淵常, 1765~1821)으로, 자는 사묵, 호는 약암(約菴), 본관은 해주(海州)이다. 오윤상(吳允常)과 오희상(吳熙常)의 아우이다. 1800년(정조24) 정시문과에 병과로 급제하였고 한성부 좌·우윤, 예조·이조 참판, 안동 부사, 홍문관 부제학, 도승지 등을 역임하였다. 저서로는 《약암집》 10권이 필사본으로 전한다.

충의 김공[79] 유적의 기록 뒤에 적다

書忠毅金公遺蹟後

옛날 단묘(端廟 단종)가 왕위를 선양했을 적에 육신(六臣)[80]이 죽임을 당하였는데, 판서 충의(忠毅) 김공 문기(金公文起) 역시 화를 당하였다. 그러나 육신은 우뚝하고 찬란하게 이름이 드러나 지금까지도 사람들의 이목에 잘 알려져서 길쌈하는 아낙이나 나무하는 사내들조차도 모르는 이가 거의 없는데, 공은 이름이 드러나지 않아서 세상에 아는 자가 거의 없다. 섬기는 이에게 충성을 다하여 죽더라도 배반하지 않아서 사람의 기강을 세우고 신하의 절조를 드러낸 것은 공과 육신이 똑같은데, 혹은 이름이 드러나고 혹은 이름이 드러나지 않았으니 이는 어째서인가.

79 충의(忠毅) 김공(金公) : 김문기(金文起, 1399~1456)로, 자는 여공(汝恭), 호는 백촌(白村), 본관은 김해(金海)이며, 초명은 효기(孝起)이다. 1426년(세종8) 식년 문과에 병과로 급제하였으며, 함길도 도절제사, 공조 판서 등을 역임하였다. 1456년(세조2) 성삼문(成三問), 박팽년(朴彭年) 등이 단종 복위를 계획하다가 사전에 발각되어 주살당할 때, 이 사건에 관련되어 군기감 앞에서 처형되었다. 단종 복위에 가담한 이들을 국문할 적에 다른 이들은 모두 공모한 자들의 이름을 대며 복위를 꾀한 일을 승복하였는데, 김문기는 홀로 승복하지 않았다. 1731년(영조7) 복관되었으며, 1778년(정조2) '충의'의 시호가 내려졌고, 1791년 장릉(莊陵)의 충신단(忠臣壇)에 배식되었다.

80 육신(六臣) : 1456년(세조2) 세조를 제거하고 단종을 복위시킬 것을 모의하였다가 죽임을 당한 6인의 충신으로, 남효온(南孝溫)의 〈육신전(六臣傳)〉에 소개된 성삼문(成三問)·박팽년(朴彭年)·하위지(河緯地)·이개(李塏)·유성원(柳誠源)·유응부(兪應孚)를 이른다.

아, 육신이 죽임을 당할 때에 강개하고도 격렬하여 정확(鼎鑊)을 마치 편안한 잠자리처럼 보아서 머리를 나란히 하여 형벌을 받음에 오히려 혹시라도 뒤쳐질까 염려하였으니, 당한 화난이 혹독할수록 그 절조가 더욱 드러났다. 반면 공은 문초를 받을 적에, 사신(史臣)이 '승복하지 않았다.'라고 기록하였으니,[81] 혹독한 형장이 가해지는 가운데에서 나뒹굴며 묵묵히 견디면서 시종일관 승복하지 않다가 죽었던 것이다. 공의 지혜로 어찌 승복하지 않는 것이 목숨을 구할 방도가 되지 못한다는 것을 몰랐겠는가. 당시에 단묘가 아직 무양(無恙)한 상황이었으므로 일이 매우 말하기 어려운 점이 있었다.[82] 공의 행위는 한번 죽음으로써 충정을 다하면서 자신으로 인해 지극히 존귀한 군주에게 누를 끼치기를 원치 않아서, 차라리 백세에 전해질 이름을 버리더라도 후회함이 없었던 것이 아니겠는가. 그렇다면 그 지성측달(至誠惻怛)[83]한 마음은 당시의 제현보다도 드높은 바가 있는 것이니, 구구한

81 사신(史臣)이……기록하였으니 : 《세조실록(世祖實錄)》 2년 6월 2일 기사에 단종의 복위를 도모한 성삼문(成三問), 하위지(河緯地), 이개(李塏), 박팽년(朴彭年), 김문기(金文起) 등을 국문하여 공초를 받은 내용이 실려 있는데, "나머지 사람들이 다 공초에 승복하였으나, 오직 김문기만 승복하지 않았다.〔餘皆服招, 惟文起不服.〕"라는 내용이 보인다.

82 당시에……있었다 : 당시에 단종은 세조에게 양위하고 상왕(上王)이 되어서 수강궁(壽康宮)에서 지내고 있었다. 단종의 복위를 도모한 일을 승복하면 화가 단종에게까지 미치게 될까 염려하여 승복하지 않은 것임을 말한 것이다.

83 지성측달(至誠惻怛) : 《논어(論語)》 〈미자(微子)〉의 "미자는 떠나가고 기자는 종이 되고 비간은 간언하다가 죽었다. 공자가 '은나라에 세 명의 인자가 있었다.'라고 하였다.〔微子去之, 箕子爲之奴, 比干諫而死. 孔子曰殷有三仁焉.〕"라는 구절에 대한 《논어집주(論語集註)》의 해설에 "세 사람의 행동이 같지 않으나, 모두 지성측달한 뜻에

영욕(榮辱)과 현회(顯晦)를 가지고 공을 논해서야 되겠는가.

지금 공의 시대와 멀어진 지가 사백 년이 되어 간다. 학사와 대부들이 점차 공의 일을 전해 내려와 관작을 추증하고 시호를 내리며 제향하는 일이 육신에 비견하게 되었다. 성조(聖朝)에서 융숭하게 보답하는 은전이 이로써 유감이 없게 되었고 천도(天道)가 어긋나지 않음 또한 확인할 수 있게 되었다. 공의 후손 모(某)가 공의 유사(遺事)를 가지고 와서 나에게 그 뒤에 글을 써주기를 부탁하므로 마침내 이상과 같이 적어서 돌려준다.

서 나온 것이다.〔三人之行不同, 而同出於至誠惻怛之意.〕"라는 말이 보인다.

정 부총[84]의 묵란도 뒤에 적다

題程副摠墨蘭圖後

이 도첩은 황명(皇明 명나라)의 부총(副摠) 정공 룡(程公龍)이 손수 그린 묵란(墨蘭)이다. 숭정(崇禎)[85]의 시대에 정공이 사명(使命)을 받들고 우리나라에 와서 이 그림을 월저(月渚) 황공 윤후(黃公胤後)[86]에게 주었다. 황공은 일찍이 정묘호란(丁卯胡亂)이 일어났을 적에 화의(和議)의 주장을 배척하여 강직하다는 명성을 얻었으니, 정공이 그림을 준 것은 그 까닭이 있었다.

아, 황조(皇朝 명나라)는 우리나라를 자식처럼 여겼고 우리나라도 황조를 섬기기를 부모와 같이 하였다. 그러므로 옛날 황화(皇華)[87]의

84 정 부총(程副摠) : 명(明)나라 장수 정룡(程龍)으로, 1633년(인조11)에 칙명을 받들고 사신이 되어 우리나라에 온 일이 있다.

85 숭정(崇禎) : 명(明)나라의 마지막 황제 의종(毅宗)의 연호로, 1628년(인조6)부터 1644년(인조22)까지 사용되었다.

86 황공 윤후(黃公胤後) : 황윤후(黃胤後, 1587~1648)로, 자는 희적(希迪), 호는 월저(月渚), 본관은 황주(黃州)이다. 1613년(광해군5) 생원시와 진사시에 합격하였고, 1625년(인조3) 순릉 참봉(順陵參奉)에 천거되고, 이해에 별시문과에 병과로 급제하였다. 세자시강원과 사헌부의 벼슬을 역임하였고, 1636년 병자호란 때에는 구성 부사(龜城府使)로서 부원수의 종사관이 되어 활약했으며 난이 끝난 뒤 백성들의 인심을 수습하는 데에 공이 컸다. 뒤에 의주 부윤(義州府尹), 동부승지 등에 제수되었다.

87 황화(皇華) : 《시경(詩經)》 소아(小雅)의 편명인 〈황황자화(皇皇者華)〉의 약칭으로, 이 시는 천자의 명을 받들고 가는 사신(使臣)의 행차를 전사가 전송하는 내용이다. 여기에서 유래하여 사행(使行), 또는 사신을 뜻하게 되었다. 곧 명(明)나라 사신이 황명을 받들고 우리나라에 왔던 것을 가리켜 말한 것이다.

전성기에는 내복(內服)과 외복(外服)[88]으로 구분하지 않고 함께 교제하며 창수(唱酬)하기를 왕성하게 하였으니, 이 몇 장의 그림에 또한 깊은 뜻이 담겨 있음을 알 수 있다. 지금 오랑캐가 중국에 들어가 주인이 됨에 황명의 유민들이 치발(薙髮)과 좌임(左衽)을 하며 누린내 나는 오랑캐 풍속에 점점 빠져들어, 당시의 일을 다시 보고자 하더라도 볼 수가 없으니 아, 비통하다. 그러나 백세(百世)의 뒤에도 여전히 그 풍류를 상상해 볼 수 있게 하는 것이 바로 이 도첩이니, 어찌 낡고 바랜 그림이라고 하여 귀하게 여기지 않을 수 있겠는가.

그러나 천지의 기운이 폐색된 지가 오래되었다. 대의(大義)가 점점 어두워져서 사람들이 원수를 잊는 것은 미워할 만한 것이고 오랑캐에게 아첨하는 것은 부끄러워할 만한 것임을 알지 못하여 피폐(皮幣)와 금백(金帛)을 실은 수레가 해마다 연경(燕京) 가는 길을 바쁘게 오간다. '함인부득이(含忍不得已)'[89]의 뜻은 자취를 감추고, 저들이 한 마디의 용납해주는 말을 하거나 훈훈한 작은 은혜를 베풀기라도 하면 반색하며 서로 기뻐하여 영광이라고 자랑을 한다. 모두가 이와 같이 하고

88 내복(內服)과 외복(外服) : 옛날에는 중국의 왕기(王畿) 지역을 중심으로 거리에 따라 오복(五服)으로 나누었는데, 이 오복을 다시 황제가 직접 다스려서 교화가 잘 미치는 내복과 직접 다스리지 않아서 교화가 미치기 어려운 외복으로 나누었다. '복(服)'은 '천자에게 복종하여 섬긴다〔服事天子〕'는 의미이다.

89 함인부득이(含忍不得已) : '통분을 참고 원한을 품고서 절박하여 마지못한 심정으로 한다〔忍痛含冤 迫不得已〕'는 뜻으로, 본래 주희(朱熹)의 〈여진시랑서(與陳侍郎書)〉에 나오는 말이다. 남송(南宋)의 조정이 원수인 금(金)나라에 화친을 구걸하여 성립된 후로 지난날의 일은 잊어버리고 기뻐하는 것을 보고서 비판하여 한 말로, 부득이하여 금(金)나라와 외교를 하게 되더라도 금(金)나라 때문에 남쪽으로 쫓겨 가게 된 일을 잊지 말아서 복수하여 설욕할 것을 생각해야 함을 말한 것이다.

있으니, 이 도첩을 등한시하지 않는 이가 거의 드물다. 그런데 황씨의 집안에서 누대에 걸쳐 이를 귀중하게 간직하여 정성스럽게 보관하고 있으니, 풍천(風泉)의 생각[90]이 있는 것을 볼 수 있으며 또 월저의 유풍이 없어지지 않았다고 할 만하다.

나의 조부 문목공(文穆公)[91]과 본생(本生) 선고 문정공(文靖公)[92]이 연달아 이 도첩의 뒤에 글을 남겼는데, 월저 공의 7세손 황은(黃𪟝)이 또 나에게 한마디 글을 써주기를 부탁하였다. 이에 우러르고 굽어보며 비탄하면서 이 글을 적어서 준다.

황명 숭정 기원후(紀元後) 네 번째 갑자년(1804, 순조4) 유하(維夏

90 풍천(風泉)의 생각 : 나라가 쇠미하거나 망한 것에 대한 슬픈 생각을 말한다. 《시경(詩經)》 회풍(檜風) 〈비풍(匪風)〉의 주제는 주(周)나라 왕실이 쇠미한 것에 대하여 현인이 이를 근심하고 탄식하는 내용이고, 조풍(曹風) 〈하천(下泉)〉의 주제는 왕실이 무너지자 소국이 곤폐(困弊)하여 주(周)나라 서울을 생각하는 것인데, '풍천'은 이 두 시의 편명을 합한 말이다.

91 문목공(文穆公) : 오원(吳瑗, 1700~1740)으로, 자는 백옥(伯玉), 호는 월곡(月谷), 본관은 해주(海州)이다. 시호는 문목이며, 오희상(吳熙常)의 조부이고 이재(李縡)의 문하에서 수학하였다. 1723년(경종3) 사마시에 합격하고, 1728년(영조4) 정시문과에 장원하였으며, 홍문관 대제학, 공조 참의 등을 역임하고 좌찬성에 추증되었다. 저서로는 《월곡집》이 있다.

92 문정공(文靖公) : 오재순(吳載純, 1727~1792)으로, 자는 문경(文卿), 호는 순암(醇庵)·우불급재(愚不及齋), 본관은 해주(海州)이다. 시호는 문정이며, 오희상(吳熙常)의 생부이다. 처음에 음보로 관직에 나아가 용궁 현감(龍宮縣監), 의빈부 도사 등에 제수되었고, 1772년(영조48) 정시문과에 병과로 급제하였다. 홍문관·예문관 대제학, 이조·형조·예조 판서, 판의금부사, 판중추부사 등을 두루 역임하였다. 정조의 총애를 받아 오랫동안 문형(文衡)을 맡고 이조를 관장하였으며, 정조로부터 '우불급재'라는 호를 하사받았다. 저서로는 《주역회지(周易會旨)》, 《완역수언(玩易隨言)》, 《순암집》 등이 있다.

4월)에 오희상(吳熙常)이 삼가 쓰다.

숭정 10년(1637)에 유적(流賊)이 강포(江浦), 육합(六合)을 침략하자 순무(巡撫) 장국유(張國維)가 부장(副將) 정룡(程龍), 진우왕(陳于王), 장약래(蔣若來)에게 두 읍(邑)을 나누어 수비하게 하였다. 3월에 유적이 태호(太湖)를 침략하니 정룡 등이 오중(吳中)의 병사 3천6백 인을 거느리고 방어하였다. 적이 이르러 오자 정룡 등이 협공하여 패퇴시켰는데, 밤에 다시 공격하러 왔다가 매복에 걸려 패퇴해 물러갔다. 감군(監軍) 사가법(史可法)이 퇴각하여 요해처를 장악하려고 하였으나 정룡이 이를 따르지 않고 참호를 파서 24일간 수비하였다. 그러다가 유적의 무리 수만 인이 일제히 이르러 와서 수 겹으로 포위하니 여러 장수들이 돌격하면서 죽고 다치는 자가 많이 나왔다. 마침 하늘에서 비가 내려 갑옷이 무거워져서 나가서 싸우지 못하였는데, 유적이 사방에서 침입해 들어오니 장수와 병사들이 단병(短兵)으로 접전했다. 그러다가 정룡은 불을 끌어다가 스스로 분신하여 죽었고 진우왕 역시 힘이 다하여 스스로 목을 베어 죽었다.

아, 정공이 우리나라에 왔을 적에 또 나의 선조인 충정공(忠貞公)[93]

93 충정공(忠貞公) : 오두인(吳斗寅, 1624~1689)으로, 자는 원징(元徵), 호는 양곡(陽谷), 본관은 해주(海州)이며, 시호는 충정이다. 1648년(인조26)에 진사시에 1등으로 합격하고 이듬해 별시 문과에 장원으로 급제, 1650년(효종1) 지평을 시작으로 청요직을 두루 거쳤으며, 벼슬이 형조 판서에 이르렀다. 1689년(숙종15) 5월에 인현왕후(仁顯王后)가 폐위되자, 이세화(李世華)·박태보(朴泰輔)와 함께 이에 반대하는 소를 올렸다가 국문을 받고 의주(義州)로 유배 가던 도중 파주에서 죽었다. 1694년 영의정에 추증되었으며, 저서로는 《양곡집》이 있다.

과 시를 주고받은 일이 《양곡집(陽谷集)》에 실려 있는데,[94] 그 충의(忠義)와 열절(烈節)이 이처럼 우뚝한 것은 여전히 알지 못하였다. 그러다가 우연히 《명사(明史)》를 읽다가 〈진우왕전(陳于王傳)〉 가운데에서 이러한 위대한 행적을 발견하고는 나도 모르게 옷깃을 여미고 공경하는 마음이 들게 되었다. 이에 또 이러한 내용을 덧붙여 적어서 후인들에게 알리는 바이다.

때는 경인년(1830, 순조30) 국추(菊秋 9월)이다.

94 양곡집(陽谷集)에 실려 있는데 : 오두인(吳斗寅)이 정룡(程龍)에게 준 시는 《양곡집》 권1에 〈정천사정부총(呈天使程副摠)〉이라는 제목으로 실려 있으며, 정룡이 차운한 시도 함께 수록되어 있다.

《순암집》 발
醇庵集跋

나의 백부인 문정공(文靖公)[95] 부군은 젊어서 문장 짓는 것을 좋아하되 분방함을 일삼지 않아 당대에 명성을 떨쳤는데, 중년 이후로는 더욱 화려함을 거두고 내면으로 향하여 저술을 가지고 자처하지 않았으니 시문(詩文)이 절반이 넘게 산일되었다. 별세한 뒤에 불초한 우리 자제들이 비로소 수집하여 선사(繕寫)하였으나 평소의 겸허하였던 뜻을 받들어 감히 대번에 판각하여 간행할 계획을 세우지 못하였다.

어느 날 정묘(正廟 정조)가 유고(遺稿)를 가져오게 하여 열람하고는 하교하시기를,

"근일 한가한 가운데 고(故) 각신(閣臣) 오순암(吳醇庵)의 사고(私稿)를 펼쳐서 읽어 보았는데 격조가 깊으면서도 중후하였고, 젊었을 때의 시문은 종종 몹시 빼어난 부분이 있었다. 스스로 작가를 모방한다고 여기는 젊은 각신들로서는, 그 기미(氣味)와 의장(意匠)을 본

95 문정공(文靖公) : 오재순(吳載純, 1727~1792)으로, 자는 문경(文卿), 호는 순암(醇庵)・우불급재(愚不及齋), 본관은 해주(海州)이다. 시호는 문정이며, 오희상(吳熙常)의 생부이다. 처음에 음보로 관직에 나아가 용궁 현감(龍宮縣監), 의빈부 도사 등에 제수되었고, 1772년(영조48) 정시문과에 병과로 급제하였다. 홍문관・예문관 대제학, 이조・형조・예조 판서, 판의금부사, 판중추부사 등을 두루 역임하였다. 정조의 총애를 받아 오랫동안 문형(文衡)을 맡고 이조를 관장하였으며, 정조로부터 '우불급재'라는 호를 하사받았다. 저서로는 《주역회지(周易會旨)》, 《완역수언(玩易隨言聖學圖)》, 《순암집》 등이 있다.

받고자 하더라도 할 수 없을 것이다. 대체로 오순암은 도회(韜晦)를 잘하여 그 문장의 깊이를 아는 자가 드물다. 그러니 속히 판각에 부쳐서 문집을 세상에 간행하지 않을 수 없다."

라고 하였다. 불초한 우리들이 공경히 은혜로운 말씀을 받들고서 황공하여 몸 둘 바를 몰라 하며 감읍하였다. 이에 감히 한 집안의 책으로만 보관하지 않겠다는 것을 약조하지 않을 수 없었다. 다함께 거듭 산정(刪定)한 지 수 년 만에 지금 비로소 철자(鐵字)로 간인하니, 부(賦) 2수, 시 289수, 문(文) 174편, 잡지(雜識) 174칙(則)으로, 총 10편이다.

부군이 만년에 도(道)를 이룬 공효는 《대역(大易)》의 이른바 "묵묵히 성취한다."라는 것[96]과 계합하니 언어와 문자로써 구할 수 있는 것이 아니다. 그러나 이 문집이 아니면 또한 어찌 그 어렴풋한 자취를 찾을 수 있겠는가. 아, 슬프다.

무진년(1808, 순조8) 수하(首夏 4월)에 불초종자(不肖從子) 희상(熙常)이 피눈물을 흘리며 삼가 쓰다.

96 대역(大易)의……것 : 《대역(大易)》은 《주역(周易)》의 이칭이다. 《주역》 〈계사전 상(繫辭傳上)〉에 "묵묵히 성취하며 말하지 않아도 믿음은 덕행에 있다.〔默而成之, 不言而信, 存乎德行.〕"라고 하였다.

《기사》[97] 뒤에 적다
書記思後

나는 타고난 자질이 매우 노둔하고 못나서 도(道)에 나아감과 그릇을 이룸에 있어 모두 가망이 없었다. 오직 어려서부터 백씨(伯氏)[98]의 곁에서 주선하면서, 감히 마음대로 나가서 노닐며 세속의 사람을 만나거나 세속의 일을 보지 못하였던 까닭에 외물이나 다른 길에 유혹되는 것이 다른 사람에 비하여 다소 적었다. 처음에는 문장을 짓는 일에 꽤 마음을 두었으나, 조금 장성하자 깊이 분발하여 내면으로 향할 줄을 비로소 알게 되었다.

경자년(1780, 정조4) 겨울 《대학(大學)》을 읽을 적에 주제넘게 성현이 입언(立言)한 뜻을 궁구하여 살펴보고자 해서 아침저녁으로 사색하며 손 가는 대로 기록을 남기고 때로 이를 가지고 백씨에게 여쭈었는데 백씨가 몹시 가상히 여겼다. 이후로 더욱 스스로 힘써 사색하여 마침내 여러 경서들을 돌아가며 읽어서 계묘년(1783)에 이르기까지

97 기사(記思) : 오희상(吳熙常)의 〈연보(年譜)〉 임인년(1782, 정조6) 조목에, 독서하면서 감발하여 깨닫는 바가 있을 때마다 소책자에 기록하고 이를 '기사'라고 이름 붙였다는 내용이 보인다.

98 백씨(伯氏) : 오윤상(吳允常, 1746~1783)으로, 자는 사집(士執), 호는 영재(寧齋), 본관은 해주(海州)이다. 순암(醇菴) 오재순(吳載純)의 첫째 아들이며, 미호(渼湖) 김원행(金元行)의 문하에서 수학하였다. 학문에 뛰어나 두 아우인 오희상(吳熙常)과 오연상(吳淵常)을 가르치기도 하였다. 37세로 요절하였으며, 저서로는 《영재유고(寧齋遺稿)》가 있다.

그만둔 적이 없었다. 그런데 이해 겨울에 백씨가 세상을 떠나니 상심하고 좌절하여 육신만 남고 마음은 죽어서 더이상 예전의 모습이 아니었다. 그 뒤로 비록 책을 마주하는 때가 있더라도 정신이 피폐하여 억지로 탐구하려고 하면 더욱 마음이 어지러워 찾을 만한 두서가 없었기에 마침내 이 기록을 그만두게 되었다.

올해에 어버이를 곁에서 모시기 위하여 복주(福州)에 와서 수개월간 머물렀는데[99] 깊숙한 곳에 거하며 사람들을 응접하는 일이 적다보니 마음이 다소 편안해지고 책을 볼 적에도 흥미가 생겨났다. 우연히 가지고 온 책 상자를 펼쳐보다가 그 속에서 이 책자를 얻었는데, 시간을 되돌아보니 어느덧 20년이 흐른 일이었다. 지금의 입장에서 보자면 비록 득실에 있어 말할 만한 것이 많지만 또한 분촌(分寸)의 진보도 없이 그저 우두커니 있을 뿐이다. 이를 어루만짐에 감개가 일어서 차마 애써 마음 썼던 것을 끝내 파묻히도록 내버려둘 수가 없었다. 이에 글을 아는 동복을 시켜 한 본을 베끼게 하였으니 장차 이를 어린 아이들에게 남겨서 뜻만 세우고 성취하지 못하는 것을 경계하는 바이다.

기미년(1799, 정조23) 7월 소망(小望 14일) 우중(雨中)에 복주 영옥정(暎玉亭)에서 적다.

99 올해에……머물렀는데 : 복주(福州)는 안동(安東)의 옛 이름이다. 오희상은 1799년(정조23) 2월에 부친 오재소(吳載紹)가 안동 부사로 부임하자 모친을 모시고 함께 안동으로 내려가 머물렀다. 《老洲集 卷27 附錄 年譜》

주연강설 뒤에 적다

書胄筵講說後

내가 문을 닫아걸고 있으면서 은자(隱者)라는 이름을 훔쳐 분에 넘게 천거에 잘못 올라서 금상 전하가 처음 저위(儲位)에 오를 적에 외람되이 궁료(宮僚)에 임명되었다.[100] 스스로 생각하기에 병들고 재주가 없었으므로 본래 사진(仕進)할 뜻이 적었고, 목하(目下)의 천목(薦目)은 실로 사람들을 속이고 하늘을 기망한 죄가 있었으므로 더욱더 무릅쓰고 나아갈 수가 없었다. 이에 상소하여 면직되기를 청하니, 선왕이 특별히 아랫사람을 헤아리는 인자함을 베풀어 체직되게 하였다. 이윽고 특별히 침랑에 제수되고 또 돈녕부로 바뀌어 제수되었는데[101] 이전처럼 나아가지 않을 뜻을 고집하였다. 이때에도 모두 성상이 곡진하게 헤아리시어 나의 미천한 소원을 이룰 수 있게 해주었다.

그러다가 수개월 만에 견복(甄復)[102]하여 부솔에 제수되었다. 사제

100 내가……임명되었다 : 1799년(정조23) 11월에 정조가 의정부와 이조에 명하여 경전과 주서(朱書)를 전공한 사람을 천거하도록 하였는데 이조 판서 서용보(徐龍輔)가 오희상(吳熙常) 및 송치규(宋穉圭), 조진구(趙鎭球)를 천거하였다. 이듬해 1월에 오희상은 세자익위사 세마에 제수되었다. 《老洲集 卷27 附錄 年譜》

101 이윽고……제수되었는데 : 오희상(吳熙常)은 1800년(정조24) 1월에 세자익위사 세마에 제수된 데에 이어 시직에 올랐고, 또 장릉 참봉(長陵參奉)에 제수되었다가 돈녕부 참봉으로 옮겨 제수되었다. 《老洲集 卷27 附錄 年譜》

102 견복(甄復) : 퇴임자 중에서 적합한 사람을 골라 거듭 관직에 복귀하게 하는 것이다. 견임(甄任)이라고도 한다.

(舍弟) 연상(淵常)이 사관(史官)으로서 입시하였는데, 천신(賤臣)을 언급하는 성상의 하교가 계속 이어져서 거취를 하문하기까지 하였으니 덕스러운 뜻이 융숭하였다.[103] 이에 마침내 황공한 심정으로 공경히 숙배하여 세신(世臣)이 목을 늘이고 고대하는 의리를 다소나마 펴고자 하였다. 그러나 하늘이 보우하지 않아서 선왕이 갑자기 신민(臣民)을 버리고 떠나고 금상이 대위(大位)를 계승하여 양방(兩坊)[104]의 신하들이 마침내 파직되었다. 4개월간 재직하면서 모두 일곱 차례 서연(書筵)에 등대(登對)하였는데, 어리석고 식견이 없어서 진실로 예학(睿學 왕세자의 학문)에 만분의 일도 보탬이 되지 못하였다. 지금 돌이켜 생각해보면 비록 황공하고 부끄러워 몸 둘 바를 모르겠으나, 서책을 끼고 서연에 오른 것은 생이 다해가는 마당에 차마 그 행적을 끝내 없앨 수 없는 점이 있었다. 이에 마침내 약간의 강설(講說)을 기록하고 이 글을 그 아래에 적어서, 이로써 견마(犬馬)의 경경(耿耿)한 정성을 부치는 바이다.

경신년(1800, 순조 즉위년) 중추(仲秋 8월)의 어느 날에 적다.

103 사제(舍弟)……융숭하였다 : 연상(淵常)은 오연상(吳淵常, 1765~1821)으로, 자는 사묵, 호는 약암(約菴), 본관은 해주(海州)이며, 오희상(吳熙常)의 아우이다. 1800년(정조24) 오연상은 정시 문과에 병과로 급제하여 4월 10일에 가주서에 임명되었다가 11일에 체차되었는데, 11일에 중희당(重熙堂)과 희정당(熙政堂)의 연석에 가주서로서 입시하였을 적에 정조가 두 차례에 걸쳐 오희상이 언제 사은숙배할 것인지를 하문하였고, 오연상은 내일 사은숙배할 것이라고 대답하였다.《承政院日記 正祖24年 4月 10日, 11日》

104 양방(兩坊) : 춘방(春坊)과 계방(桂坊), 즉 세자시강원과 세자익위사를 말한다.

나는 어버이를 여읜 후로 더욱 벼슬할 생각이 적어졌다. 그러나 청송(聽松)이 관직에 임명되면 반드시 숙배하였던 의리[105]를 늘 사모하였고 또 예표(睿表 왕세자의 의표(儀表))를 한 번 뵙고 싶은 소원이 간절하였다. 이에 사어(司禦)에 제수되자[106] 마침내 노원(蘆原)의 교외에서 들어와 사은숙배하여 두 차례 숙직하고 네 차례 뇌사(雷肆 서연)에 올랐다. 그러나 그대로 오랫동안 눌러앉아 있는 것은 또한 평소의 마음이 아니었으므로 상소하여 체직되고 교외로 나왔다. 당시 진강(進講)했을 적에 아뢰었던 약간의 말씀이 있어서 이를 기록하여 경신년의 주연강설의 뒤에 덧붙인다. 16년의 세월을 우러르고 굽어봄에 감개함을 이기지 못하겠다.

을해년(1815, 순조15) 계하(季夏 6월)에 노원의 산방(山房)에서 적다.

105 청송(聽松)이……의리 : 청송은 성수침(成守琛, 1493~1564)으로, 자는 중옥(仲玉), 호는 청송·죽우당(竹雨堂), 본관은 창녕(昌寧)이며, 시호는 문정(文貞)이다. 조광조(趙光祖)의 문인으로, 기묘사화(己卯士禍)가 일어나 조광조와 그를 추종하던 많은 사림들이 처형되거나 유배당하자 백악산(白岳山) 아래에 칩거하며 학문에만 몰두하였다. 1552년(명종7) 유일(儒逸)로 천거되어 6품의 관직에 제수되자 도성으로 들어갔는데, 혹자가 출사하는 것이라고 의심하자 성수침이 말하기를, "나는 세신(世臣)이니, 어찌 오만하게 굴면서 임금의 명을 욕되게 할 수 있겠는가. 병 때문에 벼슬하지 못하는 것은 이미 정해진 일이다. 다만 한 차례 사은하여 성은에 보답하는 것은 괜찮을 것이다. 그러나 유일이라고 하는 것은 내가 해당되지 않는다."라고 한 일이 있다. 《聽松集 卷2 附錄 行狀》

106 사어(司禦)에 제수되자 : 오희상(吳熙常)은 1815년(순조15) 3월에 세자익위사 사어에 제수되어 사은숙배하였다. 《老洲集 卷27 附錄 年譜》

서정첩 뒤에 적다

書西征帖後

지난해에 관서(關西)의 유적(流賊) 홍경래(洪景來)가 거병하여 난을 일으켰다.[107] 당시 태평한 날이 오랫동안 이어져 백성들이 병화(兵禍)를 알지 못하였는데 열흘 만에 일곱 개의 군(郡)이 붕괴되니 도성 사람들이 크게 놀라고 두려워하였다. 조정에서 도성의 정예 병력을 보내어 토벌하게 하고 또 백성들 중에 용감하게 종군하기를 원하는 자를 모집하였는데 끝내 지원하는 자가 적었다. 이때 최군 만리(崔君萬理)가 관북(關北)의 부료(付料)[108]로서 경저(京邸)[109]에 머물고 있다가 개연(慨然)한 심정으로 곧장 군문에 나아가 토벌하러 갈 것을 청하니 말하

107 지난해에……일으켰다 : 1811년(순조11) 관서(關西) 지방에 큰 흉년이 들어 민심이 흉흉해지자, 홍경래(洪景來), 우군칙(禹君則) 등이 중심이 되어 조선 시대에 계속되어 온 서북인(西北人)의 차별에 대한 울분을 격동시켜 반란을 일으켰다. 이 난은 1811년 음력 12월 18일에 가산(嘉山) 군청을 습격하여 점령한 것을 시작으로 이듬해 음력 4월 19일 정주성(定州城)에서 관군에 의해 토벌될 때까지 4개월간 지속되었다.

108 부료(付料) : 별부료 군관(別付料軍官)으로, 총융청과 용호영에 딸렸던 군관의 하나이다. 함경도와 평안도의 무사(武士)에 대한 특별 배려와 무예를 권장하기 위하여 여러 차례의 시험을 거쳐 선발하였으며, 매월 시취(試取)에 의하여 급료를 지급하였다. 이들은 급료를 경상비(經常費)가 아닌 별도의 명목에서 지출하였기 때문에 별부료라는 이름이 붙여졌다. 함경도 출신을 북부료(北付料), 평안도 출신을 서부료(西付料)라 하였다.

109 경저(京邸) : 각 지방 관아에서 서울에 둔 출장소로, 서울에 출장 온 그 지방 벼슬아치들의 편의를 돕거나 업무를 대행하여 주고 연락 사무를 맡기도 하였다.

는 기세가 몹시 장렬하였다. 원수(元帥)가 의롭게 여겨 이를 허락하였다. 최군은 마침내 칼을 차고 서쪽으로 출정하여 정주성(定州城) 아래에 이르렀는데 유적이 오래도록 항복하지 않고 있던 터였다. 이에 혼자서 한 부대를 담당하여 전후로 십여 차례 싸우면서 누차 기발한 계책을 내어 승리를 거두었다. 그 사이에 또 포로를 사로잡아 유적의 동정을 염탐하니 그 노고가 몹시 대단하였다.

유적이 평정되고 논공행상할 적에 최군의 공로가 제대로 알려지지 않아서 그저 규례대로 한 자급만을 더하였으니 사람들이 모두 애석해하였다. 그러나 최군은 도리어 태연하게 말하기를,

"나는 나의 선조의 훈예(勳裔 공신의 후손)로서 나라를 위해 한번 죽으려는 마음을 평소에 간직해왔다. 이번 전투에서 전사하지 않은 것이 그저 다행일 뿐이니 도리어 무슨 책록할 만한 공훈이 있겠는가."

라고 하였다. 최군은 말위부주(韎韋跗注)[110]의 선비로서 능히 대의(大義)를 알았고 또 그 공로를 자랑하지 않았으니 훌륭하다고 할 만하다.

아, 관북은 오랑캐의 땅과 인접하고 궁마(弓馬 무예)를 숭상하여 그 풍속이 몽매하였는데, 송암(松巖) 이 처사(李處士)[111]가 관북의 경성

110 말위부주(韎韋跗注) : 붉은색 가죽옷이라는 뜻으로 장수의 군복을 가리키는데, 전하여 무관(武官)을 뜻한다. 춘추(春秋) 시대 진(晉)나라 장수 극지(郤至)에게 초(楚)나라 임금이 감사의 뜻을 전하면서 "격전 중에 붉은색 가죽 바지를 입은 군자를 만났는데, 나를 보고는 경의를 표하여 다른 곳으로 피해 가곤 하였는바, 혹시 부상은 당하지 않았는지 모르겠소.〔方事之殷也, 有韎韋之跗注, 君子也. 識見不穀而趨, 無乃傷乎?〕"라고 말한 데에서 유래하였다. 《春秋左氏傳 成公16年》

111 송암(松巖) 이 처사(李處士) : 이재형(李載亨, 1665~1741)으로, 자는 가회(嘉會), 호는 송암, 본관은 전주(全州)이며, 함경도 경성(鏡城)에서 태어났다. 학암(鶴菴) 최신(崔愼)을 사숙(私淑)하였고 1685년(숙종11) 북평사(北評事)로 부임한 농암(農

(鏡城)에서 떨쳐 일어나면서 예의(禮義)로 온 지방을 창도하였다. 이로부터 관북의 인사(人士)들이 비로소 친상사장(親上死長)[112]의 도리가 있음을 알게 되었는데, 특히 기운이 강인하고 자질이 굳세어 일을 행하는 데에 과감하였으니, 이는 다른 지방 사람들이 미칠 수 없는 바이다. 훗날 국가에 위급한 일이 있을 때에 힘을 얻을 수 있는 바가 틀림없이 이 지역에 있을 것이다. 그렇다면 지금 최군의 일에 있어서 다른 사람들보다도 우선하여 분명하게 포상을 행해야만 온 도내에 충의(忠義)를 권면할 수 있을 것인데, 조정의 계책이 여기에 미치지 못하니 안타까울 뿐이다.

최군은 온성(穩城) 사람으로, 인묘(仁廟 인조)가 난을 평정했을 적에 종훈(從勳 원종공신)에 책록된 최천룡(崔天龍)의 현손이다.

巖) 김창협(金昌協)에게 수학하였다. 1713년에 부교리 홍치중(洪致中)에 의해 북로(北路)의 문학지사(文學之士)로 천거되었으며, 장악원 주부, 사헌부 지평 등에 제수되었다. 북관(北關)을 대표하는 성리학자이며, 이조 판서에 추증되었다. 저서로는 《송암집(松巖集)》이 있다.

112 친상사장(親上死長) : 아랫사람들이 윗사람을 친근하게 여기고 어른을 위해 목숨을 바치는 것을 말한다. 《맹자(孟子)》 〈양혜왕 하(梁惠王下)〉의 "임금께서 어진 정치를 행하기만 한다면 이 백성들이 그 윗사람을 친근하게 여기고 어른을 위해서 자신의 목숨을 기꺼이 바칠 것이다.〔君行仁政, 斯民親其上, 死其長矣.〕"라는 말에서 나온 것이다.

유자고에 적다

題孺子稿

'유자(孺子)'란 무엇을 이르는가? 어린 아이를 이른다. 나는 문장 짓는 일에 있어서 즐겨 하지 않을 뿐 아니라 진실로 잘하지도 못한다. 그러므로 평소에 저술을 남기지 않았고 혹시 저술이 있더라도 문고(文藁)를 만들지 않았다. 그러다가 전에 노원(蘆原)의 교외에 있으면서 한가로운 중에 할 일이 없어서 처음으로 어수선한 저술들을 수습하여 한 통을 베껴내어 약간의 편(篇)을 만들었는데 표제로 삼기에 적당한 말이 없었다. 이어서 기억해보건대, 예전에 백씨(伯氏)[113]가 자신이 지은 시문(詩文)에 손수 '동자고(童子稿)'라고 표제를 적고 나를 돌아보며 말하기를,

"나는 나이가 불혹(不惑 40세)에 가까웠으나 아직도 어린아이의 유치한 식견을 벗어나지 못하였다. 이렇게 표제를 적는 것은 이로써 스스로 경계하기 위함이다."

라고 하였다. 지금 나는 나이가 이미 지천명(知天命 50세)을 넘어서 백발이 성성하지만, 그 실체를 살펴보면 그저 하나의 천치일 뿐이니, '유자'라고 표제를 적어서 백씨의 뒤를 따르는 것이 족하다.

113 백씨(伯氏) : 오윤상(吳允常, 1746~1783)으로, 자는 사집(士執), 호는 영재(寧齋), 본관은 해주(海州)이다. 순암(醇菴) 오재순(吳載純)의 첫째 아들이며, 미호(渼湖) 김원행(金元行)의 문하에서 수학하였다. 학문에 뛰어나 두 아우인 오희상(吳熙常)과 오연상(吳淵常)을 가르치기도 하였다. 37세로 요절하였으며, 저서로는 《영재유고(寧齋遺稿)》가 있다.

아, 백씨는 세상에 드문 자질과 고인(古人)에 못지않은 뜻을 지녔으나 불행히도 하늘이 수명을 빌려주지 않아서 큰 성취를 이루지 못하였다. 그러나 백씨가 남긴 저술에서 드러나는 것은 비록 그 양이 적고 미미하지만 대체로 모두 '말을 함에 있어서 성실함을 세우는' 것[114]이어서 후인에게 보임에 부끄러움이 없을 수 있다. '동자'라고 스스로 일컬은 것은 비록 경계하는 뜻에서 나온 것이지만 실은 스스로 겸양한 것이다.

나와 같은 경우는 자질이 노둔하고 뜻이 범상하여, 어려서 백씨의 가르침을 받았으나 그 만분의 일도 이어받지 못해서 지금까지도 아무 쓸모가 없으니 끝내 스스로 위안할 만한 것이 없다. 그러니 '유자'라는 명칭은 다만 서글픈 심정을 나타내기 위한 것이다. 그러나 보는 자가 이를 통하여 내가 나의 백씨의 아우로서 전수받은 바가 있음을 알게 된다면 또한 다행일 것이다.

유조(柔兆)·곤돈(困敦)의 해[115] 현영(玄英 겨울)의 달 기망(旣望 16일)에 쓰다.

114 말을…… 것 : '말을 함에 있어서 성실함을 세운다〔修辭立誠〕'는 것은 본래 《주역(周易)》〈문언전(文言傳)〉에 보이는 말로, 〈건괘(乾卦) 구삼(九三)〉에 "군자가 종일토록 부지런히 힘쓰고 저녁까지도 두려워하면 위태로우나 허물이 없다.〔君子終日乾乾, 夕惕若, 厲, 無咎.〕"라고 한 것에 대해 공자(孔子)가 풀이하기를, "군자는 덕을 진취시키고 학업을 닦나니, 충과 신이 덕을 진취시키는 것이요, 말을 함에 있어서 그 성실함을 세움이 학업을 보유(保有)하는 것이다.〔君子進德修業, 忠信, 所以進德也; 修辭立其誠, 所以居業也.〕"라고 하였다.

115 유조(柔兆)·곤돈(困敦)의 해 : '유조'와 '곤돈'은 각각 '병(丙)'과 '자(子)'를 뜻하는 고갑자(古甲子)로, 병자년인 1816년(순조16)을 가리킨다.

도유 간언[116] 초본에 대한 발

屠維諫草跋

이 필첩은 충정공(忠貞公)[117] 부군(府君)의 도유(屠維) 간언(諫言) 초본(草本)이다. 처음에 부군이 파직되어 한가로이 지내고 있었는데, 성상이 하교하여 중궁을 폐위했다는 소식을 듣고는 비분강개하여 눈물을 흘리면서 즉시 글을 돌려 동지 몇 사람과 평시서(平市署)에서 모이고는 상소하여 극간할 것을 모의하였다. 박 문열공(朴文烈公)[118]

116 도유(屠維) 간언(諫言) : 기사년(1689, 숙종15)에 오두인(吳斗寅) 등의 86인이 인현왕후(仁顯王后)의 폐위를 반대하여 올린 상소를 가리킨다. 이 상소의 내용은《숙종실록(肅宗實錄)》15년 4월 25일 기사 및 오두인의 문집인《양곡집(陽谷集)》권2 〈기사진신소(己巳搢紳疏)〉에 보인다. '도유'는 고갑자(古甲子)의 천간(天干) 중 '기(己)'에 해당하는 것으로, 기사년을 가리킨다.

117 충정공(忠貞公) : 오두인(吳斗寅, 1624~1689)으로, 자는 원징(元徵), 호는 양곡(陽谷), 본관은 해주(海州)이며, 시호는 충정이다. 1648년(인조26)에 진사시에 1등으로 합격하고 이듬해 별시 문과에 장원으로 급제, 1650년(효종1) 지평을 시작으로 청요직을 두루 거쳤으며, 벼슬이 형조 판서에 이르렀다. 1689년(숙종15) 5월에 인현왕후(仁顯王后)가 폐위되자, 이세화(李世華)·박태보(朴泰輔)와 함께 이에 반대하는 소를 올렸다가 국문을 받고 의주(義州)로 유배 가던 도중 파주에서 죽었다. 1694년 영의정에 추증되었으며, 저서로는《양곡집》이 있다.

118 박 문열공(朴文烈公) : 박태보(朴泰輔, 1654~1689)로, 자는 사원(士元), 호는 정재(定齋), 본관은 반남(潘南)이며, 시호는 문열이다. 1675년(숙종1) 사마시에 합격하고, 1677년 알성 문과에 장원하였으며, 벼슬이 홍문관 부응교에 이르렀다. 1689년 기사환국 때 인현왕후의 폐위를 강력히 반대하여 소를 올렸다가 심한 고문을 받고 진도(珍島)로 유배 도중 옥독(獄毒)으로 노량진에서 별세하였다. 영의정에 추증되고 풍계사(豐溪祠)에 제향되었다. 저서로는《정재집》이 있다.

이 또한 여러 명사(名士)들을 모아 이 일을 논의하다가 부군의 소재를 듣고는 마침내 찾아와 함께 모였다. 이 초본은 바로 문열공이 손수 쓴 글씨이고 행간의 작은 글자는 부군이 점찬(點竄)한 것이다.

이 필첩은 처음에 부군의 중자(仲子)인 도정(都正) 공[119]의 집에 보관되어 있었는데, 도정 공의 자손이 근래에 매우 영락하여 타향에서 떠도는 형편이 되었다. 이에 내가 이 필첩이 끝내 민멸될까 염려되어 속히 이를 찾아서 다시 표구하고 부군의 사당 안에 들여 놓았다.

아, 두 공은 열렬한 절조가 우주 안에 환히 빛나서 비록 심상한 작은 필적이라고 하더라도 사람들이 모두 진귀하게 여긴다. 더구나 이 필첩은 바로 당시에 의(義)를 위하여 목숨을 버렸던 행적의 진본이지 않은가. 이를 어루만지며 상상해봄에, 그 충성스럽고 의로운 마음이 행간에 가득하여 나도 모르게 숙연해지고 공경하는 마음이 생겨나니, 어찌 비단 자손으로서 갱장(羹墻)의 사모하는 마음[120]이 드는 것일 뿐이겠는가. 무릇 우리 후손들은 이를 천구(天球)와 홍벽(弘璧)[121]처럼 보아서

119 도정(都正) 공 : 오정주(吳鼎周, 1648~1720)로, 자는 중경(重卿), 본관은 해주(海州)이다. 오두인(吳斗寅)의 둘째 아들로, 오두인이 사후에 복관되어 영의정에 추증됨에 따라, 녹용되어 사산 감역(四山監役), 광릉 참봉(光陵參奉), 봉사, 직장, 인의, 별제, 감찰, 영, 주부, 첨정, 부정, 첨지중추부사, 돈녕부 도정 등에 제수되었다.

120 갱장(羹墻)의 사모하는 마음 : 돌아가신 선조에 대한 지극히 사모하는 마음을 뜻한다. '갱장'은 국과 담장의 뜻으로, 앙모하는 마음이 지극함을 비유하는 말이다. 《후한서(後漢書)》 권63 〈이고열전(李固列傳)〉에 "옛날 요 임금이 붕어한 뒤 순 임금이 3년 동안 요 임금을 앙모한 나머지, 자리에 앉으면 요 임금이 담장에 보이고, 밥을 먹으면 요 임금이 국그릇 속에 보였다.〔昔堯殂之後, 舜仰慕三年, 坐則見堯於牆, 食則睹堯於羹.〕"라고 하였는데, 여기에서 온 말이다.

121 천구(天球)와 홍벽(弘璧) : 선대로부터 전해 내려오는 보배를 일컫는 말로, 주

영세토록 지켜나가야 할 것이다.

숭정(崇禎) 후 네 번째 기묘년(1819, 순조19) 중하(仲夏 5월) 하순에 현손 희상(熙常)이 공경히 쓰다.

(周)나라 성왕(成王)이 붕어(崩御)했을 적에 진열해 놓았던 주(周)나라의 보배들이다. 《서경(書經)》〈고명(顧命)〉에 "옥을 오중(五重)으로 진열하고 보물을 진열하니, 적도(赤刀)와 대훈(大訓)과 홍벽(弘璧)과 완염(琬琰)은 서서(西序)에 있고, 대옥(大玉)과 이옥(夷玉)과 천구(天球)와 하도(河圖)는 동서(東序)에 있다.〔越玉五, 陳寶, 赤刀、大訓、弘璧、琬琰在西序, 大玉、夷玉、天球、河圖在東序.〕"라고 보인다.

임녹문의 〈인물성도〉[122] 뒤에 쓰다

書任鹿門人物性圖後

도식은 모두 세 개의 권(圈)인데, 위의 한 개의 권(圈)은 사람에 대한 도식이고 아래의 두 개의 권(圈)은 물건에 대한 도식이다. 그 아래의 해설에 이르기를,

"위의 한 개의 도식에서는 '인(仁)', '의(義)', '예(禮)', '지(智)'를 네 방위에 나누어서 적고 '태극(太極)', '일원(一原)'을 가운데에 배치하였으니, 이는 성(性)과 태극, 분수(分殊)와 일원이 똑같이 혼원(渾圓)한 것이다. 아래의 두 개의 도식에서는 '수(守)'와 '순(順)' 두 개의 글자를 '개[犬]'와 '소[牛]'의 글자에 붙여 두었으니 이는 성(性)이 편벽되어 하나의 길로만 통하는 것이고, '태극', '일원', '분수'를 권(圈)의 안쪽 좌우에 적어 놓았으니 이는 이(理)가 혼원하여 전체가 아님이 없는 것이다. '성(性)'과 '태극'이 같은 권(圈) 안에 있으면서 가로막는 바가 없는 것은 성(性)이 바로 태극이고 태극이 바로 성(性)이어서 둘로 나뉘지 않는 것이다."

라고 하였다.

122 임녹문(任鹿門)의 인물성도(人物性圖) : 임녹문은 임성주(任聖周, 1711~1788)로, 자는 중사(仲思), 호는 녹문, 본관은 풍천(豐川)이다. 도암(陶菴) 이재(李縡)의 문인으로 초년에는 스승의 학설을 신봉하여 인물성동론(人物性同論)을 주장하였으나, 중년에 이르러 기존의 학설을 비판하고 호락(湖洛)의 양론을 기일원론적(氣一元論的) 입장에서 종합하여 자신의 학설을 수립하였다. 〈인물성도〉는 임성주의 문집인 《녹문집(鹿門集)》 권20에 〈인물성도병설(人物性圖並說)〉이라는 제목으로 실려 있다.

내가 일찍이 이에 대하여 반복하여 궁구해 보았으나 의혹됨이 더욱 심해졌다. 윗부분에서 말한 것과 같으면, 사람은 성(性)과 태극이 모두 혼원하고 물건은 성(性)은 편벽되고 태극은 혼원한 것이니, 이는 성(性)과 태극이 둘로 나뉘는 것이다. 그런데 아랫부분에서 말한 것과 같으면, 성(性)과 태극이 또 합하여 하나가 되는 듯하니, 위와 아래가 모순되어 사리에 맞지 않다. 또 오상(五常)을 갖추고 있지 않은 태극이 어떻게 혼원할 수 있겠으며, 어떻게 전체가 될 수 있겠는가. 그리고 성(性)과 태극이 비록 같은 권(圈) 안에 있지만 하나는 편벽되고 하나는 혼원하다면 또 어찌 가로막는 바가 없다고 할 수 있겠는가.

도식의 아래 단락에 또

"활협(闊狹)하여 보고 이합(離合)하여 본다."[123]

라고 하였는데, 이는 사람의 활(闊)함과 물건의 협(狹)함, 이(離)한 성(性)과 합(合)한 태극을 말하려는 것인가. 만약 각각의 권(圈)마다 따로 보는 것이라면 또 무엇이 활(闊)함과 합(合)함이 되고, 무엇이 협(狹)함과 이(離)함이 되겠는가. 동용(動用)으로 말하면, 사람은 미루어갈 수가 있고 물건은 미루어갈 수가 없으니, 미루어갈 수 있는 것은 활(闊)하고 미루어갈 수 없는 것은 협(狹)한 것이 마땅하다. 그러나 정체(靜體)의 영역은 형체도 없고 조짐도 없으니[124] 또한 어찌

123 활협(闊狹)하여……본다 : 〈인물성도병설(人物性圖並說)〉에 "단지 한 도식에 나아가 이합하여 보고 활협하여 본다면, 단지(單指), 각지(各指), 겸지(兼指)의 설 등으로 명목이 분분하기를 기다리지 않더라도 일원(一原)과 분수(分殊)의 이치가 눈앞에 뚜렷할 것이다.〔只就一圖而離合看濶狹看, 則不待乎單指、各指、兼指之說, 名目紛然, 而一原分殊之理瞭然在目也.〕"라고 하였다. 《鹿門集 卷20 人物性圖並說》

124 조짐도 없으니 : 대본에는 '無睽'로 되어있는데, 문맥 상 '睽'를 '朕'의 오자로 보아

활협(闊狹)을 논할 만한 것이 있겠는가. '이합(離合)'의 뜻은 바로 주자(周子 주돈이(周敦頤))가 말한 '혼벽(混闢)'[125]이라는 것이니, 이(離)는 곧 분수(分殊)이고 합(合)은 곧 이일(理一)이다. 분수의 뒤에는 이일(理一)이 그 속에 저마다 갖추어지지 않음이 없으니 정(靜)하면 체(體)가 확립되고-일원이다.- 동(動)하면 용(用)이 행해진다-분수이다.-. 이것이 이른바 '한 번 혼(混)하고 한 번 벽(闢)하는 것이 무궁하다'는 것이다. '주재하지 않는 주재〔不宰之宰〕'와 '자연스러운 작용〔自然之機〕'은 천지인물(天地人物)이 모두 똑같은 것이니, 어찌 결여되거나 차이 나는 바가 있겠는가.

지금 이 도식의 세 개의 권(圈)에는 각각 '분수'와 '일원'이 있다. 사람은 사람과 분수와 일원이 똑같고 개는 개와, 소는 소와 각각 분수와 일원이 똑같아서 저마다 등분(等分)이 있고 상통하지 않는다. 이를 가지고 미루어보면, 식물의 완명(頑冥)함은 혈기와 지각이 있는 동물과 비교했을 때 그 차이가 사람과 개·소의 차이의 몇 갑절이 될 뿐만이 아니다. 식물 또한 이오(二五 음양과 오행)로 생성된 물건인데, 어찌 이에 대한 권(圈)만 홀로 빠뜨릴 수 있겠는가. 반드시 또 하나의 분수와 일원을 차지하게 하여 개·소의 아래에 두어야 비로소 빠뜨리는 바가 없이 체계를 갖출 수 있을 것이다. 그렇게 되면 위아래의 여러 권(圈)이 각각 따로 구분 지어져서 나뉨〔闢〕만 있고 합함〔混〕은 없게 되니,

바로잡아 번역하였다.

125 혼벽(混闢) : 주돈이(周敦頤)의 《통서(通書)》에 "합하였다가 나누어지기는 것이 무궁하다.〔混兮闢兮, 其無窮兮.〕"라고 한 것을 이른다. '혼(混)'은 '합(合)'에 해당하고 '벽(闢)'은 '이(離)'에 해당한다.

각각의 권(圈)에서 혼벽(混闢)을 살펴본들 참된 혼(混)은 아니게 된다. 이렇게 되면 만물이 똑같은 일원이라는 것이 어디에 있겠는가.

이 어른의 견해가 잘못된 것은 분수를 중하게 본 데에 있고, 분수를 중하게 본 것은 기(氣)를 위주로 하여 이(理)를 설명한 데에서 연유한 것이다. 또 기(氣)를 위주로 하여 이(理)를 설명한 것은, 기(氣)가 유행하는 것이 성대함만 보고서 이(理)를 기(氣)에 부속시켜 합일(合一)의 견해를 이루려고 하고 본체의 신묘함이 천지의 장수가 된다는 것은 궁구하지 못했기 때문이다. 이로 인해 결국에는 정자(程子)와 주자(朱子)의 가르침과 동떨어지게 되었으니, 매우 애석하게 여길 만하다.

민원리[126]의 잡록 뒤에 적다

書閔元履雜錄後

민장(閔丈 민치복)의 잡록(雜錄)에 다음과 같이 말하였다. "근래에 듣건대, 사우(士友)들 중 존주(尊周)의 의리[127]를 지키는 집안에서는 혼례와 상례에 청(淸)나라의 물건을 사용하지 않는다고 한다. 만주(滿洲)의 오랑캐에서 나온 것이 아니라면, 사용하지 않는 것이 반드시 의의가 있지는 않은 듯하나, 사용해서는 안 되는 것이 됨은 분명하다. 무릇 사람의 인생이 땅에서 시작하여 땅으로 돌아가니, 태어나고 죽음에 반드시 그 땅에 알맞은 것을 사용한 뒤에야 비로소 편안한 바를 얻을 수 있다. 지금 금수(錦繡)로 옷을 지어 입은 사람이 있다면 사람들이 틀림없이 빈정거리며 비웃을 것이고 자신 또한 부끄러워 감히 남에게 보이지 못할 것이니, 이는 풍속에 익숙하지 않기 때문이다. 혼례라는 것은 시작을 바르게 하는 것이니 불충(不衷)한 의복[128]

126 민원리(閔元履) : 민치복(閔致福, 1766~1814)으로, 자는 원리, 호는 확재(擴齋), 본관은 여흥(驪興)이다. 김양행(金亮行), 이직보(李直輔)의 문인이다. 1789년(정조13) 사마시에 합격하고, 1803년에 원릉 참봉(元陵參奉)이 되었으나 잘못으로 인하여 파직되었다. 1805년에 동몽교관을 지낸 뒤 빙고 별제와 호조·공조·형조의 낭관을 거쳐 남평 현감에 이르렀으나 병으로 관직을 물러났다.

127 존주(尊周)의 의리 : 존주양이(尊周攘夷), 즉 주(周)나라 왕실을 존숭하고 이적(夷狄)을 배척하는 의리로, 공자(孔子)가 수찬(修纂)한 《춘추(春秋)》에서 강조한 의리이다. 여기에서는 정통의 명(明)나라를 존숭하고 청(淸)나라를 배척하는 존명배청(尊明排淸)의 의리를 뜻한다.

128 불충(不衷)한 의복 : 몸에 걸맞지 않은 의복을 뜻한다. 《춘추좌씨전(春秋左氏

을 걸쳐서는 안 되며, 상례라는 것은 일을 끝마치는 것이니 평소에 편안하게 여기지 않았던 것을 걸쳐서 지사치사(之死致死)의 경계[129]를 어겨서는 안 된다. 양왕손(楊王孫)이 나장(裸葬)을 했던 것[130]은 진실로 너무 지나친 바가 있으니, 황보규(皇甫規)[131]가 염습할 때에 생전의 의복을 사용하였던 것이 일찍이 본받을 만하다고 생각하였다. 안타깝게도 세속에서 인습해온 것이 이미 오래되어서 사치로 이끌고 교화를 망치는데도 이를 바로잡을 수 있는 자가 없다. 만일 한 집안에서 먼저 법을 세워서 상례에 일절 사용하지 않는다면 비록 불초한 사람이라고 하더라도 틀림없이 감히 혼례에 쉽게 사용하지는

傳)》 희공(僖公) 24년에 정(鄭)나라 자장(子臧)이 송(宋)나라로 도망가서 물총새 깃털로 만든 관(冠)을 모으기를 좋아하니, 정백(鄭伯)이 듣고 미워하여 자객을 보내 죽였는데, 이에 대해 군자가 논평하기를 "의복이 걸맞지 않는 것은 몸의 재앙이다.〔服之不衷, 身之災也.〕"라고 하였다.

129 지사치사(之死致死)의 경계 : 죽은 사람의 장례를 치를 적에 산 사람과 완전히 다르게 취급해서는 안 됨을 말한 것이다. 《예기(禮記)》 〈단궁 상(檀弓上)〉에, 명기(明器)가 만들어진 연유에 대해 설명한 공자(孔子)의 말을 인용하여 "죽은 사람을 장송하면서 온전히 죽은 사람으로 대하는 것은 인하지 못한 것이니 그리해서는 안 된다. 죽은 사람을 장송하면서 온전히 산 사람으로 대하는 것은 무지한 것이니 그리해서도 안 된다.〔之死而致死之, 不仁而不可爲也. 之死而致生之, 不知而不可爲也.〕"라고 하였다.

130 양왕손(楊王孫)이……것 : 나장(裸葬)은 수의(壽衣)를 입히지 않고 장사 지내는 것을 말한다. 한(漢)나라 양왕손이 황로학(黃老學)에 심취한 데다 당시의 후장(厚葬)하는 세태를 바로잡으려는 마음에서, 병들어 죽기 전에 아들에게 유언하기를 "나는 벌거벗은 몸으로 땅속에 들어가 자연의 도를 따르려 하니 내 뜻을 어기지 말라. 죽으면 포대로 시신을 감싸서 일곱 자 땅 밑에 집어넣은 뒤 곧바로 발 있는 부분부터 포대를 꺼내 직접 살이 땅에 닿도록 하라."라고 하였던 고사가 전한다. 《漢書 卷67 楊王孫傳》

131 황보규(皇甫規) : 104~174. 후한(後漢) 환제(桓帝) 때의 명장으로, 자는 위명(威明)이다.

못할 것이다. 조정과 군려(軍旅)에서 사용하는 것으로 말하면 비록 쉽게 바뀔 수 없는 점이 있는 듯하지만 또한 윗사람이 한번 변화하는 데에 달려있을 뿐이다.-지금 송종(送終)하는 예식에 비록 금단(錦緞)을 사용하지는 않지만 심의(深衣)의 연(緣)과 멱모(幎冒), 악수(握手), 이자(履子)의 경우에는 모두 흑단(黑緞)을 사용한다. 반드시 이러한 것들까지 사용하지 않고 다른 흑색의 천으로 대신한 뒤에야 일체의 법을 이룰 수 있을 것이다.-"

영묘(英廟 영조) 말년에 귀척(貴戚)이 다투어 사치와 화려함을 숭상하자 당시 사대부의 집안이 온통 여기에 휩쓸려 동화되었다. 이에 오늘날에 이르도록 사치스러운 풍조가 날로 성해지고 달로 심해지니 내가 어린 시절에 보았던 것과 비교하면 열 배나 더할 뿐만이 아니다. 혼례로 말하면 시작을 바르게 하는 것이고 상례로 말하면 끝을 바르게 하는 것인데, 모두가 능라(綾羅)와 금수(錦繡)를 사용하여 다시는 절제하거나 한정함이 없어서 참람함이 극에 달하였다. 비록 이를 알 만한 식견이 있는 자라도 또한 익숙하게 봐온지라 괴이하게 여기지 않으니, 참으로 한심하다.

나는 임자년(1792, 정조16)의 화변(禍變)[132]에 치명(治命)에 따라서 몸에 닿는 모든 옷과 이불은 공복(公服) 외에는 모두 명주를 사용하였다. 그 뒤에 자녀들의 혼례에도 납채(納采)하는 폐백부터 의상(衣裳)에 이르기까지 모두 명주를 사용하고 비단을 사용하지 않았다. 민장이 살아있을 적에 하루는 내가 우연히 이에 대해 언급하였는데, 민장이

132 임자년의 화변(禍變) : 1792년(정조16) 12월에 생부인 오재순(吳載純)의 상(喪)을 치른 일을 이른다.《老洲集 卷27 附錄 年譜》

말하기를,

"세속이 사치에 익숙해진 지가 오래되어 바로잡지 못하고 있습니다. 만약 뜻을 같이하는 한두 집안이 함께 솔선하여 검소하기를 힘쓴다면 혹시라도 점차 풍속을 바꾸어 나갈 수 있지 않겠습니까."

라고 하였다. 내가 말하기를,

"우리들은 응당 먼저 죽고 나중에 죽는 이가 있을 것이니, 나중에 죽는 이가 먼저 죽는 이의 빈렴(殯斂)을 살펴서 오늘의 말을 잊지 않고 실천해야 할 것입니다."

라고 하고는 서로 바라보며 웃었다. 얼마 뒤에 민장이 호남(湖南)의 관차(官次)에서 졸하였는데 내가 그 초종(初終)을 살펴보지 못하였으니, 이날의 말을 실천하지 못한 것을 늘 한스러워 하였다.

근래에 한가한 가운데 우연히 민장의 유초(遺草)를 훑어보게 되었는데 이 일에 관하여 매우 상세하고 절실하게 논한 한 조목이 있었으니, 그 내용이 평소에 주장하던 말임을 알 수 있었다. 이를 보자 서글퍼져서 눈물이 나오려고 하므로 마침내 한 통을 베끼고 그 아래에 이 글을 적어서 나의 자식들에게 보여주고 또 자형(子亨)[133]에게도 전하여 고해주게 한다. 아아, 우리 두 집안의 자손이 이를 유훈(遺訓)으로 보아서 혼례와 상례에 청(淸)나라의 물건을 일절 사용하지 않는 것을 정제(定制)로 세워 지킨다면, 그 선조를 잘 계승하였다고 할 수 있을 것이고 나 또한 예전에 약속한 말을 조금이나마 실천한 것이 될 것이다.

133 자형(子亨) : 민태용(閔泰鏞, 1791~1840)으로, 자는 자형, 본관은 여흥(驪興)이며, 민치복(閔致福)의 아들이다. 1829년(순조29) 정시에서 을과 1위로 문과 급제하였고, 홍문관 수찬·부응교, 이조 참의 등에 제수되었다.

《여교》 뒤에 적다

書女敎後

《여교(女敎)》는 내편(內篇) 11장, 외편(外篇) 12장으로, 총 23장이다. 이는 숙부 운초(雲樵) 부군(府君)[134]이 지은 것으로, 일찍이 이를 가지고 집안에서 가르친 것이다. 내편은 자신을 검속하는 것에 관한 것이고 외편은 집안에서 행하는 것에 관한 것이다. 말이 쉬우면서도 뜻이 심오하고 또 말이 간결하면서도 뜻이 풍부하니 참으로 규문(閨門)의 금감(金鑑)[135]이 된다.

갑신년(1824, 순조24) 모춘(暮春 3월)에 내 손자 홍선(弘善)[136]이 위금(委禽)과 영상(迎相)의 예(禮)[137]를 행하였는데, 내가 새로 들어온

134 운초(雲樵) 부군(府君) : 오재유(吳載維, 1729~1764)로, 자는 지경(持卿), 호는 운초, 본관은 해주(海州)이다. 오희상(吳熙常)의 조부인 오원(吳瑗)의 둘째 아들로, 출계(出系)하여 오완(吳琬)의 후사가 되었다. 의릉 참봉(懿陵參奉), 양지 현감(陽智縣監), 진산 군수(珍山郡守) 등을 역임하였으며, 사복시 정에 추증되었다.

135 금감(金鑑) : 풍유(諷諭)하는 글이나 책을 이른다. 당(唐)나라에는 황제의 생일에 신하들이 만물을 있는 그대로 비추는 거울처럼 충신과 간신을 명철하게 구분하라는 뜻으로 황제에게 청동거울을 바치는 풍습이 있었는데, 현종(玄宗) 때 재상을 지낸 장구령(張九齡)이 거울을 바치는 대신 거울이 될 만한 전대(前代)의 사적을 10장으로 엮은 《천추금감록(千秋金鑑錄)》을 지어 바친 데에서 유래한 것이다. 《新唐書 卷126 張九齡列傳》

136 홍선(弘善) : 오홍선(吳弘善, 1810~1838)으로, 자는 경의(景毅), 본관은 해주(海州)이다. 오치성(吳致成)의 아들이다. 오치성은 오희상(吳熙常)의 첫째 아들로서 오윤상(吳允常)에게 출계(出系)하였다.

137 위금(委禽)과 영상(迎相)의 예(禮) : '위금'과 '영상'은 모두 혼례의 절차로, 곧

손부(孫婦)를 가르칠 것을 생각하여 마침내 이 책을 한 통 베껴서 준다. 이를 입으로 외고 마음으로 생각하며 몸에 체행하여서 우리 집안에서 전하는 곤범(壼範 규범(閨範))을 실추시키지 말아야 할 것이니, 이것이 내가 밤낮으로 바라는 바이다. 옛 사람이 말하기를,

"부녀자의 선악은 남편 집안의 흥망과도 관계되고 자신의 집안의 영욕과도 관계되니 한 몸에 두 집안이 관계된 것이 이와 같다."

라고 하였으니, 이 말이 훌륭하다. 너는 이를 늘 유념해야 할 것이다.

본생(本生) 대구(大舅 시조부) 노주(老洲)[138]가 쓰다.

혼례를 뜻한다. '위금'은 혼례 때 신랑 집에서 신부 집에 납폐(納幣)의 예로 기러기를 보내는 것이고, '영상'은 도와줄 아내를 맞는다는 뜻으로, 친영(親迎)하는 것을 말한다.

138 노주(老洲) : 대본에는 '洲老'로 되어 있는데, '老洲'로 바로잡아 번역하였다.

《통감절요》 뒤에 적다

書通鑑節要後

《통감절요(通鑑節要)》 15권은 나의 계조(季祖 막내 조부) 수재(修齋) 공[139]이 예전에 소장했던 것인데, 매 권의 첫 판에 '광운지보(廣運之寶 명나라 황제의 인장)'가 찍혀 있으니 황조(皇朝 명나라) 궁중의 장서였던 것을 상상해볼 수 있다. 수재 공은 평소에 서가의 가득한 책들 중에서 오직 이 책을 귀하게 여겨 즐겨 읽었으니, 뜻을 부친 바가 참으로 깊었던 것이다.

족제(族弟)인 선여(善餘)[140]는 바로 충렬공(忠烈公)[141]의 사손(祀孫)

139 수재(修齋) 공 : 오찬(吳瓚, 1717~1751)으로, 자는 경보(敬父), 호는 수재(修齋), 본관은 해주(海州)이다. 오희상(吳熙常)의 친 증조부인 오진주(吳晉周)의 넷째 아들로서 오이주(吳履周)에게 출계(出系)하였다. 1751년(영조27) 춘당대시 장원으로 급제하고 사간원 정언에 제수되었는데, 간언을 올리다가 영조의 심기를 거슬러서 삼수(三水)에 유배되고 그곳에서 죽었다.

140 선여(善餘) : 오경원(吳慶元, 1764~1839)으로, 자는 선여, 호는 수양일민(首陽逸民), 본관은 해주(海州)이다. 1783년(정조7) 진사시에 합격하여 영희전 참봉(永禧殿參奉)이 되었으며, 연일 현감(延日縣監)·해주 판관(海州判官) 등을 거쳐 김산 군수(金山郡守)가 되었으나 불치죄(不治罪)로 1829년(순조29) 아산(牙山)에 유배되었다가 이듬해에 석방되었다. 저서로는 《소화외사(小華外史)》가 있다.

141 충렬공(忠烈公) : 오달제(吳達濟, 1609~1637)로, 자는 계휘(季輝), 호는 추담(秋潭), 본관은 해주(海州)로, 병자호란 때 삼학사(三學士) 중 한 사람이다. 1627년(인조5) 사마시에 합격하고 1634년에 별시 문과에 장원으로 급제하였다. 전적·수찬 등을 거쳐 부교리가 되었다. 병자호란이 일어나자 남한산성에 들어가서 청나라와의 화의를 끝까지 반대하였으며, 인조가 청군에 항복한 이후에 청나라에 끌려가 심양성(瀋陽城)

인데, 비풍(匪風)과 열천(洌泉)의 생각이 있어서 오매불망 주(周)나라 서울을 그리워하였고,[142] 대의(大義)가 점점 어두워지는 것을 통탄하고 황하(黃河)가 맑아지기를[143] 기다리기가 어려운 것을 염려하였다. 이에 홍무(洪武)[144] 이래로 있었던 자소사대(字小事大)의 일[145]을 수집하여 한 부의 외사(外史)[146]를 편찬하였는데, 숭정(崇禎) 정묘년(1627,

서문 밖에서 윤집(尹集)·홍익한(洪翼漢)과 함께 처형당하였다. 좌승지·영의정에 추증되었으며, 시호는 충렬이다. 저서로는 《충렬공유고》가 있다.

142 비풍(匪風)과……그리워하였고 : '비풍과 열천(洌泉)의 생각이 있다'는 것과 '주(周)나라 서울을 그리워한다'는 것은 천자의 나라, 곧 명(明)나라가 쇠망한 것을 안타까워하고 그리워함을 뜻한다. '비풍'은 《시경(詩經)》 회풍(檜風)의 편명으로, 주(周)나라 왕실이 쇠미한 것에 대하여 현인이 이를 근심하고 탄식하는 내용을 담고 있다. '열천'은 《시경》 조풍(曹風) 〈하천(下泉)〉의 시어로, 주(周)나라 왕실이 무너지자 소국이 곤폐(困弊)하여 주(周)나라 서울을 그리워한다는 내용을 담고 있는데, 이 시에 "차갑게 흘러내리는 저 샘물, 가라지 덤불을 적시네. 아아 내 깨어나 탄식하며, 저 주나라 서울을 생각하노라.〔洌彼下泉, 浸彼苞稂. 愾我寤嘆, 念彼周京.〕"라고 하였다.

143 황하(黃河)가 맑아지기를 : '황하가 맑아진다〔河淸〕'는 것은 본래 삼국 시대 위(魏)나라 이강(李康)이 지은 〈운명론(運命論)〉에 보이는 말로, "황하가 맑아지면 성인이 나온다.〔黃河淸而聖人生〕"라고 하였는데, 곧 성왕(聖王)이 출현하여 태평성대가 이룩될 상서(祥瑞)를 의미한다.

144 홍무(洪武) : 중국 명(明)나라 태조(太祖) 때의 연호로, 1368년부터 1398년까지 사용되었다.

145 자소사대(字小事大)의 일 : 명(明)나라와의 외교에 관한 일을 말한다. '자소(字小)'는 대국(大國)이 소국(小國)을 보살펴 줌을 뜻하고 '사대(事大)'는 소국이 대국을 섬김을 뜻한다.

146 외사(外史) : 《소화외사(小華外史)》를 가리킨다. 《소화외사》는 오경원(吳慶元)이 1392년(태조1)부터 1824년(순조24)까지 우리나라와 중국 간의 외교 관계를 기록한 편년체 역사서이다. 범례에서 우리나라를 중국에 견주어 소중화(小中華)라고 표현하였으며, 존주양이(尊周攘夷)의 태도를 확고히 하였다. 1830년(순조30)에 본편 8

인조5)[147] 이후에 이르러서는 세상의 변고가 더욱 망극해졌으니, 그 기술이 상세할수록 마음은 더욱 괴로워진다. 아, 이것이 어찌 속인(俗人)에게 말할 수 있는 것이겠는가.

지난해 겨울에 선여가 호상(湖上)으로 나를 찾아왔을 적에 이야기를 나누다가 우연히 이 책을 언급하게 되었다. 그때 선여가 뛸 듯이 기뻐하더니, 뒤에 급히 향본(鄉本 우리나라에서 간인한 책) 한 질을 간인하여 보내주며 말하기를,

"이것과 바꾸어 주시길 원합니다."

라고 하였다. 내가 가만히 생각해보니, 만약 계조가 살아계셨다면 틀림없이 선여에게 주는 것을 아까워하지 않았을 것이므로 마침내 이 책을 그에게 보내주었다.

아, 황조가 옥사(屋社)[148]한 해의 갑자가 벌써 네 번째 돌아오고 있

권의 초고를 완성하였고, 아들 오현상(吳顯相)이 이것을 교열하고 별편(別編) 2권, 속편(續編) 2권을 보충해 12권 6책으로 간행하였으며, 1868년(고종5)에 손자 오취선(吳取善)이 경상도 관찰사로 있으면서 재간하였다. 본집에는 사신명단이나 특사파견 등 대명(對明) 외교와 선조와 인조 연간의 왜란 및 호란과 관련된 기사가 수록되어 있으며, 속편에는 왜란 당시 원정 온 지휘관의 명단인 《왕인성명기(王人姓名記)》 및 《황조유민록(皇朝遺民錄)》에서 발췌한 글 등이 수록되어 있다. 별편은 《대보단지(大報壇志)》이다.

147 숭정(崇禎) 정묘년 : '숭정'은 명(明)나라 마지막 황제인 의종(毅宗)의 연호이다. 정묘년(1627, 인조5)은 후금(後金)의 침략으로 남한산성(南漢山城)에서 굴욕적인 맹약을 맺었던 정묘호란(丁卯胡亂)이 있었던 해이며, 또 의종이 즉위한 해이기도 하다. 의종은 1627년 8월에 즉위하였는데, 이듬해인 1628년부터 이자성(李自成)의 반란으로 명(明)나라가 망하고 의종이 자결한 1644년까지 '숭정'이라는 연호를 사용하였다.

148 옥사(屋社) : 사(社)에 지붕을 덮는다는 말로, 나라가 망한 것을 뜻한다. 《예기(禮記)》 〈교특생(郊特牲)〉에 "천자의 대사(大社)에 지붕을 덮지 않아 서리·이슬·바

다. 당시에 화개전(華蓋殿)과 근신전(謹身殿)에서 보관하던 홍벽(弘璧)·대훈(大訓)의 보배들[149]은 겁회(劫灰)로 불에 타 없어지지 않으면 오랑캐의 수중으로 들어갔는데, 이 책은 이 두 가지의 화를 모두 면하여 종이 위의 보묵(寶墨)이 해와 별처럼 찬란하게 빛을 내며 길이 우리 동국(東國)의 지사(志士)가 소중히 보관하는 책이 되었다. 그리고 이제 제자리를 찾아서 충렬공의 후손에게 돌아가게 되었으니 어찌 기이하고 다행스럽지 않겠는가. 이는 장차 선여가 세상에 전할 지보(至寶)가 될 것이니 《난정첩(蘭亭帖)》[150]의 진본에 견줄 바가 아닌 것

람·비를 직접 맞게 하는 것은 천지의 기운이 서로 통달하게 하기 위한 것이다. 이 때문에 망한 나라의 사직에는 지붕을 만들어 하늘의 양기를 받지 못하게 한다.〔天子大社, 必受霜露風雨, 以達天地之氣也. 是故喪國之社屋之, 不受天陽也.〕"라고 한 데에서 온 말이다.

149 화개전(華蓋殿)과……보배들 : '화개전'과 '근신전(謹身殿)'은 명(明)나라 황궁 안에 있던 전각들로, 정전(正殿)인 봉천전(奉天殿)의 뒤쪽에 자리하였다. '홍벽(弘璧)'과 '대훈(大訓)'은 주(周)나라 성왕(成王)이 붕어(崩御)했을 적에 진열해 놓았던 주(周)나라의 보배들로, 왕실에 대대로 전해 내려오는 보배를 의미한다.

150 난정첩(蘭亭帖) : 동진(東晉)의 명필인 왕희지(王羲之)의 〈난정수계서(蘭亭修禊序)〉가 적힌 법첩(法帖)으로, 왕희지가 절강성(浙江省) 소흥현(紹興縣)에 있는 난정(蘭亭)에서 잔치를 베풀고 당시 명사인 사안(謝安)·손작(孫綽) 등 42명을 초청한 다음, 그들이 지은 시를 수합하고 그에 대한 서문을 쓴 것인데 고금의 명필 중에 가장 뛰어나다고 한다. 송(宋)나라 말기의 서화가인 조맹견(趙孟堅)이 이 《난정첩》의 진본을 유송(兪松)에게서 얻고는 너무도 기뻐서 밤중에 배를 타고 돌아오다가, 큰 바람을 만나 배가 뒤집혀서 모든 물건이 다 침몰되었다. 이때 조맹견이 얕은 물에 나와 서서 오직 이 《난정첩》만을 손에 쥐고 사람들에게 보이며 말하기를 "《난정첩》이 여기에 있으니 내 그 나머지 물건들은 개의치 않을 것이다." 하고는, 인하여 그 《난정첩》 본에다 "목숨은 가벼이 하더라도 지보는 보전해야 한다.〔性命可輕, 至寶是保.〕"라는 여덟 글자를 제(題)하여 이것을 소장했다는 고사가 있다. 《輟耕錄 卷9》

이다.

선여가 나에게 이 책의 뒤에 글을 써 줄 것을 부탁하므로 삼가 이상과 같이 그 전말을 대략 적는다. 때는 유조(柔兆)·엄무(閹茂)[151] 여름이 거의 끝나가는 날이다.

151 유조(柔兆)·엄무(閹茂) : '유조'는 고갑자(古甲子) 중 십간(十干)의 세 번째인 '병(丙)'을 뜻하고, '엄무'는 고갑자 중 십이지(十二支)의 열한 번째인 '술(戌)'을 뜻한다. 곧 병술년(1826, 순조26)을 가리킨다.

오덕계[152] 연보 발

吳德溪年譜跋

본조는 유자(儒者)를 근간으로 하여 나라를 세웠는데, 성교(聲敎)와 문명(文明)의 교화가 목릉(穆陵 선조)의 성세에 떨쳐져서 준재(俊才)들이 시운에 응하여 구름처럼 무수히 모여들고 노을처럼 찬란한 광채를 이루었다. 이때에 덕계(德溪) 오 선생(吳先生)이 남복(南服 남방)에서 기용되어 깊은 학문과 곧은 절개로 조정에서 활약하였다. 개연(慨然)하게 요순군민(堯舜君民)[153]을 자신의 임무로 여겨서 경악(經幄)과

152 오덕계(吳德溪) : 오건(吳健, 1521~1574)으로, 자는 자강(子强), 호는 덕계, 본관은 함양(咸陽)이다. 조식(曺植)·이황(李滉) 등에게 수학하였다. 1558년(명종13) 식년 문과에 병과로 급제하여 정언·사인(舍人) 등을 역임하였으며, 이조 좌랑으로 있으면서 춘추관 기사관을 겸하여 《명종실록(明宗實錄)》의 편찬에 참여하였다. 1572년(선조5)에 관직을 버리고 경상도 산음(山陰) 덕계리(德溪里)로 낙향하여 후진들의 양성에 힘써 덕계 선생으로 불렸으며, 산청(山淸)의 서계서원(西溪書院)에 제향되었다. 저서로는 《덕계집》 등이 있다.

153 요순군민(堯舜君民) : 신하로서 자신의 군주를 요순(堯舜)과 같은 성군으로 만들고 백성들을 요순시대와 같은 태평성대의 백성으로 만든다는 뜻으로, 《맹자(孟子)》 〈만장 상(萬章上)〉에 보인다. 은(殷)나라 때 이윤(伊尹)이 본래 벼슬할 뜻이 없었는데 탕왕(湯王) 세 차례나 사람을 보내어 정중하게 초빙하자 마음을 돌려 말하기를, "내가 들녘에서 농사지으며 이대로 요순의 도를 즐기는 것이, 어찌 이 임금을 요순과 같은 성군으로 만드는 것만 하겠으며, 어찌 이 백성들을 요순 때의 백성으로 만드는 것만 하겠으며, 어찌 요순의 도가 행해지는 것을 직접 보는 것만 하겠는가.〔與我處畎畝之中由是以樂堯舜之道, 吾豈若使是君爲堯舜之君哉? 吾豈若使是民爲堯舜之民哉? 吾豈若於吾身親見之哉?〕"라고 하였다.

대성(臺省 사헌부와 사간원)에 출입하며 군주의 앞에 나아가 강직한 논의를 다하였다. 이윽고 조정의 논의가 분열되자 뜻을 실현할 수 없는 때임을 알고는 마침내 관직을 버리고 돌아가 은거하여 도(道)를 강론하고 뜻을 구하였으며, 조정에서 여러 차례 불러도 다시는 나아가지 않고 생을 마쳤다. 얼마 뒤에 당화(黨禍)가 일어나니, 당대의 선비들 중에 자전(自全)한 이가 드물어서 마침내 수백 년간 바로잡기 어려운 화난이 되었다.

아, 만약 이치에 밝고 기미를 잘 살핀 것이 아니라면, 어떻게 거두어 감추어서[154] 더럽혀지지 않고 깨끗한 것이[155] 이처럼 우뚝할 수 있었겠는가. 《주역(周易)》에 "절개가 돌과 같아서 하루를 마치지 않고 떠나가니, 정(貞)하고 길(吉)하다.〔介于石 不終日 貞吉〕"[156]라고 하였는데, 선생이 여기에 가까울 것이다.

그러나 이것이 어찌 근본을 둔 바가 없이 이룰 수 있는 것이겠는가.

154 거두어 감추어서 : '거두어 감춘다〔卷而懷之〕'는 것은 본래 공자(孔子)가 위(衛)나라의 대부인 거원(蘧瑗)을 두고 칭찬한 말로, 《논어(論語)》 〈위령공(衛靈公)〉에 "군자답다, 거백옥이여. 나라에 도가 있으면 벼슬하고, 나라에 도가 없으면 거두어 감추어 두는구나.〔君子哉! 蘧伯玉. 邦有道則仕, 邦無道則可卷而懷之.〕"라고 하였다. '백옥'은 거원의 자(字)이다.

155 더럽혀지지 않고 깨끗한 것이 : '더럽혀지지 않고 깨끗하다〔皭然不滓〕'는 것은 본래 사마천(司馬遷)이 초(楚)나라의 충신 굴원(屈原)을 두고 한 말로, "더러움을 벗어던지고, 티끌세상 밖에서 노닐었고, 세속의 더러움에 물들지 않아서 진흙탕에서도 더럽혀지지 않고 깨끗한 자였다.〔蟬蛻於濁穢, 以浮游塵埃之外, 不獲世之滋垢, 皭然泥而不滓者也.〕"라고 하였다. 《史記 卷84 屈原列傳》

156 절개가……길(吉)하다 : 이 말은 《주역(周易)》 〈예괘(豫卦) 육이(六二)〉에 보인다.

선생은 초년에 남명(南冥) 조 문정공(曹文貞公)[157]을 스승으로 섬겼고, 또 일찍이 퇴도(退陶 이황(李滉))의 문하에서 종유하였는데 학술을 순정(純正)하게 갖추어서 칭찬과 인정을 가장 많이 받았으니 연원(淵源)이 훌륭한 것을 또한 속일 수 없다. 그러나 안타깝게도 향년(享年)이 길지 못하여 사문(斯文)을 더욱 드날리지 못하였다.

지금 선생의 시대와 멀어져서 고증할 만한 문헌이 없는데, 근래에 선생의 후손 오사덕(吳思德)이 한 지역의 사우(士友)들과 함께 낡고 찢어진 자료 속에서 유사(遺事)를 수습하여 연보 한 권을 만들고 장차 이를 판각하여 오래도록 전하게 하려고 한다. 살펴보건대 이 책이 비록 매우 빈약하지만 오히려 선생의 본말을 확인하기에 충분하니 어찌 귀중하게 여기지 않을 수 있겠는가.

제생(諸生)이 외람되게도 나에게 발문을 지어줄 것을 부탁하기에 삼가 이를 써서 준다.

157 남명(南冥) 조 문정공(曹文貞公) : 조식(曺植, 1501~1572)으로, 자는 건중(楗仲), 호는 남명・산해(山海)・방장노자(方丈老子)・방장산인(方丈山人), 본관은 창녕(昌寧), 시호는 문정(文貞)이다. 조정에서 누차 벼슬을 제수하였으나 부임하지 않았으며 만년에는 지리산의 덕천동(德川洞)에 산천재(山天齋)를 짓고 더욱 강학(講學)에 힘썼다. 저서로는 《남명집》・《남명학기유편(南冥學記類編)》・《신명사도(神明舍圖)》 등이 있다.

《해주오씨별보》 발

海州吳氏別譜跋

기축년(1829, 순조29) 여름에 세보(世譜)를 개수해서 활자로 간인하여 작업을 끝마쳤는데, 별보(別譜)의 영강(永康) 공과 생원(生員) 공 두 파(派)의 자손이 족보 단자를 정리하여 가지고 와서 말하기를,

"족보는 비록 정밀하고 엄정함을 추구하지만, 우리 두 파(派)는 갑술년(1634, 인조12)에 처음 족보를 정리하였던 때부터 족보의 끝에 덧붙여 기록되고 발문(跋文)에 드러내어 게시되었으니 별보의 다른 파(派)와 비교하면 그 유래가 가장 오래되어 사체(事體)가 매우 다릅니다. 간인하여 이어 붙여서 옛날에 같은 족보에 기록하였던 정의를 이어나가기를 원합니다."

라고 하였다.

아, 우리 오씨는 문헌이 잔결(殘缺)하여 오랫동안 족보가 없었는데, 천파(天坡) 공[158]이 해서(海西)의 관찰사가 되면서 추탄(楸灘) 공[159]과

158 천파(天坡) 공 : 오숙(吳翿, 1592~1634)으로, 자는 숙우(肅羽), 호는 천파, 본관은 해주(海州)이다. 1610년(광해군2) 진사시에 합격하고 1612년 증광 문과에 병과로 급제하였고, 형조·예조 참의, 좌승지, 첨지중추부사 등을 역임하였다. 1633년(인조11) 8월에 황해도 관찰사에 제수된 바 있다. 저서로는 《천파집(天坡集)》이 있다.

159 추탄(楸灘) 공 : 오윤겸(吳允謙, 1559~1636)으로, 자는 여익(汝益), 호는 추탄·토당(土塘), 본관은 해주(海州)이다. 성혼(成渾)의 문인으로, 1597년(선조30) 별시 문과에 병과로 급제하였고 벼슬이 영의정에 이르렀다. 시호는 충정(忠貞)이며, 저서로는 《추탄집》, 《해사조천일록(海槎朝天日錄)》 등이 있다.

논의하여 사인(舍人) 공의 족도(族圖)[160]를 가지고 상의하고 교정하여 판각하였으니, 이것이 바로 이른바 갑술보(甲戌譜)이다. 이번에 간인한 족보는 모두 갑술보의 규례를 따른 것이다. 이 두 파(派)는 본관이 같은 데에다, 성향(姓鄉 관향)에 거주하며 본손(本孫)과 지손(支孫)이 번성하여 대대로 계보를 정리해왔다. 비록 시조의 내력을 명확하게 알지 못하지만 같은 족보에 기록된 지가 삼백 년이 되었으니, 그 후손이 옛 본관을 폐하지 않고자 하는 것이 또한 당연하지 않은가. 이에 여러 종인(宗人)들과 의논하여 이를 허락하고 이어서 책의 끝에 이를 기록한다.

160 사인(舍人) 공의 족도(族圖) : 사인 공은 오선경(吳先敬, 1374~1419)으로, 오선경이 작성한 해주 오씨(海州吳氏)의 족도를 가리킨다. 오선경의 자는 직부(直夫), 호는 창주(滄洲), 본관은 해주(海州)이며, 1399년(정종1) 식년 문과에 병과로 급제하고 성균관 직제학, 의정부 사인 등을 역임하였다. 이 족도의 체제는 표제(表題), 족도(族圖), 발문(跋文)으로 구성되어 있으며, 오선경의 부친인 오광정(吳光廷)의 초본을 바탕으로 하여 오선경이 완성한 것이다. 1세 오인유(吳仁裕)에서 9세까지의 계보가 수록되어 있고, 해주 오씨와 직간접적으로 혼인관계에 있었던 장흥 임씨(長興任氏), 경주 김씨(慶州金氏), 수원 최씨(水原崔氏), 여흥 민씨(驪興閔氏), 행주 기씨(幸州奇氏)의 가계가 함께 도식되어 있다.

상제도식의 뒤에 적다

書喪祭圖式後

대체로 제향(祭享)과 연향(宴饗)은 기물(器物)과 찬품(饌品)이 본래 똑같지 않으니, 제향은 정결하고 간소함을 숭상하고 연향은 풍성하고 맛이 좋은 것을 숭상한다. 근래에 사대부의 집안에서 이러한 의리를 알지 못하고 제향에 있어 풍성하고 사치함을 다투어 숭상하여, 기물은 반드시 많이 놓기를 힘쓰고 찬품은 반드시 높이 쌓으려고 해서 제품(祭品)의 본색을 완전히 잃어버렸으니, 이미 식자들에게 기롱을 받고 있다. 상중(喪中)에 지내는 제사에 이르러서는 더욱 절제함이 없어서 조전(祖奠), 졸곡(卒哭), 연제(練祭 소상(小祥)), 상제(祥祭 대상(大祥))를 올릴 적에 큰 탁자를 잇대어 배치하여 진수성찬을 죄다 갖추어 올리고 심지어는 청(淸)나라의 물건을 놓기까지 하니, 그 사치스럽고 화려하기가 꽃 장식만 없는 잔칫상이다. 한 번 제수를 마련하는 비용이 거의 만 전(錢)이나 되는데, 만약 가난하여 이를 마련할 수 없으면 동분서주하며 빌리기를 구하고 그래도 구하지 못하면 위전(位田)을 헐값으로 팔아서 이를 충당한다. 예(禮)는 지속할 수 있는 것을 중요하게 여기는데, 이렇게 지속하기 어려운 것을 행하는 것이 또한 어찌 이치에 맞겠는가. 습속이 도도(滔滔)하여 바로잡을 수가 없는데, 우리 집안의 제사의 찬품은 본래 간소하게 정한 한 벌의 품목이 있으나, 상중에 올리는 제사는 아직 일정한 제도가 없으니, 습속에 점차 물들어 따라 하게 될까 염려되었다. 이에 《가례(家禮)》와 《격몽요결(擊蒙要訣)》을 절충하여 제품(祭品)에 대해 별도로 도식을 만들어서 후래에 길이 이를 따르게 하는 바이다.

이재경의 심성의문의 뒤에 적다

書李在慶心性疑問後

혹자가 말하기를,

"성(性)도 선하고 심(心)도 선하다면, 장차 어떻게 구별할 것이며, 또 석씨(釋氏)의 본심(本心)의 뜻과 무엇이 다르겠는가."

라고 하니 이 말이 그럴듯하다. 그러나 심(心)의 본체는 담일(湛一)하여 이(理)와 차이가 없어서 털끝만큼의 찌꺼기가 없으니 어찌 선하다고 일컫는 것이 불가하겠는가. 또 심(心)과 성(性)은 일치하여 성(性)이 선하면 심(心) 또한 선하다. 만약 한 쪽은 선하고 한 쪽은 악하다면 어찌 방촌(方寸)에 선악이 혼재한 것이 아니겠는가. 다만 심(心)의 선함은 믿을 수 없는 점이 있어서 반드시 이(理)에 짝하여 잃는 바가 없어야 비로소 그 선함을 보존할 수 있다. 그렇지 않으면 변동함이 예측 불가하여 준칙으로 삼는 바가 없어서 반드시 악한 데로 흐르게 된다. 주자(朱子)의 "본래 선하나 악한 데로 흐른다."라는 말씀은 또한 이를 가리켜 말한 것으로, 맹자(孟子)의 '성선(性善)'의 뜻과는 지두(地頭)가 각각 다르니, 어찌 구별이 없다고 의심하여 하나만 고집하고 하나는 폐할 수 있겠는가.

무릇 성(性)은 심(心)의 이치일 뿐이고 심(心)은 성(性)의 정신일 뿐이니, 분리하여 두 가지로 보는 것도 불가하고 섞어서 한 가지로 보는 것도 불가하다. 모름지기 하나이면서 둘인 사이에 도(道)와 기(器)의 구분을 볼 수 있어야 한다.-성(性)은 심(心)의 도(道)이고, 심(心)은 성(性)의 기(器)이다.- 성(性)은 하는 바가 없고 심(心)은 지식이 있다.

하는 바가 없기 때문에 본말(本末)과 종시(終始)가 없어서 순수하고 지선(至善)하여, 정(貞)하여 변함이 없으니, 능히 천지의 장수가 될 수 있다. 또 지각이 있기 때문에 운용(運用)하고 조작(造作)함이 기질(氣質)과 통하여 시종(始終)과 진망(眞妄)이 없을 수 없으니, 이에 근거하여 전상(典常)으로 삼을 수 없다. 이것이 심(心)과 성(性)이 구별되는 까닭이다.

우리 유자(儒者)의 학문으로 말하면, 심오한 부분을 깊이 연구하여 기미를 밝혀서 반드시 먼저 진망(眞妄)을 변별하여, 정(貞)하여 변함이 없는 체(體)를 밝혀서, 변동하여 믿을 수 없는 용(用)을 주재(主宰)한다. 그러므로 그 결과가 심(心)을 다하고 성(性)을 알아서 일을 완수하고 업(業)을 정하는 데에 이르게 된다. 석씨의 법은 심(心)만 살피고 성(性)은 살피지 않아서, 다만 심(心)의 영명(靈明)한 광경(光景)을 취하여 무진(無盡)한 보장(寶藏)으로 인식하고 이(理)를 방해가 된다고 여겨 끊어버린다. 그러므로 그 결과가 사물을 배제하고 천상(天常)을 멸하여 여덟 번 넘어지고 아홉 번 거꾸러져 미쳐 날뛰며 함부로 행동함에 이르게 된다. 이것이 유자와 석씨가 구분되는 까닭이다.

그러나 만약 심(心)의 본말이 모두 선하다고 한다면 진실로 또한 곤란하다. 또 석씨와 가까운 것을 혐의하여 본체까지 아울러 선악이 있는 물건이라고 이른다면, 《대학(大學)》의 '명덕(明德)'과 《중용(中庸)》의 '대본(大本)'은 모두 심(心)을 놔두고 말할 수 없는 것들인데, 그렇게 하면 심(心)은 비록 악하더라도 성(性)은 혼자 선하고 심(心)은 비록 치우치더라도 성(性)은 혼자 중도에 맞는 것이 되어서 도(道)와 기(器)가 판이하게 두 가지가 되니, '대본'과 '명덕'이 어찌 천하의 지정(至精)이 될 수 있겠는가. 다만 그 말류가 악하고 치우치는 것이니, 이는 심(心)의 죄이지 성(性)의 죄가 아니다. 내가 말한 '심(心)은 비록 선하나 믿을 수 없다'는 것은 바로 이것일 뿐이다.

이자선(李子善)은 명리(名理)의 학문에 뜻을 두었으나 안목을 높이지 못하고 후대의 학자들의 설(說)을 보는 데에 빠져서 여기에 속박되어 의리(義理)의 길에 있어서 바른 길을 찾지 못하고 있다. 하루는 자신이 일찍이 이해한 것을 기록하여 나에게 질문하였는데, 살펴보니 하나하나 지적하여 논하기가 어려우므로 마침내 권(卷)의 끝에 이를 적어서 돌려보낸다. 만약 여기에 있어서 계합함이 있다면 다른 것은 설명하기를 기다리지 않고도 깨닫게 될 것이다.

노주집

제16권

墓誌 묘지

墓誌銘 묘지명

묘지 墓誌

문정공 부군 묘지
文靖公府君墓誌

부군은 휘가 재순(載純), 자가 문경(文卿)이며, 성은 오씨(吳氏)이니 해주(海州) 사람이다. 호는 순암(醇庵), 또는 우불급재(愚不及齋)로, 모두 하사받은 호이다. 선고는 휘 원(瑗)으로, 태학사(太學士)이고, 선비(先妣)는 전주 최씨(全州崔氏)로, 정랑 식(寔)의 딸이다. 영종(英宗 영조) 정미년(1727, 영조3) 4월 11일에 태어나고 금상(今上) 임자년(1792, 정조16) 12월 30일에 졸하니 향년이 66세였다.

부군은 인자하고 관대하고 침착하고 중후함으로 질(質)을 삼고 공정하고 너그럽고 청렴하고 간소함으로 용(用)을 삼았다. 스스로를 수양함에 있어서 존심(存心), 신언(愼言), 근행(謹行)을 요결로 삼아서 외면에는 비록 자랑하고 꾸미는 바가 없었으나 내면에는 실로 각고(刻苦)의 공부가 쌓였다. 은미한 이치와 드러난 이치를 환히 꿰뚫어 이해하여 스스로 즐거워하였고 모든 부귀와 영록(榮祿)에 있어서 초탈하여 그 속에 얽매임이 없었다. 처음에 유관으로 조용(調用)되었는데 대부분 나아가지 않았고, 나아가더라도 오래지 않아 그만두고 떠났다. 만년에 과거에 급제하여 성상의 지우(知遇)를 입게 되어 전형(銓衡)을 잡고 사맹(詞盟)을 주관하였으며,[1] 항상 내각(內閣 규장각)의 직함을 겸대하였는데, 현달하여서도 마치 곤궁한 때와 같이 처신하였다.

책을 저술하여 도(道)를 밝히는 것을 자신의 임무로 여겨서 공무의 여가에는 매번 문을 닫아걸고 밤낮 종일토록 전념하고 잠심하여 수염과 머리털이 하얗게 세었다. 저술한 책으로는《주역회지(周易會旨)》6권,《완역수언(玩易隨言)》2권,《독서기의(讀書記疑)》1권,《성학도(聖學圖)》1권이 있다.《주역(周易)》에 있어 특히 독실하게 공력을 들이기를 수십 년 동안 하여 제가(諸家)의 설(說)을 종합하여 정리하고 성인의 뜻을 드러내어 밝히고자 하였다. 일찍이 말씀하기를,

"괘효(卦爻)의 뜻을 세운 것은 성인이 다시 살아나더라도 내 말을 폐하지 못할 것이다."

라고 하였다. 그러나 자신의 재주를 깊이 감추고 드러내지 않았으므로 비록 친밀한 벗이라고 하더라도 또한 이를 알지 못하였으니, 아아, 천 년 뒤에는 이를 알아주는 자가 있을 것인가. 또 시문(詩文) 20권이 있다.

배위(配位) 연안 이씨(延安李氏)는 영의정 천보(天輔)의 딸이다. 아들 중 장남 윤상(允常)은 일찍 죽었고, 다음은 희상(熙常), 연상(淵常)인데 모두 출계(出系)하였다. 딸은 한경리(韓景履)에게 출가하였다. 희상의 아들 치규(致奎)를 세워 윤상의 후사로 삼았다. 졸한 이듬해 2월 갑신일에 직산현(稷山縣) 대정리(大井里) 을좌(乙坐)의 언덕에 장례하였다.

1 전형(銓衡)을……주관하였으며 : 전형을 잡았다는 것은 이조 판서가 된 것을 이르고, 사맹(詞盟)을 주관하였다는 것은 홍문관 대제학이 된 것을 이른다.

아아, 불초(不肖)가 어리석고 우매하니 어찌 감히 외람되게 찬미하고 칭술할 수 있겠는가. 그러나 하루아침에 죽어지면 세상에 부군의 덕을 아는 자가 없게 될 것이니 어디에서 고찰하고 징험할 것인지 깊이 염려되었다. 이에 삼가 한두 가지 내용을 적어서 광중(壙中)에 들이니 후인들이 이 지석(誌石)의 내용이 거짓이 아님을 알 수 있을 것이다.

불초 종자(從者) 희상(熙常)이 피눈물을 흘리며 삼가 묘지를 짓는다.

〈석우명(石友銘)〉 후지(後識)를 덧붙임

나는 성이 오씨로, 해주 사람이니	我姓吳海州人
이름이 재순이고 자가 문경이네	名載純字文卿
정미년에 태어나고 사맹을 주관하였으며	丁未降主詞盟
호는 순암이니 임금께서 영화로이 하사한 것이네	號醇庵君賜榮
갈아도 닳아지지 않는[2] 석우(石友 벼루)가 있으니	有石友磨不磷
사십 년 동안 오직 너를 친애하였네	四十年惟汝親
학문 탐구에 애쓰고 글쓰기에 힘써서	呻鉤賾力毫畊
성인의 말씀에 주를 단 것이 심오하고 분명하네	注聖言奧而明
종과 솥을 대신하여 너의 몸에 명을 새겨	替鍾鼎銘乃身
구천에 돌아갈 때 너를 데리고 함께 가리라	歸九原携與行

2 갈아도 닳아지지 않는 : 이 말은 본래 《논어(論語)》 〈양화(陽貨)〉에 보이는 공자(孔子)의 말로, 공자가 필힐(佛肸)을 찾아가려고 하자, 필힐이 혹시나 공자를 욕보일까 싶어서 자로(子路)가 공자를 만류하였는데 공자가 말하기를, "갈아도 닳아지지 않으니 단단하다고 말하지 않겠는가. 물들여도 검어지지 않으니 희다고 말하지 않겠는가.〔不曰堅乎? 磨而不磷. 不曰白乎? 涅而不緇.〕"라고 하였다. 이는 심지(心志)가 매우 견고하고 결백해서 주위 환경에 걸고 영향을 받지 않음을 말한 것이다.

아아, 이것은 나의 본생(本生) 선군(先君)이 스스로를 기술한 글로, 모두 60자이니, 성(姓), 휘(諱), 관작, 호(號), 생년 및 경서를 연구한 일을 이 글에서 거의 확인할 수 있다. 이 글을 지은 이듬해인 임자년(1792, 정조16)에 선군이 갑자기 우리 고아들을 버리고 떠나셨으니, 아 하늘이여, 하늘이여! 유업(遺業)이 날이 오래될수록 점차 민멸되는 것이 삼가 염려되어, 이미 묘지(墓誌)를 들인 뒤에 또 이 글을 벼루의 위에 새겨서 관곽(棺槨)의 오른쪽에 둔다. 아아, 마음은 더욱 서글퍼지고 그리움은 더욱 깊어진다.

불초(不肖) 종자(從子) 희상(熙常)이 피눈물을 닦으며 벼루의 끝에 삼가 기록한다.

선백모 정경부인 묘지

先伯母貞敬夫人墓誌

아아, 나의 본생(本生) 선비(先妣) 정경부인 이씨(李氏)는 세계(世系)가 연안(延安)에서 나왔다. 부친은 영의정 문간공(文簡公) 휘 천보(天輔)이고, 조부는 군수 증 영의정 휘 주신(舟臣)이고, 증조는 증 좌찬성 휘 중조(重朝)이니, 문충공(文忠公) 정귀(廷龜)의 6세손이다. 모친은 정경부인 은진 송씨(恩津宋氏)로, 부사 상유(相維)의 딸이다. 영종(英宗 영조) 3년[3] 정미년(1727) 2월 22일에 태어났다.

17세의 나이에 오씨(吳氏) 집안에 시집을 와서 나의 본생 선인(先人)인 대총재(大冢宰 이조 판서) 태학사(太學士 대제학) 문정공(文靖公) 부군 휘 재순(載純)의 배필이 되었다. 우리 오씨는 해주(海州)에 관적(貫籍)을 두니, 문목공(文穆公) 휘 원(瑗), 문효공(文孝公) 휘 태주(泰周), 충정공(忠貞公) 휘 두인(斗寅)이 바로 부군의 3대 선조이다. 부인은 인자하고 순일하고 간소하고 중후하며 효우(孝友)가 돈독하여 출가하기 전에도 이미 부모의 사랑을 받았다. 출가한 이후에는 부군이 예(禮)로써 집안을 다스렸는데, 부인이 부지런히 힘써서 그 덕에 짝함에 어김이 없어서 규범(閨範)이 단정하고 엄숙하였으니 50년 동안 늘 한결같았다.

임자년(1792, 정조16)에 부군이 별세하자 부인은 애통함이 심하였

3 3년 : 대본에는 '十三年'으로 되어 있으나, 정미년의 왕력은 '영조 3년'인바 '十三'을 '三'으로 바로잡아 번역하였다.

으나 외로운 우리 고아들을 돌아보며 애통함을 참고 삶을 이어갔다. 3년 뒤인 을묘년(1795) 2월 17일에 마침내 우리 고아들을 버리고 떠나시니 향년이 69세였다. 3남1녀를 두었으니, 아들 중 장남 윤상(允常)은 후사가 없이 일찍 죽었고, 그 다음은 희상(熙常), 연상(淵常)인데 모두 출계(出系)하였다. 딸은 한경리(韓景履)에게 출가하였다. 희상은 2남을 두었는데, 장남 치규(致奎)는 윤상의 후사가 되었다. 연상은 2남1녀를 두었는데 모두 아직 어리다. 별세한 해 3월 갑자일에 직산현(稷山縣) 북쪽 대정리(大井里)의 을좌(乙坐)의 언덕에 있는 부군의 묘(墓) 왼쪽에 부장(祔葬)하였다.

불초(不肖) 종자(從子) 희상이 피눈물을 흘리며 삼가 기록한다.

선고 판돈녕부사 부군 묘지

先考判敦寧府君墓誌

나의 선고 숭정대부(崇政大夫) 판돈녕부사 부군은 성이 오씨(吳氏), 휘가 재소(載紹), 자가 극경(克卿), 호가 석천(石泉)이니, 해주(海州) 사람이다. 고려 군기감 감(軍器監監) 인유(仁裕)의 후손인데, 본조에 들어와 집안에 관작이 끊이지 않아서 어질고 덕 있는 이가 계속 이어 나왔다. 판서 증 영의정 충정공(忠貞公) 휘 두인(斗寅), 해창위(海昌尉) 문효공(文孝公) 휘 태주(泰周), 수(守) 대제학 증 좌찬성 문목공(文穆公) 휘 원(瑗)이 부군의 3대 선조이다. 선비(先妣) 전주 최씨(全州崔氏)는 정랑 식(寔)의 딸이다. 영종(英宗 영조) 기미년(1739, 영조 15) 4월 20일에 부군을 낳았다.

정해년(1767)에 음보(蔭補)로 장릉 참봉(長陵參奉)이 되었는데 나아가지 않았다. 무자년(1768)에 사마시에 합격하였다. 기축년(1769)에 정릉 참봉(貞陵參奉)에 제수되었다. 신묘년(1771)에 사옹원 봉사로서 정시 문과에 급제하여 괴원(槐院 승문원)에 분관되고 사관(史官)의 천거를 받았다. 을미년(1775)에 통정대부(通政大夫)가 되고 신유년(1801, 순조1)에 가선대부(嘉善大夫)가 되고 병인년(1806)에 자헌대부(資憲大夫)가 되고 정묘년(1807)에 정헌대부(正憲大夫)가 되고 무진년(1808)에 숭정대부(崇政大夫)가 되고 기로사(耆老社)에 들어갔다.

역임한 관직은 다음과 같다. 세자시강원에서는 설서, 사서, 겸사서, 문학, 겸문학, 필선, 겸보덕이 되었다. 사간원에서는 정언, 헌납, 대사간이 되었다. 사헌부에서는 지평, 장령, 대사헌이 되었다. 옥당(玉堂 홍문관)에서는 수찬, 부수찬, 교리, 부교리, 부응교가 되었다. 승정원에서는 동부승지에서 도승지에 이르렀다. 국자(國子 성균관)에서는 대사성, 겸대사성이 되었다. 여러 조(曹)로 말하면, 호조에서는 참판, 예조에서는 참의, 참판, 판서, 병조에서는 참지, 참의, 참판, 형조에서는 참판, 판서가 되었다. 여러 사(司)로 말하면, 종부시 정이 되었다. 한성부(漢城府)에서는 좌·우윤, 판윤이 되었다. 의정부에서는 좌·우찬성이 되었다. 돈녕부에서는 동지사에서 판사에 이르렀다. 중추부에서는 첨지사에서 지사에 이르렀다. 겸직으로는 중학·서학·한학 교수, 성균관·춘추관 동지사, 경연관 동지사·지사, 의금부 동지사·지사·판사, 오위 부·도총관, 승문원·내섬시·장악원·혜민서·빙고 제조를 맡았다. 외직으로는 곡산(谷山)·종성(鐘城)·안동(安東)의 부사, 여주 목사(驪州牧使), 강화 유수(江華留守)가 되었다. 그 사이에 일찍이 경시관(京試官)으로서 호남(湖南)의 과시(科試)를 주관하였고, 실록 수찬관·동지사가 되어 영조와 정조의 실록을 수찬하는 일에 참여하였으며, 부사(副使)로서 연경(燕京)에 다녀왔다.

당저(當宁 순조) 신미년(1811, 순조11) 10월 7일에 정침(正寢)에서 고종(考終)하였다. 세 달째 되는 달 무신일에 통진(通津)의 치소 동쪽 서명동(西明洞)의 건좌(乾坐)의 언덕에 장례하였다. 13년 뒤인 갑신년(1824)에 태상(太常)에서 논의하여 시법(諡法) 중 “순일한 행실이 어긋남이 없다〔純行不爽〕”와 “충성을 향하고 덕을 받아들였다〔嚮忠納德〕”의 두 가지 항목을 올리니 ‘정헌(定獻)’의 시호가 내렸다.

부군은 키가 크고 미간이 시원스러우며 풍채가 수려하였다. 성품은 온후하고 솔직하여 꾸밈이나 가식이 전혀 없어서 마음속에 있는 것이 반드시 밖으로 드러났고 일에 시행한 것이 남에게 숨김없이 보였으니, 사마공(司馬公)이 말한 "남에게 말하지 못할 것이 없다."라는 것[4]에 부군이 해당되었다. 집에 거처할 적에는 효성스럽고 우애 있으며 친족들과 화목하게 지냈고, 조정에 있을 적에는 몸의 지조를 지키고 권세를 멀리하였다. 이른 나이에 석갈(釋褐)하여 처음에 정묘(正廟 정조)가 진저(震邸 동궁)에 있을 적에 특달(特達)의 지우[5]를 입었는데, 곧은 도(道)로 행하여 무턱대고 영합하여 따른 적이 없었다. 그러므로 벼슬한 자취가 항상 진퇴의 사이에 있어서 불우한 경우가 태반이었으나 태연하게 이를 개의치 않고 도리어 왕실에 마음을 썼다.

경신년(1800, 순조 즉위년) 이후로 국가의 형세가 철류(綴旒)[6]처럼 위태로워지자 집에서 한가히 지낼 적에 이를 깊이 염려하여 때로 눈물을 흘리며 소매를 적셨다. 만년에 이르러서는 나이와 지위가 이미 높아졌으나 매번 산림에 은거할 생각이 있어서 이를 시에 드러내어 뜻을

4 사마공(司馬公)이……것 : 사마공은 송(宋)나라의 학자이자 명재상인 사마광(司馬光)을 이른다. 사마광이 일찍이 말하기를, "내가 다른 사람보다 나은 점이 없으나, 다만 평소의 행위 중에 남에게 말하지 못할 것이 없다.〔吾無過人者, 但平生所爲, 未嘗有不可對人言者耳.〕"라고 하였다. 《宋名臣言行錄 後集 卷7 司馬光》

5 특달(特達)의 지우 : '특달'은 '임금을 곧바로 뵌다'는 뜻으로, 재덕이 출중하여 임금에게 특별한 예우를 받음을 뜻한다. 《예기(禮記)》〈빙의(聘義)〉에 "규장으로 임금을 곧바로 뵐 수 있는 것은 덕이 있기 때문이다.〔珪璋特達, 德也.〕"라고 하였는데, 공영달(孔穎達)의 소(疏)에 "조빙을 행할 적에 규장을 지닌 이는 다른 폐백을 갖추지 않고도 임금을 곧바로 뵐 수 있었다. 이는 사람이 덕을 지니면 통하지 않는 일이 없어서 다른 사물을 필요로 하지 않고도 일을 성취함을 말한 것이다."라고 하였다.

6 철류(綴旒) : 면류관에 구슬을 꿰어 드리운 술을 말하는데, 이리저리 흔들리는 모양으로 인하여 국가의 형세가 위태로운 것을 비유하게 되었다.

나타내었다. 때로 작은 수레를 타고 나서서 천진하게 교외의 수석(水石) 사이에 은거할 집을 구하러 다녔는데 끝내 뜻대로 이루지 못하였다. 아, 후대의 사람이 부군의 자취를 보고서 부군의 시대를 논한다면 거의 부군을 방불하게 알 수 있을 것이다.

배위(配位) 증 정경부인(貞敬夫人) 한산 이씨(韓山李氏)는 군수 규항(奎恒)의 딸이다. 단정하고 장엄하며 곧고 정숙하였으며 식견과 도량이 보통 사람보다 뛰어나 여사(女士)의 풍모가 있었다. 부군보다 2년 먼저 태어나고 3년 먼저 졸하였으며, 부군의 묘 왼쪽에 부장(祔葬)되었다. 1녀만 두고 아들은 낳지 못하여 부군의 백씨(伯氏) 문정공(文靖公)[7]의 중자(仲子) 희상(熙常)을 데려다가 후사로 삼았으니 바로 불초(不肖)인데, 외람되게도 성조(聖朝)에서 관직을 내려 부르는 은혜를 입었으나 감히 나아가지 못하였다. 딸은 감사 이재수(李在秀)에게 출가하였다. 서자는 근상(謹常)이다. 불초는 2남을 두었는데, 치규(致奎)는 전 군수로, 출계(出系)하여 문정공의 제사를 받들고, 다음은 치익(致翼)이다. 2녀는 민치록(閔致祿), 김보근(金輔根)에게 출가하였다. 이재수의 3남은 진사 윤우(胤愚), 긍우(肯愚), 수우(脩愚)이고, 3녀는 한림 김위(金韡), 진사 조병귀(趙秉龜), 윤지(尹榰)에게 출가하였다. 근상의 아들은 치기(致箕)이다. 치규의 아들은 홍선(弘善)이고 딸은 이종우(李鐘愚)에게 출가하였다. 치익은 1남을 두었는데 아직 어리다.

7 문정공(文靖公) : 오재순(吳載純, 1727~1792)으로, 자는 문경(文卿), 호는 순암(醇庵)·우불급재(愚不及齋), 본관은 해주(海州)이다. 시호는 문정이며, 오희상(吳熙常)의 생부이다.

묘에 지석(誌石)을 두는 것은 옛법인데, 장사하는 날에는 황망하여 겨를을 내지 못하다가 어느덧 세월이 흘러 벌써 일기(一紀 12년)가 지나버렸다. 하루아침에 죽어져서 마침내 이를 실행하지 못하게 될까 몹시 염려되었기에, 삼가 《가례(家禮)》의 글에 따라서 세벌(世閥), 생졸(生卒), 역관(歷官)을 서술하고 감히 그 아래에 한두 가지 내용을 덧붙여 기록한다. 자세한 행실과 치적에 관한 것은 풍비(豐碑 신도비)가 세워지기를 기다리는 바이다.

불초고(不肖孤) 희상이 피눈물을 흘리며 삼가 기록한다.

선비 묘지
先妣墓誌

선비 증 정경부인(貞敬夫人) 이씨(李氏)는 한산(韓山)의 세가(世家)로, 목은(牧隱) 문정공(文靖公) 색(穡)의 후손이다. 증조 휘 수번(秀蕃)은 참봉으로 사복시 정에 추증되었고, 조고 휘 사휘(思徽)는 이조참의에 추증되었으며, 선고 휘 규항(奎恒)은 군수로 이조 참판에 추증되었고 호는 쌍취헌(雙翠軒)이다. 외조는 대사헌 문정공(文貞公) 권공 변(權公忭)이다. 선비는 오씨(吳氏) 집안으로 출가하여 판돈녕부사 정헌공(定獻公) 부군 휘 재소(載紹)의 배필이 되었다.

1남을 낳았으나 일찍 죽어서 부군의 백씨(伯氏)인 문정공(文靖公)[8]의 중자(仲子) 희상(熙常)을 데려다가 후사로 삼았으니 바로 불초(不肖)이다. 1녀는 감사 이재수(李在秀)에게 출가하였다. 불초의 2남 중 치성(致成)은 전 목사(牧使)로, 출계(出系)하여 장방(長房)[9]의 후사가 되었고 치익(致翼)은 전 세마이다. 2녀는 현감 민치록(閔致祿), 진사 김보근(金輔根)에게 출가하였다. 이재수의 3남은 좌랑 윤우(胤愚), 교리 긍우(肯愚), 수우(脩愚)이며, 3녀는 승지 김위(金鍏), 참의 조병귀(趙秉龜), 윤지(尹榰)에게 출가하였다. 주부 근상(謹常)과 치기(致箕)

8 문정공(文靖公) : 오재순(吳載純, 1727~1792)으로, 자는 문경(文卿), 호는 순암(醇庵)·우불급재(愚不及齋), 본관은 해주(海州)이다. 시호는 문정이며, 오희상(吳熙常)의 생부이다.

9 장방(長房) : 장자(長子)를 뜻하는 말로, 오희상(吳熙常)의 맏형인 오윤상(吳允常)을 가리킨다.

는 부군의 측출 아들 및 손자이다.

선비는 영종(英宗 영조) 정사년(1737, 영조13) 5월 6일에 태어났고, 당저(當宁 순조) 무진년(1808, 순조8) 3월 30일에 졸하여 같은 해 5월 모일(某日)에 통진(通津)의 치소 동쪽 서명동(西明洞) 건좌(乾坐)의 언덕에 장례하였다. 3년 뒤에 부군이 별세하여 광중을 열어 노부지례(魯祔之禮)[10]를 행하였다.

선비는 단정하고 장엄하며 정숙하고 전일하여 규문(閨門)의 위의를 일찍 이루었다. 성품은 또 욕심이 적고 효성과 우애가 돈독하였으며, 부모의 생전에 사모하고 사후에 슬퍼함에 있어서 모두 보통 사람들보다 뛰어난 행실이 있었다. 본가에 있을 적에 잠시도 부모의 슬하를 떠나지 않았었는데, 출가함에 미쳐서 천기(泉淇)의 그리움[11]이 혼정신성(昏定晨省)을 할 때마다 간절하여 형신(形神)이 초췌해지기까지 하였고 오랜 세월이 지나도 변함없었다. 거상(居喪)할 적에는 예제(禮制)를 지키기를 엄숙히 하여 마치 예(禮)를 잘 아는 장부와 같았으니

10 노부지례(魯祔之禮) : '노(魯)나라에서 합장하는 의례'라는 뜻인데, 여기서는 합장한다는 뜻으로 사용되었다. 춘추 시대에 합장(合葬)하는 방식은 두 가지가 있었는데, 위(衛)나라는 하나의 덧널 속에 어떠한 물건을 넣어 두 널을 분리시켰고, 노나라는 덧널 속에 아무런 물건을 넣지 않고 두 널을 그대로 붙였다. 이에 대해 공자가 평가하기를 "위나라 사람들의 합장은 덧널 사이에 물건을 넣어 격리시키고, 노나라 사람들의 합장은 두 널을 붙였는데, 노나라 방식이 더 좋다.〔衛人之祔也, 離之; 魯人之祔也, 合之, 善夫!〕"라고 하였다.《禮記 檀弓下》

11 천기(泉淇)의 그리움 : 친정 부모에 대한 그리움을 말한다. '천기'는《시경(詩經)》위풍(衛風)〈죽간(竹竿)〉에 보이는 것으로, "천원이 왼쪽에 있고 기수는 오른쪽에 있도다. 여자가 시집감이여, 형제 부모를 멀리 하였도다.〔泉源在左, 淇水在右. 女子有行, 遠兄弟父母.〕"라고 하였다.

보는 이들이 감격하지 않는 이가 없었다. 동기(同氣)를 대할 적에는 거의 다른 몸인 줄 알지 못하여서, 만년에 백형(伯兄) 참판 공[12]을 곡할 적에 애통함이 심하여 몸져누워 여러 해 동안 일어나지 못하였다. 구가(舅家 시집)에 있을 적에도 대체로 모두 이러한 마음을 미루어 나가서 윗사람을 섬기고 아랫사람을 대함에 각각 은의(恩義)를 다하여 흠결이 없었다. 이는 비단 타고난 성품이 훌륭한 것일 뿐만 아니라 전수 받은 바가 있었던 것이다.

선비의 선고 쌍취헌 공은 깊은 학식과 깨끗한 절조를 지녀 관직을 버리고 은거하였는데, 선비가 밤낮으로 그 곁에서 모시며 바른 가르침을 익숙하게 들으니 공이 매우 귀애하였다. 공이 한가한 날에 동지들을 모아 경서의 뜻을 토론하였는데, 선비가 창문 너머로 이를 즐겨 들으며 배가 고프고 목이 마른 것도 거의 잊었다. 이 덕분에 견식이 통달하고 뜻이 고매해져서 고인의 아름다운 절개와 훌륭한 행실을 사모하고 부귀, 화리(貨利), 복식(服飾), 기완(器玩) 일체에 있어서 담박하여 얽매이는 바가 없었다. 부군이 일찍 벼슬을 시작하여 세상의 풍파를 겪어 벼슬하는 자취가 항상 통색(通塞)의 사이에 있었는데, 선비는 이를 가지고 기뻐하거나 슬퍼하지 않았으며 일찍이 말씀하기를,

"내가 남자였더라면 아마도 득실(得失) 때문에 지조를 바꾸지는 않았을 것이다."

라고 하였다.

12 백형(伯兄) 참판 공 : 이홍재(李洪載, 1729~1794)를 가리켜 말한 것으로, 이홍재의 자는 사심(士深), 호는 일선(一蟬), 본관은 한산(韓山)이다. 이규항(李奎恒)의 아들로, 형조·병조·예조 참판, 대사헌, 한성부 좌윤 등을 역임하였다.

당저가 저위(儲位)에 책봉되었을 적에 불초가 천거를 받아 계방(桂坊)의 관직에 제수되었는데,[13] 분수를 지켜 관직에 나아가지 않고자 하였다. 이때 선비가 훈계하여 말씀하기를,

"네가 만약 녹사(祿仕)[14]에 뜻을 굽힌다면 너의 뜻을 이루지 못할 것이니 매우 안타까워할 만하다. 나는 너에게 벼슬할 것을 권하고 싶지 않다."

라고 하였다. 이에 불초가 가르침을 받들어 마음에 간직하였다. 아아, 세상의 어머니들 중 누가 자식이 영화롭게 되고 현달하기를 원하지 않겠는가. 그런데 유독 선비는 자식이 장수(藏修)[15]하기를 원하여 이것을 가지고 저것을 얻으려고 하지 않았다. 그런데 불초는 용렬하고 오활하여 늙어서 백발이 되도록 성취한 바가 없어서 훌륭한 모친의 말씀이 훗날에 징험됨이 없도록 만들었다. 이러한 가운데 또 그 숨겨진 광채가 발하지 못하고 민멸되도록 만든다면 불효의 죄는 죽어서도

13 불초가……제수되었는데 : 1800년(정조24) 1월에 오희상(吳熙常)이 이조 판서 서용보(徐龍輔)의 천거를 받아서 세자익위사 세마에 제수된 것을 말한다.《老洲集 卷27 附錄 年譜》

14 녹사(祿仕) : 부귀영달을 위해 벼슬하는 것이 아니라 가난을 면하려고 녹봉을 받기 위해 벼슬하는 경우를 말한다.

15 장수(藏修) : 늘 학문에 뜻을 두고 게을리하지 않는 것을 이른다.《예기(禮記)》〈학기(學記)〉에 "군자는 학문에 있어서 장(藏)하고 수(修)하고 식(息)하고 유(遊)한다.〔君子之於學也, 藏焉, 脩焉, 息焉, 遊焉.〕"라고 하였는데, 그 주석에 "장(藏)이란 언제나 마음에 학업을 생각하고 있음을 말한 것이요, 수(修)란 학습을 폐하지 않음을 말한 것이요, 식(息)이란 일을 하다 피곤하여 쉴 때에도 마음이 학습에 있음을 말한 것이요, 유(遊)란 일이 없이 한가하게 노닐 때에도 마음이 학문에 있음을 말한 것이다."라고 하였다.

눈을 감지 못할 것이다. 이에 묘혈에 묘지(墓誌)를 들일 적에 견식과 행실의 대략을 삼가 적되, 세세한 내용은 생략하니 또한 평소의 간결하고 질박한 뜻을 체행한 것이다.

불초자 희상(熙常)이 피눈물을 흘리며 삼가 기록한다.

망매 유인 묘지
亡妹孺人墓誌

유인(孺人) 해주 오씨(海州吳氏)는 총재(冢宰 이조 판서) 태학사(太學士 대제학) 문정공(文靖公) 휘 재순(載純)의 딸이고 태학사 문목공(文穆公) 휘 원(瑗)의 손녀이고 해창위(海昌尉) 문효공(文孝公) 휘 태주(泰周)의 증손이고 양곡(陽谷) 충정공(忠貞公) 휘 두인(斗寅)의 현손이다. 선비(先妣) 정경부인(貞敬夫人) 연안 이씨(延安李氏)는 영의정 문간공(文簡公) 휘 천보(天輔)의 딸이다.

유인은 태어나면서부터 풍모가 깨끗하고 맑았으며 마음씨도 그 모습과 같았고 성품은 또 효우(孝友)가 깊고 자애로워 부모의 사랑을 가장 많이 받았다. 선고 문정공이 어루만지며 말하기를,

"이 딸아이는 타고난 기운이 매우 깨끗하니 아마도 장수하지 않겠는가."

라고 하였다.

15세에 청주(清州) 한경리(韓景履) 자수(子綏)에게 출가하였다. 자수는 관찰사 휘 용화(用和)의 차자로서 출계(出系)하여 계부(季父)인 지금의 원임(原任) 좌의정 용귀(用龜)의 후사가 되었다. 한씨(韓氏)의 집안은 번성하고 현귀하였는데, 유인이 이 집안으로 들어올 적에 앳되고 어렸으나 조신하고 유순하여 웃어른들을 잘 받들었고, 욕심이 적고 베풀기를 좋아하여 경대의 상자에 진귀한 물건이 없었다. 관찰사 공이 몹시 칭찬하여 말하기를,

"내가 사대부의 부녀들을 많이 봐왔는데 이 며늘아기처럼 사덕(四德)[16]을 잘 갖춘 이는 드물다."

라고 하였다.

유인은 아름답고 빼어난 기운을 타고났고 출가해서는 섬기는 일을 잘하였으니 그 몸을 영화롭게 하고 복을 누릴 수 있었다. 그런데 이윽고 부모의 상(喪)을 연달아 당하고 관찰사 공이 이어서 세상을 떠났다. 유인은 놀라고 두려운 마음으로 애통해하여 매번 형제들을 만나 이야기를 나눌 때마다 눈물을 흘리며 말하기를,

"저는 부모님의 만년에 태어나서 슬하에서 기쁘게 해드린 기간이 길지 못하였으니 천하의 선민(鮮民)입니다."

라고 하였다. 상여(喪餘)[17]에 곡할 적에는 애통함이 곁에 있는 사람을 감동시켰다.

일찍이 1남1녀를 낳았는데, 딸은 두역(痘疫)으로 목숨을 잃었고, 아들은 정질(貞疾 고질(痼疾))을 십여 년 동안 앓았다. 유인이 이 때문에 애태우고 야위어 가며 실로 남들보다 열배의 수고를 들여 길렀으나 아이는 결국 요절하였다. 이후로 더욱 실의하여 세상에 살아갈 뜻이 없더니 한 해가 지나 무진년(1808, 순조8) 8월 28일에 병을 앓다가 숨을 거두었다. 태어난 신묘년(1771, 영조47)으로부터 향년이 겨우 38세가 된다. 두 달 뒤 모일(某日)에 광주(廣州) 모산(某山) 모향(某向)의 언덕에 장례하였으니 한씨(韓氏) 집안의 선영이 있는 곳이다.

아, 유인과 같이 현숙한 이가 수명이 짧은 데에다 고생까지 많이

16 사덕(四德) : 옛날 여자들이 마땅히 지녀야 할 네 가지 덕행으로, 곧 여자로서의 곧고 유순한 덕인 부덕(婦德), 온순한 말씨인 부언(婦言), 공순한 몸가짐인 부용(婦容), 길쌈과 음식 조리 등 부인의 일인 부공(婦功)을 가리킨다. 《周禮 天官 九嬪》

17 상여(喪餘) : 거상(居喪)을 마치고 난 나머지라는 뜻으로, 삼년상을 넘기고 지내는 기제(忌祭)를 이르는 말이다.

하여 근심하고 울부짖는 날이 생의 절반이나 되었고 끝내 하나의 자식도 남기지 못하였다. 비유컨대 옥이 부서지고 향초(香草)가 시들어서 더 이상 남은 광채와 남은 향기가 없는 것과 같으니, 가엾게 여겨줄 이 누구랴. 아아, 슬프다.

장례함에 이르러 오라비 희상(熙常)이 눈물을 흘리며 글을 지어 무덤에 묻노니 부디 후인이 훼손하지 말기를 바란다.

묘지명 墓誌銘

한 유자 광지명 병서

韓孺子壙誌銘 竝序

유자는 이름이 웅남(雄男)이다. 아버지는 서원(西原 청주(淸州)) 한자수(韓子綏) 경리(景履)이고, 어머니는 오씨(吳氏)로, 나의 본생(本生) 선대부(先大夫)인 문정공(文靖公 오재순(吳載純))의 딸이다.

자수가 혼인한 지 13년이 되던 해인 정사년(1797, 정조21)에 유자를 낳았는데, 준수하고 어여쁘며 성품이 인자하고 효성스러워 대체로 그 집안의 대를 잘 이어갈 만하였다. 그러나 불행히도 병에 걸려 11세의 나이로 죽으니, 광릉(廣陵 광주(廣州))의 한씨(韓氏) 집안의 선영이 있는 곳에 묻었다.

아아, 기억해보건대 내가 예전에 누이를 방문하면 누이가 매번 유자를 불러 앞에 나아오게 하여 그 정수리를 어루만지며 말하기를,

"이 아이는 가르칠 만하니 오라버니께서 가르쳐서 성취시켜 주시기를 원합니다."

라고 하였다. 내가 이를 승낙하였으나 미처 결행하지 못하였다. 그러다가 이윽고 유자의 상(喪)에 곡하게 되었고 또 한 해 지나 내 누이의 상(喪)에 곡하게 되었으니, 덧없는 인생살이에 시람일이 변하는 것이

어떠한가.

지금 자수가 나에게 유자의 무덤에 지문(誌文)을 지어줄 것을 부탁해왔다. 나는 진실로 차마 붓을 들 수가 없으나 이 글이 아니면 내 누이가 예전에 부탁했던 말을 조금이라도 들어줄 수가 없으니, 아아 슬프다.

명(銘)은 다음과 같다.

그윽한 저 광릉의 무덤에서	窈彼廣陵之阡
아이는 어미를 의지하고 어미는 아이를 의지하네	兒依母母依兒
오직 한 기운이 서로 통하는 것이	惟一氣之相徹
이 깊은 슬픔을 위로할 수 있으리라	庶幾慰玆沈悲

종형 교관 공 묘지명 병서
從兄敎官公墓誌銘 竝序

공은 휘가 서상(敍常), 자가 사돈(士惇)이니, 숙부 운초(雲樵) 공의 사자(嗣子 양자)이다. 운초 공은 관직을 버리고 양성(陽城) 천덕산(天德山) 아래로 돌아와 은거하며 학문을 독실히 연구하여 뜻을 구하였는데, 지업(志業)을 끝까지 이루지 못하고 졸하였다. 나의 백씨인 영재(寧齋)[18] 선생이 이를 몹시 애통히 여겨 공을 데려다가 가르쳤다. 공은 인후하고 충담(沖澹)하며 질박한 행실이 순후하니 백씨가 몹시 인재로 중하게 여겨 항상 선인의 뜻과 사업을 계술할 것을 권면하였다. 공 역시 백씨를 좌우에서 섬기면서 엄격한 가르침을 공경히 받들어 점점 성취함이 있게 되었다. 그러다가 백씨가 갑자기 세상을 떠나서 공이 의지할 곳이 없어지니 나와 마주하여 옛일을 말할 때마다 목 놓아 울지 않은 적이 없었다.

일찍이 과거 공부를 하였으나 번번이 급제하지 못하였고 음보로 돈녕부 참봉이 되고 이어서 동몽 교관으로 옮겼다. 공은 비록 일찍부터 음직의 낮은 벼슬에서 침체하였으나 사람들이 모두 원대한 사업을 이룰 것이라고 기대하였는데 갑자기 병을 만나 졸하였으니, 바로 정종(正

18 영재(寧齋) : 오윤상(吳允常, 1746~1783)으로, 자는 사집(士執), 호는 영재, 본관은 해주(海州)이다. 순암(醇菴) 오재순(吳載純)의 첫째 아들이며, 미호(渼湖) 김원행(金元行)의 문하에서 수학하였다. 학문에 뛰어나 두 아우인 오희상(吳熙常)과 오연상(吳淵常)을 가르치기도 하였다. 37세로 요절하였으며, 저서로는 《영재유고(寧齋遺稿)》가 있다.

宗 정조) 기미년(1799, 정조23) 정월 6일이었다. 태어난 해인 신사년(1761, 영조37)으로부터 향년이 겨우 39세가 된다. 처음에 양성현의 서쪽 율리(栗里)에 장례하였다가 25년 뒤 4월 모일(某日)에 같은 현의 고성산(古城山) 우봉(盂峰)에 있는 간좌(艮坐)의 언덕으로 이장하고 두 분의 영인(令人)을 합장하였다.

우리 오씨(吳氏)는 해주(海州)에 관적을 두니 고려 군기감 감(軍器監監) 휘 인유(仁裕)를 시조로 삼는다. 본조에 들어와 관작이 계속 이어지다가 누대를 전하여 휘 숙(翻)에 이르렀는데, 호당(湖堂)에 선발되고 경상도 관찰사가 되었으며 좌찬성에 추증되었으니, 공에게 5대조가 된다. 고조인 형조 판서 증 영의정 충정공(忠貞公) 휘 두인(斗寅)은 인현왕후(仁顯王后)가 폐위되었을 적에 간언을 올렸다가 죽임을 당하여 정려(旌閭)되었다. 증조인 성균관 생원 휘 관주(觀周)는 효성을 다하다가 죽어서 정려되었다. 조고는 학생 휘 완(琬)이다. 운초공은 휘가 재유(載維)로, 관직은 진산 군수(珍山郡守)이다. 대제학 문목공(文穆公) 휘 원(瑗)의 아들로서 출계(出系)하여 학생 공의 후사가 되어 대종(大宗)으로 들어가 대를 이었다. 기계 유씨(杞溪兪氏) 첨정 숙기(肅基)의 딸을 아내로 맞이하였는데 자식을 두지 못하여 마침내 공을 데려와 아들로 삼았다. 군수 휘 재경(載絅)과 숙인(淑人) 해주 정씨(海州鄭氏) 봉조하 술조(述祚)의 딸이 공의 본생부모이다.

공의 원배(元配) 한산 이씨(韓山李氏)는 부사 서영(舒永)의 딸이다. 1녀를 낳았는데 참판 김유근(金逌根)에게 출가하였다. 계배(繼配) 김해 김씨(金海金氏)는 통덕랑 원복(遠復)의 딸이다. 2남을 낳았으니 치준(致俊), 치수(致秀)이다. 치준은 아들이 없이 일찍 죽어서 족형(族兄) 수사(水使) 치수(致壽)의 아들 달선(達善)을 데려와 후사로 삼았다. 김유근은 1녀를 두었는데 진사 이인기(李寅夔)에게 출가하였다.

공은 신장이 보통에 못 미쳤으나 용모가 훤하고 수염이 성글었으며 안색과 웃음이 호감을 갖게 하였다. 집에 있어서는 효성과 우애로 집안을 다스려 사람들이 트집 잡는 말이 없었고, 자애롭게 남을 사랑하여 환난을 구휼함에 있어 그 뜻이 마치 미치지 못할 듯이 하였다. 반면에 분화(芬華)함을 좋아하지 않아서 남들과 어울리는 일이 적었고 유유자적하게 지내면서 분전(墳典)[19]을 가지고 즐거움으로 삼았다. 총명함이 남들보다 뛰어나서 한 번 보면 모두 기억하여 외웠다. 일찍이 말하기를,

> "훌륭한 스승과 좋은 벗이 모두 책속에 있으니 어찌 다른 데에서 구할 필요가 있겠는가. 더구나 근세의 교우(交友)는 죄다 시정(市井)의 사귐일 뿐이다. 유익함을 구하려다 도리어 손해가 되기보다는 차라리 애초에 서로 모르는 것이 낫다."

라고 하였다. 이런 까닭에 문정(門庭)이 늘 고요하였다.

어느 날 가솔을 모두 이끌고 운초 공이 예전에 살던 집으로 돌아가니 이곳은 바로 10대가 살아온 상재지향(桑梓之鄕)[20]이었다. 시향(時享)을 정비하여 거행하고 종족들을 거두어 보살펴서 운초 공이 남긴 법도

19 분전(墳典) : 삼분오전(三墳五典)으로, 삼분은 삼황(三皇)의 글이고 오전은 오제(五帝)의 글인데, 옛날 전적을 통칭한다.

20 상재지향(桑梓之鄕) : 조상 대대로 살아온 고향을 뜻하는 말이다. '상재'는 뽕나무와 가래나무로, 《시경(詩經)》 소아(小雅) 〈소반(小弁)〉에 "어버이가 심으신 뽕나무와 가래나무도 반드시 공경하니, 우러러볼 것은 아버지 아님이 없으며 의지할 것은 어머니 아님이 없도다.〔維桑與梓, 必恭敬止. 靡瞻匪父, 靡依匪母.〕"라고 한 데에서 유래하여, 부모의 유업이 있는 고향을 뜻하는 말로 쓰이게 되었다.

를 한결같이 따랐으며 주밀하고 신중하게 행하여 잘못하는 일이 없었다. 봄가을의 좋은 때에 향당의 관동(冠童)들과 함께 산에 오르고 물가를 찾아서 시문을 짓고 술을 마시며 함께 즐겨서 그 풍류가 온후하였으니, 향인들이 지금까지도 이를 칭송한다.

아아, 공은 충효의 집안에서 태어나서 그 몸에 온축한 것이 세상에 나아가서는 당세에 이름을 세울 만하였고 물러나서는 가학(家學)을 이어서 지킬 만하였다. 그러나 수명이 중년에 막히고 관직이 일명(一命)[21]에 그쳐서 끝내 드러낸 바가 없게 되었으니, 이는 무슨 이치란 말인가.

나는 공과 1년을 사이에 두고 태어나서 백씨에게 함께 수학하며 함께 어울리고 내달리면서 장성함에 이르렀으니, 서로 아끼고 의지하는 것이 동기간과 같았다. 공이 졸한 뒤에 내가 치준을 거두어서 이끌고 가르친 것은 바로 백씨가 당시에 공을 가르쳤던 마음이었는데, 치준의 자질이 훌륭하여 선인을 잘 닮아서 한창 학문에 뜻이 있는 것을 보고는 두 대에서 선(善)을 기른 것이 이제 발현되게 될 것이라 또 내심 기뻐하였다. 그러나 하늘이 화(禍)를 내리는 것을 후회하지 않아서 하루아침에 해를 당하여 전형이 마침내 징험할 길이 없어졌으니 더욱 슬퍼할 만하다.

명(銘)은 다음과 같다.

훌륭하다 공의 효성과 우애여	懿哉維公孝且友

21 일명(一命) : 처음으로 관직에 제수될 때에 받는 최하위의 품계로, 9품관에 해당한다.

명운이 어찌하여 선하지 못하여 단명하였는가　　命胡不臧而短壽

어진 아들까지 이어 해를 당함은 감당하지 못할 듯하니　　繼椓賢嗣如不克

이 글을 무덤에 묻음에 눈물이 지석을 적시네　　埋辭幽宮淚濺石

망실 숙부인 안동 권씨 광지명 병서

亡室淑夫人安東權氏壙誌銘 竝序

광주(廣州) 치소 서쪽 백 리의 백호(白湖)라는 고을에서 임좌병향(壬坐丙向)의 자리에 장례한 것은 해주(海州) 오희상(吳熙常)의 처 안동 권씨(安東權氏)의 묘이다. 부인의 부친은 목사 휘 제응(濟應)이고, 조부는 군수 휘 양성(養性)이고, 증조는 부사 휘 욱(煜)이니, 수암(遂菴) 문순공(文純公) 휘 상하(尙夏)의 현손이다. 영종(英宗 영조) 신사년(1761, 영조37)에 태어나 당저(當宁) 임진년(1832, 순조32)에 졸하였다. 남편이 외람되이 분에 넘치는 은혜를 입어 관작의 반열이 정3품에 올라서 이에 따라 숙부인(淑夫人)에 봉해졌다. 2남2녀를 낳았다. 장남 치성(致成)은 전(前) 목사인데, 출계(出系)하여 장방(長房)[22]의 후사가 되었고, 차남 치익(致翼)은 전(前) 세마이다. 딸들은 각각 현감 민치록(閔致祿), 진사 김보근(金輔根)에게 출가하였다.

부인은 유순하고 염결(恬潔)하며 말수와 욕심이 적어서 부덕(婦德)을 두루 갖추었는데, 평소에 공순하게 몸가짐을 하여 어질고 지혜로운 것을 스스로 드러내지 않았다. 이 때문에 부인을 제대로 아는 이가 드물었으니 오직 그 남편만 이를 알았다.

장례할 적에 《가례(家禮)》의 지석(誌石)을 들이는 조문에 따라 세계(世系), 생졸(生卒), 자성(子姓)을 간략히 서술하고, 또 그 아래에

22 장방(長房) : 장자(長子)를 뜻하는 말로, 오희상(吳熙常)의 맏형인 오윤상(吳允常)을 가리킨다.

몇 마디 말을 기록하고 명(銘)을 이어서 붙인다.

명(銘)은 다음과 같다.

금슬이 고요하고 아름다운 것[23]이	琴瑟靜好
쉰다섯 해였네	五十五年
이곳 길한 무덤에	子先歸藏
그대 먼저 돌아가 묻혔네	于此吉阡

23 금슬이……것 : 《시경(詩經)》 정풍(鄭風) 〈여왈계명(女曰雞鳴)〉에 "자리에 있는 금슬도 고요하고 아름답지 않음이 없도다.〔琴瑟在御, 莫不靜好.〕"라고 하여 부부의 화락한 모습을 표현하였는데, 이를 원용하여 말한 것이다.

망녀 민씨 부인 묘지명 병서
亡女閔氏婦墓誌銘 竝序

현 과천 현감(果川縣監) 민치록(閔致祿) 원덕(元德)의 처 숙인(淑人) 오씨(吳氏)는 세계(世系)가 해주(海州)의 세가(世家)에서 나왔다. 고조는 해창위(昌尉) 문효공(文孝公) 휘 태주(泰周)이고, 증조는 태학사(太學士 대제학) 문목공(文穆公) 휘 원(瑗)이고, 조고는 예조 판서 정헌공(定獻公) 휘 재소(載紹)이다. 부친은 희상(熙常)이고, 모친은 안동 권씨(安東權氏)로, 목사 제응(濟應)의 딸이다.

딸은 정종(正宗 정조) 무오년(1798, 정조22) 11월 11일에 태어났다. 그 부친은 여러 명의 자녀 중에서도 딸의 질박한 행실이 몹시 아름다웠으므로 가장 예뻐하여 마음으로 좋아하였다. 17세에 민씨 집안에 출가하고서 20년 만에 죽으니 바로 금상 계사년(1833, 순조33) 3월 15일로, 향년이 겨우 36세가 된다. 일찍이 1녀를 낳았으나 장성하지 못하였다. 다음 달 25일에 여주(驪州) 금교리(金橋里) 계좌정향(癸坐丁向)의 언덕에 장례하였다.

딸은 사람됨이 인자하고 순박하며 온화하고 유순하였으며 담박하여 욕심이 적어서 적자(赤子)의 양심(良心)을 잃지 않았다. 자용(姿容)이 풍만하여 대체로 복스러웠고 겉으로는 느릿한 듯 보였으나 내면은 실로 민첩하였다. 길쌈하고 바느질하는 일부터 제사에 술과 장을 올리고 제기를 진설하는 일까지 못하는 것이 드물었는데, 이는 딸에게 있어 여사(餘事)일 뿐이었다.

한편 부모에 대한 이륜(彝倫)이 돈독하여 남보다 더한 효성이 있어서 마치 부모의 품을 벗어나지 못한 것처럼 차마 그 곁을 떠나지 못하며 사모하였다. 형제들과 함께 슬하에서 즐겁게 모실 것을 생각하여 이를 천하의 지극한 즐거움으로 여기니, 다른 어떤 즐거움도 이와 바꾸지 못하였다. 그 깊은 사랑과 지극한 마음이 얼굴에 애연(藹然)하게 흘러 넘쳐서 크고 작은 일에 상관없이 오직 어버이의 뜻을 살펴 혹시라도 어기는 바가 있을까 염려하였다. 부친이 일찍이 그 모친에게 말하기를,

"딸들이 모두 이 딸과 같다면 보모를 두어 가르칠 필요가 뭐가 있겠소."

라고 하였다. 딸의 집안에서의 행실은 대체로 타고난 것으로, 억지로 힘쓰는 데에서 나오는 것이 아니었으니, 남편의 집안에서 시부모를 섬기고 남편을 받들고 제사를 올리는 일에 있어서도 부족함이 없었을 것임을 미루어 알 수 있다. 그러나 겸손하여 스스로 자랑하지 않았으므로 아는 이가 적었다.

부친이 만년에 초야에서 은둔하였는데 이후로 이별하여 떨어져 있게 되자 근심하고 울적해하여 마치 만족함이 없는 듯하였다. 그러다가 모친이 죽은 뒤로 애통함이 심하여 삶에 낙이 없더니 겨우 1년이 지나자마자 병을 앓고는 다시 일어나지 못하였다. 옛날에 정 효녀(程孝女)가 어머니의 상(喪)을 지키다가 상(喪)을 견디지 못하고 죽은 일이 있다.[24] 딸이 죽은 것으로 말하면, 비록 상(喪)으로 몸을 훼상하여 죽은

24 옛날에……있다 : 정 효녀(程孝女)는 송(宋)나라 학자 정호(程顥)의 딸로, 식견이 높고 행실이 뛰어났는데 시집을 가지 않고 25세 때 어머니가 죽어 거상(居喪)하다가 병으로 죽었다. 정 효녀의 숙부인 정이(程頤)가 정 효녀의 묘지명을 지었다. 《二程文集 卷12 孝女程氏墓誌》

것은 아니지만 그 효심은 비슷하다. 또 정 효녀는 출가하지 않았는데, 딸은 비록 출가하였으나 하나의 자식도 두지 못하였으니 계례(笄禮)를 올리지 못한 이의 상(殤)[25]과 무엇이 다르겠는가. 그러나 정 효녀는 이천(伊川 정이(程頤))이 지은 묘지(墓誌)가 있어서 후세에서 그 훌륭함을 전하는데, 딸은 비록 부친이 있기는 하나 늙고 견문이 없으니 기술을 남긴다고 한들 누가 징험하고 누가 믿어주겠는가. 그저 이로써 나의 슬픔을 기록할 뿐이다. 아아, 슬프다.

원덕이 지문(誌文)을 지어줄 것을 청하므로 마침내 눈물을 흘리며 이 글을 적어 보내어 무덤에 묻게 한다. 원덕은 여흥(驪興) 사람이니, 여양부원군(驪陽府院君) 휘 유중(維重)의 총사(冢嗣 장손)로, 이조 참판 휘 기현(耆顯)이 그 선고이다.

명(銘)은 다음과 같다.

효우의 행실이 있고	孝友之行
화순한 덕이 있었으니	和順之德
살아서는 진실로 그리워할 만하고	生固可念
죽어서는 또 애석해 할 만하네	死更可惜
그 묻힌 곳이 아득하고	窅如其藏
그 자취가 아련하네	泯如其迹

25 상(殤) : 20세가 되어 관례(冠禮)를 치르기 전인 미성년자의 죽음을 말한다. 19세에서 16세까지를 장상(長殤)이라 하고, 15세에서 12세까지를 중상(中殤)이라 하며, 12세에서 8세까지를 하상(下殤)이라고 하는데, 이것을 삼상(三殤)이라고 한다. 《儀禮 喪服》

명을 지어 슬픈 심정을 말함에　銘以告哀
눈물이 지석을 적시네　淚漬幽石

서모 이씨 묘지명 병서

庶母李氏墓誌銘 竝序

서모 이씨(李氏)는 그 선대가 전의(全義) 사람이다. 부친은 징보(徵輔)이고 조고는 만추(萬樞)이니, 청강(淸江) 공 제신(濟臣)의 후손이다. 모친 김씨(金氏) 또한 사족(士族)이다.

성품이 곧고 점잖으며 말수와 웃음이 적어서 여인의 법도를 일찍부터 이루었다. 17세에 우리 집안에 들어와서 선고 판돈녕부사 부군[26]의 시중을 들기를 21년 동안 하였는데, 자신을 낮추고 겸양하는 것이 처음 왔을 때와 변함이 없었다. 선비(先妣)가 만년에 병을 앓으면서 또한 자주 일을 맡게 하였는데 신중하면서도 민첩하게 수고를 다하였다. 이에 선비가 몹시 가상히 여겨서 말씀하기를,

"이 사람은 나를 잘 섬긴다."

라고 하였다.

선부군은 백씨인 문정공(文靖公)[27]과 같은 집에 살아서 집안에 윗사

26 판돈녕부사 부군 : 오재소(吳載紹, 1729~1811)로, 자는 극경(克卿), 호는 석천(石泉), 본관은 해주(海州)이다. 백형(伯兄) 오재순(吳載純)의 아들 오희상(吳熙常)을 데려와 후사로 삼았다. 1771년(영조47) 정시 문과에 병과로 급제하였고 대사간, 대사헌, 강화 유수(江華留守), 예조 판서, 판의금부사, 우참찬, 판돈녕부사 등을 역임하였다. 시호는 정헌(定獻)이다.

27 문정공(文靖公) : 오재순(吳載純, 1727~1792)으로, 자는 문경(文卿), 호는 순암(醇庵)·우불급재(愚不及齋), 본관은 해주(海州)이다. 시호는 문정이며, 오희상(吳熙常)의 생부이다.

람과 아랫사람이 매우 많았는데, 일찍이 낯빛과 말투에 감괴(甘壞)[28]하는 일이 없었고 오직 바느질을 하며 하루를 보내고 이 밖에는 다른 일이 없었다. 이러한 까닭에 사람들이 친근하게 여기고 따라서, 별세하던 날에 모두 목 놓아 곡하였으니, 어질지 않고서야 이와 같을 수 있겠는가. 별세한 날은 바로 금상(今上) 계해년(1803, 순조3) 11월 5일이니, 태어난 해인 정해년(1767, 영조43)으로부터 향년이 37세가 된다. 처음에 수원(水原) 초평리(草坪里)에 장례하였다가 기사년(1809) 2월 신축일에 통진(通津) 양릉촌(陽陵村) 건좌(乾坐)의 언덕으로 이장하였으니, 서명동(西明洞)에 있는 선부군의 묘와 10리 거리인 곳이다.

1남 근상(謹常)을 낳았는데, 근상은 처음에 동지(同知) 권성응(權星應)의 딸을 아내로 맞이하여 1남 치기(致箕)를 낳았고, 다시 이지한(李智漢)의 딸을 아내로 맞이하여 2녀를 낳았는데 모두 어리다.

지난번 개장(改葬)하던 날에 선부군이 불초에게 명하여 말씀하기를,

"네가 몇 줄의 글로 지문(誌文)을 지어라."

라고 하였는데, 불초가 명을 받고는 묵혀 두었었다. 그런데 얼마 뒤에 대고(大故)[29]를 당하였고 황망하여 허둥지둥하던 터에 아직까지 겨를

28 감괴(甘壞) : 상대의 환심을 사기 위해 비위를 맞춰가며 알랑거리다가 관계를 망치는 것을 이른다. 《예기(禮記)》〈표기(表記)〉에 "군자의 사귐은 물과 같고 소인의 사귐은 단술과 같으니, 군자는 담박함으로 사귐이 이루어지고 소인은 단맛 때문에 사귐이 깨진다.〔君子之接如水, 小人之接如醴. 君子淡以成, 小人甘以壞.〕"라고 한 데에서 온 말이다.

29 대고(大故) : 오희상(吳熙常)의 양부(養父) 오재소(吳載紹)의 상(喪)을 당한 것을 이른다. 오희상은 1811년(순조11) 10월에 양부의 상(喪)을 당하였다.《老洲集 卷27 附錄 年譜》

을 내지 못하였다. 그러다가 지금에야 비로소 무덤에 묘지명을 들이니 서글픈 마음을 가눌 수가 없다.

명(銘)은 다음과 같다.

선한 바가 많았거늘 명은 어찌 이리 짧았는가	善則多有命何短
다만 자식과 손주를 두었으니	只有子與孫
이것이 복을 받은 것이네	是曰受祉

내구 사헌부 대사헌 이공 묘지명 병서
內舅司憲府大司憲李公墓誌銘 並序

공은 휘가 홍재(洪載), 자가 사심(士深)이다. 이씨(李氏)의 선대는 한산(韓山)의 망족(望族)이다. 가정(稼亭) 휘 곡(穀)과 목은(牧隱) 휘 색(穡)이 고려 말에 크게 이름을 떨쳤으며, 인재(麟齋) 휘 종학(種學)은 또 사직이 바뀔 적에 목숨을 바쳤으니 그 일이 국승(國乘)에 실려 있다. 본조에 들어와 더욱 번창하여 휘 태연(泰淵)에 이르니, 평안도 관찰사가 되었고 정술(政術)과 재주로 효종과 현종 대에 등용되었다. 공은 이분의 5세손이다. 고조 휘 형직(亨稷)은 호조 정랑이고, 증조 휘 수번(秀蕃)은 순릉 참봉(順陵參奉)으로 사복시 정에 추증되었으며, 조고 휘 사휘(思徽)는 이조 참의에 추증되었다. 선고 휘 규항(奎恒)은 군수로 이조 참판에 추증되었고 호가 쌍취헌(雙翠軒)이다. 누대에 걸쳐 지위가 덕에 미치지는 못하였으나, 선고 군수 공은 깊은 학식과 깨끗한 지조로 더욱 사림의 추중을 받았다. 선비(先妣) 안동 권씨(安東權氏)는 대사헌 변(忭)의 딸이다.

공은 영종(英宗 영조) 정미년(1727, 영조3) 9월 17일에 외가 한산(韓山)의 자택에서 태어났다. 갑술년(1754)에 생원시에 합격하였고, 계사년(1773)에 영희전 참봉(永禧殿參奉)에 보임되었다. 공은 문장과 학문이 일찍부터 뛰어나 과장(科場)의 명망을 독차지하였으니 사람들이 모두 대과에 급제함이 늦다고 여겼다. 그러나 공은 선고의 상기(喪期)를 마친 뒤로 고향의 집에서 은둔하며 마음이 담박하여 세상에 나설 뜻이 없었는데 대부인(大夫人)이 생존해 계셨으므로 억지로 과거에 응시하여 갑오년(1774) 증광 문과에 급제하고 괴원(槐院 승문원)에 분관되었다.

을미년(1775)에 천거되어 예문관 검열에 제수되었다. 병신년(1776) 봄에 응제(應製)에서 장원을 차지하여 6품에 올랐는데, 권간(權奸)의 뜻에 거슬려 기주(記注)의 일로 공을 배척하는 바람에 혁직되었다가 오랜 뒤에 병조 좌랑에 제수되었다. 무술년(1778, 정조2)에 사헌부 감찰로 있다가 지평으로 옮겼고 사국(史局)의 낭관에 차임되어《영묘실록(英廟實錄 영조실록)》을 찬수하는 일에 참여하였으며 사간원 정언으로 옮겼다. 기해년(1779)에 강진 현감(康津縣監)으로 나갔다가 신축년(1781)에 사소한 잘못으로 파직되어 돌아왔다.

갑진년(1784)에 배척을 당하여 황해 도사(黃海都事)에 보임되었다. 이때 공은 막 상복을 벗고서 거듭 대각(臺閣)으로 들어갔는데, 조정에서는 한창 채제공(蔡濟恭)을 성토하고 있었다. 공은 지친 중에 백간(白簡 탄핵하는 글)에 오른 이가 있다고 하여 사적인 의리를 들어서 여기에 동참하지 않았었다. 그러자 공을 달가워하지 않는 자가 전형(銓衡)을 담당하면서 토죄하는 일을 늦추었다고 지목하여 외직으로 내쫓았다. 병오년(1786)에 비로소 서용되어서 지평이 되었다.

정미년(1787)에 홍문록(弘文錄)에 올라 홍문관 교리가 되었고 부교리, 수찬을 역임하였으며 서학 교수(西學敎授), 어영청 종사관을 겸하였다. 무신년(1788)에 부수찬으로 있다가 이조 좌랑으로 옮겼다. 옥당(玉堂 홍문관)의 관원 정만시(鄭萬始)가 당로자의 지시를 받아 느닷없이 공을 지탄하기를 놉시 참혹하게 하였다. 성상이 곡진하게 혐의를 풀어주었으나 공은 여전히 머뭇거리며 직임에 나아가지 않았다. 특별히 경안 찰방(慶安察訪)에 보임되었고 이어서 이전의 직임을 그대로 맡았으며 응교로 승진하고 봉상시 정을 거쳐 남학(南學)·한학(漢學) 교수를 겸하였다. 가을에 호남(湖南)의 과시(科試)를 관장하였으며 복명하기에 앞서 발탁되어 동부승지에 제수되었다. 겨울에 이조 참의에 제수되었다. 성상이 공이 등용할 만한 인물임을 알고 적신(積薪)[30] 가운데에서 발탁하여 자급에 구애됨 없이 높은 지위로 대우하였으니, 처음 전조(銓曹)의 낭관에 제수한 때로부터 이때에 이르기까지 반년이 걸리지 않았다. 얼마 뒤에 체직되고 대사간에 제수되었다.

기유년(1789, 정조13)에 병조 참지로 있다가 황해도 관찰사로 나갔는데, 청렴하고 신중함으로 몸가짐을 가지고 너그럽고 공정하게 아랫사람을 통솔하여 다스리는 법도가 한창 흥기하였다. 이듬해 봄에 흉년이 들어 백성들이 곤궁을 당하니 산골 고을은 피해가 더욱 심하여 유리하여 뿔뿔이 흩어지는 백성들이 많았다. 공은 이때에 진실로 창고를 열어 진휼하였으나, 직지사(直指使)가 평소에 공을 못마땅하게 여기다가 이를 기회로 삼아 무함을 하니 결국 이 때문에 하동(河東)에 유배되었다. 얼마 뒤에 사면되어 돌아와서 특별히 예조 참의에 제수되고 천관(天官 이조)과 은대(銀臺 승정원)의 관직을 두루 거쳤으며 중간에 대사성, 호조·병조 참의가 되었다.

30 적신(積薪) : '장작더미를 쌓는다'는 뜻으로, 장작더미를 쌓을 적에 나중에 쌓은 장작이 맨 위에 놓이는 것처럼 인재를 선별하여 등용할 적에 후배가 선배보다 윗자리를 차지하는 것을 비유하는 말로 쓰인다. 한(漢)나라 때 급암(汲黯)이 공손홍(公孫弘)이나 장탕(張湯) 등 자신의 후배들이 자기보다 높은 지위로 계속 승진하자, 한 무제(漢武帝)에게 "폐하가 신하들을 임용하는 것은 마치 장작더미를 쌓는 것과 같아서, 뒤에 온 자들이 윗자리를 차지하고 있습니다.〔陛下用群臣如積薪耳, 後來者居上.〕"라고 불평했던 고사에서 유래하였다.《史記 卷120 汲黯列傳》

신해년(1791)에 묘당(廟堂)의 천거로 아경(亞卿)[31]의 품계에 오르니 성상의 은총이 더욱 융숭하고 명망과 실제가 또한 성대하여 괴극(槐棘)[32]의 반열에 점점 가까워갔다. 그러나 공은 이미 쇠잔한 기색을 보여서 이후로 수년 사이에 제수하는 명이 매달 빠짐없이 내렸으나 대부분 병을 핑계로 사직하였다. 이때 역임한 관직은 형조·병조·예조 참판, 대사헌, 한성부 좌윤이었고, 동지의금부사, 동지춘추관사, 오위부총관을 겸하였으며 승문원·사역원·전생서·전설사의 제조가 되었다. 부사(副使)에 충원되었는데, 이때 채제공이 정사(正使)가 되자 공이 이를 싫어하여 결국 사직하였다.

갑인년(1794)에 천거되어 강화부 유수에 제수되었는데, 이해 5월 8일에 정침(正寢)에서 졸하였다. 예월(禮月)[33]을 따라서 공주(公州) 치소 동쪽에 있는 유곡(楡谷)의 임좌(壬坐)의 언덕에 장례하였으니 선영을 따른 것이다.

배위 동래 정씨(東萊鄭氏)는 군수 석구(錫耉)의 딸이다. 유순하고 정숙하며 온화하고 깨끗하여 부덕(婦德)을 잘 갖추었다. 공보다 2년 먼저 태어나고 5년 늦게 졸하여 공의 묘에 부장(祔葬)하였다. 1남2녀를 낳았는데, 아들 원명(源明)은 부사이고, 딸들은 각각 신환(申權),

31 아경(亞卿) : 정2품의 벼슬인 경(卿)의 다음가는 자리라는 뜻으로, 종2품인 육조의 참판이나 동급의 벼슬을 이른다.

32 괴극(槐棘) : 회화나무와 가시나무로, 삼공(三公)과 구경(九卿)의 고관(高官)을 뜻한다. 주(周)나라의 조정에 세 그루의 회화나무와 아홉 그루의 가시나무를 심어서 삼공과 구경의 자리를 표시한 데에서 유래한 말이다.

33 예월(禮月) : 신분에 따라 정해지는 장례하는 달을 말한다. 죽은 뒤 천자는 일곱 달, 제후는 다섯 달, 대부는 석 달, 선비는 한 달이 지나서 장사 지낸다.

군수 송계정(宋啓楨)에게 출가하였다. 원명은 사인(士人) 심현지(沈顯之)의 딸을 아내로 맞이하여 3남3녀를 낳았는데, 아들은 전(前) 승지 인부(寅溥), 관부(寬溥), 진사 헌부(憲溥)이고, 딸들은 각각 김복연(金復淵), 부사 김택선(金宅善), 신명익(申命翼)에게 출가하였다. 신환의 아들은 생원 명현(命顯), 국현(國顯), 복현(復顯)이고, 사위는 김모(金某), 김모(金某)이다. 송계정의 아들은 내희(來熙)이고, 사위는 김대연(金大淵), 이모(李某)이다. 인부의 아들은 정익(廷翼)이다. 관부의 아들은 건익(建翼)이고 사위는 홍명규(洪明圭)이다.

공은 키가 크고 훤칠하며 기우(氣宇)가 순수하고 맑았으며 성품은 또 인자하고 검약하여 한눈에 성덕(盛德)을 지닌 군자임을 알아볼 수 있었다. 집안에서의 행실이 독실하여, 선고 군수 공이 벼슬에서 물러나 집에 거할 적에 공이 곁에서 봉양하기를 오직 성실하게 하였으며, 경전을 두고 토론하는 것이 석연하게 계합하였으니 군수 공이 이를 매우 즐거워하여 부자간의 지기(知己)라고 자주 일컬었다. 조고가 만년에 자주 몸져누웠는데 일찍이 경계증(驚悸症)을 앓아서 밤마다 잠들지 못하자 공이 띠를 풀지 않고 곁에서 모시고 앉아 밤을 지새우니, 이를 몇 달이나 지속하면서도 해이해짐이 없었다. 전후로 어버이의 상(喪)을 지킬 적에는 야윈 모습으로 예(禮)를 다하여서 최질(衰絰)을 풀지 않았으니, 곡읍하는 애통함이 보는 이를 눈물 짓게 만들었다.

평생 집안의 생업을 다스리지 않았고 유술(儒術)을 높이고 독서를 좋아하였다. 만년에 다시 예학(禮學)에 힘을 쏟아서 비록 바쁘게 정무에 종사하는 때라도 책상 위에 오히려 예서(禮書) 한 부를 올려두고 즐겨 읽었다. 사람과 사귈 적에는 한결같이 성심에 내맡겼으며, 마음에 맞는 사람을 만나면 기뻐하여 마음을 다 터놓고 싫증냄이 없었다. 그러나 속임수를 쓰고 시기심이 많은 태도를 대할 때면 차마 똑바로 보지 못하는 것처럼 혐오하였다. 조정에 있을 적에는 선악의 구분에 엄격하여 이를 매우 확고하게 지켜서 십여 년간 곤경을 겪었으나 조금도 후회하지 않았고 오직 곧은 도(道)로 군주를 섬길 것을 마음에 맹세하여 스스로 힘썼다. 관작이 점점 현귀해짐에 이르러서는 언론과 풍도로 세상을 격양시키고자 생각하였으나 시세가 어찌 해볼 수 없었다. 이에 매번 울적해하며 고향에서 은거할 뜻을 품었으나 끝내 이루지 못하였다. 아, 슬프다.

공은 타고난 자질이 고매하였으며, 어려서부터 선고 군수 공의 과정(過庭)의 가르침[34]을 받고 나가서는 임하(林下)의 제현들과 함께 주선하여서 이미 평소에 몸에 배인 것이 있었다. 한가롭게 집에서 지낼 적에는 온화하고 공손하여 나태한 모습을 보인 적이 없었고, 나이와 지위가 높아진 뒤에도 마치 한사(寒士)처럼 검약하여 방에 틀어박힌 채 손님을 물리쳐서 영욕을 마치 잊은 듯이 하였다. 비록 말속(末俗)이 나약하고 태만하더라도 또한 유속에 따라 처하지 않았다. 이 때문에 염정하고 개결한 지조가 성상에게 간택을 받은 것이니, 전후로 역임한

34 과정(過庭)의 가르침 : 집안에서 부친이 전수하는 가르침을 이른다. 진항(陳亢)이 공자(孔子)의 아들 백어(伯魚)에게 아버지로부터 특별한 가르침을 들은 것이 있는지 물었는데, 백어가 "특별한 것은 없고 홀로 서 계실 때에 내가 종종걸음으로 뜰을 지나자 시(詩)를 배웠느냐고 물으시기에 배우지 못했다고 대답했더니 시를 배우지 않으면 말을 할 수가 없다고 하셔서 물러 나와 시를 배웠고, 다른 날 또 혼자 서 계실 때에 내가 종종걸음으로 뜰을 지나자 예(禮)를 배웠느냐고 물으시기에 배우지 못했다고 했더니 예를 배우지 않으면 설 수가 없다고 하셔서 물러 나와 예를 배웠다."라고 대답한 데에서 나온 말이다. 《論語 李氏》

벼슬은 모두 스스로 성취한 것이지 원조를 받아 얻은 것이 아니었다.

평소에 저술을 좋아하지 않았으나 시문이 고아하고 치밀하며 정교하고 간략하여, 화려하게 꾸미는 습속을 조금도 답습하지 않았다. 《일선와고(一蟬窩稿)》 약간 권이 집에 보관되어 있으니, '일선'은 공의 자호(自號)이다.

나는 공의 생질로서, 외람되이 공의 지우와 사랑을 받아 일찍이 종암(鍾巖)의 산방(山房)에서 공을 모시고 외조고 쌍취헌(雙翠軒)의 유집을 교정하였다. 이때 늦봄의 계절을 만나 산기슭의 꽃들이 향기를 내뿜고 바위틈의 폭포가 물소리를 내며 떨어졌다. 교정하던 여가에 공은 매번 술을 들이켜 취기가 조금 오르면 세도(世道)의 성쇠와 현사(賢邪)의 진퇴에서부터 사군자의 출처(出處)와 행장(行藏)에 이르기까지 마음껏 담론하였는데, 그 소리가 높고 맑아 끝없이 흘러나와서 듣는 사람으로 하여금 피곤함도 모르고 경청하게 만들었다. 눈 깜빡하는 사이에 공의 묘소의 나무가 이미 한 아름이 되었고 나의 머리카락도 희어져 듬성해졌다. 지금 인부가 지석(誌石)의 글을 지어줄 것을 부탁해오니 어찌 차마 거절할 수 있겠는가. 마침내 눈물을 닦으며 행장을 살펴 서문을 짓고 명(銘)을 이어서 붙인다.

명(銘)은 다음과 같다.

유구하다, 공의 세계(世系)여	遠矣公世
고려 말부터 명성이 드러나니	著自麗季
명망과 덕행을 떨쳐	振振名德
선대의 훌륭함을 잘 닮았네	克尙其類
후덕이 쌓이고 광채가 전하여	積厚流光

공에 이르러 마침내 창성하니	于公乃昌
공은 의용이 훤칠하고 정결하며	公儀修潔
마음이 자애롭고 어질었네	其心慈良
리(鯉)가 뜰을 지나며 시례의 가르침을 받음에[35]	鯉庭詩禮
지기가 있음을 즐거워하였으니	樂有知己
온화하고 공손한 사람이요[36]	溫溫恭人
겸손하고 겸손한 군자이네[37]	謙謙君子
뒤늦게 조정에 올랐으나	晩登王朝
벼슬이 오랫동안 성취하지 못하였는데	仕久未成
벼슬하는 것을 하찮게 여겨	薄彼巧宦
평소 본분대로 행함이 오직 꼿꼿하였네	素履惟貞
성고께서 신하를 잘 알아보시어	聖考知臣
간택하여 영화로운 길에 두시니	擇置榮路
옥서(玉署 홍문관)와 천관(天官 이조)에서	玉署天官
비로소 천리마의 기량을 펼쳤네	始展驥步

35 리(鯉)가……받음에 : 집안에서 부친에게 가르침을 받은 것을 뜻한다. 리(鯉)는 공자(孔子)의 아들 백어(伯魚)의 이름이다. 자세한 내용은 403쪽 주34 참조.

36 온화하고 공손한 사람이요 : 《시경(詩經)》 소아(小雅) 〈소완(小宛)〉에 "온화하고 공손한 사람이 나무에 앉은 듯하고, 두려워하고 소심한 사람이 골짜기에 서 있는 듯하다.〔溫溫恭人, 如集于木. 惴惴小心, 如臨于谷.〕"라고 하여 매사에 신중한 태도를 견지함을 말하였는데, 이를 원용하여 말한 것이다.

37 겸손하고 겸손한 군자이네 : 《주역(周易)》 〈겸괘(謙卦) 초육(初六)〉에 "겸손하고 겸손한 군자이니, 대천을 건너더라도 길하다.〔謙謙君子, 用涉大川, 吉.〕"라고 하고, 〈겸괘 초육 상(象)〉에 "겸손하고 겸손한 군자는 몸을 낮추어 자신의 덕을 기른다.〔謙謙君子, 卑以自牧也.〕"라고 하였는데, 이를 원용하여 말한 것이다.

번곤(藩閫)의 직임을 거치고	歷試藩臬
경재(卿宰) 다음가는 지위에 오르니	晉貳卿月
노년에 풍도를 이루어	老成風猷
우리 진신(搢紳)을 빛냈네	賁我紳笏
어찌하여 대질[38]의 수명을 아껴서	胡慳大耋
지위가 덕에 걸맞게 하지 않았는가	俾位稱德
후손에게 복을 남겨주니	遺贏後昆
하늘의 정함이 어긋남이 없네	天定不忒
유곡의 무덤은	楡谷之阡
선영이 있는 곳이니	族位攸藏
지석에 글을 새겨	琢辭貞珉
무궁한 후세에 전하노라	用詔無疆

38 대질(大耋) : 고령을 뜻하는 말로, 흔히 80세를 지칭한다.

남경화 묘지명 병서
南景和墓誌銘 竝序

군은 휘가 태순(太淳), 자가 경화(景和), 성이 남씨(南氏)이니, 그 선조는 의령현(宜寧縣) 사람이다. 전임 승지 주헌(周獻) 문보(文甫)의 아들이고 전임 도정 인구(麟耇)의 손자이며 성균관 진사 휘 공보(公輔)의 증손이니, 뇌연(雷淵) 문청공(文淸公) 휘 유용(有容)이 그 고조이다. 문보의 아내 기계 유씨(杞溪兪氏)는 군수 한기(漢紀)의 딸로, 정종(正宗 정조) 병오년(1786, 정조10)에 군을 낳았다.

25세에 진사가 되었고 이윽고 문음(門蔭)으로 장릉 참봉(長陵參奉)에 조용되었다가 한 차례 전직하여 사재감 봉사가 되었다. 금상(今上) 기묘년(1819, 순조19) 5월 13일에 병사(病死)하여 다시는 일어나지 못하였다. 나는 이때에 징악산(徵岳山) 속에 있다가 그 부음을 듣고는 애통함이 심하여 눈물을 거두지 못하였다. 얼마 뒤에 문보가 편지를 보내어 다음과 같이 고하였다.

"아이는 집에 있으면서 남들보다 뛰어난 행실은 없었으나 부모를 섬길 적에는 뜻에 순종하였고 남을 대하고 일을 처리할 적에는 한결같이 너그럽고 후덕하며 공손하고 검소하였으니, 함께 종유하는 자들 중에 진심으로 좋아하지 않는 이가 없었습니다. 총명함이 남보다 뛰어나서 한 번 본 것은 종신토록 기억하였습니다. 다만 문사(文詞)에 그다지 힘을 쏟지 않았으나 절로 경지를 이루었으니 이것이 그 대략입니다. 아이가 그대를 흠모한 지가 오래되었으니 애석히 여길 만하다는 것을 오히려 잘 아실 것입니다. 원컨대 한 마디 글을 지어 무덤에 넣어서 떠난 자의 혼령을 위로해주십시오."

아, 나는 군이 어릴 때에는 그 머리를 쓰다듬으며 귀여워하였고 장성한 뒤에는 더욱 친밀하게 어울렸으니 군을 잘 아는 자로는 나만 한 사람이 없을 것이다. 이를 통하여 이 글이 실제를 기록한 것임을 믿을 수 있을 것이다. 군은 그 집안을 잘 이어갈 만하였는데 수명이 길지 못하였으니 천명일 것이다. 아, 슬프다.

군은 얼굴이 시원스럽고 풍채가 건장하였으며 뜻이 솔직하였다. 기운이 인자하고 말이 진실하여 대체로 함께 도(道)에 나아갈 만하였으니, 내가 진실로 마음으로 그 진가를 알았다. 하루는 군이 자신이 지은 글 몇 편을 소매에 넣고 와서 나에게 보여주었는데, 내가 말하기를,

"《예기(禮記)》〈학기(學記)〉에 '훌륭한 대장장이의 아들은 반드시 갖옷을 만들고, 훌륭한 활 만드는 사람의 아들은 반드시 키를 만든다.'라고 하였는데, 이는 참으로 군을 두고 한 말이네. 그러나 군의 선조는 문장으로 세상에 이름을 떨쳐서 대대로 사륜(絲綸)을 담당하였으니 이는 도학자(道學者)가 꺼리는 바이네. 군의 몸에 이르러 문장을 통해 도(道)로 들어가는 것이 과연 어떠하겠는가?"

라고 하고는 마침내 서로 마주보며 웃었다. 이는 비록 한때의 농담이지만 또한 서로 허여한 뜻을 볼 수 있을 것이다.

군은 나의 아우 참판 연상(淵常)의 딸을 아내로 맞이하여 1남을 낳았는데, 얼마 후에 산욕(産褥)의 화로 죽으니 광주(廣州) 석마향(石馬鄕)에 있는 문청공의 묘소 오른쪽 갑좌(甲坐)의 언덕에 장례하였다. 모월(某月) 모일(某日)에 그 묘를 파서 군의 관을 합장하였다. 조카딸은 슬기롭고 어질어서 내가 오랜 뒤에도 잊지 못하고 있는데 지금 또 군을 곡하게 되었으니 비통함을 더욱 잘 알 수 있을 것이다. 나는 비록 남에게

묘명(墓銘)을 지어준 적이 없으나 어찌 차마 이를 사양하겠는가.

군은 사인(士人) 원복인(元復仁)의 딸을 다시 아내로 맞이하여 1녀를 두었다.

명(銘)은 다음과 같다.

집안의 훌륭한 자식이요	家之肥子
나라의 준걸한 선비였네	邦也髦士
이렇게 단명에 막히니	局此短造
인멸된 뒤에 누가 기억할 수 있으리오	堙沒誰紀
비유컨대 저 잘 영근 이삭이	譬彼嘉穎
추수 전에 서리를 맞은 것과 같네	未秋而霜
오직 그 남긴 바가 고아에게 있으니	維羸在孤
훗날 창성하기를 바라네	尙後之昌

증 호조 좌랑 심공 묘지명 병서
贈戶曹佐郎沈公墓誌銘 竝序

공은 휘가 건영(健永), 자가 백고(伯高)로, 청송(靑松) 사람이니, 시조는 고려(高麗) 위위승(衛尉丞) 휘 홍부(洪孚)이다. 본조에 들어와 휘 덕부(德符)는 시중(侍中), 청성백(靑城伯)이 되었다. 누대를 전하여 휘 선(璿)에 이르니, 경기도 관찰사가 되었고 호는 망세정(忘世亭)으로, 세조가 선양(禪讓)을 받을 적에 관직을 버리고 자정(自靖)[39]하였다. 3대를 전하여 휘 광언(光彦)은 좌참찬이 되었고 호가 둔암(鈍庵)으로, 조 문정공(趙文正公 조광조(趙光祖))의 문인으로서 을사명신(乙巳名臣)[40]이 되었으니 공에게 9대조가 된다. 증조는 휘 정기(廷琦)이고, 조고는 휘 사수(師洙)이고, 선고는 휘 유진(維鎭)이다. 선비(先妣) 연안 김씨(延安金氏)는 학생 한종(漢宗)의 딸로, 참의 흔(訢)의 후손이다.

39 자정(自靖) : 은(殷)나라 태사(太師)인 기자(箕子)가 주왕(紂王)의 서형(庶兄)인 미자(微子)에게 "스스로 의리에 편안하여 사람마다 스스로 선왕에게 뜻을 바칠 것이니, 나는 떠나가 은둔함을 돌아보지 않겠다.〔自靖, 人自獻于先王, 我不顧行遯.〕"라고 한 데서 온 말로, 본래는 스스로 의리에 맞게 처신하여 그 처지를 편안하게 여긴다는 뜻인데, 후세에는 은둔하여 지조를 지킴을 가리키는 말로 많이 사용하였다. 《書經 微子》

40 을사명신(乙巳名臣) : 1545년(명종1)에 일어난 을사사화(乙巳士禍)로 화를 입었던 윤임(尹任) 일파의 신하들을 가리킨다. 을사사화는 인종이 죽자 새로 즉위한 명종의 외숙인 소윤(小尹)의 거두 윤원형(尹元衡)이 인종의 외숙인 대윤(大尹)의 거두 윤임 일파를 몰아내는 과정에서, 대윤파에 가담했던 사림(士林)이 크게 화를 입은 사건이다.

공은 영종(英宗 영조) 정사년(1737, 영조13)에 태어났다. 어려서부터 빼어난 자질이 있었으며 총명함이 보통사람보다 뛰어났다. 학당에 들어간 뒤로는 수고롭게 가르치거나 독책하지 않아도 문리가 빠르게 진보하였고, 《자치통감강목(資治通鑑綱目)》 수십여 판(板)을 읽었는데 한 번 읽으면 곧바로 틀리지 않고 배송(背誦)하였다. 14세에 《논어(論語)》를 읽고는 개연(慨然)히 분발하여, 성인의 경지는 배워서 이를 수 있는 것이라고 여겼다. 매번 산사에 머물며 책을 읽을 적에 불을 밝힐 기름이 없어서 밤마다 수차례 글을 외우면서 새벽까지 지새웠다. 산사의 한 노승이 공이 잠을 자지 않은 날을 헤아려보고는 그에 미치지 못하자 감탄하며 말하기를,

"내가 많은 선비를 보았으나 이 낭군처럼 굳세게 노력하는 자는 없었다."

라고 하였다. 얼마 후에 병계(屛溪) 윤 문헌공(尹文獻公 윤봉구(尹鳳九))을 스승으로 섬겨서 위기지학(爲己之學)[41]에 전심하여 편지를 주고받으며 강론하고 질정하였으며, 또 미호(渼湖) 김 문경공(金文敬公 김원행(金元行))을 배알하였는데, 두 공이 모두 기대하는 바가 몹시 컸다. 그 사이에 한둘의 동지와 함께 죽림사(竹林祠)에서 사서(四書)를 강독하였으니, 이때에 호우(湖右 호서(湖西))의 사우들 간에 명성이 자자하였다.

41 위기지학(爲己之學) : 오직 자신의 덕성을 닦기 위해서 하는 학문으로, 남이 알아주기를 바라서 하는 학문인 '위인지학(爲人之學)'에 상대되는 말이다. 《논어(論語)》 〈헌문(憲問)〉에, "옛날의 학자들은 자신을 위한 학문을 하였는데, 오늘날의 학자들은 남에게 보여 주기 위한 학문을 한다.〔古之學者爲己, 今之學者爲人.〕"라고 한 공자(孔子)의 말에서 나온 것이다.

어버이를 섬김에 있어서는 지극한 효성이 있었다. 하루는 산방(山房)에 있다가 갑자기 마음이 동하여 산에서 내려왔는데, 이때에 대설이 내려 정강이가 빠질 정도로 쌓여서 넘어져 가며 집으로 돌아오니 대인이 과연 이 날에 병환을 앓고 있었다. 병환이 점점 위독해지자 손가락을 깨물어 피를 내었는데, 피가 조금 나오자 다시 팔을 찔러 피를 더 내어서 대인의 입에 대주니 조금이나마 연명할 수 있었다. 상(喪)을 당하게 되어서는 애통하게 울부짖는 소리가 하늘까지 닿으니 이웃 사람들이 이를 보고 눈물을 흘렸다. 정(情)에 따라 슬픔을 다해서 훼척하여 거의 목숨을 잃을 뻔할 정도였으나, 태석인(太碩人 모친)이 외로이 거상 중에 있었으므로 공이 몸소 불을 때어 밥을 지어 올리고 남에게 대신하게 하지 않으니, 삼년을 하루처럼 똑같이 하였다. 얼마 뒤에 또 모친의 상(喪)을 당하였는데, 상제(喪制)를 지키기를 더욱 엄격히 하여 흰 제비가 날아오는 기이한 일까지 있었다. 선대를 제사할 적에는 가난하여 예(禮)를 따를 수 없는 것을 애통하게 여겨서 비록 하찮은 과일 하나, 음식 하나일지라도 반드시 정결한 것으로 마련하여 스스로 그 정성을 다하였다. 일찍이 제의(祭儀)를 지어서 이에 근거하여 행하였으며, 또 가법약조(家法約條)를 만들어서 형제, 식구들과 함께 매달 초하루마다 읽고 실천하였다.

평소에 생업을 경영하지 않았으며, 매번 궁벽하고 가파른 산속의 인적이 드문 곳에 집을 지어서 비바람을 가리지 못하고 쌀독이 늘 비었어도 이를 편안하게 여겼다. 일찍이 사흘간 밥을 먹지 못하였는데, 손님과 함께 토론하면서 정신과 기운이 더욱 힘차니, 사람들이 공이 자주 굶은 것을 알지 못하였다. 만년에 비로소 한사(漢師 한양) 낙산(駱山)의 동쪽에 터를 잡아 거하였는데, 곁에 작은 시내가 있으므로 이를 가지고 자호(自號)하여 '한계(寒溪)'라고 하였다. 문을 닫아걸어 손님을 물리치고는 성현의 책을 가져다가 밤낮으로 완미하여 은미한 뜻을 궁구하였다. 학문하는 공력이 지극해지자, 또 그 여가에 천문(天文), 지리(地理), 병선(兵禪), 복서(卜筮)의 방술에까지 두루 미쳐서 남김없이 섭렵하였다. 항상 실용적인 학문을 가지고 자임하여 말하기를,

"태평한 시대를 만나면 백성을 편안하게 하는 계책을 내고 혼란한 시대를 만나면 의리를 제창하여 적을 섬멸하는 것을 내가 할 수 있다. 그저 고지(故紙)만 들여다보며 시무를 알지 못하는 저 세유(世儒)들을 두고 어찌 학문을 한다고 할 수 있겠는가."

라고 하였으니, 여기에서 공이 보존하였던 바를 알 수 있다.

몇 년 뒤에 병에 걸려 위독하게 되었는데, 시자(侍者)에게 명하여 점을 치게 하니 구괘(姤卦)를 얻었다. 이에 말하기를,

"나는 이제 죽게 되었구나."

라고 하고는 종이와 붓을 찾아 운포시(篔舖詩)[42] 16자를 크게 썼으니, 이는 뜻을 이루지 못한 것을 스스로 안타까워한 것이다. 마침내 집안일은 한마디도 언급함이 없이 졸하였으니 바로 정종(正宗 정조) 갑진년

42 운포시(篔舖詩) : 주희(朱熹)가 젊은 시절에 운당포(篔簹鋪)에서 쉴 적에 그 벽에 적혀 있던 시로, "빛나는 영지여, 한 해에 세 번이나 피었네. 나는 홀로 무얼 했나. 뜻을 이루지 못하였네.〔煌煌靈芝, 一年三秀. 予獨何爲? 有志不就.〕"라는 시이다. 주희는 이 시를 보고 자신의 뜻과 같다고 하여 비통해하였는데, 40여 년이 흐른 후에 다시 그곳에 들렀다가 "언뜻 지나는 백 년 세월 얼마나 되랴. 세 번 꽃 피는 영지는 무엇을 하려는고. 나이 늦도록 금단을 이룬 소식이 없으니, 운당포 벽 위의 시가 서글 한탄스럽네.〔鼎鼎百年能幾時? 靈芝三秀欲何爲? 金丹歲晩無消息, 重歎篔簹壁上詩.〕"라는 시를 지었다.《晦菴集 卷84 題袁機仲所校參同契後》

(1784, 정조8) 2월 28일이었다. 모갑(某甲)에 양주(楊州) 봉류산(鳳留山) 모좌(某坐)의 언덕에 장례하였다. 공이 졸하고 3년 뒤에 사림이 공의 효행을 열거하여 조정에 아뢰어서 호조 좌랑에 추증되었다.

배위 진주 강씨(晉州姜氏)는 부친이 우문(遇文)이다. 공보다 10년 먼저 졸하여 서천(舒川) 홍현(紅峴) 모좌(某坐)의 언덕에 장례하였다. 계배(繼配) 의령 남씨(宜寧南氏)는 부친이 극(極)으로, 3남을 두었으니 공모(公模), 정모(正模), 통모(通模)이다.

공의 사람됨은, 신장은 보통에 미치지 못하였으나 풍도가 꿋꿋하였다. 마음가짐과 몸가짐이 직절하고 확고하여 머뭇거리거나 구차히 하는 습관이 전혀 없었다. 성품은 또 평온하여 남과 구별을 짓지 않았으며, 사람들을 대할 적에는 온화한 기운이 얼굴에 넘쳐서 소장(少長)과 귀천에 상관없이 모두에게 환심을 얻었다. 그러나 옳지 못한 것이 있음을 보면 반드시 면전에서 배척하여 조금도 용서하지 않았다.

아, 공은 높은 재주와 넓은 학식으로 성대한 포부를 지니고 있었는데 때를 만나지 못하니, 이에 이를 저술로 발현하였다. 일찍이 말하기를,

"《역(易)》의 체(體)는 하도(河圖)에서 일어나고 《역(易)》의 용(用)은 낙서(洛書)에서 행해졌다. 자연의 문(文)을 살펴 자연의 획(劃)을 구하였으니, 괘(卦)는 각각 맞는 수(數)가 있고 효(爻)는 각각 짝하는 상(象)이 있다. 그러므로 상(象)에서 수(數)를 구하면 일괘(一卦)의 가운데 육효(六爻)가 두루 통하고, 수(數)에서 상(象)을 구하면 일효(一爻)의 가운데 팔괘(八卦)가 서로 어울려 있다."

라고 하였다. 이에 괘(卦)는 《설괘(說卦)》에서 용(用)을 취하고 뜻은 효사(爻辭)에서 단정을 취하여 책으로 편찬하여 일가(一家)의 말을 이루니, 《주역전의익해(周易傳義翼解)》라고 이름을 붙였다. 또 이르

기를,

"《홍범(洪範)》은 제왕이 치세하는 대법이다."

라고 하여 마침내 도식을 만들고 해설을 적었다. 낙서(洛書)의 수(數)를 가지고 구주(九疇)의 이치를 드러내고 구주의 항목에 견주었으며 백가(百家)의 해설을 찾아 망라하여 천하의 일을 포괄하고 자신의 의견으로 절충하여 종류대로 덧붙였다. 이 중에 '정전(井田)', '향약(鄕約)', '병제(兵制)', '관제(官制)'라고 한 종류는 실로 기강 중에 중대한 것으로서, 들어서 시행할 만한 것이다. 이를 《홍범도설(洪範圖說)》이라고 이름을 붙였다. 또 《심학찬요(心學纂要)》, 《중용대학차기(中庸大學箚記)》 총 약간 권이 있다. 심성(心性)의 논의로 말하면, 한결같이 한남당(韓南塘 한원진(韓元震))의 주장을 따랐다.

기억건대, 내가 어렸을 때에 공의 종숙 제헌(霽軒 심정진(沈定鎭)) 공의 문하에서 한두 번 공의 얼굴을 뵈었는데, 이치를 담론하는 것을 들음에 마치 강을 기울이고 바다를 뒤집는 것과 같아서 다할 수 없는 바가 있었다. 그러나 간혹 어빙(語氷)[43]의 의혹이 없지 못하였는데 당시에 내가 몹시 몽매하여 의심나는 것을 질문하지 못한 것이 한스럽다. 뒤에 공의 종자(從子)인 홍모(弘模)와 교우함이 매우 돈독해져서 공의

43 어빙(語氷) : 견문이 좁은 것을 이른다. 《장자(莊子)》〈추수(秋水)〉에 "우물 안 개구리가 바다를 말할 수 없는 것은 우물 안에 매여 있기 때문이고, 여름 벌레가 얼음을 말할 수 없는 것은 여름에만 집착하기 때문이며, 고루한 선비가 도를 말할 수 없는 것은 가르침에 속박되어 있기 때문이디. 지금 그대는 강물에서 나와서 큰 바다를 보고는 곧 그대의 부족함을 알았으니, 그대와 더불어 큰 진리를 말할 만하구나.〔井蛙不可以語於海者, 拘於虛也; 夏蟲不可以語於冰者, 篤於時也; 曲士不可以語於道者, 束於敎也. 今爾出於涯涘, 觀於大海, 乃知爾醜, 爾將可與語大理矣.〕"라고 한 데서 유래하였다.

학문과 행실을 더욱 잘 알게 되었다. 지금 지문(誌文)을 지어달라는 부탁을 끝내 사양하지 못하여 마침내 행장을 살펴 서문을 짓고 이어서 명(銘)을 붙인다.

명(銘)은 다음과 같다.

학문은 천인을 포괄하였고	學括天人
뜻은 고금에 뛰어났네	志邁今古
쌓아둔 것을 펼치지 못하였으니	有蘊莫施
이 세상이 부패해서라네	斯世其腐
한계에서 과축[44]하며	寒溪薖軸
자신의 광거[45]를 즐거워하였네	樂我廣居
그 수명에 가로막혔으니	而閼其年
천수를 누림에 인색한 것은 운수인 것인가	頤嗇數歟
고괘(蠱卦) 상구(上九)에 고상하게 한다고 하였으니[46]	蠱九高尙

44 과축(薖軸) : 《시경(詩經)》 위풍(衛風) 〈고반(考槃)〉의 "은거하는 집을 산굽이에 지었으니, 석인의 마음이 넉넉하도다.〔考槃在阿, 碩人之薖.〕"의 '과(薖)'와 "은거하는 집을 높고 평평한 곳에 지었으니, 석인이 한가로이 머물고 있도다.〔考槃在陸, 碩人之軸.〕"의 '축(軸)'을 합칭한 말로, 산림에 은둔하며 한가로이 지내는 것을 뜻한다.

45 광거(廣居) : 인(仁)을 가리킨다. 《맹자(孟子)》 〈등문공 하(滕文公下)〉에서 대장부에 대해 설명하며 "천하의 넓은 집에 거처하며 천하의 바른 자리에 서며 천하의 큰 도를 행한다.〔居天下之廣居, 立天下之正位, 行天下之大道.〕"라고 하였는데, 《맹자집주(孟子集註)》의 해설에 "'넓은 집'은 인(仁)이고, '바른 자리'는 예(禮)이고, '큰 도'는 의(義)이다.〔廣居, 仁也; 正位, 禮也; 大道, 義也.〕"라고 하였다.

46 고괘(蠱卦)……하였으니 : 《주역(周易)》 〈고괘(蠱卦) 상구(上九)〉에 "왕후를 섬기지 않고 그 일을 고상하게 한다.〔不事王侯, 高尙其事.〕"라고 하였다. 이는 벼슬하지

제옹(霽翁 심정진)이 평가한 말이네 　霽翁有評
내가 명(銘)을 지어 광중에 묻노니 　我述納銘
무덤이 봉류산에 있네 　鳳留之塋

않고 초야에 은둔하며 고상하게 자신의 덕을 닦음을 말한 것이다.

유인 윤씨 묘지명 병서

孺人尹氏墓誌銘 竝序

완산(完山 전주(全州)) 이경인(李敬人)의 현숙한 아내 유인(孺人) 윤씨(尹氏)는 신사년(1821, 순조21) 정월 28일에 병으로 세상을 떠났다. 다음 달 모일(某日)에 광주(廣州) 궁촌(宮村)에 있는 선영의 아래에 장례하였으니 향년이 겨우 29세였다. 경인이 오랜 시간이 지난 뒤에도 서글퍼하는 것이 거의 매성유(梅聖兪)가 부인 사씨(謝氏)에게 그러했던 것과 같아서[47] 스스로 행장 수백 자를 짓고는 나에게 명(銘)을 지어줄 것을 부탁해왔다. 경인은 평소에 돈실하니 그 말이 반드시 믿을만할 것이다.

유인은 파평(坡平)의 망족(望族)으로, 전(前) 군수 오영(五榮)의 딸이며, 효릉(孝陵 인종)의 명신 충의공(忠毅公) 휘 임(任)의 11대손이다. 모친 김씨(金氏)는 사계(沙溪) 문원(文元 김장생(金長生)) 선생의 후손이다.

유인은 온후하고 단정하며 식견이 밝고 뜻이 깨끗하였다. 어려서 부모의 곁에 있을 적에는 유순하여 뜻을 어기는 일이 없었고, 겨우 10여 세의 나이에 부도(婦道)를 이미 갖추었으며, 여공(女功)에 있어

47 매성유(梅聖兪)가……같아서 : 매성유는 송(宋)나라 때의 시인 매요신(梅堯臣, 1002~1060)으로, 자는 성유, 호는 완릉(宛陵)이다. 일찍이 자신의 아내 사씨(謝氏)의 죽음을 슬퍼하는 시를 지어서 구양수(歐陽脩)를 찾아가 명(銘)을 지어줄 것을 부탁한 일이 있다. 이글은 구양수의 문집인 《문충집(文忠集)》 권36에 〈남양현군사씨묘지명(南陽縣君謝氏墓誌銘)〉이라는 제목으로 실려 있다.

서도 가르치지 않아도 능하였다. 경인에게 출가한 뒤에는 가난함을 편안히 여기고 예(禮)를 잘 삼갔으며, 몸가짐을 장중하게 하고 어른을 섬기기를 유순하게 하고 사람들과 어울리기를 화목하게 하였으니, 이씨 집안의 사람들이 한입으로 그 훌륭함을 칭찬하여 다른 말이 없었다.

경인과 함께 있을 적에는 매번 간악함을 다스리고 덕을 높이기를 원하여 평소의 사사로운 대화에도 규계하는 말이 많았다. 경인은 사우(師友)를 종유하는 것을 즐거워하고 벼슬에 나아가는 것에 급급해하지 않았는데, 유인은 이를 마음으로 기뻐하였다. 집안의 살림이 더욱 궁핍해져서 거의 버티지 못할 지경이 되었는데 유인은 밤낮으로 힘써 길쌈과 바느질을 하여 자급하며 말하기를,

"당신이 훌륭한 뜻을 갖고 계신데 제가 내조를 제대로 하지 못할까 두려우니, 도리어 의복과 음식으로 그 마음에 누를 끼쳐서야 되겠습니까."

라고 하고는 끝내 경인이 궁핍함을 알지 못하게 하였다.

아, 지금 사람들은 부자(父子)가 서로 권고하고 부부가 서로 기대하여 오직 영리(榮利) 한 가지의 길로 온 세상이 내달려서 머리부터 발끝까지 닳아지고 생명이 다해 없어지도록 돌이킬 줄을 알지 못한다. 오직 유인은 부녀자의 몸으로 유속을 초월하여 이러한 훌륭한 식견이 있었으니 옛날의 현철한 여인들의 뒤를 이을 만하다. 어찌 사씨로 견줄 수 있겠는가. 안타깝게도 하늘이 그 수명을 아껴서 그 부자(夫子)의 뜻을 도와 성취함에 이르게 하도록 하지 못하였으니, 경인이 좋은 벗을 잃은 것처럼 여겨 오랜 뒤에도 잊지 못하는 것이 당연하다.

경인은 이름이 정하(正夏)이다. 참판 휘 의행(義行), 부사 휘 명연(明淵), 학생 휘 인창(寅昌)이 경인의 3대 선조이다.

명(銘)은 다음과 같다.

어쩌면 덕이 이렇게 훌륭하였는가　何德之臧
어쩌면 명운이 이렇게 막혔는가　何命之迍
어쩌면 이치가 이렇게 어긋났는가　何理之舛
아아, 훌륭한 유인이여　吁嗟乎孺人

확재 민공 묘지명 병서

擴齋閔公墓誌銘 竝序

확재(擴齋) 선생 민공(閔公)이 졸한 뒤에 사자(嗣子) 태용(泰鏞)이 내가 일찍이 공에게 지우를 받았다고 하여 외람되게도 묘지(墓誌)를 지어줄 것을 부탁해왔다. 내가 이에 승낙을 하고도 신중을 기하여 미뤄 온 지가 여러 해가 되었다. 나는 공에 있어서, 진실로 열흘을 달리더라도 따라잡지 못하니[48] 그 덕을 온전히 다 알지 못하여 말이 구차한 데로 귀결될까 염려되어서 그런 것이었다. 그러나 세월이 빠르게 흘러 상유(桑楡)에 해가 걸리는 때[49]가 닥쳐와서 죽음이 얼마 남지 않았으니, 또 이 일을 영영 못하게 될까 두려운 마음에, 마침내 그 유사(遺事)를 살펴보고 다음과 같이 서술한다.

공은 휘가 치복(致福), 자가 원리(元履)로, 확재는 호이다. 여흥 민씨(驪興閔氏)는 세계(世系)가 내려온 것이 오래되어서 명유(名儒)가 대대로 이어졌으며 품행과 예법이 진신(搢紳)들 사이에서 이름 높았다. 정암(貞菴) 선생 문간공(文簡公) 휘 우수(遇洙)에 이르러 처음으로 도학(道學)으로 세유(世儒)의 종장이 되었으니 공에게 증조가 된

48 열흘을……못하니 : 상대의 10배가 되는 노력을 들이더라도 상대를 따라잡지 못함을 뜻한다. 《순자(荀子)》 〈수신(修身)〉에 "천리마가 하루에 천 리를 달리지만, 노둔한 말은 열흘을 달리면 역시 그 거리를 따라잡을 수 있다.〔夫驥一日而千里, 駑馬十駕, 則亦及之矣.〕"라고 하였는데, 이를 원용하여 말한 것이다.

49 상유(桑楡)에……때 : '상유'는 뽕나무와 느릅나무로, 해질녘에 서산(西山)의 뽕나무와 느릅나무의 가지 끝에 해가 걸린다고 하여, 노년을 비유하는 말로 쓰인다.

다. 조고 휘 백겸(百兼)은 진사 장원으로 좌찬성에 추증되었다. 선고 휘 종현(鍾顯)은 이조 판서 문목공(文穆公)이다. 선비(先妣) 정경부인(貞敬夫人) 평산 신씨(平山申氏)는 부사 경민(景閔)의 딸이다.

공은 선대의 훌륭함을 이어받아 빼어난 자질을 타고나서 총명함이 남보다 뛰어났다. 5세에 《소학(小學)》에 통달하고 8세에 《모시(毛詩)》에 통달하니, 이후로 문리가 점점 이루어져서 여러 책들을 두루 보았는데, 한번 눈으로 보면 모두 기억하여 암송하였으며, 자양(紫陽)의 《자치통감강목(資治通鑑綱目)》을 보기 시작한 지 2일이 지나지 않아서 전질을 모두 읽었다. 조금 장성한 뒤에 종숙(從叔) 관생와(觀生窩) 공 이현(彝顯)을 섬겨서 경서의 구두를 떼고 뜻을 분별하는 것에서부터 시작하여 사물의 이치의 심오한 것에 이르기까지 절실하게 묻고 가까이 생각하지 않음이 없어서 도덕과 기량이 일찍 이루어졌다.

이때 지암(止菴) 김 문간공(金文簡公) 양행(亮行)과 중주(中洲) 이 문경공(李文敬公) 직보(直輔)가 같은 고을에 살아서 공이 그 사이에서 함께 종유하였는데, 두 공이 모두 몹시 중하게 기대하고 인정하였다. 또 지암의 총손(冢孫 장손)인 집의(執義) 군 직순(直淳)과 함께 공부하여 서로 도움을 받으며 절차탁마하였다. 이에 산림에서 장수(藏修)[50]할 뜻을 품었으나 스스로 국록(國祿)을 대대로 받아 온 집안의 후손으로서 공령(功令 과거시험)의 공부를 함께 하여, 정종(正宗 정조) 기유년

50 장수(藏修) : '장수유식(藏修游息)'의 줄임말로, 장수는 항상 학문을 닦아 게을리 하지 않는 것을 말하며, 유식은 정해진 과정에 의해 쉬는 시간에도 학문에 마음을 두는 것을 말한다. 《예기(禮記)》 〈학기(學記)〉에 "군자는 학문할 적에 장하고, 수하고, 유하고, 식한다.〔君子之於學也, 藏焉, 修焉, 息焉, 遊焉.〕"라고 보인다.

(1789, 정조13)에 사마시에 합격하였다. 공은 명문가의 자손으로서 명성이 몹시 자자하였다. 성상이 이때 응제(應製)를 설행하여 당세의 문예(文藝)가 있는 선비들을 가려 뽑았는데 공이 이를 통해 성상의 지우를 입게 되니, 성상이 반드시 과거 급제를 통해 발탁하여 등용하고자 하였다. 그러나 공이 더욱 주저하자 성상이 공의 선고 문목공을 인견해서 전석(前席)[51]하기까지 하여 정성스럽게 뜻을 전하니, 비록 어쩔 수 없이 사람들을 따라서 억지로 나아가긴 하였으나 즐거워하는 바는 여기에 있지 않았다. 그러다가 정묘(正廟 정조)가 승하한 뒤로는 마침내 다시는 과시(科試)에 나아가지 않았다.

계해년(1803, 순조3)에 원릉 참봉(元陵參奉)에 제수되었는데 사소한 잘못으로 인하여 파직되었다. 을축년(1805)에 또 동몽교관에 보임되었다. 임기가 다한 뒤에 빙고 별제로 있다가 호조 좌랑으로 옮겼는데 얼마 뒤에 스스로 인혐하여 사직하고 떠났다. 오랜 뒤에 견복(甄復)하여 공조 좌랑이 되었고 이어서 형조 정랑으로 승진하고 남평 현감(南平縣監)으로 나갔다. 공은 비록 말단의 관직에서 전전하더라도 구차하게 스스로를 낮추지 않았다. 이 때문에 누차 곤경을 만나서 벼슬을 시작한 지 거의 10년이 되어서야 비로소 현감의 자리에 조용되었는데, 말하기를,

"이는 오히려 하루에 주어진 책임이나마 바칠 수 있는 자리이다."

51 전석(前席) : 임금이 신하의 이야기를 더 잘 들으려고 앞으로 나와 바짝 다가앉는 것을 말한다. 진 효공(秦孝公)이 상앙(商鞅)과 대화를 하다가 자기도 모르게 앞으로 나와 앉았다는 고사와, 한 문제(漢文帝)가 선실(宣室)에서 가의(賈誼)의 귀신에 대한 이야기를 나누다가 바짝 다가앉아 경청했다는 고사가 전한다. 《史記 卷68 商君列傳》《漢書 卷48 賈誼傳》

라고 하고는 자신을 단속하기를 청렴하고 엄격하게 하고 정사는 돈후하고 관대함을 추구하여, 다친 사람을 보듯이 가엾게 여기는 온화한 뜻을 항상 법령보다 우선하였다. 그러므로 질장구를 가득 채우는 신의[52]가 절로 아전들을 엄숙하게 하고 백성들을 편안하게 하여 겨우 2년 만에 다스림이 널리 행해지니, 고을 사람들이 석벽에 새겨서 그 은혜를 칭송하였다.

갑술년(1814, 순조14) 4월 16일에 재임 중 병에 걸려 졸하니 향년이 겨우 49세였다. 한 달 뒤에 원주(原州) 이포(梨浦)의 선영이 있는 곳에 장례하였다가 2년 뒤에 여주(驪州) 치소 동쪽 대기(大基)에 있는 묘좌(卯坐)의 언덕으로 이장하고 두 숙인(淑人)을 부장(祔葬)하였다.

원배(元配) 안동 김씨(安東金氏)는 부친이 군수 이례(履禮)이고 계배(繼配) 연안 이씨(延安李氏)는 부친이 헌명(憲明)이니, 둘 다 현철하여 여사(女士)의 풍도가 있어서 공에게 내조를 잘하였으며, 모두 공보다 먼저 졸하였다. 자식은 1남을 두었으니 바로 태용으로, 전배의 소생이며, 학문과 행실이 일찍부터 뛰어나 그 집안을 잘 이어갈 만하다. 서녀(庶女)는 이완(李垸)에게 출가하였다.

공은 체격이 건장하고 우람하였으며 온화하고 순수하며 화락하고 평온하였다. 그 믿음직하고 화락한 기운이 사체(四體)에 두루 넘쳐서 한번 그 의표를 접하면 마치 단술을 마신 것처럼 자신도 모르게 마음으로 취하였다. 성품은 또 겸손하여 공순하게 남에게 낮추기를 잘하였

52 질장구를……신의 : 《주역(周易)》 〈비괘(比卦) 초육(初六)〉에 "진실함이 있는 것이 질장구의 속이 가득 차 있는 것과 같으면 종래에 다른 길함이 오리라.〔有孚盈缶, 終來有他吉.〕"라고 하였는데, 이를 원용하여 말한 것이다.

다. 지혜는 부류를 미루어 이치를 알 만하였고 재주는 일을 새로 시작할 만하였는데, 겉으로 드러나는 것을 거두어들여서 마치 어리석은 사람인 것처럼 겸손히 물러났다. 평소에 과격한 말과 모난 행동이 없었고 오직 민이(民彝)와 물칙(物則)[53]의 사이에 있어서 힘써 분수를 다하였다.

선고 문목공을 곁에서 모실 적에는 좌우에서 수고로운 일을 담당하여 자신의 몸을 돌보지 않았으며, 내외의 관직을 두루 거칠 적에 주머니나 상자 속의 서책처럼 요긴하게 도움이 된 적이 많았으니 문목공이 또한 공에게 기대고 의지하였다. 문목공이 기영(箕營 평안 감영(平安監營))에서 봉직하다가 별세하였을 적에는 손가락에서 피를 내어 마시게 하였고 거상하며 몸을 훼상하여 거의 목숨을 보전하지 못할 뻔하였다. 태석인(太碩人 모친)을 만년에 섬길 적에는 애일(愛日)의 정성[54]이 있어서 화순함을 더욱 드러내었다. 관생와 공은 공에게 있어서 실로 부사(父師)의 의리가 있었는데, 후사가 없이 일찍 세상을 떠나자 공이 이를 몹시 안타깝고 애통하게 여겨 돌아가신 분을 장례하고 살아계신 분을

53 민이(民彝)와 물칙(物則) : 사람의 도리와 사물의 법칙을 말한다. 《시경(詩經)》 대아(大雅) 〈증민(蒸民)〉에 "하늘이 뭇 백성을 내었으니 사물이 있으면 법칙이 있네. 백성이 떳떳한 본성을 갖고 있는지라 이 아름다운 덕을 좋아하네.〔天生蒸民, 有物有則. 民之秉彝, 好是懿德.〕"라는 구절이 있다.

54 애일(愛日)의 정성 : '애일'은 '날짜를 아낀다'는 뜻으로, 어버이를 섬길 시일이 얼마 남지 않았음을 안타까워하여 효도를 다하는 정성을 이른다. 양웅(揚雄)의 《법언(法言)》 〈효지편(孝至篇)〉에 "부모를 섬기는 데 있어 스스로 부족함을 알았던 이는 오직 순(舜)임금일 것이다. 마음대로 오래 할 수 없는 것은 어버이를 섬기는 일이니, 효자는 날짜를 아끼는 것이다.〔事父母自知不足者, 其舜乎! 不可得而久者, 事親之謂也, 孝子愛日.〕"라고 한 데서 온 말이다.

섬김에 있어서 마음을 다하였다. 또 사후의 일에 있어서 정성을 다하여 족인(族人)을 세워 후사로 삼은 뒤에 때때로 그 가족들을 데리고 집으로 와서 함께 기거하며 정성스럽게 가르쳤다.

다른 사람들과 사귈 적에는 마치 무심한 듯 담박하였으나 정이 본래 주밀하여 널리 사람들을 사랑하되 인(仁)한 이를 가까이하였다. 만약 뜻이 맞는 자가 있으면 마치 한몸처럼 서로 의지하여 병을 앓거나 죽어서 상례를 치름에 있어서 극도로 마음을 써서 거의 침식을 폐하였다. 이는 모두 진심에서 우러나온 것이니 억지로 할 수 있는 것이 아니었다.

공은 일찍이 군주와 백성에 대해 간곡한 마음이 있었는데 시세가 어찌할 수 없음을 알고는 뜻을 거두어 감출 것을 생각하였다. 그러나 세도(世道)의 승강과 시정(時政)의 득실에 있어서 마음을 쓰고 근심하여 은연중에 얼굴에 드러났다. 만년에 어버이를 봉양하기 위하여 억지로 음직에 나아갔으나, 매번 삼연(三淵 김창흡(金昌翕)) 옹의 "세상만사가 모두 허위에 속하니 오직 봄날에 들밭에서 소 몰며 몸소 밭 가는 것이 그나마 뜻에 족하다."[55]라는 말을 하면서 한참동안 서글퍼하였다. 벼슬을 그만두는 날에 한둘의 동지들과 약조하여 이웃에 집터를 닦아 함께 은거하기를 방공(龐公)이 녹문산(鹿門山)에 은거했던 것[56]과 같

55 세상만사가……족하다 : 이 말은 김창흡(金昌翕)의 문집인 《삼연집(三淵集)》 권31 〈어록(語錄)〉에 보인다.

56 방공(龐公)이……것 : 방공은 후한(後漢) 때의 은자인 방덕공(龐德公)으로, 양양(襄陽) 현산(峴山) 남쪽에 살면서 성시(城市)를 가까이하지 않았다. 형주 자사(荊州刺史) 유표(劉表)가 수차례 초빙하였으나 나가지 않자, 마침내 유표가 찾아가서 "선생은 벼슬을 받지 않으니 자손에게 무엇을 남겨 주겠소?" 하니 "남들은 모두 위태로움을

이 하고자 하였으나 끝내 또한 뜻대로 이루지 못하였다.

아아, 공은 밝은 지혜를 타고나고 또 부형과 사우(師友)에게 감화되어서 일찍부터 위기(爲己)[57]와 구인(求仁)[58]의 방법에 대하여 들은 바가 있었다. 비록 자신을 높이 내세우고자 하지 않았으나 은연중에 덕을 날로 닦아서 너그러운 태도를 지녀 박절하지 않았다. 시대를 초월하여 마음이 통한 것이 바로 연평(延平)[59]의 법문(法門)에 있었는데, 특히 함양(涵養)하고 융석(融釋)하는 뜻에 계합함이 있어서, 생각함에 막힌 바가 있고 행함에 어그러지는 바가 있으면 요컨대 모두 자신에게 돌이켜 이치를 미루어 연구해서 쇄락(灑落)한 경지에 이르기를 기약하였다. 그러므로 아는 것과 행하는 것이 서로 조화되어 한쪽으로 치우치지

남겨 주는데 나만은 편안함을 남겨 주겠습니다." 하였다. 뒤에 처자를 데리고 녹문산(鹿門山)에 들어가 약초를 캐며 살고 다시는 돌아오지 않았다. 《後漢書 卷83 逸民列傳 龐公》

57 위기(爲己) : 오직 자신의 덕성을 닦기 위해서 공부하는 것으로, 남이 알아주기를 바라면서 공부하는 것인 '위인(爲人)'에 상대되는 말이다. 《논어(論語)》 〈헌문(憲問)〉에, "옛날의 학자들은 자신을 위한 학문을 하였는데, 오늘날의 학자들은 남에게 보여주기 위한 학문을 한다.〔古之學者爲己, 今之學者爲人.〕"라고 한 공자(孔子)의 말에서 나온 것이다.

58 구인(求仁) : 인(仁)을 구한다는 뜻으로, 공자(孔子)가 백이(伯夷)와 숙제(叔齊)를 평가하여 말하기를, "인(仁)을 구하여 인(仁)을 얻었으니, 무엇을 원망하겠는가.〔求仁而得仁, 又何怨?〕"라고 하였다. 《論語 述而》

59 연평(延平) : 송(宋)나라 때의 학자 이통(李侗, 1093~1163)으로, 자는 원중(願中), 호는 연평, 시호는 문정(文靖)이며, 검남(劍南) 사람이다. 주희(朱熹)의 스승으로, 정호(程顥)·정이(程頤)의 학문이 양시(楊時)와 나종언(羅從彦)을 거쳐 이통에게 전수되었으므로 양시·나종언과 함께 '검남 삼선생(劍南三先生)'으로 불렸으며, 정호·정이의 학문이 주희에게 이어지는 교량적 역할을 하였다.

않았다. 만년에 이르러서는 견해가 더욱 밝아져서 고명한 것에 전심하고 말의 껍데기에 빠지지 않았다. 깊이 사색하여 도달한 바가 고매하고 심오하며 은미하고 드러나는 것을 넘나들며 두루 막힘이 없어서 환하게 꿰뚫어 접하는 것마다 분명하게 이해하였다. 의리를 정밀하게 연구하여 이러한 경지에 이른 것을 나는 실로 공에게서 처음으로 보았다.

공은 세유(世儒)들이 대본(大本)에 어두워서 갑론을박하는 데에까지 이르는 것을 안타까워하였다. 일찍이 말씀하기를,

"예부터 학문이 잘못되는 것은 모두 '성(性)' 자를 잘못 이해하는 데에서 비롯되었다. 지금 다 말할 필요는 없고, 우선 배우는 자들로 하여금 '성(性)' 자를 낮게 보지 말아서 항상 천명(天命)과 대본(大本)의 소재를 알게 하고 또한 '성(性)' 자를 높게 보지 말아서 이목구비(耳目口鼻)와 수족(手足)과 동정(動靜)의 이치가 인성(人性)에 부합하게 해야 하니, 이렇게 하면 체(體)와 용(用)이 근원이 하나인 오묘한 이치에 있어서 거의 어긋남이 없게 될 것이다."

라고 하였다. 또 말씀하기를,

"자사(子思)가 말씀한 '하늘이 명한 것을 성(性)이라고 이른다.〔天命之謂性〕'[60]라는 것은 《대역(大易 주역)》의 순곤(純坤)의 뜻이다. 맹자(孟子)가 성(性)을 논한 것은 복(復)을 통하여 천지의 마음을 볼 수 있는 것이니,[61] 지자(知者)는 묵묵히 알 수 있다."

60 하늘이……이른다 : 이는 《중용장구(中庸章句)》 제1장에 보이는 말로, "하늘이 명한 것을 성(性)이라고 이르고, 성(性)을 따르는 것을 도(道)라고 이르고, 도(道)를 품절(品節)한 것을 교(敎)라 이른다.〔天命之謂性, 率性之謂道, 修道之謂敎.〕"라고 하였다.

61 복(復)을……것이니 : '복(復)'은 복괘(復卦 ䷗)로, 양(陽)이 소멸하지 않고 밑에

라고 하였다. 또 일찍이 기(氣)의 일원(一原)을 논하여 말씀하기를,

"무릇 사람이 성선(性善)을 말하면서 기(氣)가 본래 선함을 알지 못하면, 장차 도(道)와 기(器)를 분리할 수 있는 것으로 여기게 될 것이니 그 귀결이 성악(性惡)과 같아질 것이다. 맹자가 말씀한 성선은 반드시 호연지기(浩然之氣)와 합하여 보아야 비로소 귀착하는 바가 있게 된다."

라고 하였다. 이는 모두 심오한 뜻을 드러내어 밝힌 것으로 주장한 바가 완전하고 순수하니 백세가 지난 뒤에도 의혹하지 않을 수 있다. 안타깝게도 하늘이 그 수명에 인색하여, 도(道)의 묘리(妙理)를 더욱 밝혀내고 여러 말들을 두루 연구하여 사문(斯文)이 그 도움을 받을 수 있게 하지 못하였으니 실로 천고에 지사(志士)들의 한이 된다. 아아, 슬프다.

공은 문장에 있어서 비록 그다지 힘을 쏟지 않았으나 고아하고 깨끗하며 넉넉하고 통창하여 이치가 풍부하였다. 시는 젊었을 적에 풍아(風雅)의 원류를 섭렵하여서 음영(吟詠)에 나타난 것이 옛날의 품격을 지녀 천박하고 속된 말이 없었다. 유고(遺稿) 총 약간 권이 집안에 보관되어 있다.

서부터 점차 자라나서 끊임없이 만물을 생성하는 것을 형상하였다. 《주역(周易)》〈복괘〉 괘사(卦辭)에 이르기를, "그 도(道)를 반복하여 7일 만에 와서 회복하니, 가는 바를 둠이 이롭다.〔反復其道, 七日來復, 利有攸往.〕"라고 하였는데, 그 단전(彖傳)에 이르기를, "'그 도(道)를 반복하여 7일 만에 와서 회복함'은 하늘의 운행이요, '가는 바를 둠이 이로움'은 양강(陽剛)이 자라나기 때문이니, 복(復)에서 천지의 마음을 볼 수 있다.〔反復其道七日來復, 天行也; 利有攸往, 剛長也. 復, 其見天地之心乎!〕"라고 하였다.

아, 내가 공을 종유한 것이 30년이 넘는다. 처음에는 벗으로 사귀었으나 뒤에 그 덕성과 깊은 학식이 참으로 한 시대의 거유가 됨을 알고는 또 공경의 예를 표하여 스승으로 삼고자 하는 마음이 들었다. 지금 공의 행적을 기술하여 천양(泉壤)에 글을 지어 올리니, 뒤에 죽는 서글픈 마음에 눈물이 흐르는 것을 가누지 못하겠다.

명(銘)은 다음과 같다.

혁혁한 민씨 집안이여 奕赫閔宗
명망과 덕행을 갖춘 이가 많았으니 振振名德
문정공(文貞公 민유중(閔維重))과 충문공(忠文公 민진후(閔鎭厚))은 文貞忠文
온 나라에 모범이 되었네 模楷一國
정암(貞菴 민우수)이 이어서 일어나 貞翁繼作
세상의 종사가 되니 爲世宗師
공이 오직 성실하고 정성스러워 公惟肫肫
능히 전대의 법도를 돈독히 하였네 克篤前規
행실은 가정에 충만하였고 行滿家庭
학문은 천인을 궁구하였네 學究天人
견식이 깊고 깨달음이 뛰어나 淵識神解
우뚝하여 보통사람보다 탁월하였네 卓爾邁倫
복잡한 이수 가운데 棼然理數
그 속에서 여유롭게 노닐었네 優游其中
거울처럼 맑고 물처럼 평온하니 鑑瑩水平
그 회통함을 보았네 觀厥會通

사문이 땅에 떨어짐에　斯文墜地
공이 석과[62]가 되었네　公是碩果
중년에 수명이 가로막히니　閼于中身
아아, 어떠한 명운이란 말인가　嗟命則那
전하지 아니하여　與其不傳
긴긴 밤으로 거두어 돌아가게 하는 것보다는　斂歸厚夜
내가 명(銘)을 지어 이를 밝혀서　我銘昭之
공경히 후인들에게 고하는 것이 나으리라　敬告來者

62 석과(碩果) : 어지러운 세상에서도 큰 덕을 지녀 소인들에게 해를 당하지 않고 있는 군자를 뜻한다. 《주역(周易)》 〈박괘(剝卦) 상구(上九)〉에 "큰 과일은 먹히지 않는다.〔碩果不食〕"라고 하였는데, 이는 다섯 개의 효(爻)가 모두 음(陰)인 상태에서 맨 위의 효 하나만 양(陽)인 것을 비유한 것으로, 하나 남은 양의 기운이 외로운 것처럼 보이지만 결코 끊어지지 않고 계속 이어진다는 뜻을 보인 것이다.

의금부 도사 박공 묘지명 병서

義禁府都事朴公墓誌銘 竝序

나는 박계립(朴季立) 명벽(命壁)과 뒤늦게 알았으나 매우 친해졌다. 내가 징악산(徵岳山)에서 남호(南湖)로 거처를 옮겼을 적에 계립이 막 거상(居喪)을 마치고 책상자를 짊어지고 찾아와 나를 종유하였다. 하루는 자신의 선고의 행장을 가지고 와서 나에게 묘지(墓誌)를 지어 줄 것을 부탁하면서 말하기를,

"선인께서 살아계셨을 적에는 세상에서 때를 만나지 못하셨고 돌아가신 뒤에는 또 후세에 전해짐이 없으니 제가 이를 매우 애통해합니다. 감히 한마디 말씀을 통해 불후할 수 있게 해주시기를 청합니다."

라고 하였다. 내가 이를 감당할 수 없다고 하여 사양하였으나 더욱 간곡하게 청하므로 마침내 행장을 살펴 다음과 같이 서술한다.

공은 휘가 사섭(師燮), 자가 자화(子和)이다. 영해(寧海)에 관적을 둔 박씨(朴氏)들은 모두 신라(新羅) 영해백(寧海伯) 휘 제상(堤上)을 시조로 삼는다. 그 후손 휘 선(宣)은 고려 개국공신 단양부원군(丹陽府院君) 문양공(文陽公)이다. 대대로 벼슬을 이어오다가 본조에 들어와 병조 판서 휘 계손(季孫)이 단묘(端廟 단종)가 왕위를 선양할 적에 부자(父子)와 형제가 서로 이끌어 김화(金化)에 은둔하여 김동봉(金東峰) 시습(時習), 조정재(曹靜齋) 상치(尙治)와 함께 〈자규사(子規詞)〉[63]

63 자규사(子規詞) : 단종이 노산군(魯山君)으로 강봉되어 영월(寧越)로 유배될 때에 자신의 신세를 두견새에 비유하여 읊은 칠언율시(七言律詩)이다.

에 화답하여 뜻을 나타내었다. 이윽고 거주하는 지역이 궁벽하지 못함을 꺼려서 거처를 옮겨 문천(文川) 운림산(雲林山)으로 들어가 자호(自號)를 포신(逋臣)으로 짓고 이곳에서 생을 마쳤다. 그 사적이《장릉지(莊陵誌)》에 실려 있으니 공에게 8대조가 된다. 고조 휘 유경(有慶)은 정릉 참봉(定陵參奉)으로 장악원 정에 추증되었고, 증조 휘 영달(永達)은 숙릉 참봉(淑陵參奉)으로 공조 참의에 추증되었다. 두 선대가 우암(尤菴 송시열(宋時烈)) 선생을 스승으로 섬겼는데, 윤증(尹拯)이 배사(背師)함에 이르러 소(疏)를 올려 윤증을 토죄하였고, 갑술경화(甲戌更化)[64]에 문포(汶浦)에 사당을 세워 우암을 향사하니 사론(士論)이 이를 훌륭하게 여겼다. 조고 휘 태장(泰漳)은 숙릉 참봉(淑陵參奉)이다. 선고 휘 만주(萬株)는 동지중추부사이다. 선비(先妣) 정부인(貞夫人) 진주 강씨(晉州姜氏)는 참봉 석달(碩達)의 딸이다.

공은 어려서부터 영특하고 총명하여 처음으로 취학(就學)하였을 적에 책 한 권을 끝마치지 않고도 문리가 빠르게 통달하여 다른 사람이 입으로 가르칠 필요가 없었다. 성동(成童 15세)의 나이가 되자마자《대학(大學)》을 읽었는데, 이미 깊이 궁구하고 힘써 탐색할 줄을 알아서

64 갑술경화(甲戌更化) : 1694년(숙종20)에 남인(南人)이 물러나고 서인(西人)이 다시 정권을 잡게 된 사건으로, 갑술환국(甲戌換局)이라고도 한다. 1694년에 김춘택(金春澤)·한중혁(韓重爀) 등 서인들이 폐위되었던 인현왕후(仁顯王后)의 복위 운동을 일으키자, 당시 집권세력이었던 민암(閔黯)·이의징(李義徵) 등 남인들이 이를 빌미로 서인들을 완전히 제거하려다가 오히려 자신들이 화를 당한 사건이다. 이 당시 숙종은 희빈(禧嬪) 장씨(張氏)에 대한 감정이 점차 악화되어 폐비 사건을 후회하고 있었는데, 남인들이 무모한 옥사를 벌이려 하자 분노하여 민암과 이의징 등을 유배보내고, 송시열(宋時烈)·민정중(閔鼎重)·김익훈(金益勳) 등 기사환국(己巳換局) 때 축출된 서인들의 관작을 복구시키고, 서인을 등용하여 정국 전환을 꾀하였다.

제대로 알지 못하면 손에서 놓지 않았다. 이에 개연(慨然)하게 도(道)를 구할 뜻이 있어서 승사(僧舍)에서 독서하여 경전과 자사(子史)를 두루 읽었는데, 밤부터 아침까지 지새워서 일찍이 옷을 벗고 잠이 든 적이 없었다.

이를 발현하여 문장을 지은 것은 몹시 웅장하고 호방하였다. 어버이의 명으로 뜻을 굽혀 공거(公車 과거)의 학문을 하여 과장(科場)에 출입하였는데, 매번 동배(同輩)를 압도하여 예원(藝苑 문원(文苑))의 여러 공들에게 인정과 칭찬을 받았으나, 이를 달가워하지 않았다. 갑오년(1774, 영조50)에 사마양시(司馬兩試 생원시와 진사시)에 합격하였다. 병신년(1776)에 숙릉 참봉(淑陵參奉)에 제수되었는데, 사소한 일로 인하여 체직되었다. 이듬해에 다시 정릉(定陵)의 침랑에 제수되었다. 이때 송덕상(宋德相)이 죄를 지어 북도(北道)에 찬배되었는데, 공이 말하기를,

> "저 사람이 비록 죄가 있으나 우옹(尤翁 송시열)의 후손이다. 우리 집안과 누대에 걸친 우호가 있으니, 내가 사는 지역을 지나갈 적에 한번 만나보지 않아서야 되겠는가."

라고 하고는 마침내 지나는 길로 나가 그를 만나보았다. 감사가 평소에 공을 좋아하지 않았는데, 이 일로 인하여 죄를 받게 하니 화(禍)를 거의 예측할 수 없었다. 결국에는 순천(順天)에 유배되었다. 이듬해에 성상이 경사를 만나 사면령을 시행하면서 특별히 명하여 공을 사면하였다.

공은 고향으로 돌아온 뒤로 세상일에 뜻이 없어졌다. 집안이 더욱 가난해진 것을 살피고는 힘써 농사 지어 봉양하였으며, 흉년을 만나서는 몸소 노립(蘆笠 갈삿갓)을 짜서 맛있는 음식을 미련하여 공양하였다.

여가에는 후생을 가르치며 이를 낙으로 삼았으며, 오랜 뒤에 태학(太學)에서 수학하였다. 이때 정묘(正廟 정조)가 달마다 선비들에게 시험을 치렀는데 공이 매번 선발에 뽑히니, 불러서 만나보고 장려하였으며 침체한 것을 안타까워하였다. 이윽고 순릉 참봉(純陵參奉)에 제수되었고, 임기를 마친 뒤에 순릉 봉사로 승진하였으며, 지릉 직장(智陵直長)으로 옮겼다. 준원전 영(濬源殿令)으로 있다가 의금부 도사가 되니 사은(謝恩)하고 돌아왔다. 얼마 뒤에 병에 걸려 집에서 졸하니 바로 정묘년(1807, 순조7) 3월 7일로, 향년이 72세였다. 처음에 문천군(文川郡) 동쪽 구산사(龜山社)에 장례하였다가 6년 뒤 계유년(1813)에 같은 군(郡) 석현촌(石峴村)의 계좌(癸坐)의 언덕으로 이장하였다.

배위 전주 주씨(全州朱氏)는 부친이 처사(處士) 이극(离極)이니, 정숙하고 겸손하여 규문의 법도를 잘 갖추었다. 공보다 1년 먼저 태어나고 공보다 13년 늦게 졸하여 같은 군(郡)의 다른 언덕에 장례하였다. 4남1녀를 낳았는데, 장남은 명숙(命塾)으로, 통덕랑이고, 그 아래는 명기(命基)로, 일찍 죽었으며, 그 아래는 명학(命壆)으로, 생원이고, 그 아래는 바로 명벽으로, 진사·전(前) 감찰이다. 딸은 황격조(黃格祖)에게 출가하였다. 명숙의 아들은 문용(文鏞)이다. 명학의 아들은 문흠(文欽)이다. 명벽의 아들은 문홍(文鉷), 문감(文鑑)이다. 황격조의 아들은 종협(鍾協), 종흡(鍾恰), 종열(鍾悅)이다. 문용의 아들은 응록(膺祿)이다. 나머지는 모두 기록하지 않는다.

공은 사람됨이 강직하고 과단성 있었으며, 신장은 보통에 못 미쳤으나 기우(氣宇)가 고상하였다. 어버이를 섬김에는 지극한 효성이 있어서 살아계실 적에는 봉양을 극진히 하고 상(喪)을 당하여서는 슬퍼하기를 극진히 하여 모두 남보다 뛰어난 행실이 있었다. 선고 동지중추부사 공의 상(喪)을 만나서는 손가락을 찔러 피를 내어 올렸으며 공의 나이가 이미 50세가 넘었으나 오히려 여묘(廬墓)하며 죽을 먹으면서 삼년상을 마쳤다. 묘가 깊은 산중에 있어서 호랑이와 표범이 날뛰었으나 개의치 않았다.

다른 사람을 대할 적에는 한결같이 성심에 내맡겨서 남과 나를 구분 짓지 않았다. 또 시를 잘 짓고 술 마시는 것을 좋아하여 봄가을의 좋은 때마다 마을의 동지들과 약조하여 시를 읊으며 어울렸는데 백 잔의 술을 마셔도 흐트러지지 않았다. 풍류가 넘쳐흘러서 사람들 중에 공과 함께 노니는 것을 즐거워하지 않는 이가 없었다. 그러나 시비를 가려야 하는 일을 만나서는 한결같이 의(義)로써 재단하여 마치 못을 자르고 쇠를 끊는 것처럼 단호해서 추호도 남에게 영합하지 않았다.

나라에 충성하고 군주를 사랑함은 또한 타고난 것이어서, 영묘(英廟 영조)와 정고(正考 정조)의 상(喪)에 인산(因山)하는 날까지 소식(蔬食)하였다. 일찍이 성상이 재난을 만나 구언(求言)한 일을 계기로 만여 자의 상소문을 초(草)하였는데, 모두 12개의 조목으로, 토공(土功)을 그만두는 것이 첫 번째 조목에 해당하였으니, 이는 화성(華城)의 부역을 가리킨 것으로 말과 이치가 온당하였다. 그러나 끝내 지위에 벗어난 행동임을 꺼려하여 결국 올리지는 않았다. 매번 자식들에게 이르기를,

> "나는 비록 먼 변방의 소루하고 비천한 사람이나 대대로 국록(國祿)을 받은 집안의 후손이다. 더구나 이 몸은 두 왕조의 교화의 은혜를 입었으니 만약 국가에 변고가 생기면 마땅히 창을 메고 앞장서서 나라를 위하여 한번 죽어야 할 것이다."

라고 하였다. 아아, 세상이 쇠퇴하여 민이(民彝)가 실추되었으니 공과 같은 행위를 어찌 쉽게 찾을 수 있겠는가.

기억건대, 나는 일찍이 조국진(趙國珍)으로부터 공의 명성을 익숙히 들었던 터라 내가 북쪽으로 함산(咸山)을 유람할 적에 길이 공의 집을 지나게 되므로 함께 일산을 기울이려고 하였는데[65] 공이 이해에 죽고 마니, 같은 시대를 살면서 서로 면식이 없었던 것을 탄식하였다. 그러다가 계립과 종유하게 되면서 그가 고상하고 깨끗하며 학문을 좋아하여 사우(士友)의 명망이 있는 것을 보고는 더욱 그 유래한 바가 있음을 확인할 수 있었다.

명(銘)은 다음과 같다.

훌륭하다 포신이여	猗歟逋臣
곧은 절개가 무리 중에 빼어났네	苦節邁倫
또한 침랑 공은	亦粤寢郎
철인을 스승으로 삼고 따랐네	從師哲人
공이 그 유업을 계승하니	公繩厥緒
진정한 유현이네	展也儒珍
오직 충(忠)과 효(孝)가	惟忠惟孝
바로 민이이니	是曰民彝
밤낮으로 이를 실천하여	蚤夜率履

65 일산을 기울이려고 하였는데 : '일산을 기울인다〔傾蓋〕'는 것은 처음 만나보자마자 서로 뜻이 부합하여 지기(知己)로 받아들임을 뜻한다. 《사기(史記)》 권83 〈추양열전(鄒陽列傳)〉에 "속담에 '백발이 되도록 오래 사귀어도 처음 사귄 듯이 생소하고, 일산을 기울여 잠깐 이야기를 나누어도 오래 사귄 듯이 친숙하다.'라고 하였으니 그 까닭은 무엇인가. 서로를 잘 아느냐, 모르냐에 달려있다.〔諺曰: 有白頭如新, 傾蓋如故. 何則? 知與不知也.〕"라는 말이 보인다.

자손에게 남겨주었네	子孫以貽
아, 공의 훌륭함을	嗟公之賢
누가 짝할 수 있으랴	誰與爲儔
내가 그 무덤에 명(銘)을 새겨	我銘其幽
천추에 밝게 드러내노라	遹昭千秋

증 영의정 추담 오 충렬공의 의복을 묻은 곳의 지명 병서
贈領議政秋潭吳忠烈公衣履葬誌銘 竝序

용인현(龍仁縣) 동쪽 모현촌(慕賢村)의 넓은 들판에 자리한 언덕에 자좌오향(子坐午向)의 봉분이 있으니 바로 충렬공(忠烈公) 추담(秋潭) 오 선생(吳先生)의 두 배위(配位) 증 정경부인(貞敬夫人) 신씨(申氏)와 남씨(南氏)의 묘이다. 그리고 두 분의 묘 사이에 봉분을 만들지 않고 띠를 묶어 자리를 표시한 곳이 있으니 이는 바로 공의 유의(遺衣)를 묻은 곳이다.

공의 대절(大節)이 천지에 우뚝하니 후세에 공을 사모하는 자들은 진실로 묘소가 있지 않아도 공경하는 마음을 일으킨다. 또 공은 이역(異域)에서 절개를 세우다가 죽어서 그 체백(體魄)이 마침내 고국으로 돌아오지 못하였으니 이 땅에 이를 묻어 장례하는 것은 바른 예(禮)가 아닐 것이다. 그러나 장홍(萇弘)의 피를 주(周)나라 사람이 보관한 일이 있었고[66] 상산(常山)의 머리털을 당시의 군주가 제사 지내준 일이 있었다.[67] 하물며 살아있을 적에는 몸을 감싸고 죽어서는 혼백을 부르

66 장홍(萇弘)의……있었고 : 장홍은 주(周)나라 경왕(敬王)의 대부로, 참소를 당하여 촉(蜀)에서 죽었는데, 이에 감동한 사람들이 그의 피를 궤(匱)에 보관하니 3년 만에 벽옥(碧玉)으로 변했다고 한다. 《莊子 外物》

67 상산(常山)의……있었다 : 상산은 당(唐)나라 때 사람으로, 안녹산(安祿山)의 난리에 상산군(常山郡)을 지키다가 순절한 안고경(顔杲卿)을 가리킨다. 안녹산이 사사명(史思明)에게 상산군을 공격하게 하였는데, 이때 성을 지키고 있던 위위경(衛尉卿) 안고경이 사사명에게 포로로 잡혀 낙양(洛陽)으로 끌려갔다. 안고경은 항복하면 살려

는 의복이 어찌 피나 머리털만 못하겠는가. 이는 효자자손(孝子慈孫)이 공의 묘가 없는 것을 그대로 두고 볼 수가 없었던 것이고 지사(志士)와 인인(仁人)들 또한 그 정리(情理)를 살펴서 잘못된 예(禮)라고 여기지 않는 것이다. 아아, 슬프다.

공은 휘가 달제(達濟), 자가 계휘(季輝)로, 만력(萬曆) 기유년(1609, 광해군1) 6월 8일에 태어났다. 어려서부터 지기(志氣)가 범상치 않았는데, 건로(建虜 후금(後金))가 요심(遼瀋) 지역을 탄병하여 천조(天朝 명나라)에서 병력을 요청했다는 소식을 듣고는 붓을 휘둘러 토벌할 것을 청하는 상소문을 지었다. 비록 상소문이 올려지지는 못하였으나 말의 뜻이 격렬하였으니, 이때 나이가 겨우 14세였다. 19세에 진사시에 합격하였고, 26세에 대책(對策)으로 별시문과에 장원급제하여 규례대로 성균관 전적에 제수되고 예조·병조 좌랑, 시강원 사서, 사간원 정언, 사헌부 지평을 역임하였다. 이윽고 홍문록(弘文錄)에 올라 홍문관 부수찬이 되었는데, 구언(求言)하는 성지(聖旨)에 응하여 시폐(時弊) 8조목을 올려서 군덕(君德)의 궐실(闕失)을 통렬하게 아뢰니, 이후로 강직하다는 명성이 한 시대에 떨쳐졌다.

병자년(1636, 인조14)에 부교리에 제수되었다. 처음에 오랑캐의 우두머리가 황제라고 칭하며 사신을 보내어 고해서 우리에게 몽고(蒙古)와 함께 자신들을 높일 것을 요구해왔다. 조정에서는 그 사신을 이미 물리쳤는데, 최명길(崔鳴吉)이 갑자기 신사(信使)를 보내어 다시 우호

주겠다는 안녹산의 말을 듣지 않고 신랄하게 꾸짖다가 사지가 찢겨 죽어서 머리가 저자에 효수되었는데, 아무도 수습하지 못하다가 어떤 이가 간신히 머리털만 수습해서 후에 황제에게 올려 제사지내게 되었다. 《舊唐書 卷187 忠義列傳 顔杲卿》

를 체결할 것을 건의하였다. 이에 대각(臺閣)에서 쟁집하여 사신을 보내지 않게 되었는데, 최명길이 등대하여 여전히 강력히 청하였다. 공은 면전에서 이를 배척하고 물러나와 상소하여 아뢰기를,

"대각은 공론이 있는 곳이니 비록 존귀한 인주(人主)라고 하더라도 묵살할 수 없고 막중한 대신이라고 하더라도 저지할 수 없습니다. 저 최명길은 집요하게 군주의 뜻에 영합하는 일개 간신으로서 마침내 대각과 맞서서 감히 속이고 위협하는 말을 제창하여 성상의 귀를 의혹하고 혼란스럽게 해서 '논란하는 자가 비록 그치지 않더라도 사신은 마땅히 보내야한다'고 말하기까지 하였습니다. 어찌 신하가 그 군주를 인도하여 공론은 돌아보지 않고 독단적으로 곧장 행하게 한단 말입니까. 원컨대 전하께서는 속히 그 죄를 바로잡아서 대의(大義)를 밝히십시오."

라고 하였다. 상소를 올렸으나 봉납되지 못하였다.

12월에 오랑캐가 대거 우리나라를 침략해 와서 그 선봉이 갑작스레 경성(京城)으로 밀어닥치니 성상이 남한산성(南漢山城)으로 들어가 몸을 보전하였는데, 오랑캐가 포위를 길게 구축해 에워싸서 압박하였다. 이때 공은 파직되어 집에서 지내고 있다가 도보로 호종(扈從)하여 윤 충정공(尹忠貞公) 집(集)과 함께 차자를 올려 전수(戰守)하는 사무를 아뢰고 이어서 다시 화의(和議)를 주장하는 자가 있으면 군중(軍中)에 효수(梟首)하여 사기를 진작시킬 것을 청하였다. 이윽고 독전어사(督戰御史)에 제수되었다. 장차 맹약을 맺는 문서를 보내게 될 것임을 듣고는 윤공이 떨쳐 일어나 죽음으로 간쟁하고자 하였는데, 공이 말하기를,

"우리들은 지금 환난을 막을 수 없으니, 오직 자정(自靖)하여 마음에

부끄러움이 없게 해야 할 뿐입니다."

라고 하였다.

최명길이 오랑캐에게 항복하는 맹약을 맺은 뒤에, 오랑캐가 맹약을 끊을 것을 처음으로 모의한 사람을 찾아서 군중(軍衆)의 앞에 먼저 데려오게 하였는데, 성상이 이를 차마 윤허하지 않았으나 체부(體府)에서 성상의 뜻을 여쭙지 않고 여러 종관(從官)들에게 모두 자수하게 하였다. 이에 청음(淸陰) 김공 상헌(金公尙憲)과 동계(桐溪) 정공 온(鄭公蘊) 이하의 명류(名流)가 모두 묘당에서 자수하였다. 공은 또 윤공과 함께 연명으로 상소하여 아뢰기를,

"만약 군부(君父)의 위급한 상황을 구제할 수 있다면, 몸소 오랑캐의 진영에 나아가 칼날에 엎드려 한번 죽어서 교활한 오랑캐의 요구에 응하겠습니다."

라고 하였다. 백씨(伯氏) 승지 공 달승(達升)이 공의 손을 잡고 울면서 만류하며 말하기를,

"너는 처음으로 모의한 자가 아닌데 어찌하여 이와 같이 하느냐."

라고 하였다. 공이 말하기를,

"비록 처음으로 모의한 자는 아니지만 처음으로 화의(和議)를 배척하였습니다. 진실로 오늘이 있을 줄 알았으니 어찌 구차히 면할 수 있겠습니까."

라고 하였다.

이때에 최명길의 무리가 성상이 차마 하지 못하는 것을 알고는 군심(軍心)을 선동하여 행전(行殿)의 문밖에서 떠들어대며 열한 사람으로 오랑캐의 요구에 응하려고 하였다. 그러자 성상이 깜짝 놀라 말씀하기를,

"한 사람이라도 무고한 이를 죽여서 천하를 얻는 것은 인자(仁者)가 하지 않는 바이니,[68] 어찌 차마 죄가 없는 이들을 몰아서 사지로 나아가게 할 수 있겠는가."

라고 하였다. 이때 마침 종용하는 자가 있어서 공과 윤공, 홍 충정공(洪忠正公) 익한(翼漢)으로 응하는 데에 그치게 되었으니 홍공은 시임(時任) 기성 소윤(箕城少尹 평양 서윤)이었다.

정월 무진일에 공이 윤공과 함께 들어가 하직하니 성상이 인견하고서 오열하며 말씀하기를,

"그대들은 나로 하여금 정도(正道)를 지키게 하려던 것인데 지금 호랑이의 입속으로 들어가게 되었으니 천하에 어찌 이런 일이 있단 말인가."

라고 하였다. 공이 대답하여 아뢰기를,

"주상의 치욕이 이 지경에 이르렀으니 신은 즉시 죽지 못한 것이 한스러웠습니다. 지금 죽을 곳을 찾았으니 또 어찌 슬퍼하겠습니까."

라고 하였다. 성상이 하문하기를,

"그대들은 모두 어버이가 살아계시는가? 자식은 몇이나 되는가?"

라고 하니 대답하여 아뢰기를,

68 한 사람이라도……바이니 : 이는 《맹자(孟子)》〈공손추 상(公孫丑上)〉에 보이는 내용으로, 백이(伯夷)·이윤(伊尹)·공자(孔子)는 어떤 점이 같으냐는 공손추의 물음에 대해, 맹자가 "백리 되는 땅을 얻어서 임금 노릇을 하면 모두 제후들에게 조회받고 천하를 소유할 수 있거니와 한 가지라도 불의를 행하거나 한 사람이라도 무고한 이를 죽여서 천하를 얻는 짓은 모두 하지 않을 것이니, 이것이 같은 점이다.〔得百里之地而君之, 皆能以朝諸侯有天下, 行一不義殺一不辜而得天下, 皆不爲也. 是則同.〕"라고 하였다.

"신은 칠십 세의 노모가 있고 자식은 없습니다. 신의 처가 지금 잉태 중입니다."

라고 하였다. 성상이 말씀하기를,

"국가의 존망을 지금은 알 수 없으나 혹시라도 다시 국운이 이어진다면 응당 그대들의 집을 돌봐줄 것이니 염려하지 말라."

라고 하였다. 체찰사 김류(金瑬)가 사람을 시켜 나올 것을 재촉하였는데, 성상이 말씀하기를,

"어찌 이리 재촉하는가."

라고 하고는 술을 하사하도록 명하여 위로하였다. 두 공이 일어나 술을 마시고 절을 올려 하직한 뒤에 나왔다. 이에 성상이 문을 닫고 통곡하니 그 소리가 바깥까지 들렸다. 이때 날이 저물었는데, 공이 밤에 관사로 가서 목욕하고 나무를 깎아 작은 패(牌)를 만들어서 몸에 차고 말하기를,

"내가 오랑캐의 진영에 이르면 반드시 죽임을 당할 것이니 이것을 보고 나를 확인하면 된다."

라고 하였다.

최명길이 두 공을 압송하여 오랑캐의 진영으로 가니 친우(親友)들이 모두 성(城)의 서문(西門)에서 전송하며 통곡하면서 이별하였다. 이를 보는 온 성(城)의 사람들이 모두 눈물을 뿌렸는데 공은 안색이 태연자약하였다. 도착한 뒤에 최명길이 두 공의 두건과 띠를 벗기고 두 손을 뒤로 결박하여 들어갔다. 오랑캐 장수 영아이대(英俄爾岱)[69]가 자신의

69 영아이대(英俄爾岱) : 1596~1648. 청(淸)나라 장수로, '용골대(龍骨大)'라고도 칭한다. 1636년(인조14) 2월에 사신으로 우리나라에 들어와서 청(淸)나라 황제의 존호

우두머리의 말로 물어보기를,

"너희들은 우리를 두고 두려워할 것이 없다고 하더니 지금 우리들이 정벌하러 옴에 어찌하여 나와서 싸우지도 않고 도리어 이처럼 군박하게 되었는가?"

라고 하였다. 두 공이 말하기를,

"우리나라가 명(明)나라에 복종하여 섬긴 지가 장차 삼백 년이 되어 가니 온 나라의 신하와 백성들이 오직 명(明)나라의 천자가 있는 것만 안다. 너희가 처음에 황제의 칭호를 참람되게 훔쳤으므로 우리나라가 너희와 관계를 끊은 것인데, 얼마 지나지 않아 다시 사신을 보내왔기에 우리가 끝내 의리를 들어 쟁론한 것이니 성패와 존망은 따질 겨를이 없는 것이다."

라고 하였다. 오랑캐가 대답하지 못하더니 그 결박을 풀게 하고 진영에 가두고 다시 힐문하기를,

"너희들은 내가 전일에 들었던 이름이 아니다. 또 먼저 제창한 자는 틀림없이 홍익한 한 사람이 아닐 것이니 사실대로 모두 고하면 살 수 있을 것이다."

라고 하였다. 두 공이 말하기를,

"우리나라에서 이미 나를 보내었으니, 내가 어찌 죽음이 두려워서 다른 사람을 끌어다 대겠는가."

라고 하였다. 오랑캐가 말하기를,

"지금 제대로 헤아리지 못하면 뒤에 비록 후회하고자 한들 할 수

를 쓰고 군사의 의(義)를 맺을 것을 요구하였으나, 거절당하고 도망하여 돌아갔으며, 그해 12월에 마부대(馬夫大)와 함께 10만의 대군을 거느리고 쳐들어 왔다.

있겠느냐."

라고 하였다. 두 공이 말하기를,

"죽음은 내가 두려워하는 바가 아니다. 나는 내 머리를 이고 왔으니 그저 속히 이를 베고 더 이상 말하지 말라."

라고 하였다.

이틀 뒤에 오랑캐가 포위를 풀고 돌아가면서 두 공을 진영의 뒤에 두고 지키게 하였다. 윤공이 공에게 이르기를,

"이번 걸음에는 살아서 돌아올 이치가 없으니 오랑캐에게 곤욕을 당하는 것보다는 우리 땅에서 죽는 것이 낫지 않겠습니까?"

라고 하니 공이 말하기를,

"죽음은 한 번뿐이니, 북쪽의 오랑캐의 조정에서 죽는 것이 바로 우리의 의리를 밝히는 길입니다. 지금 하루아침의 모욕을 참지 못하여 필부(匹夫)의 하찮은 신의[70]를 본받으려고 하십니까."

라고 하였다. 이에 윤공이 말하기를,

"좋습니다."

라고 하였다. 마침내 평양(平壤)에 당도하여 시(詩)로 쓴 서찰을 집으로 부쳐 결별하니, 그 말이 몹시 비통하여 읽는 사람의 코끝을 시큰하

70 필부(匹夫)의 하찮은 신의 : 《논어(論語)》 〈헌문(憲問)〉에 "관중이 환공을 도와 제후의 패자가 되게 하여 한번 천하를 바로잡아 백성들이 지금까지 그 혜택을 받고 있으니, 관중이 없었다면 우리는 머리를 풀고 옷깃을 왼쪽으로 여미는 오랑캐가 되었을 것이다. 어찌 필부와 필부들이 하찮은 신의를 위하여 스스로 목매 죽어서 시신이 도랑에 뒹굴어도 사람들이 알아주는 이가 없는 것과 같이 하겠는가.〔管仲相桓公, 霸諸侯, 一匡天下, 民到于今, 受其賜. 微管仲, 吾其被髮左衽矣. 豈若匹夫匹婦之爲諒也, 自經於溝瀆而莫之知也?〕"라고 한 것을 원용하여 말한 것이다.

게 하였다.

4월 15일 갑신일에 심양(瀋陽)에 이르러 별관(別館)에 갇혀 있었는데 감금하는 것이 매우 삼엄하였다. 닷새째인 무자일에 오랑캐의 우두머리가 영아이대를 시켜 두 공을 불러오게 하고 말하기를,

"너희들이 비록 화의(和議)를 배척하기는 했으나 처음으로 모의한 자는 아니니 반드시 죽일 필요는 없다. 처자를 데리고 온다면 장차 벼슬을 내리겠다."

라고 하니 공이 말하기를,

"아, 내가 지금까지 순순히 참아온 것은 행여나 돌아가 군친(君親)을 뵐 수 있을까 해서였다. 이와 같이 하려거든 속히 나를 죽여라."

라고 하였다. 오랑캐가 반복하여 회유하였으나 굴복시키지 못하였다.

두 공이 나와서 길을 따라온 노복에게 말하기를,

"오늘 나는 죽게 될 것이다."

라고 하니 노복이 놀라 울면서 말하기를,

"어찌하여 저들의 말을 우선 따르지 않으십니까."

라고 하였다. 두 공이 웃으며 말하기를,

"싫어하는 바가 죽음보다 심한 것이 있는 것이니, 이는 네가 알 바가 아니다."

라고 하였다. 잠시 후에 오랑캐가 다시 나와서 따라온 노복들을 가두어 접근하지 못하게 하고 우리 질관(質館)[71]의 신하들을 불러서 참석하여 앉게 하고는 두 공을 끌고 들어와서 큰 소리로 협박하였다. 그러

71 질관(質館) : 인질이 거처하는 관사란 뜻으로, 병자호란 후 청(淸)나라에 인질로 잡혀 간 소현세자(昭顯世子) 등이 거처하던 관사인 심양관(瀋陽館)을 이른다.

나 두 공은 항언하고 쟁변하기를 오랫동안 하였다. 오랑캐가 끝내 굴복시킬 수 없는 것을 알고는 마침내 오랑캐 하인을 시켜 몹시 단단하게 결박하였는데, 두 공은 오히려 머리를 돌려 돌아보면서 호통을 치며 꾸짖었다. 마침내 서문(西門) 밖의 형살하는 곳으로 끌고 가니, 공은 이때 나이가 29세였다. 홍공은 임소에서 붙잡혀 북쪽으로 가서 이보다 한 달 먼저 죽었다.

두 공이 해를 당한 뒤에 질관의 재신(宰臣)이 공이 순절할 때의 일을 장계(狀啓)로 올려 아뢰니 성상이 이를 보고는 참담해하며 말씀하기를,

"그 죽음이 참으로 훌륭하다. 나라에 광영이 되었다."

라고 하고 명하여 공의 집에 월름(月廩)을 내리게 하였다. 효종 때에 연신(筵臣)의 말을 계기로 처음에는 부제학을 추증하였다가 뒤에 추증을 더하여 상상(上相 영의정)에 이르게 하고 정문(旌門)을 세웠으며 남한산성에 사당을 세워 '현절(顯節)'이라는 사액을 내렸다. 영종(英宗 영조)은 또 특별히 명하여 사판(祠版 신주)을 체천하지 않도록 하였다. 열성조에서 융숭하게 보답한 은전이 이에 이르러 유감이 없게 되었다.

처음에 공이 화를 당하였을 때에 우리나라 사람 중에 목격한 이가 없었으므로 혹 두 공이 사실은 죽지 않고 유배되었다고 전하기도 하였다. 뒤에 윤공의 집에서는 의복을 가지고 장례하였는데, 남 부인은 고례(古禮)가 아니라고 하여 이를 행하지 않고 종신토록 의복을 끌어안고 지키면서 피눈물을 흘리며 하늘에 기도하여 북해(北海)의 서신[72]

72 북해(北海)의 서신 : 북해는 한(漢)나라 무제(武帝) 때에 소무(蘇武)가 흉노에 사신 갔다가 억류되어 19년 동안 있었던 곳이다. 한(漢)나라는 뒤에 흉노와 화친을

을 기다렸다. 부인이 졸한 뒤에 공의 손자인 수일(遂一)이 비로소 공의 의복을 가져다가 장례를 받들었다.

공은 사람됨이 관후하고 방정하였다. 집안에 거할 적에는 효우(孝友)가 돈독하여 온순하고 공손하여 마치 말을 잘하지 못하는 것 같았으나 내면은 실로 강직하였다. 그러다가 국가의 일을 논함에 미쳐서는 강개하고 분발하여 회피하는 바가 없었다. 일찍이 말하기를,

"무릇 사람이 생사의 가운데에서 지키던 바를 잃는 것은 이해(利害)가 겁박하기 때문이다. 그러나 고금을 살펴보건대, 이(利)를 택한 자가 반드시 사는 것은 아니고 해(害)에 처한 자가 반드시 죽는 것은 아니다. 사람은 자신이 마땅히 해야 할 바를 해야 할 뿐이니, 또 어찌 이해를 따져보고 이에 따라 나아가거나 물러나겠는가."

라고 하였다. 아, 공의 이 말씀은 '의(義)를 바르게 하고 도(道)를 밝힌다.'[73]라는 가르침에 깊이 부합하니, 그 스스로 수립한 바가 진실로 하루아침에 갑자기 취한 것이 아니다. 공의 백부인 충정공(忠貞公)

하고 소무를 돌려보낼 것을 요구하였으나 흉노의 선우(單于)는 소무가 이미 죽었다고 거짓말을 하였다. 그러자 한(漢)나라에서는 소무가 북해 지역에 억류되어 있는 사실을 알고 흉노에게 "천자가 상림원(上林苑)에서 사냥을 하다가 기러기를 잡았는데, 기러기의 발목에 비단 조각에 쓴 서신이 매여 있었다. 거기에 '소무 등이 아무 늪 가운데 있다.'라는 내용이 쓰여 있었다."라고 말함으로써 마침내 소무가 고국으로 돌아올 수 있게 하였다.《漢書 卷54 蘇武傳》 여기에서는 이국으로 끌려간 오달제 등이 죽지 않고 살아서 고국으로 돌아오는 것을 비유하여 말한 것이다.

73 의(義)를……밝힌다 : 이는 본래 동중서(董仲舒)의 말로, "무릇 인한 사람은 의(義)를 바르게 하고 이익은 도모하지 않으며, 도(道)를 밝히고 공로는 계산하지 않는다.〔夫仁人者, 正其誼, 不謀其利; 明其道, 不計其功.〕"라고 하였다.《漢書 卷56 董仲舒傳》

윤겸(允謙)이 율곡(栗谷 이이(李珥))과 우계(牛溪 성혼(成渾)) 두 현인의 문하에서 수학하였는데, 공이 또 충정공에게 수학하였으니, 가정의 연원(淵源)에서 얻은 바가 본래 정해짐이 있음을 알 수 있다.

공은 해주(海州) 사람이니, 고려 군기감(軍器監) 휘 인유(仁裕)가 그 시조이다. 선고 휘 윤해(允諧)는 문과에 급제하여 돈녕부 도정이 되었으며, 감역 증 영의정 휘 희문(希文)의 아들로서 출계(出系)하여 중부(仲父) 휘 희인(希仁)의 후사가 되었다. 선비(先妣) 수원 최씨(水原崔氏)는 부친이 세마 형록(亨祿)이다.

신 부인(申夫人)은 승지 득연(得淵)의 딸로, 자식을 낳지 못하였다. 남 부인(南夫人)은 현감 식(烒)의 딸로, 시집온 지 2년이 안 되어 호란이 일어났다. 잉태하고 있던 아이는 딸이었는데, 젖먹이 무렵에 일찍 죽었다. 남 부인은 공의 종부형(從父兄 종형)의 아들 도현(道玄)을 아들로 삼았는데, 남겨진 아들을 녹용(錄用)하는 은전을 입어 참봉의 관직에 제수되었다. 후사가 없이 일찍 죽어서 또 공의 종부형의 손자 수일(遂一)을 데려와 후사로 삼으니, 관직이 군수이다. 3남을 낳으니, 관찰사 명서(命瑞), 현감 명흠(命欽), 생원 명적(命迪)인데, 둘째와 셋째는 모두 출계하였다. 명서의 2남은 판서 언유(彦儒), 부사 언부(彦傅)이다. 명흠의 2남은 현감 언익(彦翼), 언국(彦國)인데, 언국은 출계하여 명적의 후사가 되었다. 언유의 아들은 목사 재문(在文)이다. 재문의 아들은 전(前) 군수 경원(慶元)이다. 나머지는 모두 기록하지 않는다.

지난번에 경원이 나에게 부탁하여 말하기를,

"선조의 유의를 묻은 곳에 오래도록 지문(誌文)을 두지 못하였으니 세월이 오래 지나면 민멸될까 염려됩니다. 그대가 도모해주십시오."

라고 하였다. 이에 내가 일어나 다음과 같이 말하는 바이다. 선생은 인(仁)을 구하여 인(仁)을 얻었으니, 또 어찌 글이 필요하겠는가. 그러나 배신(陪臣)이 천자를 위하여 죽는 것은 대의(大義)인데, 이를 능히 실천한 이가 드물었다. 그러다가 선생이 명(明)나라 황실을 위하여 목숨을 버려 충성을 다함에 이르러 이 의리가 비로소 밝게 드러났으니, 그렇다면 선생의 죽음이 어찌 그저 자신의 몸을 깨끗이 하여 자정(自靖)한 것일 뿐이겠는가. 이는 실로 이륜(彝倫)의 중대함을 증익하고 백대에 풍성(風聲)을 세운 것으로, 또한 우리의 의관과 문물이 땅에 떨어지지 않게 한 것이다. 만약 당시에 세 공이 없어서 최명길이 나라를 팔아 흉적에게 아부하도록 내버려 두었더라면, 승국(勝國 고려)이 호원(胡元)에게 당했던 일이 되풀이되지 않으리라고 장담할 수가 없으니 어찌 두렵고 한심하지 않겠는가. 그런데 지금 세상이 쇠퇴하고 도(道)가 미약하여 대의가 어두워져서 세상에 혹 공을 두고 명예를 좋아하는 선비라고 비판하고 도리어 최명길을 두고 사직에 공을 세웠다고 추켜세우는 이가 있다. 어쩌면 그리도 전도되었단 말인가. 이러한 말이 유행하는 것에서 온 세상의 사대부들이 사특하고 더러운 것에 젖어들어 서로 이끌어 이적(夷狄)과 금수(禽獸)가 되면서도 바로잡을 줄을 모르는 것을 볼 수 있으니, 아, 참으로 위태롭다. 내가 이 일에 있어서 탄식함을 이기지 못하고 눈물을 흘리며 명(銘)을 짓는다.

명(銘)은 다음과 같다.

오랑캐와 중화를 분별한 큰 절개가	夷夏大節
우주 간에 그 이름이 높으니	宇宙高名

태산이 높은 것이 아니며　泰嶽匪崒
해와 별과 밝음을 다투네　星日爭明
공의 죽음이 아니었다면　微公之死
우리는 옷깃을 왼쪽으로 여미는 오랑캐가 되었으리라　我左衽矣
상소는 담암[74]에 머물렀고　疏留澹庵
혼백은 시시[75]를 좇았네　魂逐柴市
옛 고향에 와서 보니　臨睨舊鄕
무덤이 이곳이 있네　宅兆在是
동쪽으로 부는 바람 속 깃발의 나비[76]　東風旗蝶

74 담암(澹庵) : 남송(南宋) 때의 직신(直臣) 호전(胡銓, 1102~1180)으로, 자는 방형(邦衡), 호는 담암, 시호는 충간(忠簡)이다. 소흥(紹興) 8년(1138) 8월, 진회(秦檜)가 왕륜(王倫)을 금(金)나라에 보내 칭신(稱臣)하며 화친을 청했다는 말을 듣고 유명한 〈무오상고종봉사(戊午上高宗封事)〉라는 글을 올려 고종에게 진회・왕륜・손근(孫近)의 목을 벨 것을 청하였다. 이로 인해 진회의 노염을 사서 원지(遠地)에 유배되었다가 진회가 죽은 뒤에 풀려나와 복관되었고, 뒤에 벼슬이 공부 시랑(工部侍郎)에 이르렀다. 저서에 《담암집(澹庵集)》이 있다. 《宋史 卷374 胡銓列傳》

75 시시(柴市) : 중국 연경(燕京)에 있는 거리로, 남송(南宋)의 충신 문천상(文天祥, 1236~1282)이 처형된 곳이다. 문천상의 자는 이선(履善)・송서(宋瑞), 호는 문산이다. 원(元)나라가 침입해 오자 가산을 털어 군사를 일으켜 근왕(勤王)함으로써 신국공(信國公)에 봉해졌고, 그 후 원(元)나라의 장군 장홍범(張弘範)에게 패하여 3년 동안 연옥(燕獄)에 수감되었으나 끝내 굴복하지 않고 시시(柴市)에서 죽임을 당하였다. 《宋史 卷418 文天祥列傳》

76 동쪽으로……나비 : 유계(兪棨)가 윤집(尹集)이 예전에 지어준 시에 화운하여 윤집과 오달제(吳達濟)를 추억하는 시를 각각 1수씩 지었는데, 오달제를 추억하는 시에 이르기를, "꿈속에서 상봉함에 슬픔을 이기지 못하니, 선명한 나비가 깃발을 따라 왔네. 가련한 그대의 심사를 누구에게 말할 수 있으랴. 한밤에 눈물을 훔치며 나만 홀로 알아주네.〔夢裏相逢不勝悲, 分明蝴蝶逐旌旗. 憐君心事憑誰說? 抆淚中宵獨自知.〕"라고 하

요동(遼東)의 학[77]과 방불하네　　彷彿遼鶴
풍성이 백대에 전하니　　風聲百世
누군들 일어나 흥기하지 않겠는가　　孰不興作
내가 이로써 시를 지어　　我用作詩
무덤의 비석에 늘어놓노니　　列于幽石
어찌 환히 밝혔다고 하겠는가　　曷云昭之
어리석고 사특한 이들을 경계하노라　　砭厥惛忒

였고, 그 자주(自註)에 "예전 꿈에 계휘가 나를 찾아왔는데, 형신이 참혹하여 평소와 크게 다르므로 서로 붙잡고 통곡하였다. 이어서 '국경이 멀리 떨어져 있는데 그대는 어떻게 온 것인가?'하고 물었더니 '나는 나비로 변하여 동쪽으로 오는 깃발에 기대어 온 것이네.'라고 답하였으므로, 수구에서 이렇게 말한 것이다.〔疇昔之夜夢, 季輝來訪, 形神慘慼, 大異平日, 相持慟哭. 因問: "關塞隔絶, 子胡爲乎來哉?" 答言"我化形爲蝴蝶, 托東來旗脚而來"云. 故首句云.〕"라고 하였다. '계휘'는 오달제의 자(字)이다. 《市南集 卷1 追和尹友成伯韻》

77 요동(遼東)의 학 : 옛날에 요동(遼東) 사람 정영위(丁令威)가 신선이 되고 나서 천 년 만에 학으로 변해 다시 고향을 찾아와 요동 성문의 화표주(華表柱) 위에 내려앉았는데, 소년 하나가 활로 그를 쏘려고 하자 허공으로 날아올라 배회하면서 말하기를, "새여 새여 정영위가, 집 떠난 지 천 년 만에 이제야 돌아왔네. 성곽은 예전과 다름없는데 사람은 옛사람이 아니니, 어찌 신선술 배우지 아니하여 무덤만 즐비하게 되었는고.〔有鳥有鳥丁令威, 去家千年今始歸. 城郭如故人民非, 何不學仙冢纍纍?〕"라고 했다는 고사가 있다. 《搜神後記 卷1》

제헌 심공 묘지명 병서

霽軒沈公墓誌銘 竝序

제헌(霽軒) 심공(沈公)이 졸한 지 30여 년이 지난 뒤에 공의 종자(從子) 현감 군이 공이 평소에 사우(師友)로서 종유하던 선비들이 칭술한 바를 모아서 기록하여 나에게 주면서 말하기를,

"저의 중부(仲父)의 묘에 아직도 지석(誌石)을 두지 못하였는데 세상에 그 덕(德)을 잘 아는 자가 없으니, 만약 잘 아는 자에게 부탁을 한다면 그대만큼 알맞은 분이 없습니다."

라고 하였다. 나는 주저하여 사양하고 감히 이를 맡지 못하였다. 얼마 뒤에 현감 군이 죽고 그 아우인 헌영(獻永)이 또 찾아와 간청하며 말하기를,

"돌아가신 형님의 유지(遺志)를 따라주시기를 감히 바랍니다."

라고 하였다. 아, 공은 선군의 친우이고, 나 또한 일찍부터 공의 문하에 드나들면서 눈으로 보고 감화되어 가르침을 청하였었다. 그러니 어찌 끝내 사양하여 유명(幽明) 간에 거듭 부탁을 저버릴 수 있겠는가.

삼가 살펴보건대, 공은 휘가 정진(定鎭), 자가 일지(一之)로, 청송(靑松)의 세가(世家)이다. 시조 홍부(洪孚)는 고려에서 위위승(衛尉丞)이 되었다. 휘 덕부(德符)에 이르러서는 우리 태조가 개국하는 것을 도와 청성백(靑城伯)에 봉해졌으니, 이로부터 명망과 덕행이 있는 이들이 대대로 성대하게 이어졌다. 휘 선(璿)은 관찰사로, 혜장왕(惠莊王 세조) 때에 관직을 버리고 자정(自靖)[78]하였다. 휘 광언(光彦)은 좌참찬으로, 정암(靜菴 조광조(趙光祖))의 고제(高弟)로서 을사사류(乙巳

士類)[79]가 되었다. 휘 종침(宗忱)은 부사로, 우계(牛溪) 성 선생(成先生 성혼(成渾))을 스승으로 삼았으니, 공은 이분의 6세손이다. 증조는 휘 익달(益達)이고, 조고는 휘 정벽(廷璧)이다. 선고 휘 사증(師曾)은 은거하며 의(義)를 행하였으며, 사람들이 금계처사(金溪處士)라고 일컬었다. 선비(先妣) 이씨(李氏)는 계통이 왕실에서 나왔으니, 통덕랑(通德郞) 세필(世弼)의 딸이다.

공은 영종(英宗 영조) 을사년(1725, 영조1) 11월 3일에 태어났다. 이날에 이 부인이 천마(天馬)가 울며 날뛰면서 뜰로 내려오는 꿈을 꾸었는데, 해산하고 보니 타고난 자질이 깨끗하고 수려하며 정신과 기운이 맑고 환하였으며, 마른 얼굴에 또렷한 눈동자가 마치 빙옥(氷玉)과 같았다. 9세에 숙부 한송(寒松)[80] 공을 따라 길러졌는데, 혼정신성(昏定晨省)하는 일을 제외하고는, 전심하여 외고 읽으며 침잠하여

78 자정(自靖) : 은(殷)나라 태사(太師)인 기자(箕子)가 주왕(紂王)의 서형(庶兄)인 미자(微子)에게 "스스로 의리에 편안하여 사람마다 스스로 선왕에게 뜻을 바칠 것이니, 나는 떠나가 은둔함을 돌아보지 않겠다.〔自靖, 人自獻于先王, 我不顧行遯.〕"라고 한 데서 온 말로, 본래는 스스로 의리에 맞게 처신하여 그 처지를 편안하게 여긴다는 뜻인데, 후세에는 은둔하여 지조를 지킴을 가리키는 말로 많이 사용하였다.《書經 微子》

79 을사사류(乙巳士類) : 1545년(명종1)에 일어난 을사사화(乙巳士禍)로 화를 입었던 윤임(尹任) 일파의 사류들을 가리킨다. 을사사화는 인종이 죽자 새로 즉위한 명종의 외숙인 소윤(小尹)의 거두 윤원형(尹元衡)이 인종의 외숙인 대윤(大尹)의 거두 윤임 일파를 몰아내는 과정에서, 대윤파에 가담했던 사림(士林)이 크게 화를 입은 사건이다.

80 한송(寒松) : 심사주(沈師周, 1691~1757)로, 자는 성욱(聖郁), 호는 한송재(寒松齋), 본관은 청송(青松)이다. 권상하(權尙夏)의 문인으로, 1739년(영조15) 49세에 음보(蔭補)로 의릉 참봉이 되었고 함흥 판관·배천 군수·전주 부사 등을 역임하였다.

실컷 궁구하는 것이 모두 육경(六經)의 말씀이었다. 그 가운데 또 제자백가(諸子百家)를 두루 보아서 거의 모두 섭렵하였다. 일찍이 병을 앓아서 한 해가 가도록 위중하였는데 학업의 일과를 중단하지 않아서 길 위의 객사에서도 이와 같이 하였다. 혹자가 묻기를,

"어찌하여 스스로 괴롭게 하는가?"

라고 하니, 공이 말하기를,

"이와 같이 하지 않으면 제 마음이 허전합니다."

라고 하였다.

17세에 《대례(戴禮 예기(禮記))》를 읽고는 갑자기 강개(慷慨)하여 잠을 이루지 못하고 고인의 학문에 뜻을 두게 되었다. 이에 여호(黎湖) 박 문경공(朴文敬公 박필주(朴弼周))을 찾아가 《소학(小學)》을 배워서 학문하는 요지를 듣고는 더욱 스스로 분발하였으며, 비록 억지로 과거 공부를 하기는 하였으나 좋아하는 바는 아니었다. 계유년(1753, 영조 29)에 사마시에 합격하였다. 무인년(1758)에 영릉 참봉(寧陵參奉)에 제수되었는데 사직하고 나아가지 않았다. 갑오년(1774)에 대신의 천거로 인하여 익위사 부솔에 제수되었다. 정묘(正廟 정조)가 이때에 이극(貳極 저위(儲位))에 있었는데, 경학(經學)이 고명하다고 몹시 칭찬하고 매번 특별한 예우를 더하였으며, 병이 들어 서연에 나오지 못하면 말씀하기를,

"어찌하여 이렇게 오랫동안 볼 수 없는 것인가."

라고 하였다. 또 간혹 번차를 뛰어넘어 숙직하도록 하였으니, 시강(侍講)하는 3년 동안 동료들이 감히 공에 견주지 못하였다. 한번은 서연에 올랐을 적에 날이 몹시 더웠는데, 공은 장문 아래에 엎드려 있었고 창문은 닫혀 있었다. 동궁이 공에게 창문을 열도록 두 차례나 지시하

였는데 공이 이를 듣지 못한 척하니, 동궁이 잘못을 깨닫고는 말씀하기를,

“내가 잘못하였다.”

라고 하고 다른 사람을 시켜 창문을 열게 하였다. 공이 말단의 관직이라고 하여 스스로 폄하하지 않은 것이 이와 같았다.

병신년(1776, 영조52)에 중부 도사로 승진하고 호조 좌랑으로 옮겨서 겸하여 악기조성청 낭청에 차임되었다. 이듬해에 회덕 현감(懷德縣監)으로 나갔다. 회덕현은 거족(巨族)이 많아서 다스리기 어려운 곳으로 알려졌는데, 어질고 너그럽게 정사를 펴되 장엄함으로 이를 보완하니 모두 공의 덕을 사모하여 원망하거나 미워하는 자가 없었다. 마침 흉년을 만났는데 몹시 심각한 지경은 아니라고 하여 공진(公賑)을 허락하지 않았다. 이에 공은 침식도 잊은 채 순찰사에게 간청하여 약간의 곡식을 얻고는 또 자신의 녹봉을 내어서 특별히 진휼하였다. 그 정성과 노력이 간절하고 지극하여 굶주린 백성이 소생하게 되니 어사(御史)가 현(縣)을 순행하고는 돌아가 포계(褒啓)로 아뢰었다. 향약(鄕約)을 시행하고 선악적(善惡籍)을 두어서 선을 행한 자는 잔치를 베풀어 장려하고 악을 행한 자는 벌을 주니 풍속이 돈후해지고 옥송(獄訟)이 줄어들었다. 이때 성상이 우레가 치는 이변을 계기로 구언(求言)하였는데 공은 일찍이 진저(震邸 동궁(東宮))에 있을 때에 지우(知遇)를 받았다고 하여 이토정(李土亭 이지함(李之菡))과 서화담(徐花潭 서경덕(徐敬德))의 고사를 끌어와 성지(聖旨)에 응하는 소(疏)를 올렸다. 그 내용은, 건강(乾綱)[81]이 날로 높아지고 신도(臣道)가 날로 낮아지며 정사가 다급하

81 건강(乾綱) : 《주역(周易)》에서 건괘(乾卦)의 괘상(卦象)이 순강(純剛)의 덕을

고 각박하며 문(文)이 승하여 화미해지는 것을 깊이 염려하고 성상에게 결연하게 삼대(三代 하(夏)·은(殷)·주(周))를 법으로 삼을 것을 권한 것이었다. 이에 대하여 성상이 우대하는 비답을 내렸다. 얼마 뒤에 병을 이유로 사직하고 돌아왔는데, 빙벽(氷蘗)의 지조[82]를 스스로 지켜서 관사를 떠나는 날부터 이미 먹을 것이 없게 되었으나 스스로 흡족해하였다.

계묘년(1783, 정조7)에 호부(戶部 호조) 낭관에 제수되었다. 제용감 판관으로 있다가 송화 현감(松禾縣監)에 제수되니 폐사(陛辭)[83]하였는데, 성상이 인견하여 말씀하기를,

"지금은 우선 떠나라. 내가 장차 부를 것이다."

라고 하였다. 부임하여 다스림을 펴기를 회덕에 있을 때와 똑같이 하였다. 이듬해에 문효세자(文孝世子)[84]의 책봉례를 거행할 적에 특지(特旨)로 사어에 제수되었다가 곧바로 이전의 직임을 그대로 맡았다.

지녔으므로, 천도(天道)와 인군(人君)의 기강을 가리키는바, 여기서는 임금의 기강을 뜻한다.

82 빙벽(氷蘗)의 지조 : '빙벽'은 얼음물과 소태나무의 뜻으로, 맑은 얼음물을 마시고 쓰디쓴 소태나무를 씹으면서 청렴함을 굳게 지키는 지조를 말한다. 당(唐)나라 백거이(白居易)의 시에 "삼 년 동안 자사로 있으면서, 맑은 얼음물을 마시고 쓰디쓴 소태를 씹었노라.〔三年爲刺史, 飮氷復食蘗.〕"라고 한 데에서 온 말이다.《白樂天詩集 卷1 三年爲刺史》

83 폐사(陛辭) : 외직(外職)에 임명된 관원이 부임하기에 앞서 임금 앞에 나아가 하직 인사를 드리는 일을 말한다.

84 문효세자(文孝世子) : 1782~1786. 정조의 맏아들로, 의빈(宜嬪) 성씨(成氏)의 소생이다. 1784년(정조8) 7월 2일에 3세의 나이로 왕세자에 책봉되었고, 다음 달인 8월 2일에 책봉례가 거행되었다. 1786년 5월에 병사(病死)하였다.

이때 살인하여 옥에 갇힌 자가 달아나서 백 일이 되어도 잡지 못하는 일이 생기니, 법에 있어 응당 파직되어야 했는데, 성상이 명하여 누차 그 기한을 늘려주고 또 토포영(討捕營)으로 하여금 달아난 자를 체포하도록 하였다. 그러나 죄수를 끝내 잡지 못하자 왕부(王府 의금부)에서 공을 도배(徒配)할 것을 언의(讞議)하니, 성상이 말씀하기를,

"이 사람은 바로 계방(桂坊 세자익위사)의 옛 신료이니 장차 거두어 등용할 것이다."

라고 하고 파직시키는 데에 그쳤다. 이때가 을사년(1785, 정조9) 봄이었다. 얼마 뒤에 서용되어 사어에 제수되었다. 가을에 처음으로 서연을 열어 《효경(孝經)》을 강독하였는데 공을 불러 입시하여 참석하도록 하고 이어서 하교하기를,

"내가 동궁에 있을 때에 이 사람 덕분에 유익함이 많았으니 통정대부(通政大夫)의 품계를 내리라."

라고 하였다. 얼마 뒤에 서추(西樞 중추부)에 들어가고 오위장을 겸하였다.

병오년(1786) 7월 11일에 연화방(蓮花坊)의 집에서 고종(考終)하였다. 처음에 양주(楊州) 증산(甑山)에 장례하였다가, 기미년(1799)에 광주(廣州) 도곡(陶谷)의 임좌(壬坐)의 언덕으로 이장하였다. 원배(元配) 평산 신씨(平山申氏)는 먼저 이미 이곳에 장례하였다가 이때에 이르러 합장하였고 계배(繼配) 파평 윤씨(坡平尹氏)도 따라서 이곳에 부장(祔葬)하였다.

공은 지극한 효성을 타고났다. 5세에 모부인의 병환이 위독하였는데 벌써 걱정하고 간호할 줄을 알아서, 음식을 드시도록 권하고 밤에도 눈을 붙이지 못하기를 한 달여 동안 하였다. 한번은 큰비가 내릴 적에

집의 기둥 중에 쓰러져 가는 것이 있었는데, 종일토록 비를 맞은 채로 서서 기둥을 받치며 하늘에 비가 그칠 것을 기도하였다. 사람들이 그 까닭을 물어보자 말하기를,

"부모가 이 방에 계십니다."

라고 하였다. 겨우 약관의 나이에 해를 연이어 부모의 상(喪)을 당하여서 거의 목숨을 잃을 정도로 몸을 훼상하였다. 항상 일찍 고아가 된 것을 지극한 슬픔으로 여겨서 늙어서도 어버이를 모시는 사람을 보면 처연하게 안색이 변하여 불기(不洎)의 슬픔[85]을 이기지 못하였다. 한송 공에게 효성을 옮겨서 마치 낳아주신 분처럼 섬겨 수고로운 일을 대신하고 봉양함에 있어 남보다 뛰어난 행실이 있었다. 상(喪)을 당하였을 적에는 그 슬픔을 지극히 하여 복(服)을 벗은 뒤에도 거듭 삼년 동안 심상(心喪)을 행하며 잘 때에는 안채에 거하지 않고 웃을 때에는 치아를 보이지 않았다. 처음으로 벼슬을 하게 되었을 적에도 사직하며 말하기를,

"제가 숙부의 상을 당한 것은 어버이의 상을 당한 것과 같습니다."

라고 하였다. 상(喪)을 마치고 오랜 시간이 흐른 뒤에도 한송 공을 언급하게 되면 번번이 얼굴에 눈물을 드리웠다. 한송 공의 부인이 졸하자 거상하기를 한송 공과 똑같이 하였다.

성품이 자상하고 인후하여 봄날의 따스한 기운처럼 온화하였고 측

85 불기(不洎)의 슬픔 : 벼슬길에 나아가 귀하게 되었으나 부모가 살아 있지 않아 봉양할 길이 없음을 슬퍼하는 것을 가리킨다. 증자(曾子)가 "내가 부모가 살아계실 적에 한 벼슬은 3부(釜)의 녹봉만 받았어도 마음이 즐거웠는데, 돌아가신 뒤에 한 벼슬은 3천 종(鍾)의 녹봉을 받으면서도 부모를 봉양할 길이 없었기에 마음이 슬펐다.〔吾及親仕, 三釜而心樂, 後仕, 三千鍾不洎, 吾心悲.〕"라고 한 데서 나온 말이다.《莊子 寓言》

은한 마음이 미치는 바에 있어서 비록 곤충이나 미물이라고 하더라도 다치는 것을 염려하였다. 겉모습은 마치 옷도 이기지 못하는 것처럼 보였으나 내면은 실로 지극히 굳세어서 일을 만나면 용감하게 해내어 조금도 구속되거나 불안해하는 바가 없었다. 그러나 평소에는 조심하고 삼가서 조정의 득실과 인물의 선악에 대하여 일찍이 입 밖에 낸 적이 없었다. 하지만 의리와 시비에 있어서는 분명하게 분변하고 확고하게 지켰다. 재물, 여색, 명예, 이익 등에 대하여 특히 담박해서, 먹는 것은 굶주림을 채우는 데에 그치고 입는 것은 몸을 가리는 것을 취하며 사는 집은 겨우 비바람만 막는 정도여서 집안의 살림을 경영하는 바가 전혀 없었다. 그 청렴하고 고매하여 세속에서 빼어난 운치를 살펴보건대, 물욕에 있어서 굳이 적게 하기를 힘쓰지 않아도 거의 있지 않았다.

도(道)에 있어서는 거의 글을 통하여 깨달았다. 중년 이후로는 화려함을 거두고 실질로 나아가 사학(斯學 유학)에 몸을 맡겨서 이로써 높고 심오한 학문을 궁구하여 작은 재주로 드러나는 것을 바라지 않고 작은 행실로 이름나는 것을 달가워하지 않았다. 이에 은연중에 진수(進修)[86] 한 공(功)이 있어서 스스로 기뻐하며 나이가 부족한 것도 잊었다. 항상 언행과 의용에 대해 조심하고 성찰하여서, 새벽에 일어나 세수하고 빗질 한 뒤에 집안 전체를 깨끗이 청소하고 몸을 꼿꼿이 하여 무릎 꿇고 앉았으니 정수(精粹)한 기운이 바깥까지 퍼져 나왔다. 마음을 보존하고 이치를 완미하여 노년이 될수록 더욱 정진해서 경전의 복잡하고 심오한 뜻에 대하여 칼날로 얽힌 실타래를 풀어내듯이 막힘없이

86 진수(進修) : 덕을 진전시키고 학업을 닦는다는 뜻인 '진덕수업(進德修業)'의 줄임말로, 《주역(周易)》 〈건괘(乾卦) 문언전(文言傳)〉에 보인다.

이해하였다. 매번 학문 하는 절도를 논할 때면 반드시 독서를 우선으로 여기며 말하기를,

"말을 이해하지 못하면서 그 의미를 통달할 수 있는 자는 있지 않다."[87]

라고 하였다. 그러나 몸에 돌이켜 실천하는 것으로 귀결되고자 하였고 다른 사람과 가벼이 논변을 주고받지 않았다. 종학(從學)하는 자가 있으면 그 현우(賢愚)에 따라 가르치기를 부지런히 하여서 각각 터득하는 바가 있도록 하니 마음으로 빠져들어 흠모하지 않는 이가 없었다.

한송 공이 한수(寒水) 권 선생(權先生 권상하(權尙夏))에게 가르침을 받은 이후로 날마다 사서(四書)와 주자서(朱子書)를 읽었는데, 공이 이른 나이에 이미 그 내용을 이해하여 마음으로 이를 좋아하였다. 한송 공이 임종할 적에는 간곡하게 학문을 가지고 권면하였고 미호(渼湖) 김 선생(金先生 김원행(金元行))을 스승으로 섬기도록 유명(遺命)을 남겼다. 이에 공이 찾아가 종학하였는데 선생이 몹시 중하게 여겨서 견해가 영명하고 통투하다고 칭찬하였으며 나아가 뵐 때마다 반드시 앉을 자리를 마련해 주며 말씀하기를,

"이는 걸상을 내어주는 뜻[88]이다."

87 말을……않다 : 이 말은 본래 정이(程頤)의 《역전(易傳)》〈서(序)〉에 보이는 것으로, "말을 이해하고도 그 의미를 통달하지 못하는 자는 있지만, 말을 이해하지 못하면서 그 의미를 통달할 수 있는 자는 있지 않다.〔得於辭不達其意者, 有矣, 未有不得於辭而能通其意者也.〕"라고 하였다.

88 걸상을 내어주는 뜻 : 특별히 예우하는 것을 말한다. 후한(後漢) 때에 진번(陳蕃)이 예장 태수(豫章太守)로 있을 적에 빈객 접대를 전혀 하지 않았는데, 오직 당대의 고사(高士)인 서치(徐穉)만 찾아오면 특별히 마련해 둔 걸상 하나를 내어주며 정중히 접대하였다가 서치가 떠나면 다시 그 걸상을 걸어놓고 빈객을 일체 사절하였다는 고사에서 유래하였다.《後漢書 卷53 徐穉列傳》

라고 하였다. 이를 통하여 공이 학문의 관문을 열고 빗장을 푼 것이 유래한 바가 있음을 알 수 있다. 그 만년에 덕을 이룬 것을 논하자면 문질(文質)이 빈빈(彬彬)하니 한 시대의 순유(醇儒)라고 할 만하다. 그러므로 이를 저술로 드러냄에 준결하고 광대하여 절로 일가(一家)의 말을 이루었으며, 옛것을 답습하여 익숙해진 비루함에서 벗어나 이(理)와 의(義)에 근거하여 곧장 육경의 법도를 좇았다. 남 문청공(南文淸公) 유용(有容)이 일찍이 공이 젊었을 때에 지은 작품을 감상하고 말씀하기를,

"사리(辭理)와 법을 모두 갖추었으니, 비유하자면 예연(禮宴)에서 빈객을 대접함에 질서가 정연하여 먼지가 일지 않는 것과 같다."

라고 하였는데, 세상 사람들이 지언(知言)이라고 탄복하였다. 문집 6권이 세상에 간행되었으며, 《역해(易解)》 몇 권이 집안에 보관되어 있다.

신 부인(申夫人)은 처사 암(嵓)의 딸로, 일찍 졸하여 자식을 두지 못하였으며, 따로 지문(誌文)이 있다. 윤 부인(尹夫人)은 학생 득수(得壽)의 딸로, 유순하고 조용하며 예의가 있었다. 2남을 두었으니, 장남 종영(鍾永)은 어질었으나 일찍 죽었고, 차남 문영(文永)은 바로 현감 군으로, 문장과 덕행을 대대로 이어갈 만하였는데, 한송 공의 후사가 끊어지자 출계(出系)하여 그 제사를 받들게 하였다. 족자(族子) 헌영(獻永)을 데려다가 후사로 삼으니 진사로, 현재 주부(主簿)이다. 1녀는 사인(士人) 이문준(李文峻)에게 출가하였다. 현감 군의 2남은 낙응(樂應), 낙철(樂澈)이고, 3녀는 한 명은 박경지(朴敬之)에게 출가하였고 나머지는 어리다. 주부의 2남은 낙용(樂容), 낙함(樂涵)이고, 3녀는 두 명은 홍일순(洪一純), 서상욱(徐相勗)에게 출가하였고 한 명은

아직 출가하지 않았다. 이문준의 계자(繼子)는 승연(承淵)이다.

아아, 옛날에 나의 백부인 문정공(文靖公)[89]은 과묵하여 교유하는 이가 적었는데 오직 공과는 깊이 도의(道義)로써 부합하였다. 공이 졸하자 백부는 몹시 애통하게 곡하였었다. 지금 상전벽해(桑田碧海)가 수없이 거듭된 후에 이 소자(小子)가 공의 묘에 지문(誌文)을 짓게 되었으니 다하지 않는 슬픔이 있다.

명(銘)은 다음과 같다.

훌륭한 심공이여	抑抑沈公
참으로 순유이니	展矣醇儒
세속의 먼지 가운데에서 깨끗하여	皭然塵垢
제월과 빙호와 같았네	霽月氷壺
신명에 통하는 행실이 있고	通神之行
세상에 이름난 문장이 있었는데	名世之文
마치 텅 빈 듯 이를 거두고	斂焉若虛
현인을 종유하여 스승으로 삼았네	從師哲人
요약함으로 돌이키는 참된 공부가	反約眞工
명(明)과 성(誠)[90]이 늠름하였네	廩廩明誠

89 문정공(文靖公) : 오재순(吳載純, 1727~1792)으로, 자는 문경(文卿), 호는 순암(醇庵)·우불급재(愚不及齋), 본관은 해주(海州)이다. 시호는 문정이며, 오희상(吳熙常)의 생부이다.

90 명(明)과 성(誠) : 사리를 분명히 아는 것을 '명(明)'이라 하고, 마음에 거짓이 없이 진실한 것을 '성(誠)'이라 한다. 《중용장구(中庸章句)》 제21장에 "성(誠)으로 말미암아 밝아지는 것을 성(性)이라 하고 명(明)으로 말미암아 진실해지는 것을 교(敎)라

인연에 따라 녹사하니	隨緣祿仕
행적은 침체하였으나 도(道)는 형통하였네	跡屈道亨
서연(書筵)에 책을 끼고 참여하니	雷肆挾筴
성명한 시대를 만났네	遭際聖明
납유[91]하는 것을 가상히 여기시니	庸嘉納牖
은혜를 베풂이 막대하였네	恩顧莫京
원대한 사업이	久大之業
애석하게도 하수[92]에 중단되었으나	惜止下壽
훌륭한 이름을 남겼으니	而有令名
영원히 없어지지 않으리로다	庶幾不朽
덕을 상고함이 명(銘)에 있으니	考德在銘
이를 무덤에 들이네	納于幽堂

이르니, 진실하면 밝아지고 밝아지면 진실해진다.〔自誠明, 謂之性; 自明誠, 謂之教. 誠則明矣, 明則誠矣.〕"라고 보인다.

91 납유(納牖) : '납약자유(納約自牖)'의 준말로, 신하가 군주에게 간할 적에 군주가 잘 알 수 있는 것부터 시작하여 점진적으로 군주의 마음을 유도함을 이른다. 《주역(周易)》〈감괘(坎卦) 육사(六四)〉에 "맺음을 들이되 통명한 곳으로부터 하면 끝내 허물이 없으리라.〔納約自牖, 終无咎.〕"라고 한 데에서 유래한 것이다.

92 하수(下壽) : 사람의 수명을 상·중·하의 세 등급으로 구분할 적에 가장 낮은 등급을 이르던 말로, 60세라는 설과 80세라는 설이 있다. 《장자(莊子)》〈도척(盜跖)〉에는 "사람의 상수는 100세이고, 중수는 80세이고, 하수는 60세이다.〔人上壽百歲, 中壽八十, 下壽六十.〕"라고 하였고, 《춘추좌씨전(春秋左氏傳)》 희공(僖公) 32년에 나오는 공영달(孔穎達)의 소(疏)에는 "상수는 120세이고, 중수는 100세이고, 하수는 80세이다.〔上壽百二十歲, 中壽百, 下壽八十.〕"라고 하였다. 심정진(沈定鎭)은 향년이 62세였다.

아름다운 군자여	有斐君子
어찌 잊을 수 있으랴	曷云其忘

처사 잠계 이공 묘지명 병서

處士潛溪李公墓誌銘 竝序

내가 일찍이 고(故) 유선(諭善) 박공 성원(朴公聖源)이 편찬한 《예의유집(禮疑類輯)》[93]을 열람하였는데, 널리 수집하고 충실하게 변정(辨正)하여 진실로 예교(禮敎)에 도움이 되는 점이 좋았다. 다만 절목(節目)에 있어서는 상세함을 다하였으나 중요한 강령(綱領)에 대해서는 미처 상세히 다루지 못한 점이 유감이었으니, 이를 가지고 일을 만났을 적에 살펴보고 의거하는 자료로 갖추어두기에는 좋으나 예서(禮書)의 대전(大全)이라고 이르기에는 미흡하였다. 그러다가 박공이 지은 서문(序文)을 읽고 나서, 이 책의 기원이 잠계(潛溪) 이공(李公)에게서 나왔고 또 별도로 《집설(集說)》 한 부가 있는데 도암(陶菴) 이 선생(李先生 이재(李縡))에게 《가례(家禮)》의 우익(羽翼)이 된다고 몹시 인정을 받았음을 알게 되었다. 이에 그 줄기를 따라 연원으로 거슬러 올라가보면 융회관통(融會貫通)함을 볼 수 있으리라고 생각하였다. 그러나 박공이 미처 이 책까지 함께 교정을 맡지는 못하여 장차 민멸하여 상고할 길이 없게 되었으니 어찌 안타깝게 여기지 않을 수 있겠는가.

93 예의유집(禮疑類輯) : 도암(陶庵) 이재(李縡)의 문인인 박성원(朴聖源)의 저술로, 관혼상제(冠婚喪祭)에 관한 우리나라 제현(諸賢)의 예설(禮說)을 초록한 것이다. 본집 24권, 목록 2권, 부록 2권, 도합 28권 15책으로 이루어져 있으며, 1783년(정조7)에 간행되었다. 《회재집(晦齋集)》부터 《사례편람(四禮便覽)》에 이르기까지 조선 중기 이후 예학자의 서적이 대부분 인용되어 있다.

이정관(李正觀) 치서(穉舒)는 덕을 닦는 선비로, 나를 종유한 지 여러 해가 되었다. 근간에 이 책을 언급하게 되었는데, 말하기를,

"아, 이는 저의 족대부(族大父)가 찬집한 것입니다."

라고 하더니, 어느 날 보관하고 있던 고본(稿本)을 가지고 와서 보여주었다. 내가 이를 받아서 끝까지 읽어보니 양공(良工)의 고심(苦心)[94]을 알 수 있었고, 또 다행히 이전의 생각이 틀리지 않아서 참으로 《예의유집》의 강기(綱紀)가 되어 어느 한 책도 버릴 수가 없었다. 공이 예(禮)에 있어서 본말을 포괄한 것이 이와 같으니, 그 궁리격물(窮理格物)의 정밀함과 실천의 올바름이 틀림없이 논할 만한 점이 있었을 것이다. 얼마 뒤에 공의 후손 석귀(碩龜)가 박공이 지은 행장을 가지고 치서를 통하여 묘의 지문(誌文)을 지어줄 것을 청해왔다. 내가 비록 늙어 글 짓는 일을 폐하였으나 공에 있어서는 감추어진 채 드러나지 못하는 것을 안타깝게 여기니 마침내 행장을 살펴 다음과 같이 서술한다.

공은 휘가 유철(惟哲), 자가 사중(思仲)으로, 세계(世系)가 영릉(英陵 세종)의 별자(別子) 계양군(桂陽君) 충소공(忠昭公) 휘 증(璔)에게서 나왔다. 6대를 전하여 휘 응기(應麒)에 이르러서 문과에 급제하고 내한(內翰 한림(翰林))이 되었으며 관직이 해주 목사(海州牧使)에 이르니, 공에게 고조가 된다. 증조 휘 정민(貞民)은 참봉이고, 조고 휘 영선

94 양공(良工)의 고심(苦心) : 당(唐)나라 시인 두보(杜甫)의 〈제이존사송수장자가(題李尊師松樹障子歌)〉에 "이미 그대와 뜻이 맞는 것을 알고 있지만, 새삼 양공의 마음이 홀로 애씀을 깨닫네.〔已知仙客意相親, 更覺良工心獨苦.〕"라고 한 구절에서 유래한 말로, 재주가 뛰어난 장인이 심혈을 다하여 구상하고 만드는 것을 뜻한다.

(榮先)은 도사이고, 선고 휘 범석(範錫)은 봉사이니, 3대가 연달아 경행(經行)으로 천거되어 관직에 제수되었으나 모두 나아가지 않았다. 선비(先妣) 파평 윤씨(坡平尹氏)는 서윤 휘 원(杬)의 딸이다.

처음에 선고 봉사 공이 우암(尤菴) 송 선생(宋先生 송시열(宋時烈))의 문하에서 수학하였는데, 공이 약관의 나이로 선생을 찾아가 모시면서 《희경(羲經 주역)》의 의심나는 뜻을 질정하니 선생이 크게 가상히 여기고 장려하였다. 기사년(1689, 숙종15)에 인현왕후(仁顯王后)가 폐위되고 시사(時事)가 크게 변하여 송 선생이 해상(海上)으로 찬배되었다가 이윽고 후명(後命)을 받았다.[95] 공은 애통함이 심하여 마침내 궁문(宮門) 밖에서 곡하며 영결하였다. 봉사 공을 따라서 양주(楊州) 일운강(逸雲江) 가로 돌아갔다가 다시 가평(加平)의 잠곡(潛谷)으로 들어가서 세상일을 물리치고 농사짓고 독서하면서 즐거움으로 삼았다.

공은 집에 거할 적에 효성과 우애로 가정을 다스렸다. 양친을 봉양함에 깊은 사랑과 지극한 효성이 있어서, 병간호할 적에 옛사람이 얼음 속에서 물고기를 잡았던 것[96]과 같은 기이한 일이 있었다. 모부인의

95 기사년에……받았다 : 기사년(1689, 숙종15)에 송시열(宋時烈)이 경종의 원자정호(元子定號)를 반대하여 숙종의 노여움을 사게 되자, 남인(南人)이 이를 기회로 다시 정권을 잡아 송시열과 그를 지지하던 서인(西人) 일파를 모두 축출하였다. 이로 인해 송시열은 제주도에 위리안치되었다가 사사(賜死)되었고 수많은 서인 인사들이 일제히 처벌되었으며 인현왕후(仁顯王后)가 폐서인되고 희빈(禧嬪) 장씨(張氏)가 중전의 자리에 올랐다.

96 옛사람이……것 : 서진(西晉) 때 효자로 유명한 왕상(王祥)의 고사이다. 왕상은 일찍 어머니를 여의고 계모 주씨(朱氏)를 정성을 다하여 섬겼는데, 어느 추운 겨울날에 주씨가 살아 있는 물고기를 먹고 싶어 하자 옷을 벗고는 얼음을 깨고 들어가 물고기를 잡으려고 하였다. 그러자 얼음이 갑자기 저절로 갈라지며 잉어 두 마리가 튀어나왔다고

상을 만났을 때에 공의 나이가 이미 일흔이었는데 야위어가면서도 상제(喪制)를 지키는 것에 스스로 힘을 다하니 보는 이들이 감동하여 눈물을 흘렸다. 여러 아우, 누이와 함께 한 집에 살았는데, 한 누이가 일찍 요절하자 공이 그 고아를 길러주었다. 또 외가와 같은 고을에서 50년을 살면서 기쁘게 해드리는 것을 극진히 하여 모부인의 뜻을 이루어 주었다.

매일 새벽에 일어나서 단정히 앉아 책상을 마주하여 분전(墳典)[97]에 잠심하였다. 예(禮)에 있어서 특히 전심하기를 마치 기욕(嗜慾)처럼 하여서 제가(諸家)의 주석을 널리 모아 실올을 다듬고 머리털을 뽑듯이 세밀하게 참작하고 취사하되 반드시 모두 《가례(家禮)》로써 절충하였다. 거주하던 동네의 백성들이 무지몽매하였는데 공이 예속(禮俗)을 가르쳐서 관례(冠禮)를 행할 때에는 반드시 삼가례(三加禮)[98]를 행하고 술을 마실 때에는 반드시 빈객을 맞이하니 마을 사람들이 대체로 이를 본받아서 행하였다.

공은 의용이 단정하고 온화하였으며 학문하는 힘을 겸비하여서 내면을 수양하기를 오랫동안 함에 정화(精華)가 절로 발하였다. 이에 현우(賢愚)를 막론하고 사람들이 모두 좋아하고 사모하였다. 평소에는 유순하여 마치 가부(可否)를 논하는 바가 없는 것 같았으나, 의(義)

한다. 《晉書 卷33 王祥列傳》《小學 善行》

97 분전(墳典) : 삼분오전(三墳五典)으로, 삼분은 삼황(三皇)의 글이고 오전은 오제(五帝)의 글인데, 옛날 전적을 통칭한다.

98 삼가례(三加禮) : 관례(冠禮) 때에 세 번 관(冠)을 갈아 씌우는 의식으로, 처음에는 치포관(緇布冠)을 쓰고, 다음에는 피변(皮弁)을 쓰고, 맨 나중에는 작변(爵弁)을 쓴다.

와 이(利), 사(邪)와 정(正)의 구분에 있어서는 환하게 분별하여 조금도 구차함이 없어서 사기(辭氣)가 장엄하였다. 교유를 일삼지 않아서 발자취가 산 밖을 벗어나지 않았으며, 읍재(邑宰)와 조사(朝士) 중에 공이 사는 지역을 지나는 자는 반드시 방문하여 만나보기를 청하였으나 때때로 병을 핑계 대고 만나보지 않았다. 마을의 인사(人士)들이 공과 함께 이야기를 나눌 때에는 반드시 선생이라고 칭하여 높였다. 이 충숙공(李忠肅公) 만성(晩成)이 공의 행의(行義)를 일찍부터 듣고서 장차 조정에 천거하려고 하였는데 얼마 뒤에 사화(士禍)가 일어나서 일이 마침내 중단되었으니 사론(士論)이 이를 안타깝게 여겼다.

공은 향년 77세로 영묘(英廟 영조) 경신년(1740, 영조16) 윤6월 8일에 졸하였다. 졸할 때에 다른 말은 없이 그저

"박사수(朴士洙)가 왔는가?"

라고 물었으니, 이는 찬집한 예서를 부탁하고자 한 것으로, 사수는 박공의 자(字)이다. 양근(楊根) 문암리(文巖里) 갑좌(甲坐)의 언덕에 장례하였다. 배위 원주 변씨(原州邊氏)는 참봉 위남(緯南)의 딸이다. 1남 희정(希正)을 낳았는데, 통덕랑 임호(任澔)의 딸을 아내로 맞이하였다. 손자 4인은 백함(百咸), 백태(百泰), 백항(百恒), 백헌(百憲)이다. 백함은 문장과 덕행이 있어서 집안을 대대로 이어갈 만하다. 증손과 현손 이하는 다 기록하지 않는다.

공이 졸한 뒤에 경외(京外)의 많은 선비들이 공의 사적을 갖추어서 종백(宗伯 예조 판서)에게 아뢰었는데, 65년 뒤인 갑술년(1814, 순조14)에 공이 거주하던 골짜기 근처에 처음으로 제단을 설치하여 봄가을마다 제사를 올리게 되었다. 아아, 공은 훌륭한 자질로 일찍부터 대현(大賢)에게 의귀하여 찬집한 두 책이 서로 표리가 되어서 모두 예가(禮家)

의 지남(指南)이 될 만하였다. 그러나 그중 한 책은 훌륭한 박공을 만나 그 덕분에 발휘되어 전해지지만, 《집설》의 책은 그 누가 또 공을 위하여 표장(表章)하겠는가. 아, 안타깝다.

명(銘)은 다음과 같다.

예는 사람의 기강이 되니	禮爲人紀
성인이 이를 세우셨네	聖人樹之
옛 경전이 치밀하고 미세하여	古經密微
그 위의(威儀)가 삼천 가지나 되네[99]	三千其儀
고정(考亭 주희(朱熹))이 이를 산삭하고 정리하니	考亭刪修
바로 《가례(家禮)》의 책인데	家禮之編
흠결이 많아	而多罅漏
후대의 현인을 기다렸네	以待後賢
후대의 현인들이 이를 급급히 여겨	後賢汲汲
잘못을 바로잡고 빠뜨린 부분을 보완하였으나	考訛補缺
옛 기록에 산재하여	散在洼記
하나의 뜻을 따르지 못하였네	莫迪于一
잠옹이 세상을 피해 은둔하여	潛翁遯世
예(禮)에 전심하니	於禮專專

99 그 위의(威儀)가……되네 : 《중용장구(中庸章句)》 제27장에 "넉넉하고 위대하다. 예의가 삼백 가지이고, 위의가 삼천 가지로다.〔優優大哉! 禮儀三百, 威儀三千.〕"라고 보인다. '예의(禮儀)'는 경례(經禮), 즉 강령이 되는 예(禮)를 이르고 '위의(威儀)'는 곡례(曲禮), 즉 예(禮)의 세세한 의절(儀節)을 이른다.

그 이름은 민멸되었으나	其名雖泯
그 책은 전하였네	其書則傳
청평의 산에	淸平之山
흐르는 물 잔물결이 이네	其水漣漪
이곳에서 제향하여	載俎載豆
백세토록 사모하네	百世之思

사헌부 감찰 박군 묘지명 병서

司憲府監察朴君墓誌銘 竝序

금호(錦湖) 박군 계립(朴君季立)이 졸한 지 1년이 지난 뒤에 그 종자(從子) 문용(文鏞)이 행장과 폐백을 갖추어서 나에게 명(銘)을 지어 줄 것을 청하며 말하기를,

"계부(季父)가 돌아가시기 전에 편지를 써서 부자(夫子)께 이별을 고하시면서 진수(進修)[100]하는 일에 간곡히 마음을 쓰셨고 문하에서 학업을 마치지 못한 것을 한스럽게 여기셨습니다. 그러니 응당 부자께 명(銘)을 얻어서 그 무덤에 두어 돌아가신 분을 위로해야 할 것입니다."

라고 하였다. 아, 나는 계립과 사귐이 진실로 깊었으니 비록 늙어서 글 짓는 일을 중단하였으나 어찌 차마 이를 사양할 수 있겠는가.

군은 휘가 명벽(命璧)이니, 영해(寧海) 사람이고, 계립은 자(字)이다. 시조는 신라 영해백(寧海伯) 휘 제상(堤上)이다. 본조에 들어와 휘 계손(季孫)은 관직이 병조 판서였는데, 단묘(端廟 단종)가 왕위를 선양(禪讓)할 적에 김동봉(金東峯 김시습(金時習)), 조정재(曹靜齋 조상치(曺尙治))와 함께 은둔하여 깊은 산속으로 들어가 종신토록 자정(自靖)[101]하였으니, 군에게 10대조가 된다. 증조 휘 태장(泰漳)은 숙릉

100 진수(進修) : 덕을 진전시키고 학업을 닦는다는 뜻인 '진덕수업(進德修業)'의 줄임말로, 《주역(周易)》 〈건괘(乾卦) 문언전(文言傳)〉에 보인다.

101 자정(自靖) : 은(殷)나라 태사(太師)인 기자(箕子)가 주왕(紂王)의 서형(庶兄)

참봉(淑陵參奉)이고, 조고 휘 만주(萬株)는 동지중추부사이고, 선고 휘 사섭(師燮)은 의금부 도사이다. 선비(先妣) 전주 주씨(全州朱氏)는 처사 이극(离極)의 딸이다.

군은 영묘(英廟 영조) 계사년(1773, 영조49) 10월 8일에 태어났다. 어려서부터 총명하여 스승에게 나아가 배우자마자 《소학(小學)》과 《사기(史記)》를 통달하였고 벽 위에 선현의 훌륭한 말씀을 걸어놓고서 항상 이를 외고 익혔다. 장성한 뒤에는 독서에 각고의 노력을 기울여서 거의 침식(寢食)을 잊었으며 옛사람의 위기지학(爲己之學)[102]에 뜻을 두었으나 억지로 과거 공부를 하였으니 어버이 때문에 뜻을 굽힌 것이었다. 계해년(1803, 순조3)[103]에 진사가 되었다. 정묘년(1807)에 선고 도사 공의 상(喪)을 당하였는데, 장례하고 제사하기를 예(禮)에 따라 하여서 슬픔과 공경을 모두 지극히 하니 향당에서 그 효성을 칭송

인 미자(微子)에게 "스스로 의리에 편안하여 사람마다 스스로 선왕에게 뜻을 바칠 것이니, 나는 떠나가 은둔함을 돌아보지 않겠다.〔自靖, 人自獻于先王, 我不顧行遯.〕"라고 한 데서 온 말로, 본래는 스스로 의리에 맞게 처신하여 그 처지를 편안하게 여긴다는 뜻인데, 후세에는 은둔하여 지조를 지킴을 가리키는 말로 많이 사용하였다. 《書經 微子》

102 위기지학(爲己之學) : 오직 자신의 덕성을 닦기 위해서 하는 학문으로, 남이 알아주기를 바라서 하는 학문인 '위인지학(爲人之學)'에 상대되는 말이다. 《논어(論語)》 〈헌문(憲問)〉에, "옛날의 학자들은 자신을 위한 학문을 하였는데, 오늘날의 학자들은 남에게 보여 주기 위한 학문을 한다.〔古之學者爲己, 今之學者爲人.〕"라고 한 공자(孔子)의 말에서 나온 것이다.

103 계해년 : 대본에는 '癸巳'로 되어 있는데, 《숭정삼계해춘대전중궁전진후평복합이경경과별시증광사마방목(崇禎三癸亥春大殿中宮殿疹候平復合二慶慶科別試增廣司馬榜目)》 및 《매산집(梅山集)》 권35 〈사헌부감찰박군묘갈명(司憲府監察朴君墓碣銘)〉에 근거하여 '癸亥'로 바로잡아 번역하였다.

하였다. 병자년(1816)에 처음으로 벼슬하여 의릉 참봉(義陵參奉)이 되었으며 능침을 보수한 공로로 6품에 오르고 통례원 인의에 제수되었다가 사헌부 감찰로 옮겼는데, 모친상을 당하여 사직하였다. 상기(喪期)를 마친 뒤에 마침내 낙담하여 벼슬할 뜻이 없어져서 매번 풍수부대(風樹不待)[104]를 지극한 슬픔으로 여겨 다른 사람을 마주하여 말할 적에 얼굴에 눈물이 흐르지 않은 적이 없었다. 정해년(1827) 3월 22일에 졸하니 문천(文川) 치소 동쪽 한구미(漢九湄) 진좌(辰坐)의 언덕에 장례하였다.

군은 성품이 쾌활하여 그 말하고 웃는 것이 호감을 갖게 하였다. 집이 평소 몹시 가난하여 거친 밥으로도 끼니를 잇지 못하였으나 어버이를 섬김에 있어서는 기쁜 마음으로 뜻을 따라서 좌우에서 수고로움을 대신하였다. 여력이 있으면 학문을 하여 육경(六經)의 글을 외워 꿰뚫었고 후세 유자들의 말을 두루 정리하여 손수 기록해 책을 만들어서 종신토록 이를 게을리 하지 않았다. 향리의 문회(文會)에서 간혹 서로 의심나는 뜻을 논란하게 되면 매번 기쁜 마음으로 성심을 다하여 알려 주고 친소(親疏)에 따라 차이를 두지 않았다. 붕우 간에 돈독하되 충후(忠厚)를 우선하기를 힘썼고, 다른 사람의 선행을 말하기를 좋아하고 다른 사람의 과실을 말하는 것을 부끄러워하였으며, 자신에게 달린 것은 극진히 하고 남이 자신에게 극진히 할 것은 요구하지 않았

104 풍수부대(風樹不待) : 어버이가 세상을 떠나서 자식이 봉양하고 싶어도 다시는 봉양할 수 없는 슬픔을 뜻한다. 춘추(春秋) 시대 때 공자(孔子)가 길을 가는데 고어(皐魚)라는 사람이 길에서 슬피 울고 있기에 까닭을 물었더니, "나무는 고요하고자 하여도 바람이 그치지 않고 자식이 봉양하고 싶어도 어버이는 기다려 주지 않는다.〔樹欲靜而風不止, 子欲養而親不待.〕"라고 답한 고사에서 온 말이다. 《韓詩外傳 卷9》

다. 이 때문에 군을 싫어하는 자가 없었다.

거주하는 마을이 무지몽매하여 학문을 마름질해 줄 이가 없다고 스스로 여겨서 도보로 남쪽으로 내려와 성담(性潭) 송공(宋公 송환기(宋煥箕))의 문하에서 학업을 익혔다. 이윽고 경사(京師)로 와서 근재(近齋) 박공(朴公 박윤원(朴胤源))에게 배운 바를 질정하였고 또 이자강(李子岡) 봉수(鳳秀), 홍백응(洪伯應) 직필(直弼)에게서 자세한 가르침을 듣고 동이(同異)를 변별하고 분석하였다. 이에 견문이 더욱 넓어지고 사색이 더욱 정밀해져서 그 진보한 바를 헤아릴 수가 없었다.

기묘년(1819, 순조19)에 내가 징악산(徵嶽山)에서 내려와 종암(鍾巖)의 별업(別業)으로 거처를 옮겼는데, 군이 윤생 종섭(尹生鍾燮)을 통하여 책과 예물을 가지고 만나보기를 청하였다. 이어서 천인성명(天人性命)의 깊은 뜻을 극론하였는데, 군이 말을 하자마자 환히 이해하여 이전의 견해를 완전히 바꾸며 말하기를,

"일생을 거의 헛되이 보냈습니다."

라고 하니 내가 실로 그 명민함에 감복하고 그 용기를 칭찬하였다. 이후로 외람되게도 나를 스승으로 대우하여 나의 서실에 머물면서 해마다 한 철이나 한 달 간 있다가 돌아갔다. 매번 의리(義理)의 정수를 알기가 어려움을 탄식하며 나이가 부족한 것도 잊고서 독서하고 사색하여 마음을 비우고 배우기를 구하였다. 번번이 나이가 어린 후배들보다 솔선하여 공경히 옷자락을 들고 책을 쥐고서 앞으로 나아와 반복하여 물었고 환히 이해되지 않으면 그만두지 않았다. 내가 군이 알고 있는 바를 미루어서 관북(關北)의 선비들을 가르쳐 인도하여 성기성물(成己成物)[105]의 방도를 다할 것을 권면하였는데, 안타깝게도 이를 이루지 못하고 졸하였다.

배위 청주 한씨(淸州韓氏)는 사인(士人) 수(洙)의 딸이다. 3남2녀를 낳았는데, 장남은 문홍(文鋐)이고, 그 아래 문영(文鍈), 문감(文鑑)은 모두 일찍 요절하였다. 딸은 사인(士人) 강홍렬(康弘烈)에게 출가하였고 딸 하나는 아직 어리다.

명(銘)은 다음과 같다.

아아, 계립이여	嗟嗟季立
재주가 민첩하고 자질이 훌륭하였네	才敏質良
독실한 뜻으로 학문을 하여	篤志問學
사방에서 스승을 섬겼네	從師四方
강가 누각의 강석에서	江樓講席
논변함이 양양하였으니	論辨洋洋
영지에 대한 감회가	靈芝之感
세모에 운당포(篔簹鋪)에서 있었네[106]	歲暮篔簹

105 성기성물(成己成物) : 먼저 자기의 덕(德)을 완성하고 그 덕(德)으로 남을 교화시킴을 뜻한다. 《중용장구(中庸章句)》 제25장에 "성(誠)은 저절로 자신을 이룰 뿐만 아니라 만물도 이루어 준다. 자신을 이루는 것은 인(仁)이며, 만물을 이루어 주는 것은 지(知)이니, 본성이 지닌 덕이다.〔誠者, 非自成己而已也, 所以成物也. 成己, 仁也; 成物, 知也, 性之德也.〕"라고 한 데서 온 말이다.

106 영지(靈芝)에……있었네 : 만년에 이룬 것이 없이 세월을 헛되이 보낸 것을 탄식함을 말한다. 주희(朱熹)가 젊은 시절에 운당포(篔簹鋪)의 벽에 "빛나는 영지여, 한 해에 세 번이나 피었네. 나는 홀로 무얼 했나. 뜻을 이루지 못하였네.〔煌煌靈芝, 一年三秀. 予獨何爲? 有志不就.〕"라는 시가 적혀 있는 것을 보고는 자신의 뜻과 같다고 하여 비통해하였는데, 40여 년이 흐른 후에 다시 그곳에 들렀다가 "언뜻 지나는 백 년 세월 얼마나 되랴. 세 번 꽃 피는 영지는 무엇을 하려는고. 나이 늦도록 금단을 이룬 소식이

아아, 계립이여	嗟嗟季立
지금은 죽고 말았도다	今也則亡
내가 돌에 명(銘)을 새기노니	我銘在石
지사가 묻힌 곳이네	志士之藏

없으니, 운당포 벽 위의 시가 거듭 한탄스럽네.〔鼎鼎百年能幾時? 靈芝三秀欲何爲? 金丹歲晚無消息, 重歎篔簹壁上詩.〕"라는 시를 지은 일이 있다. 이를 원용하여 말한 것이다.《晦菴集 卷84 題袁機仲所校參同契後》

지은이 **오희상(吳熙常)**

1763년(영조39) 5월 10일 유시에 서울 경행방(慶幸坊) 사저에서 태어나 1833년(순조33) 10월 7일 유시에 향년 71세로 별세하였다. 자는 사경(士敬), 호는 노주(老洲), 본관은 해주(海州)이며, 시호는 문원(文元)이다. 증조부 오태주(吳泰周)가 명안공주(明安公主)와 혼인함으로써 왕의 인척이 된 집안이자 재상과 문형 등을 배출한 명문가의 자제로 태어났다. 1800년(정조24) 천거로 세자익위사 세마(世子翊衛司洗馬)에 제수된 이래 평생 끊임없이 벼슬에 제수되었으나 몇 번 출사한 것을 제외하고는 번번이 사직을 청하고 학문 강학에 종사하였다. 가형인 오윤상(吳允常)에게 학문을 배워, 김창협(金昌協)에서 김원행(金元行)으로 이어지는 학맥의 전통을 잇고 이를 후대에 전한 노론 낙론의 핵심 사상가이자 문인 교육자이다. 매산(梅山) 홍직필(洪直弼), 숙재(肅齋) 조병덕(趙秉悳) 등이 그의 학문에 영향을 받았다.

옮긴이

김창효(金昌孝)

1956년 전남 장흥에서 태어났다. 고려대학교 행정학과를 졸업하였다. 민족문화추진회 국역연수원 연수부 및 일반연구부를 졸업하였으며, 현재 해동경사연구소 선임연구원으로 재직하고 있다. 번역서로는 《도곡집》, 《매산집》(공역)이 있다.

이정은(李貞恩)

1983년 경기도 포천에서 태어났다. 성신여자대학교 한문교육과를 졸업하고 동 대학원 한문학과 석사학위를 취득하였다. 한국고전번역원 부설 고전번역교육원의 연수과정과 전문과정을 마쳤다. 현재 성신여자대학교 고전연구소 선임연구원으로 재직하고 있다. 번역서로는 《도곡집》, 《매산집》(공역)이 있다.

※ 각 권별 옮긴이는 권13 김창효, 권14・15・16 이정은이다.

권역별거점연구소협동번역사업 연구진

연구책임자 류준경(성신여자대학교 한문교육과 교수)
공동연구원 김용재(성신여자대학교 한문교육과 교수)
신영주(성신여자대학교 한문교육과 교수)
책임연구원 성백효
연 구 원 김창효 연석환
신상후 이영준
이정은 김성은
윤 문 윤은숙

노주집 4

오희상 지음 | 김창효 · 이정은 옮김
2022년 12월 31일 초판 1쇄 발행
편집 · 발행 학자원
등록 2011.4.6 제2011-14호
주소 (05355) 서울시 강동구 천호대로 1121
전화 02-6403-1000 | 팩스 02-6338-1001 | 이메일 hakjaone@daum.net

값 40,000원
ISBN 979-11-6247-283-5 94810
979-11-6247-248-4 (세트)